Kant um 1900

Herausgegeben von
Hauke Heidenreich und Friedemann Stengel

DE GRUYTER

ISBN 978-3-11-075847-4
e-ISBN (PDF) 978-3-11-075880-1
e-ISBN (EPUB) 978-3-11-075885-6
ISSN 0948-6070

Library of Congress Control Number: 2021950446

Bibliografische Information der Deutschen Nationalbibliothek
Die Deutsche Nationalbibliothek verzeichnet diese Publikation in der
Deutschen Nationalbibliografie; detaillierte bibliografische Daten
sind im Internet über http://dnb.dnb.de abrufbar.

© 2022 Walter de Gruyter GmbH, Berlin/Boston
Druckvorlage: Aleksandra Ambrozy
Druck und Bindung: CPI books GmbH, Leck

www.degruyter.com

Inhalt

Einleitung —— 1

Hauke Heidenreich
Materialisten, Neukantianer, Spiritisten. Kantrezeptionen um 1900 —— 7

Anne Wilken
Kant edieren. Zum institutionellen Kontext der Akademie-Ausgabe
von Kants Schriften —— 43

Valentina Dafne de Vita
Elemente des Kritizismus. Nietzsches Rezeption des
objektiven teleologischen Urteils Kants —— 59

Elisabeth Theresia Widmer
Friedrich Albert Langes materialistisch-poetische Kant-Interpretation
und die Konsequenzen in der Ethik —— 71

Kirstin Zeyer
Cassirers Kant. Neukantianisches „Zurück auf Kant!" und
symbolphilosophische Modifikationen —— 121

Constantin Plaul
Dilthey – ein Neukantianer? —— 133

Martin Bunte
Gegenstand und Gegensatz. Zum Problem des Geltungsfremden
bei Kant und Emil Lask —— 151

Nina A. Dmitrieva
Kant im frühen russischen Neukantianismus —— 163

Barbara Loerzer
„Philosophies Paint Pictures". Zur Kant-Rezeption bei William James —— 173

Friedemann Stengel
Kants Vorlesungen, die rationale Psychologie und Swedenborg —— 209

Verzeichnis der Autorinnen und Autoren —— 269

Personenregister —— 271

Abkürzungen

AA	Immanuel Kant: Gesammelte Schriften (Akademie-Ausgabe). Hg. v. Preußische Akademie der Wissenschaften (Bde. 1–22), Deutsche Akademie der Wissenschaften zu Berlin (Bd. 23) u. Akademie der Wissenschaften zu Göttingen (ab Bd. 24). Berlin 1900ff.
Anth.	Immanuel Kant: Anthropologie in pragmatischer Hinsicht. In: AA 7, S. 117–334.
EP	William James: The Works of William James. Bd. 5: Essays in Philosophy. Hg. v. Frederick H. Burkhardt u.a. Cambridge (Mass.) u. London 1978.
ERE	William James: The Works of William James. Bd. 3: Essays in Radical Empiricism. Hg. v. Frederick H. Burkhardt u.a. Cambridge (Mass.) u. London 1976.
FW	Friedrich Nietzsche: Die fröhliche Wissenschaft. In: KGW V/2, S. 13–335.
GD	Friedrich Nietzsche: Götzen-Dämmerung. In: KSA VI, S. 55–162.
JGB	Friedrich Nietzsche: Jenseits von Gut und Böse. In: KGW VI/2, S. 3–257.
KGB	Friedrich Nietzsche: Briefwechsel. Kritische Gesamtausgabe. Hg. v. Giorgio Colli u. Mazzino Montinari. Berlin u. New York 1975ff.
KGW	Friedrich Nietzsche: Werke. Kritische Gesamtausgabe. Begründet v. Giorgio Colli u. Mazzino Montinari. Weitergeführt v. Wolfgang Müller-Lauter u. Karl Pestalozzi. Berlin u. New York 1967ff.
KJ	Immanuel Kant: Kant's Kritik of Judgment. Übers. u. eingel. v. John. H. Bernard. London u. New York 1892.
KpV	Immanuel Kant: Kritik der praktischen Vernunft. In: AA 5, S. 1–164.
KrV A	Immanuel Kant: Kritik der reinen Vernunft. Erste Auflage 1781. In: AA 4, S. 1–252.
KrV B	Immanuel Kant: Kritik der reinen Vernunft. Zweite Auflage 1787. In: AA 3, S. 1–552.
KU	Immanuel Kant: Kritik der Urteilskraft. In: AA 5, S. 165–486.
MEN	William James: The Works of William James. Bd. 17: Manuscript Essays and Notes. Hg. v. Frederick H. Burkhard u.a. Cambridge (Mass.) u. London 1988.
ML	William James: The Works of William James. Bd. 16: Manuscript Lectures. Hg. v. Frederick H. Burkhardt u.a. Cambridge (Mass.) u. London 1988.
PBC	William James: The Works of William James. Bd. 12: Psychology. A Briefer Course [1892]. Hg. v. Frederick H. Burkhard u.a. Cambridge (Mass.) u. London 1984.
PHG	Friedrich Nietzsche: Die Philosophie im tragischen Zeitalter der Griechen. In: KGW III/2, S. 293–366.
PP	William James: The Works. Bd. 8: The Principles of Psychology [1890]. Hg. v. Frederick H. Burkhard u.a. Cambridge (Mass.) u. London 1981.
Prol.	Immanuel Kant: Prolegomena zu einer jeden künftigen Metaphysik, die als Wissenschaft wird auftreten können. In: AA 4, S. 253–284.
SPP	William James: The Works of William James. Bd. 7: Some Problems of Philosophy. A Beginning of an Introduction of Philosophy [1911]. Hg. v. Frederick H. Burkhardt u.a. Cambridge (Mass.) u. London 1979.
VRE	William James: The Works of William James. Bd. 13: The Varieties of Religious Experience. A Study in Human Nature [1902]. Hg. v. Frederick H. Burkhardt u.a. Cambridge (Mass.) u. London 1985.
WB	William James: The Works of William James. Bd. 6: The Will to Believe and Other Essays in Popular Philosophy [1897]. Hg. v. Frederick H. Burkhardt u.a. Cambridge (Mass.) u. London 1979.

Einleitung

„Kant drückt die moderne Welt in einem Gedankengebäude aus."[1] Nicht erst seit Jürgen Habermas, von dem dieses Zitat stammt, gilt Kants Lehre als einer der wesentlichen Marksteine für die Entstehung der Moderne.[2] Kant habe zentrale Bestandteile, die mit der Moderne identifiziert werden – wie Rationalität, Vernunft und säkulares Denken – vorweggenommen. Doch um zu verstehen, dass Kant die „moderne Welt" ausgedrückt habe, bedarf es laut Habermas wiederum der Deutung. Denn erst in der Retrospektive habe Georg Wilhelm Friedrich Hegel Kants Philosophie als das verstehen können, was sie, für Kant selbst noch nicht einsehbar, eigentlich gewesen sei: „die maßgebliche Selbstauslegung der Moderne".[3] Hier wird eine philosophische Deutung gefordert, die den Kern einer Philosophie ans Tageslicht bringen soll, der dem betreffenden Autor selbst noch nicht klar sein konnte.

Um 1900 fassten verschiedene Autoren dieses Vorhaben in der programmatischen Formel zusammen, dass man den „Geist" der kantischen Lehre jenseits ihres „Buchstabens" zu erkennen habe. In den Worten des bekannten Neukantianers Wilhelm Windelband (1848–1915) bedeutete dies letzlich, dass

> vielleicht alle einzelnen und buchstäblichen Fassungen der bei Kant historisch bedingten Begriffe seiner Lehre korrigiert werden müssen, dass aber der Geist der Transcendentalphilosophie [sic!] unsterblich sei. Diesen Geist galt es in der Folgezeit zu begreifen, zu begründen, zu vertreten, zu verteidigen [...].[4]

Wer Kants Absicht letztgültig erfassen wolle, der müsse eben „über ihn hinausgehen".[5] Nur die Deutung der Schriften könne deren wahre Absicht enthüllen, die Kant selbst noch verborgen geblieben gewesen sei.

---

1 Jürgen Habermas: Der philosophische Diskurs der Moderne. Zwölf Vorlesungen. Frankfurt a.M. 1993, S. 30.
2 Bereits Reinhart Koselleck hatte in Kants *Kritik der reinen Vernunft* einen wesentlichen Beitrag zur „Pathogenese der bürgerlichen Welt" und zur Entstehung des modernen Staatswesens gesehen (vgl. Reinhart Koselleck: Kritik und Krise. Eine Studie zur Pathogenese der bürgerlichen Welt. 7. Aufl. Frankfurt a.M. 1992, S. 101f.).
3 Habermas: Diskurs (wie Anm. 1), S. 30.
4 Wilhelm Windelband: Otto Liebmanns Philosophie. In: Kant-Studien 15 (1910), S. III–X, hier S. IV.
5 Wilhelm Windelband: Präludien. Aufsätze und Reden zur Einleitung in die Philosophie. 2. Aufl. Leipzig u. Tübingen 1903, S. IV.

Wo Habermas bei Kant die Keime der Moderne erkennt, erblickt Windelband den „Geist" der Transzendentalphilosophie hinter den kantischen Schriften. Beide Positionen verweisen aber gerade in ihrem Beharren auf einem Kern der kantischen Lehre, eben ihrer Eindeutigkeit, darauf, dass jede Deutung der kantischen Philosophie einen historischen Kontext voraussetzt, in dem die kantische Lehre auf ihren Kern hin befragt werden muss.

Und die Deutungen Kants waren so vielgestaltig wie die Kontexte, in denen sie vorgenommen wurden, meistens mit dem Anspruch verbunden, den eigentlichen, den „wahren" Kant entdeckt und nun die Berechtigung erlangt zu haben, ihn für die eigene Position als Autorität in Anspruch nehmen zu dürfen.

Der verbindende Horizont, auf dem die in diesem Band enthaltenen Beiträge versammelt sind, sind die heftig umstrittenen Neudeutungen Kants, die in den Jahrzehnten um 1900 vorgenommen worden sind, als Kants Philosophie in die polemischen Debatten zwischen Materialismus und Monismus, Spiritismus, Okkultismus, Parapsychologie und Tiefenpsychologie, Hegelianismus und lutherisch-deutschem Nationalprotestantismus einbezogen, neu gelesen und teilweise äußerst widersprüchlich gedeutet worden ist. Es sind auch die Jahrzehnte, in denen der Neukantianismus zwischen den genannten Fronten entwickelt worden ist, um eine den Naturwissenschaften äquivalente Geisteswissenschaft an den – insbesondere deutschsprachigen – Universitäten zu etablieren. Dieser Neukantianismus grenzte sich von materialistischen und spiritistischen Kant-Deutungen gleichermaßen ab und versuchte, die Kanonisierung Kants mit Hilfe einer gültigen wissenschaftlichen Edition, der Akademie-Ausgabe, voranzutreiben.

Die hier versammelten Beiträge entstammen überwiegend einer Tagung, die im Oktober 2018 an der Theologischen Fakultät der Martin-Luther-Universität Halle-Wittenberg stattgefunden hat. Sie wurde im Rahmen eines Forschungsprojektes veranstaltet, das von der Deutschen Forschungsgemeinschaft unter dem Titel „Interpretationen und Transformationen der Postulatenlehre Kants in der Auseinandersetzung zwischen Neukantianismus, Materialismus, Spiritismus und Parapsychologie um 1900" von 2016 bis 2020 finanziert wurde. Hauke Heidenreich hat als wissenschaftlicher Mitarbeiter das Projekt unter der Mentorschaft von Friedemann Stengel am Lehrstuhl für Neuere Kirchengeschichte durchgeführt und im März 2020 mit einer Dissertation unter dem Titel „Die ‚Wiedererweckung' des ‚wahren Kant'. Rezeptionen der kantischen Postulatenlehre im Kontext von Neukantianismus, Materialismus und Okkultismus um 1900" abgeschlossen.

Mit dem vorliegenden Band werden weitere Schneisen in die umstrittene Kant-Deutung auch jenseits der deutschsprachigen Debatte um 1900 geschlagen. Beiträge aus einer systematischen wie auch aus einer historisch-kritischen Perspektive stehen dabei nebeneinander.

Hauke Heidenreich (Halle) zeichnet die Positionierung der Kant-Interpretationen zwischen Neukantianismus, Materialismus und Spiritismus anhand der völlig gegensätzlichen, auf Umdeutung und gar Eliminierung einzelner Theorieelemente hinauslaufenden, Deutungen der Postulatenlehre Kants nach. Dabei spielte auf der einen Seite die 1888 erfolgte Wiederveröffentlichung des Kapitels über die rationale Psychologie aus Kants Metaphysikvorlesung durch den Parapsychologen Carl du Prel insofern eine ausschlaggebende Rolle, weil durch sie – und durch die von du Prel vorgenommene Kommentierung – Kant geradezu als Vorläufer oder Begründer des Spiritismus und als Anhänger Swedenborgs erschien. Die im Jahr darauf publizierten *Welträthsel* Ernst Haeckels schlossen sich erstaunlicherweise du Prels Kant-Deutung an und nutzten sie, um die gesamte zeitgenössische an Kant anknüpfende Philosophie als verkappten Okkultismus zu attackieren. Eine Folge dieser Angriffe ist die Umdeutung und sogar Verwerfung der Postulatenlehre durch neukantianische Autoren wie Hermann Cohen und Hans Vaihinger. Auf die Genese des Neukantianismus als einer gezielten Umdeutung Kants fällt durch die Frontstellungen, zwischen denen und gegen die er entstand, ein entscheidendes neues Licht.

Ein Ergebnis dieser Neudeutung Kants im Neukantianismus ist die Entstehung der Königlich-Preußischen Akademie-Ausgabe der Werke Kants, die *Anne Wilken* (Wuppertal) in ihrem Beitrag rekonstruiert. Dabei wird der Rolle der Akademie und insbesondere dem Wirken Wilhelm Diltheys, der das Projekt leitete, selbst aber weder Editor noch Kombattant in den Debatten des Neukantianismus war, ebenso nachgegangen wie einzelnen Personalentscheidungen, der Textkonstitution und der Gestaltung der Edition.

Valentina Dafne de Vita (Halle) widmet sich unveröffentlichten Mitschriften, die Friedrich Nietzsche 1868 bei seiner Kant-Lektüre angefertigt hat und die Kants Bedeutung für Nietzsches Werk, insbesondere in der Frage des Willens zur Macht und der Wirkung der *Analytik des teleologischen Urteils* für seinen Vitalismus und seine Kritik am Anthropozentrismus der Wissenschaften, bezeugen.

Elisabeth Theresia Widmer (Wien) behandelt die bisher wenig beachtete ästhetische Ethik des frühen Neukantianers Friedrich Albert Lange und arbeitet dabei heraus, dass Lange mit seinem ästhetischen Ansatz zum *Standpunkt des Ideals* eine idealistische Ethik begründet, die seinen sozialistischen Schriften zugrunde liegt und die Brücke zu seiner theoretischen Philosophie schlägt. Dabei wird deutlich, dass Lange den kategorischen Imperativ zwar ablehnt, die kantische Ethik jedoch von einem politischen Standpunkt aus positiv beurteilt.

Durch diese Perspektive wird auch die Ethik Hermann Cohens neu betrachtet, der sein Verständnis von Sozialismus in Anknüpfung und Abgrenzung von Langes Ethik auf kantische Prinzipien gründete.

Der Einfluss der Kant-Auslegung Hermann Cohens insbesondere auf Ernst Cassirer steht im Zentrum des Beitrags von *Kirstin Zeyer* (Bernkastel-Kues), die auch den neukantianischen und symbolphilosophischen Modifikationen der Philosophie Kants bei Cassirer, insbesondere seiner systematischen Umorientierung vom Substanzbegriff zum Funktionsbegriff nachgeht.

Constantin Plaul (Halle) untersucht die, trotz manch scharfer Invektiven gegen Kant, genauer besehen doch konstruktive und kritische Anknüpfung Wilhelm Diltheys an Kants Erkenntnistheorie, wodurch neue Einsichten in Diltheys Wissenschaftstheorie möglich werden.

Martin Bunte (Münster) befasst sich in seinem Aufsatz „Gegenstand und Gegensatz" mit dem Problem des „Geltungsfremden" bei Kant und Heinrich Rickerts Schüler Emil Lask aus einer systematisch vergleichenden Perspektive. Thema ist die strikte Unterscheidung von Verstand und Sinnlichkeit, die Lask im Gegensatz zu anderen neukantianischen Zeitgenossen beibehalten hat. Es wird verdeutlicht, dass Lasks Frage nach dem Geltungsfremden bereits bei Kant im Verhältnis von Denken und Anschauen zentral ist. Daneben wird gezeigt, dass die Umdeutungsversuche mittels der Schematisierung des Logischen oder durch Logifizierung der *Aisthesis* notwendig scheitern müssen.

Nina A. Dmitrieva (Kaliningrad/Moskau) geht der Kant-Rezeption im frühen russischen Neukantianismus um Alexander Iwanowitsch Wwedenski nach und weist damit auf die Transmission Kants in die russische Philosophie hin.

Barbara Loerzer (Frankfurt a.M.) wendet den Blick auf die vor allem für den nordamerikanischen Kant-Diskurs prägende Rezeption durch William James und konzentriert sich dabei insbesondere auf die Verbindung des Sinnlichen mit dem Sittlichen bei Kant und James, dessen umfangreiche handschriftliche Arbeiten dafür herangezogen werden. Dadurch fällt auch neues Licht auf James' religionsphilosophischen Ansatz.

Obwohl sich der Band auf Beiträge zu „Kant um 1900" konzentriert, wirft *Friedemann Stengel* (Halle) einen Blick zurück auf die insbesondere seit Carl du Prel problematisierten und äußerst umstrittenen Mitschriften der Vorlesungen Kants über rationale Psychologie, die erst seit 1970 in die Akademie-Ausgabe aufgenommen wurden. Auf der Basis der Metaphysik-Vorlesungen Kants, der ihnen zugrunde liegenden *Metaphysik* A. G. Baumgartens und Kants Reflexionen aus dem Nachlass wird eine historisch-kritische Betrachtung des Lehrtopos rationale Psychologie in den Metaphysik-Vorlesungen von der Mitte der 1760er bis in die 1790er Jahre vorgelegt. Dabei werden Parallelen und Gegensätze zu den veröffentlichten Schriften sowie modifizierende Aneignungen von Lehrelementen der rationalen Psychologie und zu der – eben seit du Prel neu aufgeflammten – Diskussion über das ambivalente Verhältnis Kants zu Swedenborg aufgezeigt, wobei der These einer späten Rehabilitierung Swedenborgs durch Kant widersprochen wird. Der Beitrag geht damit der Ende des 19. Jahrhunderts aufgeworfenen Frage nach der Stellung Kants gegenüber rationaler Psychologie und Swedenborg und eben nach der Position der entsprechenden Vorlesungen Kants in seinem Gesamtwerk nach.

Aus der Perspektive philosophisch, theologisch, kulturwissenschaftlich interessierter Historikerinnen und Historiker wird die Frage nach den Kontexten gestellt, in die Kant eingeschrieben worden ist. Kant *wird* gelesen, Kant *wurde* gelesen. Und damit *wurde* gedeutet und *wird* gedeutet. Es sind stets konkrete Kontexte, nicht selten Gegner, sogar Feinde, andere Lager, gegen die die altehrwürdige Autorität herbeigerufen wird. Die Ineinanderverwobenheit der Situation der Auslegerin und des Auslegers und ihres/seines Kontextes ist es, die das kreative Ich einschränkt, limitiert, lenkt und leitet, der Auge und Ohr trübt oder erhellt, sensibilisiert, hypersensibilisiert, desensibilisiert und der das Ich zu einer Kreativität beflügelt, die eben auch unerwartete, polemische, apologetische, tendenziöse, immer jedoch innovative Deutungsworte in den Text hineinlegt, die sich mit den Spuren vermischen, vermengen, sie wegziehen, übermalen, verwischen und ergänzen, in neuen Kontexten und neue Kontexte generierend.

Dass gelesen und gedeutet *wurde*, ließ und lässt sich stets als Irrweg, Lesefehler, ideologieaffin, Mangel oder Vergangenheit deuten. Das Faktum des Gelesenwordenseins ist dadurch nicht zu umgehen. Es hat Kontexte und Tatsachen geschaffen, die wiederum erst neues Lesen und Deuten möglich und zugleich nötig gemacht haben. Dass der alte Ruf *ad fontes* – hier: zurück zum „wahren Kant" – nicht außerhalb des Kontextes und der mit ihm verbundenen Formationen und Fronten geschehen kann, zwischen denen er ertönt, zeigt der Blick in die historischen Kontexte.

Halle, im Oktober 2021

Hauke Heidenreich
Friedemann Stengel

Hauke Heidenreich
Materialisten, Neukantianer, Spiritisten
Kant-Rezeptionen um 1900

1 Prolog: Kant als Deutungsgrundlage für die Zeitgenossen

Am 15. April des Jahres 1915 stand, inmitten des Ersten Weltkriegs, ein denkwürdiges Jubiläum an: der 191. Geburtstag Immanuel Kants. Der damals im Feld stehende Königsberger Rechtsanwalt Carl Sieur[1] verfasste aus diesem Anlass ein Gedicht, welches in den *Kant-Studien* abgedruckt wurde. Sieur legte in seinem Gedicht unter anderem ausdrücklich eine Lesart der kantischen Moralphilosophie vor, die er mit folgenden Worten charakterisiert:

> Die Sterne stehn friedlich am Firmament, / Wie einst, als Kant sie bewundert. / Für's Ewige ist der Krieg ein Moment / Und armselig kurz ein Jahrhundert.
> Und dennoch: der Mensch, kurzlebig und schwach, / Das Stärkste trägt er im Busen: / Das moral'sche Gesetz hält die Pflicht stets wach / Im Dienste des Kriegs und der Musen.
> Der bestirnte Himmel über mir: / Er spottet des Raums und der Zeiten; / Doch es trägt ein heilig Gesetz in Dir / Auch Dich kleinen – in ewige Weiten.
> ‚Zurück zu Kant!?' / Welch Wort des Widerspruchs! / Kant ist voran / Erreiche ihn, versuch's! Du kannst nicht hin, / Der Weg ist steil und weit; / Und doch hat's Sinn! Steig auf zur Ewigkeit. Du kannst nicht hin. / Doch wählst Du rechte Richtung, / So bringt Gewinn / Manch Blick durch eine Lichtung.
> Gradaus und vor! / Dann blicke nach den Sternen! / Du schaust das Tor / Zu weiten, ewigen Fernen!
> Das Frührot kam – der Friede will / Bald Same auf Erden verbreiten, / Ein Dauerfriede; aber – still: / Kein Friede auf ewige Zeiten.[2]

---

[1] Zu Sieur konnten keine weiteren Daten ausfindig gemacht werden. In den *Kant-Studien* wird erwähnt, er sei Rechtsanwalt beim Königlichen Oberlandesgericht in Königsberg sowie „z. Zt. Hauptmann der Reserve". Zudem unterschrieb Sieur als „auch ein Jünger des grossen Kantschülers" Heinrich Theodor von Schön (1773–1856), des ehemaligen Oberpräsidenten der bis 1878 existierenden Provinz Preußen, der bei Kant studiert hatte. Schön war zudem 1848 Abgeordneter und Alterspräsident der Preußischen Nationalversammlung gewesen. Vgl. Bernd Sösemann: Art. Schön, Theodor von. In: Neue Deutsche Biographie 23 (2007), S. 378–380 [Online-Version]. URL: https://www.deutsche-biographie.de/pnd118610007.html#ndbcontent [12.3.2020].
[2] Carl Sieur: Zum 22. April 1915. In: Kant-Studien 20 (1915), S. 338.

Das Zitat „das moral'sche Gesetz hält die Pflicht stets wach" verweist hierbei auf eines der zentralen Theorieelemente von Kants Moralphilosophie. Dieses stehe, so der Jurist Sieur, allerdings nicht für sich selbst, sondern „im Dienste des Kriegs und der Musen", es sei die wichtigste Stütze soldatischer Pflichterfüllung. Der Ruf ‚Zurück zu Kant!' intendiere dabei, einen durch Pflichterfüllung im Krieg möglich gemachten Aufstieg zur Ewigkeit sichtbar zu machen, der von Kants Moralllehre angezeigt, ja von Kant persönlich vorangeschritten werde.

Mit der Erwähnung des Aufrufs „Zurück zu Kant" bezog sich Sieur zudem auf einen immer wieder zitierten Aspekt in den zeitgenössischen Debatten der Kantforschung. Mit dieser Deutung schrieb Sieur seine Deutung der kantischen Morallehre in den damaligen Kanon der Kantforschung ein, deren Selbstverständnis größtenteils darauf beruhte, das wahre Wesen oder die „eigentliche Aufgabe" der kantischen Philosophie erkannt bzw. wiederentdeckt zu haben.[3] Damit einher ging die Auffassung vieler Forscher, dass die kantische Philosophie erst jetzt, unter Bezug auf die Diskurse um 1900, richtig verstanden werden könne.[4] Bis in die heutige Kantforschung hinein wird die Losung „Zurück zu Kant" als Kennzeichen der als „Neukantianismus" beschriebenen Philosophie um 1900 erkannt.[5]

Was mit diesem Aufstieg zur Ewigkeit konkret gemeint sein könnte, den der Ruf „Zurück zu Kant!" verspreche, wurde aber sieben Tage später für viele Soldaten an der Front brutale Realität. Am 22. April, an Kants Geburtstag, wurde in der zweiten Flandernschlacht auf deutscher Seite erstmals Giftgas im Krieg eingesetzt und somit markiert diese Erinnerung an Kants Geburtstag, um mit der *Enzyklopädie Erster Weltkrieg* zu sprechen, die „Geburtsstunde von modernen Massenvernichtungswaffen".[6]

Der seit demselben Jahr in Halle lehrende und 1921 dort zum Professor berufene Philosoph Max Frischeisen-Köhler (1878–1923),[7] ab 1918 Mitherausgeber

---

[3] Zum Ausdruck kam dieses Selbstverständnis vor allem in vielen Reden, die anlässlich von Kants 100. Todestag publiziert wurden. Vgl. Friedrich Paulsen: Zum hundertjährigen Todestage Kants. In: Kant-Studien 9 (1904), S. 186–291, hier S. 290. Vgl. Wilhelm Windelband: Immanuel Kant und seine Weltanschauung. Gedenkrede zur Feier der 100. Wiederkehr seines Todestages. An der Universität Heidelberg gehalten. Heidelberg 1904.
[4] Vgl. Max Adler: Immanuel Kant zum Gedächtnis. Gedenkrede zum 100. Todestage gehalten im Wiener „Sozialwissenschaftlichen Bildungsverein" am 9. Februar 1904. Wien 1904, S. 1.
[5] Kürzlich von Frederick C. Beiser: The Genesis of Neo-Kantianism 1796–1880. New York 2017, S. 3.
[6] Gerhard Hirschfeld, Gerd Krumeich u. Irina Renz (Hg.): Enzyklopädie Erster Weltkrieg. Paderborn 2014, S. 519.
[7] Vgl. Heinrich Kautz: Art. Frischeisen-Köhler, Max. In: Neue Deutsche Biographie 5 (1961), S. 619f. (Online-Version). URL: https://www.deutsche-biographie.de/pnd118693700.html#ndbcontent [8.4.2019].

der *Kant-Studien*, bekräftigte, dass zwar der Ruf „Zurück zu Kant!" „einst die Forderung, den Metaphysischen Träumereien und Spekulationen endgültig zu entsagen", bedeutet, die „vertiefte Kantforschung" aber nun ein „neues Verständnis von den ewigen Aufgaben der Menschheit erschlossen" habe.[8] Wie als Antwort auf Sieurs Deutung der kantischen Morallehre behauptet Frischeisen-Köhler unter Berufung auf die *Kritik der praktischen Vernunft*, dass die Bewahrung des eigenen Lebens keinerlei moralischen Wert habe, sondern nur die Pflichterfüllung, die das zentrale Moment von Kants Morallehre ausmache.[9] Gleiches ist von Frischeisen-Köhlers Vorgänger als Herausgeber der *Kant-Studien*, Bruno Bauch (1877–1942), zu hören.[10]

Das Beschwören der kantischen Philosophie als Medium hegemonialer Sinnstiftung im Angesicht des Krieges ist einer von vielen Kontexten, in denen Kant als zentrale philosophische Autorität des eben zu Ende gegangenen 19. und gerade begonnenen 20. Jahrhunderts rezipiert wurde. In diesem Kontext ist auch die Rede von Reichskanzler Bernhard von Bülow (1849–1929) anlässlich des 100. Todestages von Kant 1904 zu sehen; sie zeigt die politische Dimension, in welcher um 1900 über Kant gesprochen wurde. Bülow zufolge hätten Kants Schriften „die Philosophie des preußischen Pflichtbewußtseins niedergelegt" und der „Geist des kategorischen Imperativs [habe] die Schlachten unserer Freiheitskriege geschlagen" sowie „an Preußens Größe und Deutschlands Einheit mitgearbeitet". Somit müsse dem „Ruf [...], der neuerdings wieder durch die Reihen unserer philosophisch Gebildeten geht: Zurück zu Kant" uneingeschränkt Recht gegeben werden.[11] Dass Bülow den damals bereits 40 Jahre in der Vergangenheit liegenden Ruf als „neuerdings" bezeichnete, wurde ihm schon zeitgenössisch als rückwärtsgewandte Sichtweise vorgeworfen.[12] Doch Bülow betonte die Aktualität dieses ‚Zurück zu Kant' gerade nicht im Zusammenhang mit einem Rückschritt, sondern, ähnlich wie auch später Sieur, als ein Voranschreiten im Bewusstsein, die politische Mission Preußens in Deutschland nicht nur unter Rückgriff auf Kant, son-

---

8 Max Frischeisen-Köhler: Geistige Werte. Ein Vermächtnis deutscher Philosophie. Berlin 1915, S. 12.
9 Ebd., S. 27: „Wenn der Unglückliche, stark an Seele, über sein Schicksal mehr entrüstet als kleinmütig oder niedergeschlagen, den Tod wünscht und sein Leben doch erhält, ohne es zu lieben, nicht aus Neigung oder Furcht, sondern aus Pflicht; alsdann hat seine Maxime einen moralischen Gehalt."
10 Vgl. Bruno Bauch: Der Begriff der Nation. In: Kant-Studien 21 (1917), S. 139–162, hier S. 140–142.
11 Zit. nach Maximilian Harden: Notiz zum Kantjubiläum. In: Die Zukunft 46 (1904), S. 311–316, 466–468, hier S. 312.
12 Ebd.

dern sozusagen als Vollzug des kantischen Projekts erfüllen zu müssen und folglich auch zu können. Immerhin hatte im gleichen Jahr auch der führende neukantianische Philosoph Hermann Cohen (1842–1918) insistiert, dass die Gedächtnisfeiern zu Kants Todestag „den Blick nicht nur zurück" wenden und zudem keine nur wissenschaftliche Frage seien.[13] Kant sei stattdessen ein Philosoph des deutschen Volkes, seine Philosophie nur „aus seinen nationalen Wurzeln" und seinem „Heimathgefühl des Deutschen" erklärbar.[14] Ein Voranschreiten sei mit Kant möglich, in der Lesart Sieurs letztlich sogar der Eintritt in die Ewigkeit.

2 „Zurück zu Kant" – Produktion von Einheit durch Differenz

Den Neukantianismus als eine „philosophische Schulgemeinschaft"[15] zu verorten, ist auch in der heutigen Forschung weithin üblich. Besonders Christian Krijnen betonte, dass die Einheit neukantianischer Debatten, sozusagen ihr wiederkehrendes Muster, im Problem der „Geltung" zu suchen sei.[16] Werner Flach zufolge sei der Neukantianismus ein mehr oder weniger defizitärer Versuch gewesen, eine „Kulturphilosophie" zu installieren,[17] eine These, die bereits Ernst Wolfgang Orth vor Jahren bekannt gemacht hatte.[18] Und Frederick C. Beiser stellte noch 2017 die Behauptung auf: „Simply defined, neo-Kantianism, in a historical sense, was the movement in 19th-century Germany to rehabilitate Kant's philosophy"[19], deren Ursprünge sich bis zu Kants Lebzeiten zurückver-

---

13 Hermann Cohen: Rede bei der Gedenkfeier der Universität Marburg zur hundertsten Wiederkehr des Todestages von Immanuel Kant. Gehalten am 14. Februar 1904. Marburg 1904. S. 4.
14 Ebd., S. 5f.
15 So der Untertitel von Ulrich Sieg: Aufstieg und Niedergang des Marburger Neukantianismus. Die Geschichte einer philosophischen Schulgemeinschaft. Würzburg 1994.
16 Christian Krijnen: Denken als Ursprung. In: Christian Krijnen u. Andrzej J. Noras (Hg.): Marburg versus Südwestdeutschland. Philosophische Differenzen zwischen den beiden Hauptschulen des Neukantianismus. Würzburg 2012, S. 63–95, hier S. 69.
17 Werner Flach: Kants Begriff der Kultur und das Selbstverständnis des Neukantianismus als Kulturphilosophie. In: Marion Heinz u. Christian Krijnen (Hg.): Kant im Neukantianismus. Fortschritt oder Rückschritt? Würzburg 2007, S. 9–24, hier S. 10.
18 Ernst Wolfgang Orth: Die Einheit des Neukantianismus. In: Ders. u. Helmut Holzhey (Hg.): Neukantianismus. Perspektiven und Probleme. Würzburg 1994, S. 13–30, hier S. 29. Dem folgend auch Ursula Renz: Die Rationalität der Kultur. Zur Kulturphilosophie und ihrer transzendentalen Begründung bei Cohen, Natorp und Cassirer. Hamburg 2002, S. 3–10.
19 Frederick C. Beiser: The Genesis of Neo-Kantianism 1796–1880. New York 2017, S. 1.

folgen ließen. Vor diesem Hintergrund diagnostizierte tief greifende Differenzen innerhalb der neukantianischen Debatten[20] oder Positionen, die die historische Realität eines einheitlichen Neukantianismus allgemein bezweifeln,[21] kontrastieren auffällig mit dem eben benannten Beharren, im Neukantianismus ein einheitliches Muster erkennen zu können. Denn obwohl die historischen Differenzen in der aktuellen Forschung thematisiert werden, bestehen die Autorinnen und Autoren oftmals auf dem Anspruch, durch diese Differenzen hindurch eine Einheit des Neukantianismus erkennen zu können. Dies ist besonders auffällig, wenn zentrale Autoren der Neukantianismus-Forschung einen aktuellen Kontext evozieren, in denen diese Einheit erkannt werden könne.[22]

In diesem Zusammenhang erscheint es praktikabel, mit der erst jüngst erneut erhobenen Forderung, den Neukantianismus in seinem historischen Kontext zu verorten,[23] gerade der Produktion dieser „Einheit" im zeitgenössischen Diskurs nachzugehen. Besonders wird darzustellen sein, wie diese Einheit ein Effekt historischer Differenzen ist, in denen die kantische Morallehre und ihre Deutung Gegenstand massiver Streitgespräche ist, in denen allenthalben behauptet wird, die Essenz der Morallehre erkannt zu haben. Diese gegenseitigen Ausschlüsse, welche die Genese eines als einheitlich verstandenen „Neukantianismus" konstitutiv begleiteten, sind daher das Thema dieses Beitrages.

Als Otto Liebmann (1840–1912) in seinem Text *Kant und die Epigonen* 1865, inmitten der politischen Fronten nach dem deutsch-dänischen Krieg, seine

---

20 Krijnen: Denken (wie Anm. 16), S. 64.
21 Orth: Einheit (wie Anm. 18), S. 13.
22 Werner Flach etwa kritisiert historische Ansätze wie den Köhnkes, diese würden als reine „Zeitgeistanalyse" nicht in der Lage sein, die „Bastionen der Ignoranz zu schleifen", welche insbesondere in, wie es bei ihm heißt, „Neostrukturalismus sowie Postmoderne" existieren würden. Es ist in diesem Kontext unklar, welche Autoren Flach im Sinn hat bzw. wem gegenüber die genannten Philosophien ignorant wären. Flach deutet aber an, dass gerade im Angesicht poststrukturalistischer Debatten sich die historische Arbeit unbedingt an der Programmatik neukantianischer Autoren orientieren müsse. Anscheinend wird gerade in dem Moment die historische Kritik an neukantianischen Debatten relativiert und eine Programmatik des Neukantianismus selbst konstruiert, in dem in einer heute laufenden philosophischen Auseinandersetzung, offensichtlich unter Rückgriff auf eine vermeintliche Einheit des Neukantianismus, ein Gegenargument gegen den Poststrukturalismus geschaffen wird. Vgl. Werner Flach: Zur Neubewertung des Neukantianismus. In: Christian Krijnen u. Andrzej J. Noras (Hg.): Marburg versus Südwestdeutschland. Philosophische Differenzen zwischen den beiden Hauptschulen des Neukantianismus. Würzburg 2012, S. 9–40, hier S. 10.
23 Ulrich Sieg: Gerechtigkeitssinn und Empörung. Die ‚Marburger Schule' des Neukantianismus. Marburg 2016, S. 12.

Forderung erhob, „also muss auf Kant zurückgegangen werden",[24] geschah dies auf den ersten Blick offenbar gerade nicht in einem politischen Kontext.[25] Nötig sei dieser Rückgang vielmehr wegen einer geradezu babylonisch anmutenden Sprach- und Denkverwirrung.[26] Als Folge dieser Verwirrung habe sich praktisch die gesamte gebildete Elite dem Materialismus zugewandt.[27] Um dieser Verwirrung zu begegnen, fordert Liebmann eben den Rückgang zum „gemeinsamen Anfangspunkte" aller gegenwärtigen philosophischen Systeme:[28] zu Kant.

Liebmanns Problemlösung beginnt mit einer Bestandsaufnahme der nachkantischen Philosophen, der Epigonen, die allesamt einem Fehlschluss aufgesessen seien: Sie hätten nämlich irrtümlich versucht, den von Kant eingeführten Begriff des Dings an sich positiv zu fassen und, außer Schleiermacher, sei es keinem in den Sinn gekommen, dass das Ding an sich ein „fremder Tropfen Bluts" im Kritizismus sei.[29] Dadurch, dass wir den letzten Grund des Wissens nicht erkennen können, so Liebmanns Erklärung für das Ding an sich, „fingirt sich unser Intellect ein X, das nicht räumlich, nicht zeitlich, nicht durch Kategorien geordnet und erkennbar, also für uns überhaupt nicht vorstellbar ist, ein Ding, welches wir nicht als Ding erkennen – kurz ein ‚Ding an sich'."[30] Ein Ding, das wir als solches nicht erkennen können, ist aber, so Liebmann, ein Unding, nur ein „Pseudobegriff", über dessen Status Kant selber sich schon nicht klar gewesen sei.[31] Gegen Kants vergeblichen Versuch, „auf eine unbeantwortliche Frage einen Begriff als transscendente Antwort zu finden", legt Liebmann fest, welches die wahre Aufgabe wissenschaftlicher Philosophie sei: „erkennen und wissen".[32] Das Ding an sich sei bei Kant „ursprünglich als transscendente Vo-

---

24 Otto Liebmann: Kant und die Epigonen. Eine kritische Abhandlung. Stuttgart 1865, S. 86, 97, 110, 139, 156, 203, 215.
25 Klaus Christian Köhnke machte dagegen darauf aufmerksam, dass Liebmanns Philosophie wesentlich von nationalistischen Versatzstücken geprägt gewesen sei. Besonders in seinem Buch *Vier Monate vor Paris*, das Liebmann über seine Erlebnisse als Soldat im Deutsch-Französischen Krieg geschrieben hatte, parallelisiere Liebmann die kantische Philosophie mit der deutschen Heeresleitung. Letztlich sei Liebmanns Philosophie kein Rückgang auf Kant, sondern eine Revision der kantischen Philosophie in ein deutschnationales Interessengeflecht. Vgl. Klaus Christian Köhnke: Entstehung und Aufstieg des Neukantianismus. Frankfurt a.M. 1993, S. 216–221.
26 Liebmann: Kant (wie Anm. 24), S. 6.
27 Ebd., S. 5.
28 Ebd., S. 7.
29 Ebd., S. 37.
30 Ebd., S. 63.
31 Ebd., S. 64f.
32 Ebd., S. 69.

gelscheuche benutzt worden, um den naschhaften Intellect von den intelligibelen Früchten einer außerräumlichen und außerzeitlichen Welt abzuschrecken", sei nicht nur überflüssig, sondern auch „schädlich, weil man die Warnungstafel für den Wegweiser in's irrationale Jenseits hielt".[33]

Nach Liebmanns Auffassung habe Kant die theoretische Funktion dieses „Unbegriffs" nicht hinreichend verdeutlicht, so dass es in der Folge bei den Epigonen zu den nun herrschenden materialistischen Missverständnissen gekommen sei. Das kantische Ding an sich müsse nun endlich aus Kants Lehre eliminiert werden, um den wahren Kant freizulegen oder in Liebmanns Worten, „müssen wir ihn nach seinem Geiste verstehen, nicht an seinem Buchstaben hängen".[34]

Fasst man Liebmanns Standpunkt hier zusammen, besteht der Grund, oder vielmehr: Sündenfall der gedanklichen Verwirrung zu seiner Zeit in einer falschen Interpretation des Dings an sich oder besser gesagt: überhaupt einem problematischen Umgang mit dem Ding an sich als theoretischer Figur. Zwar lasse sich der Grund der Verwirrung schon in Kants eigenen Texten finden, nämlich eben darin, dass Kant überhaupt vom Ding an sich spräche. Doch die kantischen Nachfolger hätten diesen Fremdkörper der kritischen Philosophie als deren Wesen ausgegeben. Der Materialismus erscheint in diesem Konzept als Reaktion auf die übermäßigen Spekulationen der kantischen Epigonen, wie Hegel, Schelling und Schopenhauer. Liebmanns Forderung des Rückgangs auf Kant beruht auf der Behauptung, der Materialismus sei nur eine Folge einer falsch verstandenen Kantdeutung und lasse sich durch Eliminierung des Dings an sich widerlegen. Die Lösung der zeitgenössischen Problemlagen glaubte Otto Liebmann durch einen Rückgriff auf den Ursprung herbeiführen zu können. Der Rückgang zum vermeintlichen Ausgangspunkt der derzeitigen Philosophie sollte die laufenden Debatten beenden und die Einheit des philosophischen Diskurses wiederherstellen, die sich am Ort des Ursprungs befunden habe. Dieser Ort des Ursprungs besteht für Liebmann, wie gezeigt, in der Existenz dessen, was Liebmann den kantischen „Geist" nennt. Weil sich in den kantischen Texten mit den Verweisen auf das Ding an sich bereits Differenzen finden lassen würden, welche die Einheit des Ursprungs gefährden, lasse sich die Einheit der kantischen Philosophie sozusagen nur ‚hinter' dem Buchstaben erkennen. Diesen Geist zu erkennen, sei die Aufgabe der wissenschaftlichen Philosophie. Abweichungen von dieser Sicht gingen, so Liebmann, nicht nur an der vermeintlichen Intention des kantischen Geistes vorbei, sondern seien darüber hinaus regelrecht unphilosophisch.

---

33 Ebd., S. 205.
34 Ebd., S. 210.

Obwohl Liebmann keinen Namen nennt, welcher „unphilosophische" Autor für den Materialismus verantwortlich sei, lässt sich doch eine Spur finden. Der Arzt Ludwig Büchner (1824–1899) hatte bereits 1855 seinen Text *Kraft und Stoff* veröffentlicht, der bis zur Jahrhundertwende 20 Auflagen erlebte und somit als Bestseller den Status einer wahren „Bibel des Materialismus"[35] zugesprochen bekam. Büchners Vorstoß, wonach sich alle Phänomene auf rein stoffliche Vorgänge zurückführen ließen, bildete für Liebmann offensichtlich hier die negative Vorlage seiner Kantdeutung, nicht zuletzt deshalb, weil die achte Auflage von *Kraft und Stoff* nur ein Jahr vorher (1864) erschienen war.

3 Rezeption der Materialismusfront – Haeckel und die „Neukantianer"

Materialistische Ansätze wie diese Büchners erscheinen in Liebmanns Konzept lediglich als eine Folge falscher Kantinterpretation und könnten daher in einem Rückgang auf den „wahren Kant" leicht widerlegt werden; so zumindest der Standpunkt.

Und dieser wurde von vielen neukantianischen Autoren akzeptiert. Liebmanns Buch war – anders als die bereits erwähnten 20 Auflagen von *Kraft und Stoff* bis zur Jahrhundertwende – kein Verkaufsschlager. Die zweite von Bruno Bauch besorgte Auflage erschien erst 1912. Doch sein Aufruf, auf den „Geist" der kantischen Lehre zurückzugehen, um den Materialismus zu widerlegen, hatte großes Gewicht im Diskurs. In einer auffälligen Gemengelage erblickte Erich Adickes (1866–1928), Philosophieprofessor in Kiel, Münster sowie Tübingen und später als Mitarbeiter an der Akademie-Ausgabe von Kants Gesammelten Schriften maßgeblich für die Edition des Opus postumum verantwortlich,[36] 1901 die Notwendigkeit, dieses Widerlegungsszenario eindrücklich ins Gedächtnis rufen zu müssen; immerhin knapp vierzig Jahre nach Liebmanns Aufruf. Nur drei Jahre nach Erscheinen der 20. Auflage von *Kraft und Stoff* fertigte Adickes in den *Kant-Studien* unter Berufung auf Kant einen weiteren „Materialisten" ab. Sein pro-

---

35 Erich Adickes: Kant contra Haeckel. Erkenntnistheorie gegen naturwissenschaftlichen Dogmatismus. In: Kant-Studien 5 (1901), S. 340–383, hier S. 340; Maximilian Harden: Glosse zu Haeckels Welträthsel. In: Die Zukunft 34 (1901), S. 113f.
36 Vgl. Josef Hanslmeier: Art. Adickes, Erich. In: Neue Deutsche Biographie 1 (1953), S. 66f. [Online-Version]. URL: https://www.deutsche-biographie.de/pnd11600780X.html#ndbcontent [10.6.2019].

grammatisches, sich eindeutig auf Liebmanns Thesen beziehendes Vorgehen wird schon im Titel des Artikels deutlich: *Kant contra Haeckel*, der darstellen solle, so Adickes,

> dass meine Haupteinwände nicht auf mich als Einzelpersönlichkeit zurückgehn, dass sie vielmehr schon durch Kant zum Gemeingut der ganzen modernen wissenschaftlichen Philosophie geworden sind, als deren Sprecher ich bloss auftrete.[37]

Die epistemologischen „Binsenwahrheiten", die jeder Philosoph kenne und nur Haeckel und Büchner unbekannt seien, beständen in der „Fundamentalerkenntnis, dass die uns nächstliegende Erfahrung die geistige ist, dass nicht materielles, sondern psychisches Geschehn das uns [...] primär Gegebene ist".[38] Gerade daher, dass sie die engen Erkenntnisgrenzen ignorieren würden, seien beide als Philosophen „vollständige Nullen".[39]

Adickes' hartes Urteil über Haeckel, den er trotz vorangegangener Charakterisierung als „Null" dann doch mit Kant widerlegen zu müssen glaubt, wurde auch von weiteren Autoren geteilt. Richard Hönigswald (1875–1947) attestierte Haeckel, entgegen der kantischen Erkenntnisgrenzen über das „mystische Ding an sich" zu spekulieren.[40] Der Theologe Ernst Troeltsch (1865–1923) merkte an, dass Haeckel mit seinen „phantastisch erweiterten und verallgemeinerten naturwissenschaftlichen Begriffen und Methoden" und seinem „widerwärtigen Buch" im naivsten Materialismus befangen sei.[41] In Rudolf Eislers *Wörterbuch der philosophischen Begriffe* erscheinen Haeckel und Büchner gar als Hauptvertreter des Atheismus.[42]

Doch worum geht es genau in dieser scharfen Front? Warum wurde gegen Haeckel das Widerlegungsszenario ‚Kant vs. Materialismus' erneut aufgerufen? Der Kontext besteht offensichtlich darin, dass der Jenenser Zoologe Ernst Haeckel (1834–1919), dem bereits zu Lebzeiten klingende Titel wie „Deutscher Darwin"[43] und „Gegenpapst"[44] verliehen wurden, sich selbst in der Kantdebatte zu

---

37 Adickes: Kant contra Haeckel (wie Anm. 35), S. 343.
38 Ebd., S. 342.
39 Ebd., S. 341.
40 Richard Hönigswald: Ernst Haeckel, der monistische Philosoph. Eine kritische Antwort auf seine „Welträthsel". Leipzig 1900, S. 45.
41 Ernst Troeltsch: [Rezension zu] Richard Hönigswald: Ernst Haeckel, der monistische Philosoph. Eine kritische Antwort auf seine „Welträthsel". In: Christliche Welt. Evangelisches Gemeindeblatt für Gebildete aller Stände 15 (1900), Sp. 1020–1022, hier Sp. 1021.
42 Rudolf Eisler (Hg.): Wörterbuch der philosophischen Begriffe. Berlin 1904, S. 411.
43 Vgl. Heinrich Schmidt: Der Kampf um die Welträtsel. Ernst Haeckel, die ‚Welträtsel' und die Kritik. Bonn 1900, S. 3; Otto Quast: Haeckels Weltanschauung. Ein kritischer Bericht. Essen 1909, S. 16.

Wort gemeldet hatte. Spätestens mit seinem Bestseller *Die Welträthsel* von 1899, übrigens dem direkten Anlass für Adickes' scharfe Polemik, wurde Haeckel daher von den Protagonisten der sich als kanonisch verstehenden Philosophie als ein weiterer Vertreter des gefürchteten morallosen Materialismus gesehen.[45] Dass Haeckel selbst eine Deutung der kantischen Morallehre vornahm, rief hier den Widerspruch genau dieser Philosophen hervor, die ihre eigene Arbeit als gezielte Fortsetzung der kantischen Lehre verstanden, wie dies Adickes' Selbstverortung als bloßer „Sprecher" Kants eindrücklich belegt.

Und dabei hatte Haeckel an Kant zuerst gar nichts auszusetzen. Bereits in seiner *Natürlichen Schöpfungsgeschichte* von 1868, drei Jahre nach Liebmanns Buch publiziert, befand Haeckel Kant als den maßgeblichen Philosophen der modernen Naturforschung. In seinem fünften Vortrag erscheint Kant zwar noch in gewissen dualistischen Vorurteilen seiner Zeit befangen, aber er habe eine naturwissenschaftliche Bildung erhalten, die ihn gleichzeitig weit über seine Zeit stelle. Diese Bildung habe ihn nämlich befähigt, die *Allgemeine Naturgeschichte und Theorie des Himmels* von 1755 zu schreiben, womit er sich einen „glänzenden Namen unter den Naturforschern" erworben habe: „Kant war also Naturphilosoph im besten und reinsten Sinne des Wortes." Sein bedeutendstes biologisches Werk sei aber die *Kritik der Urteilskraft* gewesen, worin Kant die ganze anorganische Natur habe rein mechanisch erklären wollen und nur noch in Bezug auf die organische Natur beim teleologischen und dualistischen Standpunkt verblieben sei.[46] Kant weiche aber in vielen Punkten auch von diesem dualistischen Standpunkt zur Erklärung der Entstehung des organischen Lebens noch ab und greife bestimmte Gedanken der Entwicklungslehre voraus.[47] An sich habe der Königsberger schon wesentliche Einsichten Darwins vorweggenommen, sei eigentlich eine Art früher Evolutionsbiologe.[48]

---

44 Vgl. Thomas Bach: Alle wahre Wissenschaft ist Naturphilosophie. Der Naturforscher und Philosoph Ernst Haeckel im Portrait. In: Der blaue Reiter. Journal für Philosophie 34 (2013), S. 92–97, hier S. 93.
45 Vgl. Paul Ziche: Die „Scham" der Philosophen und der „Hochmut der Fachgelehrsamkeit". Zur philosophischen Diskussion von Haeckels Monismus. In: Ders. (Hg.): Monismus um 1900. Wissenschaftskultur und Weltanschauung. Berlin 2000, S. 61–79.
46 Ernst Haeckel: Natürliche Schöpfungsgeschichte. Gemeinverständliche wissenschaftliche Vorträge über die Entwicklungslehre im Allgemeinen und diejenige von Darwin, Goethe und Lamarck im Besonderen, über die Anwendung derselben auf den Ursprung des Menschen und andere damit zusammenhängende Grundfragen der Naturwissenschaft. Berlin 1868, S. 81.
47 Ebd., S. 82.
48 Dieser Position hat sich in letzter Zeit auch der Kantforscher Reinhardt Brandt angeschlossen. Vgl. Reinhardt Brandt: Immanuel Kant – Was bleibt?. Hamburg 2010, S. 172: „Kant ermöglichte als erster neuzeitlicher Autor eine theologiefreie Zweckforschung der Natur, unsere heutige Biolo-

Diese Einschätzung änderte sich jedoch 1879, als bereits die achte Auflage von Haeckels Text erschien. Haeckel stellt dem oben genannten Lob Kants nun einen kurzen, scheinbar nur beiläufigen Einschub voran, in welchem er seine Kantdeutung auffällig modifiziert:

> Wir würden daher unbedingt in der Geschichte der Entwickelungs-Lehre unserem gewaltigen Königsberger Philosophen den ersten Platz einräumen müssen, wenn nicht leider diese bewunderungswürdigen monistischen Ideen des jungen Kant später durch den überwältigenden Einfluss der dualistischen christlichen Weltanschauung ganz zurückgedrängt worden wären. An ihre Stelle treten in den späteren Schriften Kant's theils ganz unhaltbare dualistische Vorstellungen, theils unklares Schwanken zwischen ersteren und letzteren.[49]

Haeckel vertritt nun die Ansicht, Kant habe sich im Alter unter dem „überwältigenden Einfluss der dualistischen christlichen Weltanschauung" wieder einer bereits von ihm widerlegten Sicht zugewandt und könne nun nicht mehr als moderner Philosoph im Sinne einer Antizipation der Darwinschen Lehre ernst genommen werden. Wie kam es zu diesem Sinneswandel?

4 Historiografie, Kulturkampf und Sozialistengesetze – Die Erfindung einer deutschen Identität

Wie Ulrich Sieg bereits vor Jahren angemerkt hatte, ist die Entstehung und Entwicklung der neukantianischen Philosophie nicht ohne Verweis auf das „Schicksal des deutschen Kaiserreiches" zu verstehen, mit dem sie zusammenfalle.[50] Klaus Christian Köhnke hatte zudem betont, dass man die neukantianischen Debatten vor dem politischen Hintergrund von „Nachmärz"-Liberalismus und Kulturkampf sehen müsse.[51] Zur Beschreibung des Kontextes bietet es sich

---

gie. Er stellt sie neben Physik und Chemie." Da bei Kant die Menschheitsgeschichte das Feld von Auseinandersetzungen sei, die zur Bildung von Staatenwelt, Kulturwelt und Moral führe, habe Darwin „die Konzeption der Konfliktnatur [...] nur noch auf die außermenschliche Natur zu übertragen" gehabt und „der Darwinismus ist damit gewissermaßen ein Ableger des Kantianismus".
49 Ernst Haeckel: Natürliche Schöpfungsgeschichte. Gemeinverständliche wissenschaftliche Vorträge über die Entwicklungslehre im Allgemeinen und diejenige von Darwin, Goethe und Lamarck im Besonderen, über die Anwendung derselben auf den Ursprung des Menschen und andere damit zusammenhängende Grundfragen der Naturwissenschaft. 8. Aufl. Berlin 1879, S. 91.
50 Sieg: Aufstieg (wie Anm. 15), S. 19.
51 Köhnke: Entstehung (wie Anm. 25), S. 15.

daher an, an dieser Stelle die politischen Ausschlussverfahren, die den akademischen Alltag des Kaiserreiches strukturierten, kurz vorzustellen.

Bereits vor der Gründung des deutschen Reiches 1871 gab es Bestrebungen, die Existenz einer deutschen Nation in der Geschichte zu konstruieren, was durch die offensichtliche Nichtexistenz eines einheitlichen Nationalstaates natürlich massiv erschwert wurde. Um dieses sozusagen ‚politische' Defizit auszugleichen, betonten Autoren besonders eine angeblich geistige Einheit aller Deutschen.

Leopold von Ranke (1795–1886) etwa, bis heute als „Nestor der deutschen Geschichtswissenschaft und Apologet der historisch-kritischen Methode" bezeichnet,[52] vertrat die Sicht, dass die Grundlagen der deutschen Nation seit Karl dem Großen vor allem in den Bestrebungen der „Germanen" zu suchen seien, sich vom Papst zu emanzipieren.[53] Das, was Ranke zufolge die gesamte deutsche Geschichte seit tausend Jahren maßgeblich geprägt habe, seien die Gegensätze „zwischen Katholizismus und Protestantismus", in denen „wir in unseren Tagen" noch stehen. Ranke habe daher die Absicht, „die Geschichte einer Epoche zu erzählen, in welcher die religiös-politische Lebenstätigkeit der deutschen Nation in ihren kraftvollsten und produktivsten Trieben stand" und „mich daranwagen, es so weit zu bringen, als Gott mir verleihen wird".[54] Daher müsse man die Gründung der deutschen Nation letztlich bei Luthers Thesenanschlag verorten. Mit Luthers Auftreten sei, so Ranke, „ein Mann" aufgestanden, der die deutsche Nation gegen Rom führen konnte. „Der kühne Mönch griff den Feind an" und seine Thesen waren „wie ein gewaltiger Schlag, der Deutschland aufweckte".[55] Daraufhin habe sich „das Bedürfnis der Nation, sich in sich selber zu einer gewissen Einheit abzuschließen", erhoben.[56]

Ein weiterer Historiker, Wilhelm Zimmermann (1807–1878), insistierte, der „Geist der Nation" sei bereits vor Luther „aus langem Schlummer" erwacht und in entsprechender Literatur verkündet worden, die einen „Kampf gegen die bestehende Priesterkirche" geführt und „in offenbarer Opposition gegen das Pabstthum" gestanden habe.[57] Erste Protagonisten dieser Bewegung seien Ul-

---

52 Dominik Juhnke: [Rezension zu] Gesamtausgabe des Briefwechsels von Leopold von Ranke. Bd. 1: 1810–1825. Bearb. v. Dietmar Grypa. Berlin 2016. In: H-Soz-Kult. URL: <www.hsozkult.de/publicationreview/id/rezbuecher-26712> [9.4.2019].
53 Leopold von Ranke: Deutsche Geschichte im Zeitalter der Reformation. Bd. 1. Wiesbaden u. Berlin 1957, S. 8f.
54 Ebd.
55 Ebd., S. 138–140.
56 Ebd., S. 142.
57 Wilhelm Zimmermann: Allgemeine Geschichte des großen Bauernkriegs nach handschriftlichen und gedruckten Quellen. Erster Theil. Stuttgart 1841, S. 327.

rich von Hutten, Johannes Reuchlin und Erasmus von Rotterdam gewesen,[58] dazu die „böhmischen und mährischen Brüder"[59] und erste „Bündnisse der Bauernschaften".[60] Der derzeit herrschende Aberglaube, besonders der „Mariendienst",[61] habe aber dagegen zentral die Kunst beeinflusst, die daraufhin nur „Inhalt des römisch-catholischen Glaubens"[62] dargestellt habe. Luther erscheint in Zimmermanns Darstellung schließlich als „der große Säemann", welcher von den Schriften seiner Vorgänger, aber vor allem vom „Aussaugungssystem" der geistlichen und weltlichen Macht profitieren konnte, die vorher schon das Volk zu „Denken und Zweifel" geführt hätten,[63] „jubelnd begrüßt von der Nation als der Mann der Verheißung".[64]

Georg Voigt (1827–1891) nahm wiederum in Anspruch, die deutsche Nation sei vor allem durch einen eigenen Humanismus entstanden, der im Gegensatz zum atheistischen Humanismus der Italiener, dezidiert christlich sei.[65] Der Schriftsteller Georg Büchner (1813–1837), Bruder von Ludwig Büchner, behauptete im *Hessischen Landboten* gar, die Befreiung der deutschen Nation sei bereits in der Bibel prophezeit worden.[66]

Man sieht an diesen Beispielen, dass diese geistige Einheit zentral mit religiösen, im Falle Voigts, Zimmermanns und Rankes speziell protestantischen Geschichtsauffassungen, legitimiert wurde. Die Geschichtswissenschaften spielten eine wichtige Rolle in der Konstruktion einer deutschen Nation, auch aus dem Grund, als die behauptete Existenz dieser Nation als die Episteme der Wissenschaft selbst dargestellt wurde.[67] „Historisierung und Ideologisierung"[68] bedingten sich in dieser Gemengelage gegenseitig. Die auf Anregungen u.a. des Freiherrn vom und zum Stein (1757–1831) initiierte Quellensammlung zur Ge-

---

58 Ebd., S. 329.
59 Ebd., S. 331.
60 Ebd., S. 332.
61 Ebd., S. 334.
62 Ebd., S. 336.
63 Ebd., S. 339.
64 Ebd., S. 344.
65 Georg Voigt: Die Wiederbelebung des classischen Alterthums oder das erste Jahrhundert des Humanismus. Berlin 1859, S. 395.
66 Vgl. Georg Büchner u. Friedrich Ludwig Weidig: Der Hessische Landbote. Erste Botschaft. Darmstadt 1834, S. 7.
67 Niklas Lenhard-Schramm: Konstrukteure der Nation. Geschichtsprofessoren als politische Akteure in Vormärz und Revolution 1848/49. Münster u. New York 2014, S. 20, 27.
68 Reinhart Koselleck: Einleitung. In: Geschichtliche Grundbegriffe. Historisches Lexikon zur politisch-sozialen Sprache in Deutschland. Hg. v. dems., Otto Brunner u. Werner Conze. Bd. 1: A–D. Stuttgart 1992, S. XIII–XXVII, hier S. XVIII.

schichte des Mittelalters erhielt in diesem Kontext nicht zufällig den Namen *Monumenta Germaniae Historica*. Sie diente dezidiert der Verortung der „deutschen Geschichte" in der Geschichte und ist von der von Ranke, Zimmermann und Voigt vorgenommenen performativen protestantisch-hegemonialen Erfindung des Mittelalters als Vorgeschichte der durch die Reformation eingeleiteten Neuzeit schwer zu trennen. Der von Luther angeblich zentral erfundene Protestantismus erscheint nicht nur als Überwindung des so genannten „katholischen" Mittelalters, sondern in diesem Kontext auch als die Signatur der Moderne in Deutschland schlechthin, in der der römische Katholizismus allenfalls Gastrecht beanspruchen dürfe. Dass die genannten Historiker überall in der Geschichte, die in der Reformation und im Kampf gegen Rom zu sich selbst komme, vereinzelte Spuren des später konstruierten Deutschen Reiches zu erblicken glaubten, war in der Folge die unhintergehbare Voraussetzung, am historiografischen Diskurs partizipieren zu dürfen.

Noch Jahre später lobte der Berliner Historiker und Herausgeber der *Preußischen Jahrbücher*, Hans Delbrück (1848–1929), die von Max Weber (1864–1920) „*gefundene* [...] Beziehung zwischen Kapitalismus und Protestantismus" [Hervorh. H. H.], welche den klaren Beweis erbringe, dass das „katholische Spanien" niemals „zu demselben Wohlstand kommen [kann], wie das calvinische Holland".[69] Die so durch wissenschaftliche Autorität stabilisierte Marginalisierung der katholischen Bürger in den Debatten um den deutschen Staat, die hier sogar noch mit scheinbar empirischen ökonomischen Argumenten vorging, war ein schwerwiegender Effekt der oben genannten Diskurse und ging mit der Erfindung des präneuzeitlichen Mittelalters einher. Katholischen Akteuren wurde um 1900 immer wieder ein Rückfall in eben dieses rückständige, nicht-aufgeklärte Mittelalter unterstellt, dem sie selber anachronistisch entstammen würden: etwa von Ernst Troeltsch, der in der katholischen Kirche nur eine Ablehnung der Aufklärung und „die vollständige und prinzipielle Erneuerung der durch und durch mittelalterlichen Philosophie des hlg. Thomas"[70] erkannt haben will. Eduard von Hartmann (1842–1906), als Verfasser der *Philosophie des Unbewussten* einer der bekanntesten Philosophen der Zeit,[71] behauptete, der Katholizismus sei „der in die Neuzeit herüber conservirte Rest des Mittelalters".[72] Das Mittelalter erschien in diesem

---

69 Hans Delbrück: [Rezension zu] Ferdinand Jakob Schmidt: Zur Wiedergeburt des Idealismus. In: Preußische Jahrbücher 130 (1907), S. 340–344, hier S. 343.
70 Ernst Troeltsch: Religion und Kirche. In: Preußische Jahrbücher LXXXI (1895), S. 215–249, hier S. 217.
71 Vgl. Jean-Claude Wolf: Eduard von Hartmann. Ein Philosoph der Gründerzeit. Würzburg 2006.
72 Eduard von Hartmann: Wie studirt man am besten Philosophie? In: Nord und Süd 51 (1889), S. 50–71, hier S. 56.

Kontext als performative Beschreibung eines vergangenen Zustandes, der zur Verwerfung gegenwärtiger Positionen herangezogen wurde.

Die 1870er Jahre waren vor diesem akademisch aufgeladenen Hintergrund eine politisch hochbrisante Zeit. Der nun unter und durch Reichskanzler Otto von Bismarck (1815–1898) initiierte Kulturkampf prägte die preußische Gesellschaft auf Generationen. Bereits zu Beginn der 1870er Jahre wurden eine Reihe antikatholischer Gesetze erlassen. 1871 wurde die Abteilung für katholische Kirchenangelegenheiten im preußischen Kultusministerium abgeschafft, wodurch die Katholiken eine ihrer letzten verbliebenen zentralen Repräsentationsorgane verloren. Es folgten der Kanzelparagraph, der politische Predigtinhalte untersagte, und das Schulaufsichtsgesetz 1872. Im gleichen Jahr wurden die Jesuiten verboten, 1873 erfolgte die Regelung staatlicher Aufsicht über die Ausbildung des Klerus. 1874 wurde die obligatorische Zivilehe in Preußen eingeführt, ein Jahr später im ganzen Reich.[73] All diese Gesetzesmaßnahmen führten zu einem massiven Eingriff in das kulturelle Leben deutscher Katholiken. Der Antikatholizismus wurde in der Folge des Kulturkampfes so das wichtigste Merkmal des preußisch-deutschen Liberalismus, dessen Presse die Katholiken als leichtgläubige Massen darstellte und diese Behauptungen mit entsprechenden antiklerikalen Karikaturen garnierte.[74] Wilhelm Busch (1832–1908), der Erfinder von Max und Moritz, beispielsweise veröffentlichte 1872 seine Bildgeschichte *Pater Filucius*, wo der namensgebende Jesuit als geldgierig, Frauen belästigend und rachsüchtig auftritt.

Als Folge des Kulturkampfes waren Ende des Jahres 1878 ca. 1800 Priester inhaftiert oder exiliert, Kirchenbesitz im Wert von mehr als 16 Mio. Mark war beschlagnahmt worden.[75]

Der Antikatholizismus bildete aber nicht die einzige wirkmächtige Ausschließungsprozedur. Am 21. Oktober 1878 schließlich wurde das so genannte *Gesetz gegen die gemeingefährlichen Bestrebungen der Sozialdemokratie* erlassen. In den Paragraphen 1, 9 und 11 werden „sozialdemokratische, sozialistische und kommunistische Bestrebungen" als geplanter „Umsturz der bestehenden Staats- oder Gesellschaftsordnung" bezeichnet und unter Haftstrafe verboten.[76] Auch gegenüber den in Deutschland lebenden Juden formierten sich Ausschließungen, beispielsweise wurde ihnen der Zugang zu höheren Rängen in Justiz, Staat, Bildung und Militär versperrt, während jüdische Bür-

---

73 Christopher Clark: Preußen. Aufstieg und Niedergang 1600–1947. Bonn 2007, S. 648.
74 Ebd., S. 661.
75 Ebd., S. 648.
76 Gesetz gegen die gemeingefährlichen Bestrebungen der Sozialdemokratie („Sozialistengesetz"). Vom 21. Oktober 1878. URL: http://www.documentarchiv.de/ksr/soz_ges.html [9.4.2019].

ger auf der anderen Seite paradoxerweise „in vielen großen preußischen Städten [...] zum prägenden Bestandteil des städtischen Bürgertums" wurden und sich zentral am politischen und kulturellen Leben beteiligten.[77] In Preußen brauchten Juden, aber auch Katholiken, beispielsweise einen königlichen Sonderdispens, um an einer Universität in höhere Laufbahnen zu gelangen, der nur in Ausnahmefällen tatsächlich erteilt wurde.[78] Die formale, gesetzlich bestehende Gleichberechtigung der Juden im Kaiserreich wurde von verschiedenen politischen Akteuren immer wieder unter Verweis auf die vermeintliche „öffentliche Stimmung" unterlaufen.[79]

Für viele jüdische, katholische oder sozialdemokratische Akteure waren diese gegen sie gerichteten Diskriminierungen auch aus dem Grund besonders heikel, als sie sich dezidiert als Teil des deutschen Volkes verstanden und ausdrücklich „national" sein wollten.[80]

Diese rigiden Maßnahmen dienten vor allem der Stiftung deutscher Identität, die offensichtlich mit dem Entstehen fester Reichsgrenzen keineswegs weniger prekär war als vorher. Das „bismarcksche Reich" war anscheinend eben keine „historisch gewachsene Einheit", sondern wohl eher „das außerordentlich künstliche Produkt von vier Jahren Diplomatie und Krieg". Die Ängste vieler Zeitgenossen, dass das Reich womöglich ebenso schnell wieder auseinanderfallen könnte, wie es zusammengefasst worden war, schürten die Neigung, „Katholiken als größten innenpolitischen Hemmschuh für die nationale Konsolidierung anzusehen".[81] Man könnte also sagen, man hatte das gleiche Problem wie vor 1871. Man produzierte daher eine nationale Identität, die vor allem auf Abgrenzung beruhte; eben gegen Akteure, die als „Hemmschuh für die nationale Konsolidierung" angesehen wurden: Katholiken, Sozialdemokraten und auch Juden. Besonders der Vorwurf der Modernefeindlichkeit, die „Stigmatisierung von Oppositionskräften als Reichsfeinde" sowie die „Moralisierung der politischen Auseinandersetzung, die Tendenz, ganz unterschiedliche Gegner zu parallelisieren" waren Strategien der Ausschließung,[82] die teilweise bis in die heutige historische Forschung hinein tradiert werden und die

---

77 Clark: Preußen (wie Anm. 73), S. 666.
78 Christian Jansen: Die Liberalität der Universität Heidelberg und ihre Grenzen. In: Hubert Treiber u. Karol Sauerland (Hg.): Heidelberg im Schnittpunkt intellektueller Kreise. Zur Topographie der „geistigen Geselligkeit" eines „Weltdorfes" 1850–1950. Opladen 1995, S. 515–543, hier S. 523.
79 Clark: Preußen (wie Anm. 73), S. 667.
80 Thomas Nipperdey: Deutsche Geschichte 1866–1918. 2 Bde. München 1998, hier Bd. 1: Arbeitswelt und Bürgergeist, S. 401.
81 Clark: Preußen (wie Anm. 73), S. 660.
82 Nipperdey: Deutsche Geschichte (wie Anm. 80), Bd. 2: Machtstaat vor der Demokratie, S. 380.

Wahrnehmung der Frontlinien des 19.Jahrhunderts massiv beeinflussen.[83] Das letztliche Scheitern des Kulturkampfes verhinderte in der Folge durchaus nicht das Weiterleben wirkmächtiger antikatholischer und antisozialistischer Vorurteile, die den Wissenschaftsbetrieb im Kaiserreich maßgeblich mitbestimmten. Dies ist zu notieren in Bezug auf die nun zu beschreibende Debatte um Haeckel.

5 Materialismus, Spiritismus, Neukantianismus – Der Kampf um Kant

Um Haeckels Kantdeutung zu historisieren, soll hier noch einmal ein näherer Blick auf den Kontext von Haeckels achter Auflage der *Natürlichen Schöpfungsgeschichte* geworfen werden.

Ein Jahr zuvor, 1878, hatte Haeckel in der *Deutschen Rundschau* einen Artikel veröffentlicht, in welchem er sich prominent über einen krassen Aberglauben beschwerte, dem sogar namhafte Naturforscher reihenweise zum Opfer fielen. Explizit verweist Haeckel auf Experimente in Leipzig, die zwischen dem 15. November 1877 und dem 19. Mai 1878 (also kurz vor Haeckels Artikel) in

---

[83] Hans-Ulrich Wehler: Deutsche Gesellschaftsgeschichte. Bd. 3: Von der ‚Deutschen Doppelrevolution' bis zum Beginn des Ersten Weltkrieges 1849–1914. München 1996, S. 377. Wehler zufolge habe der Ultramontanismus „durch seine autoritätshungrige Politik die Papstdiktatur" gestärkt. Zudem habe Papst Pius IX. mit dem Dogma der unbefleckten Empfängnis „einen archaischen Mutterkult" legitimiert, mit dem Syllabus Errorum einen „Amoklauf gegen die gesamte Moderne" angezettelt und durch das Unfehlbarkeitsdogma die „Monokratie" des Papstes gesichert sowie insgesamt „im deutschen Kirchenvolk das ohnehin kraß ausgeprägte Modernisierungsdefizit unheilvoll verschärft". Bemerkenswerterweise scheint Wehler hier eine Frontstellung aus seiner eigenen Biografie einzutragen. In einem Gespräch mit Cornelius Torp und Manfred Hettling hatte Wehler sich an seine Jugend in einem calvinistischen Elternhaus erinnert. Nach der Einschätzung, wonach der Calvinismus seiner Eltern kaum eine Rolle in der Erziehung gespielt habe, erzählt Wehler, dass in seiner überwiegend protestantischen Heimatstadt es auch eine katholische Volksschule gegeben habe und aufgrund dessen eine „lebhafte Kampfsituation" entstanden sei: „Man ging nach dem Unterricht an der katholischen Volksschule vorbei unter der Parole: ‚Jetzt gehen wir Katholiken verdreschen'", was sich erst mit der Einführung einer „Simultanschule" geändert habe. Es ist äußerst auffällig, dass Wehler den protestantischen Einfluss seiner Erziehung marginalisiert, nur um dann im nächsten Satz sofort die zentrale Rolle konfessioneller Gegensätze in seiner Kindheit zu betonen. Und ausgerechnet diese Erwähnung einer protestantisch-katholischen Kampfsituation wurde als Titel des geführten Interviews gewählt; ein Hinweis auf eine nach wie vor vom Protestantismus geprägte Sicht auf die Religionsgeschichte des 19. Jahrhunderts? Alle Zitate vgl. Hans-Ulrich Wehler: „Eine lebhafte Kampfsituation". Ein Gespräch mit Manfred Hettling und Cornelius Torp. München 2006, S. 14.

Leipzig[84] mit dem US-amerikanischen Spiritisten und vermeintlichen Hellseher Henry Slade (1836–1905) durchgeführt wurden.

Im „Jahrhundert der Eisenbahnen und Telegraphen, der Spektralanalyse und des Darwinismus, im Zeitalter der monistischen Naturerkenntniß" seien, so Haeckels empörte Reaktion, „solche Rückfälle in den finsteren Aberglauben des Mittelalters kaum begreiflich". Der Hang der menschlichen Seele „zu übernatürlichen und wunderbaren Vorstellungen" sei vor allem durch „religiöse[n] Aberglaube[n]" und durch „Vererbung" befestigt.[85]

Der zentrale Akteur hinter diesen spiritistischen Experimenten, auf die Haeckel namentlich verweist, war der Astrophysiker Karl Friedrich Zöllner (1834–1882). Zöllner beanspruchte, durch seine Versuche mit Slade, die von ihm postulierte Vierte Dimension, in der sich die Geister der Verstorbenen aufhielten, bewiesen zu haben.[86] Zöllner hatte seine Theorie der Vierten Dimension schon eher vertreten. Doch die Frontlinie des 1878 veröffentlichten ersten Bandes seiner *Wissenschaftlichen Abhandlungen* betraf nun zentral die Frage nach der Rezeption der kantischen Philosophie.

Zöllner behauptete nämlich unter Rückgriff auf die *Träume eines Geistersehers* und Kants Brief an Charlotte von Knobloch,[87] dass Kant von der Glaubwürdigkeit von Geistererscheinungen völlig überzeugt gewesen sei.[88] Entgegen der Vorwürfe, Kant nur zu dem Zweck gelesen zu haben, um mit seiner Lehre den Spiritismus zu rechtfertigen, antwortet Zöllner: „Lange bevor der moderne Spiritismus" aufgetreten sei, habe er diese Texte Kants bereits gekannt.[89]

Zöllners Text wurde durch mehrere, größtenteils ebenso wie Haeckels empörte Rezensionen bekannter Wissenschaftler wie des Philosophen und Psychologen Carl Stumpf (1848–1936)[90] sowie seines Fachkollegen Wilhelm Wundt (1832–1920)[91] schnell im akademischen Kontext bekannt. Wundt, der 1879 das Institut für expe-

---

84 Vgl. Diethard Sawicki: Leben mit den Toten. Geisterglauben und die Entstehung des Spiritismus in Deutschland 1770–1900. 2. Aufl. Paderborn 2015, S. 301.
85 Ernst Haeckel: Zellseelen und Seelenzellen. In: Deutsche Rundschau 16 (1878), S. 40–59, hier S. 42.
86 Vgl. Corinna Treitel: A Science for the Soul. Occultism and the Genesis of the German Modern. Baltimore u. London 2004, S. 8.
87 Karl Friedrich Zöllner: Wissenschaftliche Abhandlungen. Erster Band. Mit Bildnissen von Newton, Kant und Faraday nebst vier Tafeln. Leipzig 1878, S. 193–202.
88 Ebd., S. 198.
89 Ebd., S. 193.
90 Carl Stumpf: Aus der vierten Dimension. In: Philosophische Monatshefte 14 (1878), S. 13–30.
91 Wilhelm Wundt: Der Spiritismus. Eine sogenannte wissenschaftliche Frage. Offener Brief an Herrn Prof. Dr. Hermann Ulrici in Halle. Leipzig 1879.

rimentelle Psychologie in Leipzig begründet hatte, war 1875 bemerkenswerterweise auf Betreiben Zöllners nach Leipzig berufen worden und hatte selber an den Séancen mit Slade teilgenommen.[92] Ernst Haeckel hatte ebenfalls 1875 in einem Brief an Wundt Zöllner wiederum ausdrücklich als „werten Gesinnungsgenossen" bezeichnet.[93] Offensichtlich war Haeckel, bevor Zöllner seine Experimente mit Slade unternahm, noch von Zöllners Wissenschaftlichkeit überzeugt gewesen – so ist wohl Haeckels Anspielung auf die namhaften Naturforscher zu verstehen –, vor allem, als Haeckel mit Zöllner im Briefkontakt gestanden und sich anerkennend zu Zöllners *Über die Natur der Cometen* von 1871 geäußert hatte.[94]

1879, im gleichen Jahr der Publikation der achten Auflage der *Natürlichen Schöpfungsgeschichte*, veröffentlichte Zöllner bereits den dritten Band seiner *Wissenschaftlichen Abhandlungen*. Er äußerte sich hier nun ausdrücklich zum Spiritismus, der seit den 1850er Jahren in Deutschland besonders durch die so genannte Welle des Tischrückens populär wurde. Nach Zöllners Sicht liefere der Text *Träume eines Geistersehers* die theoretische Grundlage von Geistererscheinungen. Die spiritistischen Geistererscheinungen seien wiederum der empirische Beweis des Jenseits und böten, zusammen mit Kants Philosophie, die Basis einer Naturwissenschaft des Übersinnlichen.[95] Durch dieses Vorgehen wollte Zöllner eine ‚wissenschaftliche' Lösung der derzeitigen von ihm gesehenen Verwirrung in gebildeten Kreisen erreichen.[96] Wie auch Liebmann sah Zöllner den Grund dieser Verwirrung in einem Hinwenden zum Materialismus. Anders als für Liebmann besteht für Zöllner die Schuld für diese Hinwendung aber bei Katholiken, Sozialisten und Juden;[97] hätten Kant und Luther nicht gelebt, bliebe nur die Wahl zwischen Materialismus und Katholizismus, so Zöllners Verdikt.[98] Kant wird dezidiert als protestantischer, spiritistischer und deutscher Philosoph in Anspruch genommen. Die Abgrenzung gegen Katholiken, Sozialisten und Juden zur Konstruktion einer deutschen Identität wird hier durch die Behauptung stabilisiert, dass man sie ‚wissenschaftlich' beweisen könne: unter Rückgriff auf Kant und spiritistische Séancen.

---

92 Treitel: Science (wie Anm. 86), S. 8.
93 Ernst Haeckel: Brief an Wilhelm Wundt (1875). In: Wissenschaftliche Zeitschrift der Karl-Marx-Universität Leipzig 28 (1979), S. 235.
94 Vgl. Christoph Meinel: Karl Friedrich Zöllner und die Wissenschaftskultur der Gründerzeit. Eine Fallstudie zur Genese konservativer Zivilisationskritik. Berlin 1991, S. 34.
95 Vgl. Karl Friedrich Zöllner: Wissenschaftliche Abhandlungen. Dritter Band. Die Transcendentale Physik und die sogenannte Philosophie. Eine deutsche Antwort auf eine „sogenannte wissenschaftliche Frage". Leipzig 1879, S. XCIVf.
96 Ebd., S. XXXII.
97 Ebd., S. XXIVf.
98 Ebd., S. XLIV.

Haeckels Umschwenken in seiner Kantinterpretation im gleichen Jahr ist offensichtlich eine Antwort auf Zöllner, den er vier Jahre vorher noch als ernstzunehmenden Forscher gerühmt hatte. Nachdem Haeckel 1879 also behauptet hatte, dass Kant im Alter sich von seinem jugendlichen Monismus abgekehrt habe und nun wieder dualistisch und christlich geworden sei, benennt er dann in den *Welträthseln* 1899 konkret, wie dieser christliche Einfluss sich nämlich genau niedergeschlagen habe: in der Postulatenlehre der praktischen Vernunft. Hier habe Kant die „drei Großmächte des Mystizismus", die „drei Haupt-Gespenster" – Freiheit, Unsterblichkeit der Seele und Dasein Gottes – unvermittelt wieder in seine Philosophie integriert und somit dem Aberglauben und der Mystik das Wort geredet,[99] die er als junger Philosoph eigentlich schon aufgegeben habe.

Bemerkenswert ist in diesem Kontext Haeckels Aufzählung, wer alles durch unrechtmäßige Tradierung der Postulatenlehre dem Aberglauben verfallen sei: Zu allererst seien das die „Neokantianer", die den Rückgang auf Kant gepredigt und dadurch gerade die mystischen Versatzstücke der kantischen Morallehre in den heutigen Diskurs überführt hätten.[100] Haeckel unterstellt den Neukantianern eine religiös motivierte Sicht, die sich an Kants Postulatenlehre orientiere und letztlich das „höchste Gebiet des Aberglaubens", den Unsterblichkeits-Glauben, befestige,[101] der schließlich in die christliche Religion münde.[102] Zwar ist nach Haeckel jeder religiöse Glaube prinzipiell ein Aberglaube, weil er durch „falsche Phantasie-Dichtungen" hervorgerufene übernatürliche Erscheinungen annehme,[103] doch gibt es in diesem Zusammenhang einige Abstufungen. Denn, und dies ist Haeckels zweite Frontlinie, die „zielbewußten und rücksichtslosen Angriffe der ultramontanen Kirche auf die Wissenschaft, gestützt auf die Trägheit und Dummheit der Volksmassen"[104] seien ungleich schlimmer als andere Formen des Aberglaubens. Dagegen habe die Reformation Luthers eine „Wiedergeburt der gefesselten Vernunft" bewirkt und durch die 95 Thesen „die eiserne Thür des Kerkers gesprengt, in dem der papistische Absolutismus durch 1200 Jahre die gefesselte Vernunft eingeschlossen gehalten hatte".[105] Doch besonders durch die Dogmatisierung der päpstlichen Unfehlbarkeit auf dem Ersten Vatikanischen Konzil besitze nun Deutschland „in seinen 18 Millionen Ka-

---

99 Ernst Haeckel: Die Welträthsel. Gemeinverständliche Studien über Monistische Philosophie. Bonn 1899, S. 107f.
100 Ebd., S. 108.
101 Ebd., S. 219.
102 Ebd., S. 234.
103 Ebd., S. 348.
104 Ebd., S. 359.
105 Ebd., S. 369.

tholiken ein mächtiges Heer von streitbaren Gläubigen, welches an blindem Gehorsam gegen die Befehle seines Oberhirten von keinem anderen Kultur-Volke übertroffen wird",[106] welches sich in den zunehmenden Wahlerfolgen der Zentrumspartei zeige.[107] Das Zentrum sei nur der politische Arm des „Papismus" in Deutschland – „Die Religion dient diesem Centrum nur als Deckmantel für politische Zwecke",[108] wie es Haeckel in einem früheren Text behauptete. Dagegen müsse mit wissenschaftlichem und politischem Kulturkampf vorgegangen werden bis zum Sieg von „freie[r] Wissenschaft und freie[r] Lehre" sowie des „Kultur-Staates".[109]

Der römische Katholizismus und die Tradierung durch die Postulatenlehre im Neukantianismus bewirke zudem, Haeckels dritte Front, „eine der merkwürdigsten Formen des Aberglaubens" in der heutigen Zeit, nämlich den „Gespenster-Glauben" des Spiritismus,[110] der durch „religiöse Verziehung dem kindlichen Gehirn in frühester Jugend schon einprägt" werde und sich an den Schriften Carl Friedrich Zöllners und Carl du Prels orientiere.[111] Gerade in diesem Kontext fordert Haeckel, „jeder Menschenfreund sollte daher die konfessionslose Schule, als eine der werthvollsten Institutionen des modernen Vernunft-Staates" verstehen.[112] Der auf Schulen und Universitäten gelehrte Rückgang auf Kant sowie die angeblich durch den Katholizismus verursachte Überflügelung der Wissenschaft durch den Aberglauben seien letztlich die wahren Ursachen, warum selbst gestandene Wissenschaftler wie Zöllner dem Aberglauben anheimgefallen seien. Überhaupt seien die Urchristen bereits, Haeckels vierte Front, „zum größten Theil reine Kommunisten, zum Theil Social-Demokraten" gewesen, „die nach den heute in Deutschland herrschenden Grundsätzen mit Feuer und Schwert hätten vertilgt werden müssen".[113] Bereits in einem früheren Text

---

106 Ebd., S. 385f.
107 Ebd., S. 387.
108 Ernst Haeckel: Der Monismus als Band zwischen Religion und Wissenschaft. Glaubensbekenntnis eines Naturforschers vorgetragen am 9. October 1892 in Altenburg beim 75jährigen Jubiläum der Naturforschenden Gesellschaft des Osterlandes. 7. verb. Aufl. Bonn 1898, S. 29. Den Ultramontanismus als politische statt religiöse Bewegung wahrzunehmen und katholische Aktivitäten unter den Generalverdacht einer klerikalen Gegenkultur zu stellen, war eine beliebte Strategie im Kaiserreich. Vgl. hierzu Kurt Nowak: Geschichte des Christentums in Deutschland. Religion, Politik und Gesellschaft vom Ende der Aufklärung bis zur Mitte des 20. Jahrhunderts. München 1995, S. 152.
109 Haeckel: Welträthsel (wie Anm. 99), S. 388.
110 Ebd., S. 353.
111 Ebd., S. 354.
112 Ebd., S. 351.
113 Ebd., S. 363.

hatte Haeckel der Sozialdemokratie angelastet, eine von „kosmopolitische[n] Träumereien" getrübte Scheinethik der „Freiheit und Gleichheit" zu vertreten, in Deutschland die „Pariser Commune" einführen und damit die Haeckel zufolge naturgegebene „Ungleichheit der Individuen" und den „erbliche[n] Unterschied im Körperbau und in den entsprechenden Funktionen zwischen Mann und Weib" nivellieren zu wollen.[114] Im gleichen Text hatte sich Haeckel zudem als glühender Bismarck-Verehrer verstanden,[115] wohl auch aus dem Grund, als Bismarck in Haeckels Augen vor allem sich im Kulturkampf gegen den römischen Katholizismus hervorgetan habe.[116]

Das Bild eines politischen Umsturzes und des wissenschaftlichen Aberglaubens, den Haeckel, wie viele seiner Zeitgenossen (so auch sein spiritistischer Gegner Zöllner), vor allem Katholiken und Sozialdemokraten unterstellte, ist hierbei nicht zu unterschätzen. Trotz seiner Ablehnung des religiösen Glaubens und der verfassten Kirchen geht auch Haeckel von einer generellen protestantischen Vormacht in der Geschichte aus, die sich in einem wissenschaftlichen Fortschritt, der bis zu Luther zurückverfolgt werden könne, zeige. Vielleicht ist in diesem Zusammenhang das von Haeckel nach wie vor immer wieder beschworene Festhalten an einer monistischen Religion zu verstehen, die er in die Tradition Luthers stellt. In diesem Kontext ist für Haeckel nämlich der Monismus, also sein eigenes Konzept, die Folge und Essenz des wahren Protestantismus,[117] auch vor dem Hintergrund, als Haeckel aufgrund seiner monistischen Positionen und Kantdeutungen bereits selbst Kryptokatholizismus unterstellt worden war.[118] Ein Umsturz dieser ‚protestantischen' Errungenschaft kommt für Haeckel einem Rückfall ins ‚katholische' und letztlich spiritistische Mittelalter gleich, in dem die Erfolge der Reformation ins Gegenteil verkehrt würden. Zur diskursiven Absicherung dieser Position behauptet Haeckel zudem, dass der deutsche Staat mit einem Zellorganismus zu vergleichen sei, der nach Naturgesetzen funktioniert.[119]

Ein Auflehnen gegen die bestehende Ordnung ist also nicht nur ein ungehöriger politischer Akt, sondern letztlich Augenwischerei. Rebellion gegen not-

---

114 Ernst Haeckel: Ethik und Weltanschauung. In: Die Zukunft 1 (1892), S. 309–315, hier S. 314f.
115 Ebd., S. 312.
116 Haeckel: Welträthsel (wie Anm. 99), S. 386.
117 Vgl. Ernst Haeckel: Ewigkeit. Weltkriegsgedanken über Leben und Tod, Religion und Entwicklungslehre. Berlin 1915, S. 57, 63.
118 Vgl. Friedrich Paulsen: Ernst Haeckel als Philosoph. In: Preußische Jahrbücher 101 (1900), S. 29–72, hier S. 30.
119 Haeckel: Zellseelen (wie Anm. 85), S. 45. Die Zellen eines Körpers verhielten sich, so Haeckel, wie die Bürger eines Kulturstaates, unser Körper sei daher ein „civilisirter Zellenstaat".

wendig wirkende, objektiv bestehende Naturgesetze kann in diesem Kontext nur dem Wahnsinn, der Unvernunft oder der Schwärmerei entspringen, die Haeckel seinen politischen wie akademischen Gegnern auch folgerichtig regelmäßig attestiert.[120] Bereits oben wurde die von Thomas Nipperdey besprochene Parallelisierung verschiedener differenter Positionen angeführt, die eine äußerst wirkmächtige Strategie zur Ausgrenzung des Gegners im Kaiserreich darstellte und zudem die moralische Stabilisierung der Abgrenzung konstituierte. Gedeckt wurde dieses Vorgehen durch Verweise auf die derzeitige Realpolitik. Das in diesem Kontext weiterhin bestehende Vorurteil von Umsturzversuchen seitens der Katholiken und Sozialdemokraten diente zur Erklärung des zeitgenössischen Kontextes. Für Haeckel war nämlich das letztliche Scheitern des Kulturkampfes die Schuld der Katholiken selber, durch „die unübertroffene Schlauheit und gewissenlose Perfidie der römischen Kurie" und „die entsprechende Gedankenlosigkeit und Leichtgläubigkeit der ungebildeten katholischen Masse".[121] Auch Zöllner hatte sich auf die Autorität Luthers berufen,[122] es ging also im Kontext spiritistischer Kantvereinnahmungen offensichtlich auch um die Verortung eines deutschen Protestantismus.

Durch seine Parallelisierung von Schwärmern, Spiritisten, Katholiken, Sozialisten und Neukantianern unterstellte Haeckel der universitär gebundenen Philosophie, durch die Tradierung eines sich als wissenschaftlich ausgebenden, in Wahrheit aber spiritistischen Aberglaubens eigentlich politischen Umsturz, wenn schon nicht zu betreiben, so doch wenigstens nicht aktiv zu verhindern. Eine vernünftige auf Naturerkenntnis gegründete Wissenschaft zeige dagegen, „daß Ungleichheit der Individuen [...] die erste Bedingung für menschliche Kultur ist, und daß demnach auch die individuelle Freiheit durch Gesetze beschränkt werden muß".[123] In diesen Kontext schreibt Haeckel nun seine Kantinterpretation ein. Im Gefolge des Zöllnerschen Spiritismus, der sich dezidiert auf Kant bezieht, erscheint nun Kant plötzlich im Alter, entgegen seiner ‚monisti-

---

120 Vgl. Haeckel: Welträthsel (wie Anm. 99), S. 10; ders.: Ethik (wie Anm. 114), S. 314.
121 Haeckel: Welträthsel (wie Anm. 99), S. 386.
122 Zöllner: Wissenschaftliche Abhandlungen. Dritter Band (wie Anm. 95), S. XLIV: „Hätten nun Luther und Kant nicht gelebt, und wäre mir in der moralischen und intellectuellen Verwirrung unserer Zeit nur die Alternative gestellt, mich entweder der unfehlbaren Autorität des Papstes Leo XIII. mit der Philosophie des Thomas von Aquino zu unterwerfen oder dem Unfehlbarkeitsdünkel der modernen Materialisten und Vivisectoren du Bois-Reymond oder [Carl] Ludwig mit ihrer Philosophie von Carl Vogt, Büchner und Häckel, so würde ich mich auch nicht einen Augenblick besinnen, nach Rom zu reisen um in den Schooss der ‚allein seligmachenden' Kirche zurückzukehren."
123 Haeckel: Ethik (wie Anm. 114), S. 314.

schen' Jugend, selbst als ein abergläubischer, christlich beeinflusster Philosoph. In seinem 1893 veröffentlichten *Monismus*-Text und den *Welträthseln* von 1899 gerät nun dezidiert die kantische Postulatenlehre und die Lehre vom höchsten Gut unter Beschuss, die beide den Spiritismus und damit auch den zeitgenössischen Katholizismus und Sozialismus eigentlich verursacht hätten. Gerade in diesem Kontext dreht Haeckel den von Liebmann konstruierten historischen Verlauf um, wonach nun durch diese Rezeption von Kants Postulatenlehre im Gefolge von Liebmanns Verdikt ‚Zurück zu Kant' Umsturz und Wahnsinn in der Wissenschaft regierten, dessen Folge der Spiritismus sei. Haeckels eigene vom Spiritismus beeinflusste Kantdeutung erscheint nun als die Vorlage des Spiritismus.

Die Unterstellung, Neukantianer seien verkappte Sozialisten und Aufrührer, zudem spiritistisch beeinflusst und kryptokatholisch, brachte den Berliner Pädagogen und Philosophen Friedrich Paulsen (1846–1908) in seiner Rezension der *Welträthsel* zu seiner bereits zitierten Unterstellung, dass Haeckel aufgrund seiner Lesart der kantischen Moralphilosophie nun der eigentliche Kryptokatholik sei und selber mit seinem Monismus einen Umsturz herbeiführen wolle. Haeckel war es vor diesem Hintergrund anscheinend damit zu tun, seine Legalität als deutscher Wissenschaftler unter Beweis zu stellen; vor allem durch die eben angesprochene Strategie, seinen Monismus als Extrakt des Protestantismus zu inszenieren.[124] Doch auch vor dem Hintergrund der seiner Meinung nach „mystischen" neukantianischen Autoren auf den philosophischen Lehrstühlen des Kaiserreiches versuchte Haeckel, seinen Monismus in einem Kanon der Forschung zu platzieren. In seiner Reaktion auf Paulsen erklärte Haeckel nun, dass er sich aufgrund seiner psychologischen Teilung Kants in einen kritischen jungen und einen mystischen alten Kant eigentlich in vollster Übereinstimmung mit der kanonischen Kantforschung befinde. Einer von Haeckels Gewährsautoren, der dies bereits vor ihm erkannt habe, ist hier der hallische Philosoph Hans Vaihinger.[125]

Es gilt an dieser Stelle nun erneut den Diskurs im Kontext der *Kant-Studien* zu beschreiben, die von Hans Vaihinger (1852–1933) gegründet und bis 1904 auch von ihm herausgegeben wurden. In dieser Zeitschrift wurden Debatten um

---

124 Dass es auch Paulsen in seinem Katholizismus-Vorwurf gegen Haeckel um die Konstruktion eines ‚wahren' Protestantismus ging, zeigt Friedrich Paulsen: Kant der Philosoph des Protestantismus. In: Kant-Studien 4 (1900), S. 1–31.
125 Ernst Haeckel: Die Welträthsel. Gemeinverständliche Studien über monistische Philosophie. Volksausgabe mit einem Nachworte: Das Glaubensbekenntnis der Reinen Vernunft. Bonn 1903, S. 157.

spiritistische und materialistische Kantdeutungen immer wieder befeuert.[126] Vaihinger beispielsweise unterhielt seit den 1870er Jahren Kontakte zu dem seinerzeit weithin bekannten und von Haeckel namentlich angegriffenen Okkultisten Carl du Prel (1839–1899).[127] Dieser du Prel ist im Kontext dieser Debatten um Kant nicht zu unterschätzen. Er hatte im Dreikaiserjahr 1888 einen Teil der als L₁ bekannten Mitschrift der Metaphysikvorlesung, die Kant wahrscheinlich Mitte der 1770er Jahre[128] in kritischer Auseinandersetzung mit der lateinischen *Metaphysica* des Leibniz-Wolffianers Alexander Gottlieb Baumgarten (1714–1762) an der Universität Königsberg gehalten hatte,[129] mit einem eigens verfassten Vorwort erneut herausgegeben, in dem du Prel behauptete, Kant sei Spiritist gewesen.[130] Als wesentliche Stütze für diese Sicht fährt du Prel neben den Vorlesungen selbst und den *Träumen eines Geistersehers* nun ausgerechnet die *Kritik der praktischen Vernunft* auf.[131] Die Vertreter der institutionalisierten Philosophie reagierten empört. Vaihinger beispielsweise behauptete, dass Kant seine mystischen Neigungen spätestens mit der ersten *Kritik* restlos aufgegeben habe.[132] Erich Adickes, der sich nach dem Ersten Weltkrieg massiv mit Vaihinger überwerfen sollte,[133] stimmte ihm da zu.[134] Weitere Autoren übernahmen eben-

---

126 Hans Vaihinger: Aus zwei Festschriften. Beiträge zum Verständnis der Analytik und der Dialektik in der Krit. d. r. V. In: Kant-Studien 7 (1902), S. 99–119; ders.: Bibliografische Notiz zum Erscheinen von Carl du Prel: Ausgewählte Schriften. Band I. In: Kant-Studien 5 (1901), S. 486; ders.: Bibliografische Notiz zu Carl du Prel: Der Tod, das Jenseits, das Leben im Jenseits. In: Kant-Studien 6 (1901), S. 336; ders.: Mitteilungen zu Kant und Swedenborg. In: Kant-Studien 4 (1900), S. 134; ders.: [Rezension zu] Joseph Dippel: Der neuere Spiritismus. 2. Aufl. In: Kant-Studien 3 (1899), S. 362.
127 Vgl. Tomas H. Kaiser: Zwischen Philosophie und Spiritismus. Annäherungen an Leben und Werk von Carl du Prel. Saarbrücken 2008, S. 51.
128 Vgl. Steve Naragon: The Metaphysics Lectures in the Academy Edition of Kant's gesammelte Schriften. In: Kant-Studien 91 (2000), S. 189–215, hier S. 194.
129 Vgl. Werner Stark: Versuch eines summarischen und pointierten Berichts über die Vorlesungen von Immanuel Kant. In: Bernd Dörflinger u.a. (Hg.): Kant's Lectures / Kants Vorlesungen. Berlin u. Boston 2015, S. 1–30, hier S. 8; Clemens Schwaiger: Alexander Gottlieb Baumgarten. Ein intellektuelles Porträt. Studien zur Metaphysik und Ethik von Kants Leitautor. Stuttgart 2011, S. 35.
130 Carl du Prel (Hg.): Immanuel Kants Vorlesungen über Psychologie. Mit einer Einleitung: „Kants mystische Weltanschauung". Leipzig 1889 [ND Pforzheim 1964], S. 57, 63.
131 Ebd., S. 43–45.
132 Vgl. Hans Vaihinger: [Rezension zu] Carl du Prel: Kants Vorlesungen über Psychologie. In: Archiv für Geschichte der Philosophie (4) 1891, S. 721–723, hier S. 722f.; ders.: Commentar zu Kants Kritik der reinen Vernunft. Zum hundertjährigen Jubiläum derselben. Band II. Stuttgart u.a. 1892, S. 512f.
133 Vgl. Erich Adickes: Kant und die Als-Ob-Philosophie. Stuttgart 1927.

falls diese Sicht, die schließlich auch in der damals aktuellen Auflage von *Ueberwegs Grundriss der Geschichte der Philosophie* von 1901 landete.[135] Damit wurde die Front gegen den Spiritismus als Episteme „wissenschaftlicher" Deutung der Postulatenlehre lexikalisch kanonisiert; gerade im direkten Kontext der seit 1900 erscheinenden Akademie-Ausgabe der Gesammelten Schriften Kants unter dem Vorsitz Wilhelm Diltheys (1833–1911).[136]

Der Literaturkritiker und du Prel-Schüler Walter Bormann (1844–1914), der mit Friedrich Nietzsche zusammen in Schulpforta zur Schule gegangen und dort von Max Heinze (1835–1909), dem Herausgeber des *Ueberweg*, unterrichtet worden war,[137] hatte zudem 1899 einen Text in einem Sammelband, in dem noch weitere Spiritisten publizierten, veröffentlicht, in dem er die Postulatenlehre und die Lehre vom höchsten Gut als „okkult" bezeichnete.[138] Der Mitarbeiter Vaihingers in Halle, Fritz Medicus (1876–1956), rezensierte diesen Text für die *Kant-Studien* und machte damit die okkultistische Deutung speziell der Postulatenlehre einem weiteren Publikum bekannt.[139] Es ist hier auffällig, dass Medicus dezidiert nur den Bormannschen Text des Sammelbandes rezensierte und die anderen Beiträge von okkultistischen Autoren überging. Es wäre zu fragen, ob Medicus, der, noch über Vaihinger hinausgehend, behauptet hatte, Kant habe selber an Geister geglaubt,[140] hier dezidiert eine Parallele offenlegen wollte zwischen Okkultismus und neukantianischer Position, um dann die Unwissenschaftlichkeit der Bormannschen Position zu demonstrieren, der diesem unzweifelhaft vorhandenen reinen Privatglauben Kants wissenschaftliche Bedeutung habe zuschreiben wollen. Doch die Bekanntmachung des Bormannschen Textes in den *Kant-Studien* passierte noch in einem anderen Kontext.

Friedrich Paulsen, der im gleichen Jahr Haeckels *Welträthsel* rezensiert hatte, war, ebenfalls in diesem Jahr, selber unter Beschuss geraten und zwar durch nie-

---

134 Erich Adickes: Die bewegenden Kräfte in Kants philosophischer Entwicklung und die beiden Pole seines Systems. In: Kant-Studien 1 (1897), S. 9–59, 161–196, 352–415, hier S. 17f.
135 Vgl. Ueberweg's Grundriss der Geschichte der Philosophie. Dritter Theil. Die Neuzeit bis zum Ende des achtzehnten Jahrhunderts. Hg. v. Max Heinze. Berlin 1901, S. 284.
136 Dazu vgl. die Beiträge von Anne Wilken und Constantin Plaul in diesem Band.
137 Vgl. Hermann Schmid: Zum Andenken an Dr. Walter Bormann. In: Psychische Studien XLIII (1916), S. 49–53, hier S. 49.
138 Walter Bormann: Kantsche Ethik und Okkultismus. In: Gesellschaft für wissenschaftliche Psychologie (Hg.): Beiträge zur Grenzwissenschaft. Ihrem Ehrenpräsidenten Dr. Carl du Prel gewidmet. München u. Jena 1899, S. 107–139, hier S. 114.
139 Vgl. Fritz Medicus: [Rezension zu] Walter Bormann: Kantsche Ethik. In: Kant-Studien 4 (1900), S. 333–335.
140 Ebd., S. 334.

mand anderen als durch Vaihinger. Aufhänger war der 1898 veröffentlichte Bestseller *Immanuel Kant. Sein Leben und seine Lehre*, mit dem Paulsen mit einer dezidiert metaphysischen Auslegung der kantischen Morallehre Stellung bezog zur damaligen Kantforschung.[141] Vaihinger hatte in einer Festschrift für Christoph Sigwart (1830–1904) daraufhin die Gefahr gesehen, dass „in der letzten Zeit mehrere Versuche gemacht worden, gegen den Kritiker Kant den Metaphysiker Kant auszuspielen" und der negativen ersten *Kritik* „eine wirkliche und positive Metaphysik der Vernunft" entgegenzustellen. Diese Gegenbewegung sieht Vaihinger vor allem im aufkeimenden Interesse von „Freunde[n] der Swedenborg'schen Theosophie" an „Kant's ‚Vorlesungen über Metaphysik'" begründet und „in Paulsens Kantbuch an den Tag [...] treten".[142] Unumwunden gibt Vaihinger nun zu, dass Kant durchaus in der kritischen Phase, besonders im Hinblick auf das Reich der Zwecke bzw. den *mundus intelligibilis*, an metaphysischen Gegenständen festgehalten habe. Was aber Kant nur „unter tausend Verklausulierungen" und einem „kritischen Schleier" verstecke, stelle Paulsen nun „in das hellste Tageslicht".[143] Die Postulate bei Kant seien nichts weiter als „Gedankendinge"[144] und „Erdichtungen"[145] und trotz gelegentlich anderslautender Aussagen benutze Kant an den meisten Stellen „peinliche Verklausulierungen". Letztlich seien die Postulate nur „ein ‚Als ob' jene Ideen wirklich wären".[146] Vaihingers Kontakte zu Carl du Prel und seine bereits 1895 geäußerte Sicht, dass das wiedererwachte Interesse an den Metaphysik-Vorlesungen hauptsächlich von dessen Spiritismus ausgehe,[147] produziert im Kontext der Rezension Medicus' den Eindruck, Paulsen würde durch seine Metaphysik, die sich zu sehr auf die Lehre vom höchsten Gut und die Postulate konzentriere, selber Spiritismus betreiben, obwohl Paulsen sich sowohl von dem einen als auch dem anderen ausdrücklich distanziert hatte.[148]

Vaihingers Implemetierung Paulsens in eine Reihe Swedenborgianer diente hier offenbar zur Stabilisierung einer Diskursposition, die auch in neukantiani-

---

141 Vgl. Friedrich Paulsen: Immanuel Kant. Sein Leben und seine Lehre. 2. u. 3. Aufl. Stuttgart 1899.
142 Alle Zitate aus Hans Vaihinger: Kant – ein Metaphysiker? In: Benno Erdmann (Hg.): Philosophische Abhandlungen. Christoph Sigwart zu seinem siebzigsten Geburtstage 28. März 1900. Tübingen, Freiburg i.Br. u. Leipzig 1900, S. 133–158, hier S. 135.
143 Ebd., S. 140.
144 Ebd., S. 143.
145 Ebd., S. 147.
146 Ebd., S. 154.
147 Vgl. Hans Vaihinger: [Rezension zu] Max Heinze: Vorlesungen Kants über Metaphysik. In: Archiv für Geschichte der Philosophie 8 (1895), S. 420–428, hier S. 420.
148 Paulsen: Immanuel Kant (wie Anm. 141), S. 105, 324f.

schen Deutungen, die sich auf metaphysisches Gebiet einließen, einen verkappten Spiritismus identifizierte. Vaihinger machte diesen spiritistischen Einfluss explizit an der Lehre vom höchsten Gut und den Postulaten fest, die aus diesem Grund in Fiktionen umgedeutet werden müssten; Vaihinger installiert genau in diesem Kontext seine spätere weithin bekannte Philosophie des Als Ob,[149] deren Deutung der Postulate als Fiktionen auch in der derzeitigen Kantforschung anerkannt und tradiert wird.[150] Und Haeckel erkennt in seiner Replik gegen Paulsen gerade in dieser Frontstellung Vaihingers die Anschlussfähigkeit seines eigenen anti-mystischen Projekts, dessen wesentliche Episteme in einer Verwerfung der kantischen Postulate besteht. Die oben erwähnte gebetsmühlenartige Distanzierung Vaihingers in den *Kant-Studien* von jeder Art von Spiritismus besetzt daher, so könnte man sagen, die Funktion eines „beredten Schweigens" in der Debatte. Gerade die Positionen, von denen man im Kontext einer als wissenschaftlich-kanonisch klassifizierten Deutung der Morallehre Kants nicht reden dürfe, bildeten einen Hauptgegenstand der Debatte um die Postulatenlehre. Immer wieder wurde in der Literatur auf du Prels Veröffentlichungen verwiesen, die sozusagen die Grenze aller möglichen philosophischen Wissenschaft markieren sollten. Diese beschworene Grenze diente als Ausschließungsprozedur gegenüber konkurrierenden neukantianischen Autoren. Paulsen begegnete gegen Haeckel offenbar diesem Vorwurf des Spiritismus. Haeckels Angriff gegen die mystischen „Neo-Kantianer" erkannte Paulsen offensichtlich, im Kontext der Vaihingerschen Kritik, als gegen sich gerichtet. Paulsen bediente sich dabei wiederum der im Kaiserreich politisch wirkmächtigen Ausschließungsprozedur, die schon Haeckel benutzt hatte: Jener unterstellte diesem, aufgrund einer Kritik an Kants Morallehre einen versteckten römischen Standpunkt zu vertreten und letztlich deswegen kein richtiger ‚Deutscher' zu sein. Der immer bei solchen Ausschlüssen mitschwingende Vorwurf, den deutschen Staat umstürzen zu wollen, ist bereits ausführlicher erläutert worden. Dabei ging Paulsen, der sich ebenfalls um die Erfindung eines wissenschaftlich abgesicherten Protestantismus befleißigte,[151] auch auf Haeckels Anspruch einer monistischen Religion in der Tradition des Protestantismus ein. Immerhin könne Haeckel den kantischen Gottesbegriff doch ohne weiteres akzeptieren, da Kant entgegen Haeckels Verdikt die „Ver-

---

149 Hans Vaihinger: Die Philosophie des Als Ob. System der theoretischen, praktischen und religiösen Fiktionen der Menschheit auf Grund eines idealistischen Positivismus. Mit einem Anhang über Kant und Nietzsche. Leipzig 1911.
150 Vgl. Sebastian Gardner: Art. Postulate der reinen praktischen Vernunft. In: Kant-Lexikon. 3 Bde. Hg. v. Marcus Willaschek u.a. Berlin u. Boston 2015, hier Bd. 2: Habitus – Rührung, S. 1814–1821, hier S. 1820f.
151 Vgl. Paulsen: Kant der Philosoph (wie Anm. 124).

nichtung der dogmatischen Beweise für das Dasein Gottes und die Unsterblichkeit der Seele" bereits lange vor der zweiten *Kritik* vorgenommen und darauf aufbauend einen monistischen Gottesbegriff als „die Idee einer absoluten Vernunft, durch die die Wirklichkeit gesetzt ist" entwickelt habe.[152]

6 Wer hat den „Geist" Kants?

Die Debatte um die Bestimmung des eigentlichen Geistes der kantischen Lehre ist bis heute nicht abgeschlossen.[153] Liebmann war 1865 angetreten, um unter Berufung auf Kant eine Denkverwirrung zu beheben, die von materialistischen Autoren sowie den idealistischen Epigonen Kants gleichermaßen verursacht worden sei. Sein Anspruch, dieses Vorgehen abzusichern, bestand dabei in der Behauptung, den „Geist" der kantischen Lehre hinter deren Buchstaben erkannt zu haben.[154] Liebmann glaubte, wie oben beschrieben, den Geist in der Eliminierung des Dings an sich erkannt zu haben. Der Anspruch, unter Berufung auf den Geist den Buchstaben der Lehre Kants (um-)deuten können zu dürfen, schlug sich in Wilhelm Windelbands (1848–1915) berühmtem Diktum „Kant verstehen, heißt über ihn hinausgehen",[155] nieder. Dieser hatte nämlich Liebmanns Vorgehen in Bezug auf das Ding an sich ausdrücklich als Erkenntnis des wahren „Geistes" der kantischen Lehre erkannt und gewürdigt, der nun „zu begreifen, zu begründen, zu vertreten, zu verteidigen" sei.[156] Dass Windelband weiterhin die *Kritik der reinen Vernunft* als „Triumph des deutschen Geistes"[157] bezeichnete und die vom kantischen Geist durchdrungene Wissenschaft von den „Phantasmen des Aberglaubens, der sich unter uns von neuem als verfeinerte Form uralten Zauberwesens auszubreiten droht", abgrenzen zu müssen glaubt, ist nach der bisher aufgezeigten Debatte um den Spiritismus äußerst auffällig. Denn offensichtlich gilt es, den ‚wahren' Geist gegenüber denen zu verteidigen, die Ansprüche darauf erheben, diesen Geist bei verschiedenen

---

152 Paulsen: Ernst Haeckel (wie Anm. 118), S. 57.
153 Vgl. die Beiträge von Nina A. Dmitrieva, Elisabeth Theresia Widmer und Anne Wilken in diesem Band.
154 Liebmann: Kant (wie Anm. 24), S. 213.
155 Wilhelm Windelband: Präludien. Aufsätze und Reden zur Einleitung in die Philosophie. 2. Aufl. Leipzig u. Tübingen 1903, S. IV.
156 Wilhelm Windelband: Otto Liebmanns Philosophie. In: Kant-Studien 15 (1910), S. III–X, hier S. IV.
157 Windelband: Präludien (wie Anm. 155), S. 121.

spiritistischen Séancen in den angeblich dort erscheinenden „Geistern" gesehen zu haben. Windelband verkettet dagegen den wahren Geist der kantischen Lehre mit dem „Triumph des deutschen Geistes" und somit mit einer protestantisch-hegemonialen Position. Dies wurde auch zeitgenössisch wahrgenommen. Sein Schüler Heinrich Rickert (1863–1936) erkannte Windelbands Anspruch auf den Geist nicht nur an, sondern beharrte auch darauf, dass die Wertphilosophie seines Lehrers das „Leben im Göttlichen", ohne das jede Wissenschaft „sinnlos würde", zuallererst möglich mache, obwohl sie „übersinnliche Realität" nur als problematisch gelten lasse.[158]

Dass, wie oben gezeigt, sich auch Zöllner zur Stütze seines Spiritismus auf Kant und Luther bezogen und Haeckel seinen Monismus als Ausfluss des wahren Protestantismus inszeniert hatte, ist anscheinend eine wichtige Gemengelage für Autoren wie Windelband, gerade das zu betonen, was im Kontext vermeintlicher spiritistischer Geisterkontakte der ‚wahre' Geist ist: nämlich der vernünftige, sich auf Kant berufende Protestantismus, der übersinnliche Gegenstände nur dem Glauben zuschreibe. Die Debatte um einen in diesem Sinne ‚vernünftigen' Protestantismus ist daher von den spiritistischen und materialistischen Zugriffen auf eben dieses Thema nicht zu trennen. Paulsen hatte wiederum behauptet, seine metaphysische Deutung der kantischen Morallehre sei kein Spiritismus, wie Vaihinger behaupte, sondern eben vernünftiger Protestantismus, der Einsicht ins Übersinnliche per se ablehne. Die Erfindung eines vernünftigen und modernen Protestantismus wurde gerade an dieser Stelle als Gegenmodell zum spiritistischen Aberglauben verortet. Damit wurde auch eine Front gegen den Katholizismus konstruiert, dem vorgeworfen wurde, letztlich in seiner mittelalterlichen unwissenschaftlichen Denkweise nichts Anderes zu sein als Spiritismus.

Des Weiteren ist Haeckels Front gegen Paulsen im Blick zu halten: Gerade die Unterstellung, die „Neo-Kantianer" zeichneten sich dadurch aus, dass sie allesamt die Postulate Kants zu ernst nehmen und daher dem Spiritismus das Wort reden würden, ist nicht zu unterschätzen. Denn offensichtlich wurde eine Einheit des Neukantianismus beschworen, um polemisch eine bestimmte Position im Diskurs zu markieren, von der Haeckel sich abgrenzte. Paulsen antwortete hierauf mit einer eigenen Definition von Neukantianismus, dessen Vertreter gerade nicht mystische Auslegungen verträten, sondern sich in der Tradition von Hermann Cohens Text *Kants Theorie der Erfahrung* vor allem auf Erkenntnistheorie konzentrierten. Die Deutungshoheit über den Geist der kantischen Lehre und die Einheit des Neukantianismus wurde also in konkreten historischen Frontstellungen erhoben. Geist und Einheit, sowie der Zugriff auf eben

---

[158] Heinrich Rickert: Wilhelm Windelband. Tübingen 1915, S. 11.

diese, waren Effekte der jeweiligen Debatten, die sich an der Interpretation der Postulatenlehre entzündeten, die im Gefolge der du Prelschen Thesen und deren Bekanntmachung im Diskurs durch Vaihinger, Haeckel und Medicus als spiritistisch-katholisches Einfallstor in Kants Philosophie galt.

Sieur, Frischeisen-Köhler und Bauch hatten gerade im Krieg die kantische Morallehre als Sinnmuster gedeutet und interpretiert. Noch bei Kriegsausbruch hatte der Cohen-Schüler Karl Vorländer (1860–1928) zugeben müssen, dass zwar der kategorische Imperativ die Kraft sei, „die wahrhaft Siege schafft", aber „nur ein kleiner Teil unserer Feldgrauen mit dem kategorischen Imperativ des Königsberger Philosophen Bescheid" wisse.[159] Vielleicht ist dies der Kontext, der Vorländer dazu bewog, im gleichen Text einen soldatischen Enthusiasmus zu postulieren, der sich trotz seiner Unkenntnis der kantischen Philosophie des kategorischen Imperativs gewiss sei. Der einfache Soldat könne also, so könnte man Vorländers These zuspitzen, den Geist der kantischen Lehre erkennen, ohne deren Buchstaben zu kennen. Dies sehe man wiederum in dem Effekt, dass die Soldaten mutig in den Krieg zögen.

Die Inanspruchnahme des Geistes der kantischen Lehre und die darauf konstruierte Einheit der Kantforschung erscheint vor dem Hintergrund des Kriegsausbruchs in gewisser Weise als philosophische Legitimierung der Burgfriedenspolitik, die sich in den bekannten Worten Wilhelms II. (1859–1941) vor dem Reichstag ankündigte: „Ich kenne keine Parteien mehr, ich kenne nur Deutsche!"[160]

7 Fazit: Postulate im Netz

Die Forderung Otto Liebmanns, auf Kant „zurückzugehen", spielte eine äußerst ambivalente Rolle im Diskurs um 1900: Einerseits beanspruchte eine sich auf Kant berufende Position, die Einheit oder die Essenz des laufenden Diskurses über Philosophie erkannt zu haben, andererseits war diese Artikulation oder Inanspruchnahme der Essenz geprägt von einem konstitutiven Mangel. Denn die Beschwörung der Einheit des Diskurses konnte nur unter Verweis auf die Positionen geschehen, die diese Einheit bedrohten. Liebmanns Front sind Materialisten und metaphysische Kantinterpreten, welche die kantische Lehre nicht

---

159 Karl Vorländer: Kant und der Krieg. In: Das Forum 1 (1914), S. 469–472, hier S. 472.
160 Vgl. Anon.: Verhandlungen des Reichstages. XIII. Legislaturperiode. II. Session. Band 306. Stenographische Berichte. Von der Eröffnungssitzung am 4. August 1914 bis zur 34. Sitzung am 16. März 1916, Berlin 1916, S. 2. URL: http://www.reichstagsprotokolle.de/Blatt_k13_bsb00003402_00013.html [9.4.2019].

in ihrer eigentlichen Intention erfassen können würden. Konkret zeigt sich dieser konstitutive Mangel in dem Effekt, dass Liebmanns Aufruf eben gerade keine Vereinheitlichung des Diskurses bewirkte. Gerade Liebmanns Beschwören einer einheitlichen Kantbewegung unter Rückgriff auf seine Deutung der Dinge an sich bildete die Episteme eines weitreichenden Spiels der Differenzen in Bezug auf die Deutung der kantischen Morallehre. In Anlehnung an den Titel einer im April 2018 in Greifswald stattgefundenen Tagung zu Hermann Cohen („Cohen im Netz") könnte man in dieser Gemengelage von „Postulaten im Netz" sprechen. Im Gegensatz nämlich zu Liebmanns Intention, die Verwirrung wissenschaftlich durch eine Anrufung des Ursprungs – Kants Lehre ohne die Dinge an sich – zu beheben, wurde sein Verdikt in gewisser Weise als wissenschaftliche ‚Erlaubnis' gedeutet, Kant in praktisch allen sozialen oder politischen Kontexten zu zitieren und für die eigene Position kompatibel zu machen. Dies wurde auch zeitgenössisch erkannt.[161] In den Worten Eduard von Hartmanns könne hierbei nicht einmal mehr von einer homogenen Schulgemeinschaft geredet werden, da der Neukantianismus „in zahllose verschiedene Richtungen und Nuancen" auseinanderdrifte, „von denen jede behauptete, allein das wahre Verständnis Kants zu besitzen".[162]

Das allseitige Beharren, die Wahrheit oder den „Geist" der kantischen Morallehre erkannt zu haben, wie Liebmann selbst behauptet,[163] zeigt hier vor allem, wie umkämpft die Berufung auf Kant und letztlich auch die Postulatenlehre war. Carl Sieur, Bernhard Bülow und Max Frischeisen-Köhler beziehen sich alle auf das Signum „Zurück zu Kant", um in einem hoch aufgeladenen politischen Kontext Kants Morallehre als Autorität in Anspruch zu nehmen. Ernst Haeckel gibt sich sogar selbst als neukantianischer Autor aus, unter Berufung auf Hermann Cohen und Hans Vaihinger. Friedrich Paulsen behauptet die Essenz der kantischen Ethik als Metaphysik und somit Möglichkeitsbedingung eines wissenschaftlichen und nicht-spiritistischen Protestantismus. Denn gleichzeitig mit der Behauptung, die Essenz der kantischen Lehre erkannt zu haben, werden in den Texten Fronten genannt, gegen die der „Geist" sprechen soll.

Bei all diesen unübersichtlichen Gemengelagen lassen sich daher einige wirkmächtige Ausschließungsprozeduren beschreiben, welche die Debatten um Kants Morallehre strukturieren.

---

161 Vgl. Erich Adickes: Auf wem ruht Kants Geist? Eine Säkularbetrachtung. In: Archiv für systematische Philosophie X (1904), S. 1–19, hier S. 1–3.
162 Eduard von Hartmann: Geschichte der Metaphysik. Zweiter Teil. Nach Kant. Leipzig 1900, S. 46.
163 Liebmann: Kant (wie Anm. 24), S. 213.

Erstens drehten sich die Debatten nach den Veröffentlichungen Carl du Prels um die Postulatenlehre und deren angemessene, d.h. nicht-spiritistische Deutung, meist in Zusammenhang mit Vaihingers Als Ob. Diese Debatten waren geprägt von einem allseitigen Verlangen, spiritistische Deutungen im Diskurs zu identifizieren und diese aus der wissenschaftlichen Betrachtung der kantischen Lehre auszuschließen. Auf dieser Basis wurde ein Kanon der Deutung der Postulatenlehre inszeniert, von dem man nur abweichen könnte, wenn man es in Kauf nahm, eine spiritistische Meinung zu vertreten. Vaihingers *Kant-Studien* kommt in diesem Kontext eine zentrale Rolle zu, eine wissenschaftliche Deutungshoheit über die Postulatenlehre zu installieren.

Zweitens fällt die Berufung auf eine protestantische Tradition oder einen protestantischen Geist ins Auge, der die Entstehung des deutschen Nationalstaates und dessen philosophischer Wissenschaft zuallererst ermögliche, von dem sich zu entfernen es keinem vernünftigen Kantforscher möglich sei, wenn er als wissenschaftlich gelten wolle.[164] Wer sich sozusagen von einem als vernünftig angesehenen Protestantismus entfernte, galt demzufolge nicht nur als Spiritist, sondern auch als Kryptokatholik, der letztlich einen Umsturz des preußisch-kleindeutschen Staatenkonstrukts beabsichtige. Sowohl Friedrich Paulsen als auch Ernst Haeckel zitieren diese protestantische Tradition als die epistemische Grundlage ihrer Modelle (auch und vor allem gegeneinander). Besonders die Zustimmung zum Bismarckschen Kulturkampf und die in dem Zusammenhang vorgenommene Zuschreibung fehlender Wissenschaftlichkeit an Katholiken sind immer wieder Argumente, welche die Interpretation von Kants Morallehre begleiten. Den Geist bei Kant zu erkennen, hieß in dieser Situation eben auch, sich auf die Seite der politischen Macht zu stellen. Der Pfarrerssohn Hans Vaihinger stellte noch 1916 klar, dass seine fiktionalistische Interpretation des höchsten Guts und der Postulate bei Kant in keinerlei Widerspruch stünden zur protestantischen Tradition.[165] Auf Kants Morallehre aufbauend sollte so eine protestantische Essenz der deutschen Nation ‚wissenschaftlich' abgesichert werden. Gerade der Vorwurf gegen wissenschaftliche Gegner, mit ihrem jeweiligen Modell Kryptokatholizismus zu betreiben, zitiert die von Thomas Nipperdey diagnostizierte Moralisierung der Auseinandersetzungen im Kaiserreich. Eine gegnerische Position erschien so nicht (nur) als wissenschaftlicher Irrtum, sondern vor allem als absichtlicher Versuch, den Staat zu unterwandern.

---

164 In ihrem Beitrag in diesem Band stellt Anne Wilken heraus, dass für Dilthey das Akademie-Projekt ein Dienst an der deutschen Nation war.
165 Vgl. Hans Vaihinger: Die Philosophie des Als Ob und das Kantische System gegenüber einem Erneuerer des Atheismusstreites. In: Kant-Studien 21 (1916), S. 1–15, hier S. 13, 22.

In diesem Kontext, drittens, ist nochmals die Abgrenzung der eigenen Position vom Spiritismus zu erwähnen. Nicht nur, dass spiritistische Themen wie Tischerücken, Hellsehen, Levitation etc. seit den 1850er Jahren breitenwirksam in Deutschland wahrgenommen worden waren,[166] es wurde seit den Veröffentlichungen Carl Friedrich Zöllners, Carl du Prels und Walter Bormanns, die durch mehrere Rezensionen im wissenschaftlichen Diskurs bekannt waren, nun auch die Frage behandelt, ob Kant selbst mit seiner Lehre von der objektiven Realität der Postulate[167] den Spiritismus und die Erscheinungen von Geistern Verstorbener ermögliche. Du Prel, Bormann und Zöllner hatten behauptet, dass die kantische Philosophie – bei den ersteren beiden insbesondere die zweite *Kritik* – die Grundlage des Spiritismus und dahingehend des endgültigen empirischen Beweises der Unsterblichkeit der Seele ausmache. Durch die Rezensionstätigkeit Vaihingers wurde diese Position schließlich nicht nur im Diskurs populär, sondern sie diente in der Folge als epistemische Grenze einer jeden wissenschaftlichen Erforschung der zweiten *Kritik*. Wer ‚wahre' Wissenschaft betreiben wollte, musste sich vom Spiritismus distanzieren. In dieser Situation sind die Aneignungsstrategien in Bezug auf das Liebmannsche ‚Zurück zu Kant' sichtbar: Die Forderung nach Rückgang auf Kant wird von ihrem ‚ursprünglichen' Kontext, einer Verwerfung der Dinge an sich, abgelöst und in die Debatte um 1900 implementiert. Den ‚Geist' der kantischen Lehre zu erkennen, bestand nun in der Praktik, den Spiritismus abzuwehren, der sich über die Postulatenlehre, die man nun ebenfalls ablehnen musste, widerrechtlich Zugang in den Kanon der Kantdeutung verschaffen wolle. Gegenüber spiritistischen oder vermeintlich spiritistischen Diskurspositionen wurde die Einheit einer neukantianischen Bewegung abgesichert. Man könnte also sagen, dass heutige Beschreibungen eines einheitlichen Neukantianismus auf eine umgedeutete Spiritismus-Front um 1900 rekurrieren.

Alle drei Frontstellungen sicherten sich das Argument der Wissenschaftlichkeit, in dem sie nicht nur gegen spiritistische, katholische oder sozialistische Diskurse in Stellung gebracht wurden, sondern auch ihren Gegnern diese jeweiligen Sichten unterstellten, selbst wenn diese sich selbst explizit gegen etwaige spiritistische oder katholische Sichten verwahrten. Spiritismus oder römischer Katholizismus diente in diesem Kontext als Vorwurf, in Bezug auf die Praxis philosophischer Wissenschaft, die sich in der Tradition von Liebmanns „Zurück zu Kant" als Wahrerin und Verbreiterin der kantischen Philosophie verstand, ein unvernünftiges oder wahnsinniges Projekt zu identifizie-

---

166 Etwa von Arthur Schopenhauer in seinen bekannten *Parerga und Paralipomena* und dem darin enthaltenen Text *Versuch über das Geistersehn*.
167 Vgl. KpV, 3f., 44, 115, 132–134.

ren, dass letztlich zum Umsturz des Staates führen werde. Kant sollte als deutscher und vor allem protestantischer Philosoph auftreten, sozusagen als philosophische Stütze des Kaiserreiches. Gerade im Kontext der Wahlerfolge der SPD und der Zentrumspartei um 1900 galten Argumente wie dieses, den Geist der kantischen Philosophie ‚richtig‘, d.h. nicht-spiritistisch, nicht-katholisch usw. zu verstehen, vor allem auch als Positionierung seines eigenen wissenschaftlichen Projektes aufseiten der staatlichen Macht. Dies zeigte sich auch in der Strategie vieler neukantianischer Autoren, die Burgfriedenspolitik bei Kriegsausbruch 1914 unter Bezug auf Kants Morallehre zu erklären, wenn etwa der Cohen-Schüler Karl Vorländer den kategorischen Imperativ als „Kraft, die wahrhaft Siege schafft", bezeichnet, welche die Soldaten an der Front zur Selbstaufopferung ermutigen würde.

Die wechselseitige Unterstellung von Umsturz, wie beispielsweise bei Paulsen und Haeckel, zeigt, dass politische und wissenschaftliche Argumente eng verzahnt waren. Wenn dem Gegner mit wissenschaftlichen Argumenten nicht beizukommen war, wurde die Debatte durch die bloße Erwähnung der „Reichsfeinde" auf ein moralisch-politisches Feld verschoben. Dem Gegner wurde unterstellt, aufgrund seiner falschen Kantlesart Katholik oder Sozialist bzw. wahnsinnig zu sein. Kant ‚falsch‘ zu lesen, wurde als Angriff auf die politische (und auch die wissenschaftliche) Ordnung gewertet. Das immer wiederkehrende Berufen auf Kant in der Tagespolitik zeigt das. Selbst Wilhelm II. bezog sich in seinen berühmt-berüchtigten Reden auf Kant.[168]

Der historischen Pluralität von Kantdeutungen kann man, so denke ich, nur durch ebenso plural wie interdisziplinär verfahrende Forschungen beikommen. Dass selbst Kantgegner wie Haeckel sich auf eine kanonische Kantforschung zur Legitimierung ihrer Thesen beriefen, zeigt, dass die Aneignung von Liebmanns „Zurück zu Kant" in den philosophischen Debatten im Kaiserreich als notwendige Grundlage gesehen wurde, überhaupt an einem Diskurs über Wahrheit teilnehmen zu dürfen. Insofern hing die Positionierung im akademischen wie politischen Diskurs von der jeweiligen Position zu Kant ab; und andersherum. Diesen verzweigten Kontexten gilt es nachzugehen. Der vorliegende Sammelband soll erste Fingerzeige zu einer intensiveren historischen Beschäftigung der Kantrezeption um 1900 geben, die in der Kantforschung bis in die Gegenwart als wichtige Referenzquelle verbreitet ist.

---

168 Vgl. Hans Vaihinger: Kaiser Wilhelm II. und Kant. In: Kant-Studien 11 (1906), S. 482f.

Anne Wilken
Kant edieren

Zum institutionellen Kontext der Akademie-Ausgabe von Kants Schriften

1 Einführung

Der Zusammenhang von Kanonbildung und Editionspraxis ist bisher nicht systematisch untersucht worden. Es ist nicht klar, in welcher Art und Weise Editionen auf die Bildung eines Kanons Einfluss nehmen: Wirken sie affirmierend oder produzieren sie diesen gar? Die ungenügende Reflexion auf diesen Zusammenhang erstaunt umso mehr, als Editionen die Grundlage an philosophischen Texten bereitstellen, mit denen wir täglich arbeiten. Im Rahmen meines Dissertationsprojekts[1] verfolge ich Fragen, die das Verhältnis zwischen Kanonbildung und Editionspraxis der Akademie-Ausgabe von Kants Schriften betreffen: Durch welche editorischen Entscheidungen verfestigt sich die überzeitliche Bedeutung von Kants Texten? Wie werden die Hauptwerke im Vergleich zu den anderen Schriften präsentiert? Installiert die Edition einen Status Kants als Klassiker der Philosophie? Lassen sich philosophische Streitfragen durch philologische Grundlagenarbeit lösen? Stellt der Variantenapparat mit seiner akribischen Verzeichnung der Emendationsvorschläge namhafter Kantforscher für den Leser eine sinnvolle Interpretationshilfe der *Kritik der reinen Vernunft* dar? Ist dieser nicht vielmehr eine Zurschaustellung von Macht? Wem wurde die Ehre zuteil, in die Akademie-Ausgabe aufgenommen zu werden?

In diesem Beitrag soll es aber weniger um den Einfluss der Akademie-Ausgabe auf den philosophischen Kanon gehen, sondern es soll ein Blick hinter die Kulissen des 1893 von Wilhelm Dilthey (1833–1911) initiierten prestigeträchtigen Großprojektes der Edition von Immanuel Kants Schriften der *Königlich-Preußischen Akademie der Wissenschaften zu Berlin* geworfen werden.[2] Zunächst werde ich den institutionellen Rahmen abstecken, in dem das Projekt stattfinden konnte, um dann in einem zweiten Schritt auf die philologischen Arbeiten

---
1 Der Titel lautet: Kant als Klassiker der Philosophie. Zur Produktion philosophischer Klassiker und zu ihren Editionsbedingungen um 1900 und erscheint voraussichtlich im Dezember 2021 im Verlag Karl Alber, Freiburg u. München.
2 Kant war von 1786 bis zu seinem Tod auswärtiges Akademiemitglied.

von Hans Vaihinger (1852–1933) und Benno Erdmann (1851–1921) einzugehen. Ich werde Diltheys Intention, Schriften von Immanuel Kant zu edieren, näher beleuchten und auf die Textkonstitution der *Kritik der reinen Vernunft* zu sprechen kommen.

1893 stellte der Theologe und Philosoph Eduard Zeller (1814–1908) gemeinsam mit Dilthey den Antrag, mit einer Edition der kantischen Schriften bei der preußischen Akademie der Wissenschaften beginnen zu dürfen. Im Jahr 1894, 90 Jahre nach Kants Tod, wird die Edition seiner Schriften nun begonnen. Diltheys Ziel war die Archivierung sämtlicher Äußerungen Kants, um ihn sowohl im Einzelnen als auch im Ganzen betrachtet gewissermaßen besser verstehen zu können, als Kant sich selbst verstand. Für Dilthey ist Verstehen vor allem durch die Anordnung des Gesamtwerks möglich:

> Das Verstehen geistiger Schöpfungen ist in vielen Fällen nur auf den Zusammenhang gerichtet, in dem die einzelnen Teile eines Werkes, wie sie nacheinander zur Auffassung kommen, ein Ganzes bilden. Ja es ist dafür, daß das Verstehen den höchsten Ertrag für unser Wissen von der geistigen Welt abwerfe, von der höchsten Bedeutung, daß diese Form desselben in ihrer Selbständigkeit zur Geltung gebracht werde.[3]

Daher sah er es als notwendig an, Kants Material zu sammeln und eine Gesamtausgabe zu veranstalten. Mit der Edition verfolgte Dilthey den Anspruch, eine Musterausgabe zu schaffen, die nachfolgenden Editionskonzepten als Vorbild dienen sollte.

2 Die Friedrich-Wilhelms-Universität Berlin und die Königlich-Preußische Akademie der Wissenschaften

Die Geschichte der Akademie-Ausgabe ist eine wechselvolle, die von Umbrüchen und personellen Schwierigkeiten gekennzeichnet ist. Um zu verstehen, warum um 1900 eine weitere Gesamtausgabe von Kants Schriften initiiert worden ist, lohnt ein Blick auf den Ort des Geschehens. Die 1809 gegründete Friedrich-Wilhelms-Universität Berlin, die heutige Humboldt-Universität, hat keine neukantianische Schule hervorgebracht. Sie ist während der Blütezeit des Neu-

---

[3] Wilhelm Dilthey: Gesammelte Schriften. 26 Bde. Bd. 7: Der Aufbau der geschichtlichen Welt in den Geisteswissenschaften. Hg. v. Bernhard Groethuysen. 2. Aufl. Göttingen 1958, S. 211.

kantianismus vor allem ein Ort der florierenden naturwissenschaftlichen Forschung.[4] Die in Heidelberg und Marburg[5] lehrenden berühmten Neukantianer Kuno Fischer (1824–1907), Friedrich Albert Lange (1828–1875) und Hermann Cohen (1842–1918) hatten keine Professur an der Berliner Universität inne. Allerdings waren am Standort Berlin vor allem Friedrich Paulsen (1846–1908), Alois Riehl (1844–1924) sowie Erdmann zentral an den neukantianischen Debatten beteiligt.

Die Anziehungskraft des Standortes wurde durch die Preußische Akademie der Wissenschaften erheblich verstärkt. Sie blickte auf eine lange Tradition zurück: 1700 wurde sie vom brandenburgischen Kurfürsten Friedrich III. – ab 1701 König Friedrich I. von Preußen (1657–1713) – als *Kurfürstlich Brandenburgische Sozietät der Wissenschaften* gegründet. Gottfried Wilhelm Leibniz (1646–1716) war bis zu seinem Todesjahr ihr Präsident.

> Im 19. Jahrhundert geriet die Akademie, die seit 1812 Königlich Preußische Akademie der Wissenschaften hieß, in den Schatten der 1810 neu gegründeten Berliner Universität. An sie trat die Akademie ihre Forschungseinrichtungen ab, mit ihr entwickelte sie aber auch eine neue, fruchtbare Symbiose. Die meisten der bis 1881 maximal 50 [...] Ordentlichen Akademiemitglieder waren zugleich Professoren der Universität. Die Akademie wurde primär zu einer Gelehrtengesellschaft, doch betrieb sie auch bahnbrechende langfristige Forschungsprojekte vor allem in den Geisteswissenschaften [...].[6]

Die Akademie gliederte sich in zwei Klassen, die philosophisch-historische sowie die physikalisch-mathematische. Je zwei Akademiemitglieder besetzten den Posten des so genannten „Sekretars" [sic!], das ist der Sprecher der jeweiligen Klasse. Alle drei bis vier Monate wechseln diese auf den Vorsitzposten, welcher zwar als Präsidentenamt fungiert, ohne jedoch mit diesem Titel verbunden zu sein. Für editorische Projekte wurden Kommissionen gebildet, die über strittige Fragen entschieden.

---

4 Zur Diskussion um die Wegbereiter und Anhänger des Neukantianismus in Marburg, Freiburg sowie Berlin siehe Klaus Christian Köhnke: Entstehung und Aufstieg des Neukantianismus. Die deutsche Universitätsphilosophie zwischen Idealismus und Positivismus. Frankfurt a.M. 1986.
5 Die Entwicklung der Marburger Schule des Neukantianismus beleuchtet Ulrich Sieg: Aufstieg und Niedergang des Marburger Neukantianismus. Die Geschichte einer philosophischen Schulgemeinschaft. Würzburg 1994.
6 Berlin-Brandenburgische Akademie der Wissenschaften: Die Berliner Akademie und ihre Leitung in drei Jahrhunderten. URL: https://praesidenten.bbaw.de/de/informationen-zur-praesidentengalerie/die-berliner-akademie-und-ihre-leitung-in-drei-jahrhunderten/ [27.03.2019].

3 Wilhelm Dilthey als Leiter der Akademie-Ausgabe

Wilhelm Dilthey erhielt nach der Besetzung von Lehrstühlen in Basel, Kiel und Breslau 1882 einen Ruf nach Berlin. Er wurde Nachfolger des Philosophen und Doktors der Medizin Hermann Lotze (1817–1881), der nach nur einigen Wochen Amtszeit verstarb. Mit Eduard Zeller und Dilthey setzte die Blütezeit der Berliner Philosophie ein. Ersterer war ab 1872 Ordinarius sowie ordentliches Mitglied der Akademie.[7] Er verfolgte den Ansatz, das eigene Philosophieren auf seine geschichtliche Entwicklung hin zu prüfen. Dazu bedürfe es eines Studiums der Geschichte der Philosophie, um zu einer „historisch-philologischen Selbstkritik systematischer Ansprüche" zu gelangen.[8] 1887 wurde Zeller ordentliches Akademiemitglied. Mit der Berufung Erdmanns 1909 nach Berlin setzte schließlich die Ausdifferenzierung der philosophischen Lehre ein: Die *Philosophischen Seminare* wurden gegründet. Dadurch entstand der Bedarf nach einer sicheren Textbasis. Erdmann gehörte ab 1911, dem Todesjahr Diltheys, der Akademie an und übernahm den Vorsitz der Kant-Kommission und damit auch die Leitung der Akademie-Ausgabe.

Vor der Akademie-Ausgabe gab es bereits drei Gesamtausgaben der Werke Kants:
- *Immanuel Kant's sämmtliche Werke in 7 Bänden*. Leipzig 1838–1842 (Herausgeber: Karl Rosenkranz u. Friedrich W. Schubert)
- *Immanuel Kants sämtliche Werke in 10 Bänden*. Leipzig 1838–1839 (Herausgeber: Gustav Hartenstein)
- *Immanuel Kants sämtliche Werke in chronologischer Reihenfolge in 8 Bänden*. Leipzig 1867–1869 (Herausgeber: Gustav Hartenstein).

Die Akademie-Ausgabe selbst gliederte sich in vier Abteilungen, wobei ich mich in meiner Forschung auf die erste konzentriere:
- Abteilung I: Werke (die Bände I bis IX erschienen zwischen 1902 und 1923; Leiter: Wilhelm Dilthey)
- Abteilung II: Briefwechsel (die Bände X bis XIII erschienen zwischen 1900 und 1922; Herausgeber: Rudolf Reicke)

---

[7] Zeller war von 1872 bis 1894 ordentliches, anschließend bis zum Ende des Jahres 1894 Ehrenmitglied. Ab 1895 war er auswärtiges Mitglied.
[8] Volker Gerhardt, Reinhard Mehring u. Jana Rindert: Berliner Geist. Eine Geschichte der Berliner Universitätsphilosophie. Berlin 1999, S. 100.

- Abteilung III: Handschriftlicher Nachlass (die Bände XIV bis XXIII erschienen zwischen 1911 und 1955; Herausgeber: Erich Adickes)
- Abteilung IV: Vorlesungen (die Bände XXIV bis XXIX erscheinen von 1966 an; Leiter: Paul Menzer)

Die Bände I bis VIII erschienen von 1902 bis 1912 in erster und ab 1910 mit aktualisierten sachlichen Erläuterungen in zweiter Auflage.[9]

Die Akademie-Ausgabe strebte eine vollständige Darbietung der kantischen Hinterlassenschaften an, die vorherige Editionen nicht geleistet hatten. Besondere Wichtigkeit hatte für Dilthey der handschriftliche Nachlass, wie aus seinem berühmten *Archiv-Aufsatz* hervorgeht:

> Je grösser das Lebenswerk eines Menschen ist, desto tiefer reichen die Wurzeln seiner geistigen Arbeit in das Erdreich von Wirthschaft, Sitte und Recht seiner Zeit, und in desto mannigfaltigerem lebendigerem Austausch mit Luft und Licht umher athmet und wächst sie. In solchem feinen, tiefen und verwickelten Zusammenhang kann jedes scheinbar unerhebliche Blatt Papier ein Element von Causalerkenntniss werden. Das fertige Buch spricht für sich wenig von dem Geheimniss seiner Entstehung aus. Pläne, Skizzen, Entwürfe, Briefe: in diesen athmet die Lebendigkeit der Person, so wie Handzeichnungen von derselben mehr verraten als fertige Bilder.[10]

Die Werkgenese von Kants Schriften herauszuarbeiten, stellte für Dilthey damit eine wichtige Aufgabe der Akademie-Ausgabe dar. Die vorherigen Editionen hatten die Handschriften nicht berücksichtigt.

4 Die Akademie-Ausgabe als Interpretationshilfe der Schriften Kants

Die Editionspraxis um 1900 war durch den Begriff des Autorwillens, das heißt durch das Verständnis des Editors als Testamentsvollstrecker, geprägt. Dilthey sah sich dazu in der Lage, Kants Willen zum einen verstanden zu haben und zum anderen, diesen durch die Edition zur Entfaltung bringen zu können, weil Kant selbst eine Gesamtausgabe aufgrund seiner altersbedingt schwindenden geistigen Kräfte nicht habe besorgen können:

---

9 Änderungen am Lesetext werden nur in dem Band VI *Die Metaphysik der Sitten* vorgenommen.
10 Wilhelm Dilthey: Archive der Litteratur in ihrer Bedeutung für das Studium der Geschichte der Philosophie. In: Archiv für Geschichte der Philosophie 2 (1889), S. 343–367, hier S. 351.

> So wie er [Kant, A. W.] selbst auf dieser Höhe, nach den kritischen Hauptwerken noch schöpferisch, vor dem zu Beginn des neuen Jahrhunderts einreissenden Verfall seiner Geisteskräfte die Edition besorgt hätte, sie nun auszuführen, ist das Ziel.[11]

Im Sinne einer Testamentsvollstreckung wollte auch Dilthey seine Kantausgabe verstanden wissen:

> Und wie bescheiden man auch über den Nutzen desselben [gemeint ist die „geordnete und vollständige Darbietung des Materials", A. W.] für das letzte Ziel der objectiven geschichtlichen Erkenntnis des Systems denken mag: der Streit, der heute unter den Kantforschern besteht und die sich von der Gesammtauffassung bis auf die Interpretation der Hauptbegriffe Kants erstreckt, wird doch eingeschränkt, der Umfang sicherer geschichtlicher Erkenntniß erweitert werden können, wenn dies Material wohlgeordnet und nach Möglichkeit chronologisch bestimmt vorliegt.[12]

Dilthey erhoffte sich durch seine Edition ein höheres Maß an Objektivität für die Kantforschung, die durch Vollständigkeit und Chronologie erreicht werden sollte. Bezüglich des ersten Aspekts sprach er von einer „Andacht zum Unbedeutenden und Kleinen".[13] Durch diese beiden Prinzipien sollte die Entwicklungsgeschichte des mächtigen ‚Genies' Kant nachgezeichnet werden. Dilthey berief sich dabei auf die ab 1887 veröffentlichte *Sophienausgabe* von Goethes Schriften als Vorbild. In einem Brief an seinen philosophischen Freund, den Grafen Paul York von Wartenburg (1835–1897), schrieb er Ende 1893:

> Der Plan der kritischen Kantausgabe – ein Gegenstück zu der Goetheausgabe, aber von einer ganz andren Fruchtbarkeit wie ich hoffe, ist von mir in einem ganzen Buch von Denkschrift dem Ministerium übergeben, findet Beifall und seine Ausführung ist nun wol gesichert. Damit kommt dann die lange lange Arbeit der Kantphilologie zu ihrer wahrhaften nutzbringenden Bestimmung und abschließenden Benutzung.[14]

Bei dem Kulturpolitiker Friedrich Althoff (1839–1908) warb Dilthey für die Herstellung einer Edition mit einem Appell an die „Ehrenpflicht der Nation"[15] und unterstrich damit eine nationale Bedeutung der Edition. Er wollte auch „das Interesse des Kaisers an dem Unternehmen [...] wecken".[16]

---

11 AA 1, S. 513.
12 Ebd., S. IXf.
13 Ebd., S. VIII.
14 Wilhelm Dilthey: Briefwechsel 1852–1911. Hg. v. Gudrun Kühne-Bertram u. Hans-Ulrich Lessing. Göttingen 2011ff., hier Bd. 2: 1882–1895 (2015), S. 442. Der Antrag, das „ganze Buch", ist nicht überliefert.
15 Brief Dilthey an Althoff vom Februar 1884. In: Ebd., S. 71.
16 Brief Dilthey an Althoff vom 30.11.1893. In: Ebd., S. 433.

Eduard Zeller berichtete dem Klassischen Philologen Hermann Diels (1848–1922) über seine Zusammenarbeit mit Dilthey. Diels war von 1882 bis 1886 außerordentlicher, ab 1886 bis zu seinem Tod schließlich ordentlicher Professor an der Berliner Universität. Als Sekretär der Philosophisch-historischen Klasse der Akademie hatte er Theodor Mommsen (1817–1903) abgelöst und bekleidete dieses Amt von 1895 bis 1920. Am 16. Juli 1895 teilte er mit, dass Dilthey „befriedigt über den Fortgang der Kantausgabe berichtet".[17] In einem vier Tage später verfassten Antwortbrief nennt er Diels eine Reserve von 60.000 Mark, mit Hilfe dessen Dilthey hoffe, „den Kant zu bezwingen".[18] Am 15. Dezember desselben Jahres berichtet Diels über Diltheys „nervöses Herzleiden", so dass er an seiner Stelle die Leitung der Akademie-Ausgabe übernehmen müsse. Er bewertete das als ungünstigen Moment:

> Circulare [gemeint sind die Rundschreiben an Bibliotheken, Archive und Privatpersonen mit der Bitte um Zusendung kantischer Handschriften an die Akademie, A. W.] sind zu versenden und Contract mit dem widerborstigen Adickes abzuschließen [...].[19]

In seiner Antwort wird deutlich, dass Zeller Dilthey aufgrund seines instabilen Gesundheitszustands nicht als verlässlichen Projektleiter ansah.[20] Dilthey blieb jedoch Leiter des Gesamtunternehmens, wenn auch mit Unterbrechungen.

5 Hans Vaihinger als Kantphilologe: sein *Commentar* zur Kritik der reinen Vernunft

Der Hallenser Philosophieprofessor Hans Vaihinger veröffentlichte 1881, hundert Jahre nach dem Erscheinen der ersten Auflage der *Kritik der reinen Vernunft*, seinen *Commentar zu Kants Kritik der reinen Vernunft*. Elf Jahre später erschien der zweite Band. Beim Vergleich der Vorworte dieser beiden Bände wird deutlich, dass Vaihinger durch Fachkollegen für sein methodisches Vorgehen kritisiert wurde. So schreibt er noch 1881, dass er mit „exakter philologischer Methode und unter Berücksichtigung des historischen Standpunktes Kants Schriften und seinen Sinn eruieren will". Sein *Commentar* stehe „auf dem

---

17 Hermann Diels, Hermann Usener u. Eduard Zeller: Briefwechsel. 2 Bde. Hg. v. Dietrich Ehlers. Berlin 1992, hier Bd. 2, S. 100.
18 Brief Zeller an Diels vom 16.07.1895. In: Ebd., S. 102.
19 Brief Diels an Zeller vom 15.12.1895. In: Ebd., S. 119.
20 Vgl. Brief Zeller an Diels vom 28.12.1895. In: Ebd., S. 120–122.

Standpunkt der Kantphilologie, aber im strengen Sinne des Wortes".[21] Aus dem Vorwort zum zweiten Band wird ersichtlich, dass Vaihinger für genau diese Methode kritisiert worden ist, die jegliches „philosophische Pathos" vermissen lasse:

> Treffend hat Windelband als die Hauptaufgabe der Geschichte der Philosophie bezeichnet: die Geschichte der Probleme und Begriffe; nur so aufgefasst, könne das historische Studium die systematische Arbeit unterstützen. Genau in diesem Sinne ist dieser Commentar einst entworfen worden, genau diese Absicht verfolgt er noch jetzt. Und wer den Commentar in diesem Geiste benützt, in dem er abgefasst ist, der wird in demselben auch nicht mehr ‚das philosophische Pathos' vermissen. Das echte philosophische Pathos entlädt sich in fortgesetzter geistiger Arbeit an den philosophischen Problemen; fruchtbare Arbeit an denselben ist aber nur möglich auf historisch-kritischer Basis.[22]

Die Befürworter der Kantphilologie hofften darauf, dass die Akademie-Ausgabe selbige zum Abschluss bringt.

Im Juni 1895 begann Dilthey, mit Vaihinger Verhandlungen zu führen. Diese verliefen erfolgreich, so dass er in die Kommission der Akademie aufgenommen wurde. Aus einem Brief vom September 1895 wird ersichtlich, dass Dilthey von Vaihingers Plänen zur Gründung der Zeitschrift *Kant-Studien* erfahren hatte. Zu diesem Zeitpunkt war er davon überzeugt, dass beide Vorhaben voneinander profitieren könnten, die Edition aus seiner Sicht jedoch absolute Dringlichkeit besitze. So hoffte Dilthey, dass Vaihinger sowohl seiner Editionstätigkeit als auch der Arbeit an der neu gegründeten Zeitschrift nachkommen könne:

> Freilich werden Sie sich nicht verhehlen daß Ihre Arbeitslast durch diese Studien erheblich vermehrt wird. Aber fühlen Sie sich nun gegenwärtig im Stande, beide Aufgaben zu bewältigen u. vertrauen Sie, daß Sie das nicht später doch zu viel finden, so kann ja der Plan dieser Studien im Interesse Kants ganz nützlich werden. Es bleibt freilich meine Überzeugung, daß jetzt, wo aus ganzem Holz geschnitzt werden soll unser ganz überwiegendes Interesse hierauf gerichtet bleiben muß.[23]

Zwei Monate später erreichte Dilthey die Nachricht, dass Vaihinger für die Akademie-Ausgabe nicht zur Verfügung stehe. Der Brief mit der Absage ist nicht überliefert und muss aus Diltheys Antwort geschlossen werden:

---

21 Hans Vaihinger: Commentar zu Kants Kritik der reinen Vernunft. Band I. Stuttgart 1881, S. IIIf.
22 Hans Vaihinger: Commentar zu Kants Kritik der reinen Vernunft. Band II. Stuttgart, Leipzig und Berlin, S. VII.
23 Brief Dilthey an Vaihinger vom 25.09.1895. In: Dilthey: Briefwechsel (wie Anm. 14), Bd. 2, S. 546.

Sie können denken, wie sehr schmerzlich mir Ihr Brief gewesen ist. Ich habe denselben der Commission mitgeteilt und sie teilt mein aufrichtiges Bedauern über Ihre Erklärung. Nach Ihrer bestimmten Zusage im Sommer hatten wir uns ganz darauf eingerichtet, durch Ihre Thätigkeit die Sache auf's Beste arrangiert zu wissen.[24]

Neben Vaihingers Rückzug von der Editionstätigkeit standen nun Verhandlungen mit dem Kieler Lehrer Erich Adickes (1866–1928) an. Am 19. Januar 1896 berichtete Diels Zeller von der schwierigen finanziellen Lage der Akademie-Ausgabe. Dilthey wollte Adickes für zwei Jahre mit einem Gehalt von 8.000 Mark vom Schuldienst freistellen und für die Editionstätigkeit gewinnen, was zu Protesten der Philosophisch-historischen Klasse der Akademie geführt hatte. Das gesamte Editionsprojekt hänge von Adickes' Entscheidung ab, den Diels, vermutlich aufgrund seiner mangelnden Entscheidungsfähigkeit, einen „unverschämten Patron" nannte.[25] Am 12. April desselben Jahres beklagte sich Diels über die vielen Zusendungen von Archiven und Bibliotheken und die damit verbundene Arbeit als stellvertretender Leiter der Akademie-Ausgabe.[26] Zeller äußerte am 12. Mai 1896 seine Zweifel darüber, ob Dilthey der Aufgabe als Leiter der Kantedition gewachsen sei.[27] Zwei Tage später antwortete Diels, dass die Edition mit 25.000 Mark finanziell zwar gesichert, Dilthey jedoch aus Krankheitsgründen erneut abwesend sei.[28] Adickes sagte schlussendlich zu und übernahm die dritte Abteilung mit dem für Dilthey so bedeutsamen handschriftlichen Nachlass.

6 Benno Erdmann als Kantphilologe: seine Separatausgabe der *Kritik der reinen Vernunft*

Erdmann, der innerhalb der Akademie-Ausgabe die *Kritik der reinen Vernunft* übernahm, hatte schon weit vorher eine Separatausgabe veröffentlicht, deren

---

24 Brief Dilthey an Vaihinger vom 15.11.1895. In: Ebd., S. 574.
25 Brief Diels an Zeller vom 19.01.1896. In: Diels, Usener u. Zeller: Briefwechsel (wie Anm. 17), S. 124. Adickes übernimmt die Bearbeitung des handschriftlichen Nachlasses und bewertet die Editionstätigkeit wie folgt: „Wie denn überhaupt die Arbeit an dem handschriftlichen Nachlass Kants ein harter, entsagungsvoller Frondienst ist, dem ich mich niemals würde unterzogen haben, hätte ich auch nur von fern geahnt, bis zu welchem Grade und für wie lange Zeit er die Arbeitskraft eines Menschen in Beschlag nimmt." (AA 14, S. IX).
26 Vgl. Brief Diels an Zeller vom 12.04.1896. In: Diels, Usener u. Zeller: Briefwechsel (wie Anm. 17), S. 132.
27 Brief Zeller an Diels vom 12.05.1896. In: Ebd., S. 137.
28 Brief Diels an Zeller vom 14.05.1897. In: Ebd., S. 179.

erste Auflage bereits 1878 erschienen war.[29] Innerhalb der Separatausgabe sind die ersten beiden sowie die dritte und vierte Auflage vom Aufbau her identisch. Neu sind ab der dritten Auflage ein weiteres Vorwort sowie eine Abbildung von Kant. Diese zeigt den alten Kant nach einem Gemälde von Gottlieb Doebler (1762–1810).

Den Text konstituierte Erdmann, indem er die zweite Auflage von 1787 (B) als Grundtext auswählte. Diese Entscheidung traf er anscheinend zunächst durch die Heranziehung eines internen Kriteriums, um zu klären, welche Schaffensphase Kants dem Leser präsentiert werden soll:

> Die Antwort hierauf ist zunächst davon abhängig, ob in der einen der beiden Auflagen der unveränderte ‚kritische Hauptzweck' des Werks reiner hervortrete als in der anderen. Dies ist jedoch [...] nicht der Fall. Die ursprüngliche Bearbeitung, für welche die Wirklichkeit der Dinge und des Ich an sich selbstverständliche Voraussetzung ist, verdunkelt den kritischen Gegensatz gegen Dogmatismus und Skepticismus durch den anscheinenden Idealismus; die spätere Auflage, die den positiven Zweck des Werks im Vorwort bestimmter betont, schwächt denselben durch den anscheinenden Rationalismus.[30]

Dieses Kriterium führt für Erdmann zu keiner Entscheidung. Daher beruft er sich auf die historische Wirksamkeit. Die zweite Auflage (B) sei als Grundtext zu wählen, da diese von 1788 bis 1838 ausschließlich rezipiert worden sei. Erst mit der Ausgabe von Rosenkranz sei die erste Auflage (A) in das öffentliche Bewusstsein getreten.

Beim Vergleich der Vorworte ist ein Wandel hinsichtlich des Selbstverständnisses des Herausgebers auszumachen. So findet 1878 der Autorwille Berücksichtigung:

> Es entsteht daher für den Herausgeber [...] die Forderung, ein Kriterium zu suchen, das ihn in den Stand setzt, die sachlichen und methodologischen Verbesserungen von den sachlichen und methodologischen Verschlechterungen zu unterscheiden. Wie aber sollte sich gegenüber einem so complicirten Gedankenapparat und gegenüber so mannigfach zusammenwirkenden psychologischen Motiven ein solches Kriterium aufstellen lassen? Demnach bleibt nur der Ausweg übrig, alle nicht rein sprachlichen Veränderungen von dem Grundtext auszuschliessen. Ein solches Verfahren aber verstösst wiederum offenbar gegen die selbstverständlichsten Pflichten, die ein Herausgeber seinem Autor gegenüber zu erfüllen hat.[31]

---

29 Immanuel Kant's Kritik der reinen Vernunft. Hg. v. Benno Erdmann. Leipzig 1878. Es folgen drei weitere Auflagen: 1880, 1884, 1889.
30 Ebd., S. VIII.
31 Ebd., S. VIIf.

Im Vorwort zur dritten Auflage sieht Erdmann keinen Anlass, seine Entscheidung für B als Grundtext zu revidieren. Es lässt sich jedoch eine veränderte Auffassung hinsichtlich der Aufgaben eines Herausgebers ausmachen. Das Selbstverständnis verschiebt sich von der sprachlichen Modernisierung des Textes hin zu der Aufgabe der Restauration:

> Weitaus den grössten Theil der in den Text aufgenommenen Verbesserungen der früheren Auflagen verdanke ich einer erneuten Revision sowie der weitergehenden Kenntnissnahme von Kants Stilgewohnheiten, zu der ich Anlass hatte. Sie bestehen vielfach in Wiederherstellungen des ursprünglichen Wortlauts.[32]

Innerhalb des neukantianischen Diskurses stehen sich Philosophen gegenüber, die Kant entweder dem Buchstaben oder dem Geist nach lesen, das heißt philologisch oder philosophisch vorgehen.[33] Der Vorwurf der unwissenschaftlichen Behandlung der kantischen Philosophie und damit zugleich der Geringschätzung ihrer Bedeutung für die deutsche Nation steht dabei im Raum. Die Kantphilologie mit ihrer akribischen Behandlung der Texte Kants wurde von denjenigen verachtet, die in der Debatte Kants Geist für sich beanspruchten. Einen Disput mit Kuno Fischer über die Kantphilologie greift Erdmann auf. Er stellt sich Fischer entgegen, der die „‚Kantphilologie' als eine Kunst Druckfehler nicht bloss zu finden, sondern zu machen" verspotte.

> Die Herstellung eines sicheren Textes ist im allgemeinen die niedrigste Arbeit der historischen Forschung. Eben deshalb aber bildet sie eine elementare Voraussetzung auch für die Reconstruction der Entwicklungsgeschichte philosophischer Gedanken. Ob man diese Arbeit eine philologische nennen will, thut nichts zur Sache. Ich will daher gegen den Glauben Kuno Fischers, ‚freilich braucht man zu einer solchen Arbeit keine Philologie', nicht streiten, sondern nur erwähnen, dass der Name Kantphilologie, den ich nie gebraucht habe, lediglich denjenigen bezeichnend erscheinen kann, für welche die philologische Methode nicht die selbstverständliche Grundlage wissenschaftlicher Geschichtsforschung ist.[34]

---

32 Vgl. Kant's Kritik (wie Anm. 29), 3. Aufl., S. XII. Mit dem Anlass ist sehr wahrscheinlich Erdmanns Arbeit an Kants Handexemplar der *Kritik der reinen Vernunft* gemeint, von der er berichtet. Vgl. Nachträge zu Kants Kritik der reinen Vernunft aus Kants Nachlass. Hg. v. Benno Erdmann. Kiel 1881.
33 Zum Problem der Beanspruchung des „Geistes" der kantischen Philosophie in der Rezeption vgl. den Beitrag von Hauke Heidenreich in diesem Band.
34 Kant's Kritik (wie Anm. 29), 3. Aufl., S. XIII.

7 Die Textkonstitution der *Kritik der reinen Vernunft* in der Akademie-Ausgabe

Die Prinzipien der Textkonstitution folgen im Allgemeinen diesen Grundsätzen:
- Normierungen und Emendationen werden zugelassen, so dass das Ziel der „Herstellung eines gereinigten Textes der Werke Kants" erreicht werden kann.
- Die Schriften werden chronologisch geordnet.
- Originaldrucke werden zugrunde gelegt und, wenn möglich, mit Handschriften kollationiert.

Dazu hält Dilthey fest:

> Die Herstellung des Textes geschah mit möglichst treuer Erhaltung des Überlieferten. Nur wo die Verderbniss des Textes zweifellos war, ist die Emendation der ausgewählten Ausgabe eingetreten. Sie geschah aufgrund einer Vergleichung der Lesarten etwa vorhandener anderer Originaldrucke unter Hinzuziehung sachlicher Gesichtspunkte und mit der erforderlichen Berücksichtigung der für die Verbesserung des Textes werthvollen neueren Ausgaben oder sonst veröffentlichter Emendationsvorschläge.[35]

Nachprüfbar sind Diltheys Vorgaben nicht, da die Editoren ihr Verfahren nicht transparent machen. Der schmale Apparat ist ganz dem Prinzip der Vollständigkeit verpflichtet. Die Verzeichnung sämtlicher Emendationsvorschläge anderer Kantforscher und die Auszeichnung durch verschiedene, dicht gedrängte Schrifttypen, macht den positiv lemmatisierten Einzelstellenapparat zu einem schwierig zu nutzenden Beiwerk. Er – und mit ihm der Bearbeiter des Bandes – verschwindet hinter dem Lesetext.[36] Die Prinzipien der Textkonstitution der Akademie-Ausgabe waren auch unter Zeitgenossen keineswegs unumstritten. So sah es Eduard Zeller als falsch an, in der geschilderten Art und Weise in Kants Schriften einzugreifen:

> Wir dürfen nicht nach jeweiligem Gutdünken ein paar Störungen wegschaffen oder das Ganze dem vergänglichen Durchschnitt der Gegenwart anpassen, so dass Kants Werke von Zeit zu Zeit umgeschrieben (ja übersetzt) würden, sondern sie müssen, neben rein äusserlichen Eingriffen in Orthographie und Interpunction, als Denkmäler eines Schrift-

---

[35] AA 1, S. 509.
[36] Der Herausgeber wird nur am Ende des Apparates genannt. Zudem gibt es keine Einleitung, in der der Herausgeber sein Vorgehen erklären könnte. Auf dem Titelblatt steht als Herausgeber die Akademie.

stellers des achtzehnten Jahrhunderts volle Rücksicht auf seinen eigenen Brauch und auf die Gewohnheiten jener sprachlich erst halbvergangenen Zeit erfahren.[37]

Die Protagonisten der Akademie-Ausgabe edierten in der Regel nach dem Prinzip letzter Hand, wobei die Bände III und IV eine Ausnahme darstellen. Dem Zeitgeist des Entwicklungsgedankens trägt die Ausgabe nach der Vorstellung eines organisch gewachsenen Gesamtwerks eines Autors Rechnung. Die Akademie-Ausgabe bezeichnet alle Texte, die vor der *Kritik der reinen Vernunft* entstanden sind, daher auch als „vorkritische Schriften". Dadurch wird Kant als Erkenntnistheoretiker lanciert und die erste *Kritik* erscheint als Höhepunkt seines Schaffens. Die Akademie-Ausgabe druckt die erste und zweite Auflage der *Kritik der reinen Vernunft* ab. Die Texte erschienen in verschiedenen Bänden:
- Band IV: Kritik der reinen Vernunft. Erste Auflage 1781 [=A] (der Band erscheint 1903 und enthält ferner: Prolegomena, Grundlegung zur Metaphysik der Sitten, Metaphysische Anfangsgründe der Naturwissenschaft);
- Band III: Kritik der reinen Vernunft. Zweite Auflage 1787 [=B] (der Band erscheint 1904).

Der Herausgeber ist Erdmann, wiederum ein Schüler Eduard Zellers, der sich durch seine oben genannten textkritischen Arbeiten an seiner Separatausgabe der *Kritik der reinen Vernunft* einen Namen gemacht hatte.

Innerhalb der Kantrezeption gab es eine langanhaltende Debatte darüber, welche Auflage der *Kritik der reinen Vernunft* den echten, den wahren Kant verkörpere: Ob es nicht allein die erste Auflage sein könne, da Kant in der zweiten vor seinen eigenen Erkenntnissen zurückschrecke? Die Akademie-Ausgabe entgeht der Entscheidung für oder gegen eine der beiden Auflagen, indem sie beide Texte in separaten Bänden bringt. Den Lesetext der Akademie-Ausgabe konstituiert Erdmann durch Zugrundelegung der Originalauflage der *Kritik der reinen Vernunft* plus Kollationierung mit den Gesamtausgaben sowie textkritischen Einzeluntersuchungen, deren Emendationsvorschläge beispielsweise in Zeitschriften wie den *Kant-Studien* veröffentlicht wurden. Die Lesarten wurden – wie in der gesamten Ausgabe – in einem sehr schmalen positiv lemmatisierten

---

37 AA 1, S. 512 – „ein Argument, welches [...] Eduard Zeller bereits während der Erarbeitung der *Regeln für die Abteilung der Werke* genannt hatte und das innerhalb der Ausgaben anonym formuliert wird" (Tanja Gloyna: Edition – Neuedition. Die drei *Critiken* Immanuel Kants in der Akademie-Ausgabe. Eine Baubeschreibung. In: Annette Sell [Hg.]: Editionen. Wandel und Wirkung. Tübingen 2007, S. 109–126, hier S. 117).

Einzelstellenapparat verzeichnet.[38] Dilthey sprach der ersten Auflage eine eigenständige Bedeutung zu:

> Es muss nun aber andererseits die historische Bedeutung und der selbständige Werth der ersten Fassung dieses Werkes anerkannt werden. Daher wurde die erste Auflage [...] vollständig zum Abdruck gebracht. Die Versuche, sei es auf Grundlage der ersten oder zweiten Ausgabe [...] durch Angabe der Abweichungen unter dem Text und in Supplementen dem Leser die beiden Auflagen zugleich zugänglich zu machen, erreichen ihren Zweck nur unvollkommen [...]. Und da nun bei dem von uns angewandten Verfahren das Bedürfniss bleibt, das Verhältniss beider Ausgaben dem Leser kenntlich zu machen, so mussten Verweisungen in Anmerkungen hier ausnahmsweise angewandt werden [...].[39]

Dilthey unterstellte Kant, dass dieser seine Schriften an den kritischen Hauptwerken gemessen habe:

> Wenn er rückwärts blickte auf die Reihe seiner philosophischen Arbeiten, so maß er ihren dauernden Werth an ihrer Übereinstimmung mit dem Standpunkt seiner kritischen Hauptwerke. Unbefugte Sammlungen seiner kleinen Schriften, wie sie von 1793 ab in dichter Abfolge erschienen, verdrossen ihn, und er hat zweimal seinen Willen erklärt, selbst eine verbesserte und mit Anmerkungen versehene Ausgabe derselben zu veröffentlichen.

Was Dilthey jedoch nicht liefert, sind die Belege für seine Aussagen, also die Textstellen (Briefe oder ähnliches), an denen sich Kant entsprechend äußert. Weiterhin führt Dilthey aus, „daß er [Kant, A. W.] alle Schriften, welche vor dem Jahr 1770, also vor der großen Wendung zum kritischen Standpunkt, lagen, lieber aus dieser Ausgabe ausgeschlossen gesehen hätte".[40] Dilthey war als Leiter dieses prestigeträchtigen, nationalen Projektes um eine positive Außendarstellung bemüht. Wie die Herausgeber der einzelnen Bände mit diesen Vorgaben umgingen und ob sie sich überhaupt hätten umsetzen lassen, steht auf einem anderen Blatt.

Bemerkenswert ist an dieser Stelle der Umstand, dass das Schuloberhaupt des Marburger Neukantianismus Hermann Cohen durch die Berliner bei der Editionsarbeit übergangen worden ist und mit einer eigenen Edition reagierte. Er beauftragte seinen Schüler Ernst Cassirer (1874–1945)[41] mit der Anfertigung

---

38 Hierbei wird im Apparat die Seiten- und Zeilenangabe vor das Wort (= Lemma) gesetzt, auf das sich die Variante bezieht. Eine nach links geöffnete eckige Klammer schließt das Lemma. Es folgt die Angabe des Ursprungs der Variante mit Hilfe einer Sigle.
39 AA 1, S. 509. Die Lösung mit den Supplementen bieten die Vorgängereditionen von Rosenkranz/Schubert und Hartenstein. Erstere legt A zugrunde, letztere B.
40 AA 1, S. V.
41 Zur Kantdeutung Cassirers vgl. den Beitrag von Kirstin Zeyer in diesem Band.

einer Ausgabe, die im Verlag seines Vetters Bruno Cassirer (1872–1941) von 1912 bis 1922 erschien. Mit dem Verhältnis dieser beiden Editionsprojekte und den Gründen, warum es die Marburger Ausgabe nicht zum Status einer Referenzausgabe von Kants Schriften gebracht hat, habe ich mich an anderer Stelle beschäftigt. Die häufig hervorgebrachte Beurteilung der Editionsarbeit als „harter, entsagungsvoller Frondienst" (unter anderem von Adickes) stellte einen notwendigen Arbeitsschritt auf dem Weg zu einer verlässlichen Textgrundlage dar. Mit meinem Beitrag habe ich versucht, Licht auf die verborgene editionspraktische Tätigkeit zu werfen, von der uns die schwarzen Bände der Akademie-Ausgabe zunächst wenig preisgeben. Kant, der einst gesagt hat, dass es „keinen klassischen Autor in der Philosophie gibt",[42] ist selbst einer geworden. Der Einfluss der Akademie-Ausgabe auf die Kanonbildung kann nur in Zusammenhang mit der Gründung der *Kant-Studien* sowie der *Kant-Gesellschaft*, der Behandlung der kantischen Philosophie innerhalb der universitären Lehre sowie in Darstellungen zur Geschichte der Philosophie verstanden werden. Die *Kritik der reinen Vernunft* erfährt eine editionspraktische Sonderbehandlung in der Akademie-Ausgabe. Dies bestärkt dadurch den Status von Kant als Erkenntnistheoretiker, der als ebensolcher in den Kanon der Philosophie eingeschrieben wird und unser heutiges Kantbild entscheidend prägt.

---

42 „Denn was philosophisch richtig sei, kann und muß keiner aus Leibnizen lernen, sondern der Probirstein, der dem einen so nahe liegt wie dem anderen, ist die gemeinschaftliche Menschenvernunft, und es giebt keinen klassischen Autor der Philosophie." (AA 8, S. 218).

Valentina Dafne de Vita
Elemente des Kritizismus
Nietzsches Rezeption des objektiven teleologischen Urteils Kants

Dass Friedrich Nietzsche (1844–1900) Elemente des Kritizismus in seine Philosophie einbezieht, die er nicht nur von Arthur Schopenhauer (1788–1860) übernommen hat, ist das Thema vieler neu erschienener Studien, die die Kontinuität der beiden Philosophen in Bezug auf die Kritik an der Metaphysik betrachten.[1] Es ist wohl wahr, dass Nietzsche in seinen Werken oft auf Kant eingeht, meist kritisch, aber auch lobend. Kant ist im ganzen Werk Nietzsches deutlich präsent, obwohl seine Privatbibliothek in Weimar keine Bücher des Philosophen aus Königsberg enthält. Es wäre aber falsch zu denken, dass Kant in Nietzsches Bibliothek vollständig abwesend ist. Nietzsche sammelte in seinem ganzen Leben Texte über Kant, von denen sich die meisten mit dem Problem des Unterschiedes zwischen *Noumenon* und *Phänomenon* beschäftigen.[2]

Trotzdem will sich dieser Aufsatz[3] nicht auf die private Bibliothek Nietzsches konzentrieren. Gegenstand der vorliegenden Untersuchung wird die Frage sein,

---

1 Als Beginn dieser Neubewertung gilt der Aufsatz von Josef Simon: Die Krise des Wahrheitsbegriffs als Krise der Metaphysik. Nietzsches Alethiologie auf dem Hintergrund der Kantischen Kritik. In: Nietzsche-Studien 28 (1989), S. 242–259. Bemerkenswert sind weiterhin die drei von Marco Brusotti, Herman Siemens, João Constâncio und Tom Bailey herausgegeben Bände, die nicht nur die Kontinuität in der Kritik der Metaphysik, sondern auch einen Zusammenhang zwischen beiden Autoren in Politik, Moral und Ästhetik darlegen: Marco Brusotti u.a. (Hg.): Nietzsche's Engagements with Kant and the Kantian Legacy. 3 Bde. London u.a. 2017. Vgl. auch Beatrix Himmelmann (Hg.): Kant und Nietzsche im Widerstreit. Berlin u. New York 2005.
2 Zum Beispiel die von Julius Frauenstädt herausgegebenen *Sämmtlichen Werke* Arthur Schopenhauers (1873/74) und Albert Langes *Geschichte des Materialismus* (1866). Wer sich mit der sich in der Herzogin Anna Amalia Bibliothek zu Weimar befindenden privaten Bibliothek von Nietzsche auseinandersetzt, wird dort auch viele Werke früher Neukantianer wie beispielsweise Otto Liebmanns *Kant und die Epigonen* (1865) und *Zur Analysis der Wirklichkeit. Eine Erörterung der Grundprobleme der Philosophie. Zweite, beträchtlich vermehrte Auflage* (1880) sowie Texte von Kuno Fischer (1824–1907) und Afrikan Spir (1837–1890) finden. Daneben sind auch Texte von anderen Autoren vorhanden, die heute nahezu unbekannt sind, wie *Ueber die scheinbaren und die wirklichen Ursachen des Geschehens in der Welt* (1884) von Maximilian Drossbach (1810–1884) oder *Grundlegung zur Reform der Philosophie. Vereinfachte und erweiterte Darstellung von Immanuel Kants Kritik der reinen Vernunft* (1885) von Heinrich Romundt (1845–1919). Vgl. Giuliano Campioni u.a. (Hg.): Nietzsches persönliche Bibliothek. Berlin u. New York 2003.
3 Ich bedanke mich bei Gabriel Jira sowohl für die Korrekturen als auch für die fachliche Auseinandersetzung.

warum sich Nietzsche in seinen Briefen bis fast zum Ende seiner philosophischen Tätigkeit als Anhänger von Kants und Schopenhauers Philosophie bezeichnet hat.[4] Die Beantwortung dieser Frage ist nur durch die Analyse der Notizen aus dem Frühling 1868 möglich, die unter dem Titel *Die Teleologie seit Kant* stehen und mutmaßlich Vorarbeiten für seine niemals fertiggestellte Doktorarbeit darstellen. Denn hier sind sowohl viele Motive von Nietzsches zukünftiger Philosophie, wie Vitalismus, Erkenntnis als Anthropomorphismus der Natur usw., als auch viele Überlegungen zum Kritizismus und seiner Bedeutung in der Geschichte der Philosophie bereits vorhanden. Die Kritik am teleologischen Urteil ist wesentlich, weil hier Nietzsche bestimmte Charakteristiken seiner Philosophie schon früh festlegt. Zudem enthält die Teleologie als subjektives Prinzip *a priori* viele wichtige Schwerpunkte, die grundlegend für Nietzsches Kritik der Metaphysik sind.

Um Nietzsches Auseinandersetzung mit Kants Philosophie darzustellen, werde ich zuerst skizzieren, wann und wie Nietzsche vom Kritizismus erfahren hat; dann werden die Mitschriften von 1868 über Kants Teleologie als Alternative zum Mechanismus des Lebendigen beschrieben, dargestellt und kommentiert. Schließlich werden die Folgen dieser Auseinandersetzung auf zwei Ebenen (ontologisch und gnoseologisch) in Nietzsches späteren Werken nachgezeichnet.

1 Von Schulpforta bis Leipzig

Nietzsche erfährt von Kants Philosophie bereits während des Religionsunterrichts in seiner Schulzeit in Schulpforta, in dem er mit Kants Religionskritik in Kontakt kommt. Als Beleg gilt eine nicht veröffentlichte Mitschrift, von der Figl berichtet.[5] Doch erst in Bonn erfährt Nietzsche in den Vorlesungen von Carl Schaarschmidt

---

4 Vgl. KGB I/2, S. 138, 515. Von der zahlreichen Briefen, in denen Kant zitiert wird, sind für meine Untersuchung besonderes zwei sehr wichtig – der erste vom November 1866 an Muschak, in dem Nietzsche schreibt: „Das bedeutendste philosophische Werk, was in den letzten Jahrzehnten erschienen ist, ist unzweifelhaft Lange, Geschichte des Materialismus, über das ich eine bogenlange Lobrede schreiben könnte. Kant, Schopenhauer und dies Buch von Lange – mehr brauche ich nicht" (ebd., S. 526), und der zweite an seine Schwester Elisabeth vom 29. Juli 1885, wo Nietzsche mit Gram gegen Widemann betont: „Widemann wendet sich fundamental wider Kant und Schopenhauer: ich sehe dem mit Erstaunen zu, wie schnell jetzt die philosophischen Systeme wechseln und wechseln. Es giebt unter wirklichen Denkern, heute keine Anhänger Schopenhauers mehr, und nur ganz wenige Kantianer" (KGB III/3, S. 71).
5 Vgl. Goethe-Schiller-Archiv (= GSA) Weimar, 71/221. Vgl. ferner Johann Figl: Dialektik der Gewalt. Nietzsches hermeneutische Religionsphilosophie. Mit Berücksichtigung unveröffentlichter Manuskripte. Düsseldorf 1984, S. 68f.

(1822–1909) über die Geschichte der Philosophie mehr von Kants Kritizismus. Wie Broese[6] berichtet, basierten diese Vorlesungen auf dem 1857 erschienenen Buch *Der Entwicklungsgang der neuern Spekulation als Einleitung in die Philosophie der Geschichte kritisch dargestellt*. Aus einem Vergleich von Schaarschmidts Werk mit Nietzsches Aufzeichnungen von diesen Vorlesungen wird deutlich, dass Schaarschmidt für Nietzsches Rezeption von Kant eine sehr wichtige Rolle gespielt hat. In seinem Buch fasst Schaarschmidt Kants Kritizismus folgendermaßen zusammen: Kant hätte, anders als Spinoza, wie Hume dargestellt, dass die „Wirklichkeit mit dem Vernunftzusammenhange nichts zu thun habe und uns immer verborgen bleibe", d.h. dass für Kant Philosophie immer „Vernunfterkenntniß" sei. Kant bleibe daher nichts weiter übrig, „als die Wirklichkeit fallen zu lassen und sich auf die Vernunft als solche, abgesehen von der Wirklichkeit", zu konzentrieren.[7] Was aber Nietzsche von Schaarschmidts Auseinandersetzung mit Kant verarbeitet, ist die Interpretation des Transzendentalen als Subjektives. Schaarschmidt schreibt dies, wenn er über die synthetischen Urteile *a priori* argumentiert. Er meint:

> Diese Thatsache des Vorhandenseins von synthetischen Urtheilen apriori muß erklärt, d.h. die Möglichkeit gezeigt werden, wie man vor und außerhalb aller Erfahrungen Urtheile fällen könne, deren Prädikat nicht etwa das im Subjekt Enthaltene erläuternd wiederholt, sondern seinem Begriffe nach erklärt und erweitert, wie dieß in den Urtheilen der Mathematik und reinen Naturwissenschaft der Fall ist.[8]

Das heißt, dass laut Kant „unser Denken [...] sich nicht nach den Dingen" richte, sondern eben „die Dinge [...] nach dem Denken".[9] In der Nietzsche-Mitschrift, die mit der Frage beginnt, ob es *a priori* synthetische Urteile gebe und die sich mit der Definition der *Noumena* und *Phänomena* beschäftigt, finden wir diese Sätze folgendermaßen reformuliert: „Alle Thatsachen unseres Bewußtseins sind Erscheinungen mit *subjektiven* [Hervorh. V. D. D. V.] Gehalten. Von den Dingen an sich erfahren wir niemals etwas."[10]

Während dieser Vorlesungen kommt Nietzsche auch erstmals mit Schopenhauers Philosophie in Kontakt, aber er wird erst 1867 in Leipzig sowohl Scho-

---

6 Vgl. Konstantin Broese: Nietzsches frühe Auseinandersetzung mit Kants Kritizismus. In: Beatrix Himmelmann (Hg.): Kant und Nietzsche im Widerstreit. Internationale Konferenz der Nietzsche-Gesellschaft in Zusammenarbeit mit der Kant-Gesellschaft Naumburg an der Saale, 26.–29. August 2004. Berlin u. New York 2005, S. 363–372, hier S. 364f.
7 Carl Schaarschmidt: Der Entwicklungsgang der neuern Spekulation als Einleitung in die Philosophie der Geschichte kritisch dargestellt. Bonn 1857, S. 89.
8 Ebd., S. 79.
9 Ebd., S. 90.
10 GSA, 71/41, S. 61.

penhauers *Die Welt als Wille und Vorstellung* als auch Langes *Geschichte des Materialismus* lesen. Für das Problem der Teleologie ist es jedoch wichtiger, sich auf den Lange-Text zu konzentrieren, denn dieses Buch hatte großen Einfluss auf Nietzsches Vorhaben, über Kant und die Teleologie zu schreiben.

Friedrich Albert Lange (1828–1875), ein Sozialist und überzeugter Kantianer, der zudem als einer der ersten Neukantianer gilt, sieht die Forderung Liebmanns, zu Kant zurückzukehren, als zentral. Er hebt in seiner *Geschichte des Materialismus* hervor, dass die Anschauungen nach der *Kritik der reinen Vernunft* der Natur eine Form gäben. Deshalb betrachtet Lange Kant, der diese Beziehung als erster verstanden habe, als Materialist.

Langes Darstellung von Kants Kritizismus beginnt mit dem Bezug auf den schottischen Philosophen David Hume (1711–1776). Auch Hume wird von Lange als Materialist bezeichnet, da er durch seine Ironie die Metaphysik und die Theologie tief greifend in Frage gestellt habe. Dann setzt Lange fort, dass Kant unter Bezug auf Hume entdeckt habe, dass „unsere Begriffe sich nicht nach den Gegenständen richten, sondern die Gegenstände nach unseren Begriffen" und dass Kant begriffen habe, dass „heutzutage die exakten Wissenschaftlichen in allen Gegenständen der Erfahrung überhaupt keine absoluten Wahrheiten mehr aufstellen, sondern nur relative".[11] Dies aber gilt laut Lange ausdrücklich nicht für die Mathematik.

Lange entwickelt in seinem Werk die Folgen des Kritizismus weiter. Bei Lange organisiert nun der Organismus die Erkenntnis. Diese Deutung von Kants Denken führt Lange zu folgenden Schlüssen:

> 1) Die Sinnenwelt ist ein Produkt unserer Organisation;
> 2) Unsere sichtbaren (körperlichen) Organe sind gleich allen anderen Theilen der Erscheinungswelt nur Bilder eines unbekannten Gegenstandes;
> 3) Die transzendente Grundlage unserer Organisation bleibt uns dahero ebenso unbekannt, wie die wirklichen Aussendinge. Wir haben stets nur das Produkt von beiden vor uns.[12]

Die Radikalisierung von Kants Transzendentalphilosophie bedeutet für Lange insbesondere, dass der Unterschied zwischen *homo noumenon* und *homo phaenomenon* überwunden werden müsse, da die Sinnlichkeit und das Denken eine gemeinsame Wurzel besitzen.[13] Mit diesen wenigen Informationen scheint es

---

[11] Friedrich Albert Lange: Geschichte des Materialismus und Kritik seiner Bedeutung in der Gegenwart. 2 Bde. Hg. u. eingel. v. Alfred Schmidt. Frankfurt a.M. 1974, S. 454.
[12] Ebd., S. 863.
[13] Vgl. ebd., S. 497.

nachvollziehbar, warum Nietzsche eine Doktorarbeit über die Teleologie als Urteil, um das Leben der Organismen zu erklären, schreiben wollte.[14]

2 Die Teleologie seit Kant

Die Notizen der *Teleologie seit Kant*, die Nietzsche für seine niemals beendete Doktorarbeit sammelte, sind im vierten Band der Ersten Abteilung der *Werke. Kritische Gesamtausgabe* (KGW) zu finden. Diese Notizen sind grundlegend, um zu eruieren, was Nietzsche direkt von Kant gelesen hat, denn hier gibt es Kommentare von Nietzsche über den Paragraphen der Analytik des teleologischen Urteils und entsprechende Zitate.

Das Interesse von Nietzsche für die Teleologie zeigt sich insbesondere in Bezug auf die Organismen. Es ist bemerkenswert, dass sich diese Notizen exklusiv auf die Analytik des teleologischen Urteils beziehen. Hier definiert Kant das teleologische Urteil als das Urteil der Betrachtung der Organismen als Naturzwecke, die aber niemals mit einem bestimmenden Urteil verwechselt werden dürften. Weiterhin betont Kant hier, dass die teleologischen Erläuterungen, in denen die Dinge der Natur durch eine externe Teleologie erklärt werden, „willkürliche Urteile"[15] seien. Nietzsche scheint von Kants Betrachtung der Teleologie besonders in Bezug auf die Kritik der Wissenschaften fasziniert gewesen zu sein. In diesen Mitschriften wird ein Zitat von Kant aus der *Kritik der Urteilskraft* vorgebracht, in dem dieser erklärt, dass das teleologische Verfahren nicht von den Wissenschaftlern ausgenutzt werden dürfe, um die Existenz Gottes zu beweisen.[16] Es ist wahrscheinlich, dass Nietzsche diesen Gebrauch des teleologischen Urteils deswegen hervorhob, weil hier klar wird, dass auch die Wissen-

---

14 Über den Einfluss Langes auf das Problem der Teleologie für Nietzsches Rezeption von Kants Kritizismus vgl. Carlo Gentili: Kants „Kindischer Anthropomorphismus". Nietzsches Kritik der Objektiven Teleologie. In: Nietzsche-Studien XXXIX (2010), S. 100–119; Beatrix Himmelmann: On Teleological Judgement. A debate between Kant und Nietzsche. In: Marco Brusotti u. Herman Siemens (Hg.): Kant and the Problem of Metaphysics. London 2017, S. 167–180; Paul Slama: Le kantisme biologique de Nietzsche. L'héritage de Lange à propos de la perception. In: Nietzsche-Studien XLVIII (2019), S. 220–243.
15 KU, S. 369.
16 „Wenn man also für die Naturwissenschaft und in ihren Context den Begriff von Gott hereinbringt, um sich die Zweckmäßigkeit in der Natur erklärlich zu machen, und hernach diese Zweckmäßigkeit wiederum braucht, um zu beweisen, daß ein Gott sei: so ist in keiner von beiden Wissenschaften innerer Bestand; und ein täuschendes Diallele bringt jede in Unsicherheit, dadurch daß sie ihre Gränzen in einander laufen lassen" (KU, S. 381).

schaften Analogien brauchen, um ihre Erkenntnislücken zu füllen. Zudem ist Nietzsche die Teleologie hier auch deshalb wichtig, weil Kant sie als Prinzip der Materie definiert, indem er ausführt: „Es ist also nur die Materie, sofern sie organisirt ist, welche den Begriff von ihr als einem Naturzwecke nothwendig bei sich führt, weil diese ihre spezifische Form zugleich Product der Natur ist."[17]

Trotzdem darf man nicht vergessen, dass die Teleologie den Mechanismus nicht ausschließt. Die Teleologie muss laut Kant immer unter den Begriffen „nun notwendig auf die Idee der gesamten Natur als eines Systems nach der Regel der Zwecke, welcher Idee nun aller Mechanism der Natur nach Principien der Vernunft (wenigstens um daran die Naturerscheinung zu versuchen) untergeordnet werden".[18]

Das erste Fragment der Nietzsche-Mitschrift fasst diese Prämisse wie folgt zusammen:

> Kant sucht zu erweisen, daß eine *Nöthigung* existiere, uns die Naturkörper als prämeditirt dh. nach Zweckbegriffen zu denken. Ich kann nur zugeben, daß dies eine Art ist, sich die Teleologie zu erklären. Die Analogie der menschlichen Erfahrung stellt daneben noch die zufällige dh. die nicht Meditirte Entstehung des Zweckmäßigen z.B. in dem glücklichen Zusamm<en> treffen von Talent und Schicksal, Lotterienlosen, ua. Also: in der unendlichen Fülle von wirklichen Fällen müssen auch die günstigen ode<r> zweckmäßigen sein.[19]

Es ist offensichtlich, in welche Richtung Nietzsche Kants Kritizismus interpretiert. In Bezug auf die Analogie mit der menschlichen Erfahrung sind schon die Keime des späteren *Über Wahrheit und Lüge in außermoralischen Sinn* zu finden, in dem die Sprache das Mittel ist, die Welt zu anthropomorphisieren. Laut Nietzsche definieren wir Zweckmäßigkeit folgendermaßen: „Wir sehen eine complicirte Maschine, die sich erhält und können nicht einen anderen Bau aussinnen wie sie einfacher zu construiren sei, d.h. aber nur: die Maschine erhält sich, also ist sie zweckmäßig."[20] Nietzsche betont in diesen Mitschriften oft, dass die Teleologie nur eine willkürliche Zusammenfassung sei. Er sagt: „Wir staunen sodann das Complicirte an und muthmaßen (nach menschlicher Ana-

---

17 KU, S. 379. Vgl. Friedrich Nietzsche: Nachgelassene Aufzeichnungen. Herbst 1864 – Frühjahr 1868. In: KGW I/4, S. 559. Im Folgenden: KGW I/4.
18 KU, S. 378.
19 KGW I/4, S. 549. Der Herausgeber der KGW verwendet die Zeichen „<...>", um Konjekturen der Bearbeiter zu kennzeichnen, „[...]" bei von Nietzsche selbst durchgestrichenen Worten. Vgl. Johann Figl: Vorwort. In: KGW I/1, S. V–XIV, hier S. XII.
20 KGW I/4, S. 552.

logie) darin eine besondere Weisheit. Das Wunderbare ist uns eigentlich das organische Leben: und alle Mittel dies zu erhalt<en> nennen wir zweckmäßig."[21]

In diesen Notizen bezieht sich Nietzsche meistens auf die Analytik des objektiven teleologischen Urteils. Er konzentriert sich auf Kants Definition der Zweckmäßigkeit, die Beschreibung des Lebendigen als Alternative zum Mechanismus und auf die Definition des Naturzwecks als etwas, das „von sich selbst Ursache und Wirkung ist".[22] Hier betont Nietzsche oft, dass das Leben nicht in der „strenge[n] Notwendigkeit von Ursache und Folge"[23] der mechanischen Kausalität eingeschlossen werden darf, und andererseits, dass selbst die Teleologie, die nur eine Hypothese in Analogie zur menschlichen Aktivität ist, viele andere Probleme impliziert. Die Teleologie ist eine Vereinfachung von etwas, das keine Einheit ist. Deshalb scheint Nietzsche in diesen Mitschriften nicht von Kants Teleologie überzeugt zu sein, um sie zur Beschreibung der Organismen zu benutzen. Er schätzt eher Goethes Vorschlag, die Organismen nicht als Einheiten, sondern als eine „Versammlung von lebendig. selbständigen Wesen" zu denken.[24] Trotzdem war Nietzsche von Kants Alternative zu Newtons Mechanizismus in der Erklärung der Entstehung der Planeten fasziniert. In der *Philosophiae Naturalis Principia Mathematica* (1687) hatte Newton in seinem mechanistischen System Gott eingeführt, weil er durch den Mechanizismus nicht erklären konnte, wie sich die Planeten plötzlich geformt haben. Kant aber war schon in den 1750er Jahren von diesem Rekurs auf Gottesannahmen nicht sehr überzeugt. Deshalb hatte er in der *Allgemeinen Naturgeschichte* (1755) die Teleologie als Kraft innerhalb der Planeten eingeführt. Nietzsche, der sich hier auf Kuno Fischers *Geschichte der neuern Philosophie* bezieht, zitiert in diesen Notizen auch diesen vorkritischen Text. Das Fragment der Mitschrift von 1868, in dem dieses Zitat steht, wird später wiederum in der *Philosophie im Tragischen Zeitalter der Griechen* (1873) wiederholt und weiterentwickelt.[25]

---

21 Ebd., S. 554.
22 KU 35–37, S. 370.
23 KGW I/4, S. 555.
24 Ebd., S. 556.
25 „Welches Unrecht thut man Anaxagoras an, wenn man ihm seine in dieser Conception sich bezeigende weise Enthaltung von der Teleologie zum Vorwurf macht und von seinem Nous verächtlich wie von einem deus ex machina redet. Vielmehr hätte Anaxagoras, gerade wegen der Beseitigung mythologischer und theistischer Wundereingriffe und anthropomorphischer Zwecke und Utilitäten, sich ähnlicher stolzer Worte bedienen können, wie sie Kant in seiner Naturgeschichte des Himmels gebraucht hat. Ist es doch ein erhabener Gedanke, jene Herrlichkeit des Kosmos und die staunenswürdige Einrichtung der Sternenbahnen durchaus auf eine einfache rein mechanische Bewegung und gleichsam auf eine bewegte mathematische Figur

Trotzdem geht es 1868 nicht um die Entstehung der Planeten, sondern es scheint eher, als ob Nietzsche sich fragt, ob es eine Methode gebe, die Natur und insbesondere die Entstehung des Lebens allgemein zu erklären. Nietzsches Antwort lautet nein, aber diese Antwort betrifft nicht nur die organische Welt und nicht nur die Teleologie als reflektierendes Urteil.

Weiter wird der Vorwurf an Kant deutlicher. Das Problem ist für Nietzsche nicht, dass Kant noch die Teleologie zulässt, sondern dass er daran festhält, dass Mechanismus Erkenntnis ermöglicht, denn „nun aber ist Mechanismus wie Organismus nichts dem Ding an sich zukommendes".[26] Und noch weiter notiert der junge Nietzsche: „Zweckursachen eben so wie Mechanismus sind menschl. Anschauungsweise<n>."[27] Die Konklusion Nietzsches ist, dass das, was durch die Teleologie erklärt wird, nur Zufall sei. Er hält nur den Zufall für erkennbar[28] und meint, dass die Teleologie wie der Mechanizismus nur aus Schematisierungen und Vereinfachungen der unendlichen Varianten der Formen des Lebens besteht. Auf diesem Punkt basiert die Entdeckung der falschen Analogie zwischen der Tätigkeit der Vernunft, Zwecke zu setzen, und der vermeintlichen Zweckmäßigkeit der Organismen.

3 Nietzsches Auseinandersetzung mit Kant in den späteren Jahren

Nietzsches Auseinandersetzung mit Kant bleibt in der Tat kontinuierlich, obwohl er Kant nicht direkt rezipiert, sondern vom Inhalt seiner Texte über neukantianische Autoren erfährt. Nietzsches private Bibliothek in Weimar ist der

---

zurückzuführen, also nicht auf Absichten und eingreifende Hände eines Maschinengottes, sondern nur auf eine Art der Schwingung, die, wenn sie nur einmal angefangen hat, in ihrem Verlaufe nothwendig und bestimmt ist und Wirkungen erzielt, die der weisesten Berechnung des Scharfsinns und der durchdachtesten Zweckmäßigkeit gleichen, ohne sie zu sein. ‚Ich genieße das Vergnügen, sagt Kant, ohne Beihülfe willkürlicher Erdichtungen, unter der Veranlassung ausgemachter Bewegungsgesetze, sich ein wohlgeordnetes Ganze erzeugen zu sehen, welches demjenigen Weltsysteme, das das unserige ist, so ähnlich sieht, daß ich mich nicht entbrechen kann, es für dasselbe zu halten. Mich dünkt, man könnte hier, in gewissem Verstande, ohne Vermessenheit sagen: gebt mir Materie, ich will eine Welt daraus bauen!'" (PHG, § 17, S. 361).
26 KGW I/4, S. 558.
27 Ebd., S. 564.
28 Vgl. ebd., S. 568.

Ort, an dem der Dialog zwischen den beiden Autoren stattfindet. Trotzdem enthält die *Teleologie seit Kant* viele Themen und Begriffe, die Nietzsche später weiterentwickeln wird.

Die Mitschriften aus dem Frühling 1868 sind essenziell für diese Auseinandersetzung, nicht nur, weil sie in der späteren unveröffentlichten *Philosophie der Griechen im tragischen Altertum* wiederverwendet werden oder als Vorlage für den Text *Über Wahrheit und Lüge im außermoralischen Sinn* (1873) dienen, wo Nietzsche das Thema der Analogie und der Unmöglichkeit, Erkenntnis zu erreichen, weiterentwickelt. Diese Notizen sind zudem eine wichtige Stellungnahme zu seinem Begriff der Wahrheit, den er noch als *adequatio rei et intellectus* denkt, und bestätigen, dass er zu allen Schaffensperioden zentrale Elemente der Erkenntnistheorie Kants vor Augen hat. Die Teleologie als Vereinfachung der Natur durch die Analogie mit dem Vermögen, uns selbst Zwecke zu setzen, bleibt in Nietzsches Werk weiterhin anwesend und wichtig. Die Analogie ist für die Definition des Willens zur Erkenntnis als Wille zur Macht zentral, aber schon in der *Fröhlichen Wissenschaft* (1882/87) ist die Analogie nicht nur auf die Teleologie begrenzt: Alle unsere Erkenntnisse sind Analogien, so wie die Mathematik, die für die wissenschaftliche Erkenntnis grundlegend ist, durch die „unsere menschliche [...] Relation" zu den „Dingen" festgestellt werde.[29]

Und selbst die Kritik Nietzsches an Kant scheint sich mit der Zeit nicht grundlegend geändert zu haben. Zentral sind immer wieder die Fragen: (1) Wieso hat Kant die Folgen seines Denkens nicht bis zum Ende gedacht, so Nietzsche noch in der *Fröhlichen Wissenschaft*, in der er Kant wie „einem Fuchse gleich, der sich in seinen Käfig zurückverirrte" beschreibt, obwohl es „seine Kraft und Klugheit gewesen wäre, welche diesen Käfig erbrochen hatte"?[30] (2) Warum hat Kant verneint, dass der Mechanismus die Erkenntnis des Dinges an sich ist, und braucht trotzdem die synthetischen Urteile a priori?[31]

Ebenso bleibt auch die Kritik an der Teleologie durchgehend erhalten: Es ist bemerkenswert, dass das erste Buch der *Fröhlichen Wissenschaft* mit einer Kritik am Begriff des Zweckes beginnt, die später auch mit dem Willen zur Macht verbunden wird. Hier ist der reale Zweck für Nietzsche die bloße Selbsterhaltung und der Zweck nur ein Glauben, durch den er irgendwie seine Existenz rechtfertigt.[32]

---

29 FW, § 246, S. 192.
30 Ebd., § 335, S. 242.
31 „Es ist endlich an der Zeit, die Kantische Frage ‚wie sind synthetische Urteile a priori möglich?' durch eine andere Frage zu ersetzen ‚warum ist der Glaube an solche Urteil nöthig?'" (JGB, § 11, S. 19).
32 Vgl. FW, § 1.

Trotzdem ist diese Auseinandersetzung mit dem Philosophen aus Königsberg nicht nur negativ. Es ist offensichtlich, dass viele Übergänge von Nietzsches Werken eine direkte Reinterpretation von Kants Begriffen sind. Nietzsche scheint Kants Philosophie besonders für die Entdeckung zu schätzen, dass die Vernunft sowie die Wissenschaft Grenzen haben und dies gegen die Ansprüche der Positivisten geltend gemacht werden müsse. Ich denke hier erneut an die *Fröhliche Wissenschaft*, in der Nietzsche im Aphorismus *Ursache und Wirkungen* schreibt: „Erklärung nennen wir's: aber ‚Beschreibung' ist es, was uns vor älteren Stufen der Erkenntnis und Wissenschaft auszeichnet. [...] Die Reihe der ‚Ursachen' steht hier viel vollständiger in jedem Falle vor uns, wir schliessen: diess und das muss erst vorangehen, damit jenes folge, – aber begriffen haben wir damit Nichts."[33] Viele Aphorismen in der *Fröhlichen Wissenschaft* beschäftigen sich in diesem Sinne mit Kant, in denen Nietzsche teilweise kritisiert, aber auch positiv urteilt, wie bei der Herausarbeitung, dass jede Erkenntnis nur ein Anthropomorphisieren der Natur sei. Nietzsche sagt hier noch:

> Wie könnten wir auch erklären! Wir operieren mit lauter Dingen, die es nicht gibt, mit Linien, Flächen, Körpern, Atomen, theilbaren Zeiten, theilbaren Räumen –, wie soll Erklärung auch nur möglich sein, wenn wir Alles erst zum Bilde machen, zu unserem Bilde![34]

Dieses Interesse für den Kritizismus bleibt auch in den Fragmenten von 1888 noch lebendig, wenn Nietzsche den Willen zur Erkenntnis als Willen zur Macht darstellt. Hätte Kant seine Kritik bis zum Ende gebracht, hätte er anerkennen müssen, dass es nicht um das Erkennen gehe, sondern um „schematisieren, dem Chaos so viel Regularität und Formen auferlegen, als es unserem praktischen Bedürfniß genug thut",[35] und dass Kategorien und Logik nur Erfindungen sind, um die Sachen gemäß unserer Bedürfnisse zu subsumieren, zu befriedigen. Ich zitiere wieder aus dem Nachlass:

> Hier hat nicht eine präexistente ‚Idee' gearbeitet: sondern die Nützlichkeit, daß nur, wenn wir grob und gleich gemacht die Dinge sehen, sie für uns berechenbar und handlich werden ...
> die Finalität in der Vernunft ist eine Wirkung, keine Ursache: bei jeder anderen Art Vernunft, zu der es fortwährend Ansätze gibt, mißräth das Leben – es wird unübersichtlich – zu ungleich –

---

33 Ebd., § 112, S. 150.
34 Ebd.
35 Friedrich Nietzsche: Nachgelassene Fragmente Anfang 1888 bis Anfang 1889. In: KGW VIII/3, S. 125. Im Folgenden: KGW VIII/3.

Die Kategorien sind ‚Wahrheiten' nur in dem Sinne, als sie lebendig für uns sind: wie der Euklidische Raum eine solche bedingte ‚Wahrheit' ist.³⁶

Die von Nietzsche realisierte Radikalisierung von Kants Kritizismus ist auch wichtig, um den ontologischen Status des Willens zur Macht zu definieren. Der Wille ist für Nietzsche im Gegensatz zu Schopenhauer, der in *Die Welt als Wille und Vorstellung* den Willen als unmittelbare und unabhängige Ursache definiert, keine Ursache, sondern eine Hypothese. Dass diese Überzeugung mit Kants Kritizismus verbunden ist, kann durch den Aphorismus § 36 aus *Jenseits von Gut und Böse* (1886) bestätigt werden, in dem Nietzsche schreibt, dass der Wille nur als Hypothese verwendet werden könne. Hier identifiziert Nietzsche den Willen zur Macht auch mit dem intelligiblen Charakter des Realen, aber seine Identifizierung wirkt ironisch, da der Glaube an die Existenz eines intelligiblen Charakters sowie der Unterschied zwischen *Phainomena* und *Noumena* überwunden werden müsse.³⁷ Zudem bleibt der Wille als Hypothese immer ein Anthropomorphisieren der Natur, als „eine subjektive Nöthigung". Das ist laut Nietzsche so, weil wir „den Willen als Ursache geglaubt" haben, „bis zu dem Maße, daß wir nach unserer Personal-Erfahrung überhaupt eine Ursache in das Geschehen hingelegt haben".³⁸ Deshalb wird im Kritizismus in der Fabel aus der *Götzen-Dämmerung* (1889) der Anfang der Morgenröte erblickt, wenn „die alte Sonne im Grunde, aber durch Nebel und Skepsis hindurch; die Idee sublim geworden, bleich, nordisch, königsbergisch" ist.³⁹

---

36 Ebd., S. 126.
37 Doyle hat einige Aufsätze über das Problem des Dinges an sich in Nietzsches Philosophie verfasst. Vgl. Tsarina Doyle: Nietzsche's appropriation of Kant. In: Nietzsche Studien XXXIII (2004), S. 180–204; dies: The Kantian Roots of Nietzsche's Will to Power. In: Marco Brusotti u. Herman Siemens (Hg.): Nietzsche. Kant and the Problem of Metaphysics. London 2017, S. 205–232. Dennoch bin ich nicht von ihrer Deutung überzeugt, dass Nietzsche in diesen Aphorismen aus JGB § 36 den Willen zur Macht durch Selbstbewusstsein mit dem Ding an sich identifiziert. Für Doyle ist Nietzsches Wille zur Macht „as offering a naturalized version of Kantian synthesis and that Nietzsche's reformulation appeals to empirically instantiated causal powers that are both relation and intrinsic" (ebd., S. 225). Meiner Meinung nach stellt dieser Aphorismus auch bereits ein Depotenzieren des Begriffes Ding an sich dar, zudem scheint der Wille zur Macht eher als eine Alternative zur Zweckmäßigkeit zu gelten. Hinter den *Phänomena*, sagt uns Nietzsche, versteckt sich kein intelligibler Charakter des Realen. Der Wille zur Macht gilt als Hypothese nur, insofern unsere Instinkte lebendig sind, und weil „man [...] die Hypothese wagen [muss], ob nicht überall, wo ‚Wirkungen' anerkannt werden, Wille auf Willen wirkt – und ob nicht alles mechanische Geschehen, insofern eine Kraft darin thätig wird, eben Willenskraft, Willenswirkung ist" (JGB, § 36).
38 KGW VIII/3, S. 126f.
39 GD, S. 80.

4 Fazit

Der vorliegende Aufsatz hatte das Ziel, Nietzsches frühe Auseinandersetzung mit Kants Philosophie zu rekonstruieren. Diese Analyse konzentrierte sich besonders auf theoretische Aspekte beider Philosophen und hob zudem Elemente des Kritizismus auch in den späteren Werken Nietzsches hervor.

Auf der Basis von Mitschriften und Sekundärliteratur wurde gezeigt, dass Nietzsche mit dem kantischen Kritizismus bereits während seiner Schulzeit in Schulpforta in Kontakt kam. In Bonn hörte Nietzsche die Vorlesungen über Geschichte der Philosophie von Carl Schaarschmidt und beschäftigte sich mit Schopenhauers Philosophie. Dennoch war das Jahr 1867 zentral, als Nietzsche in Leipzig Schopenhauers *Die Welt als Vorstellung und Wille* und zur gleichen Zeit Langes *Geschichte des Materialismus* las. Durch den Vergleich zwischen Langes Text und den Nietzsche-Mitschriften aus dem Frühjahr 1868 wurde festgestellt, dass Lange für die Rezeption der kantischen Philosophie des jungen Nietzsche wichtiger als Schopenhauer war, da er 1868 das Projekt einer Doktorarbeit über die *Kritik der Urteilskraft* vorstellte, das sich in einigen wichtigen Punkten auf Langes Hauptwerk bezog.

Im zweiten Teil des Textes wurden verschiedene Fragmente aus dem Nietzsche-Nachlass von 1868, die sogenannte *Teleologie seit Kant* analysiert. Diese Manuskripte sind wichtig, da sie als Beweis dafür gelten, dass Nietzsche Kant gelesen hat. Zudem finden sich dort zahlreiche Kommentare über den Kritizismus sowie die dritte Kritik Kants. Darüber hinaus enthält dieser Nachlass erste Theoretisierungen wichtiger Konzepte von Nietzsches späteren Werken wie die Erkenntnis als Analogie sowie den Begriff des Anthropomorphismus.

Im letzten Teil des Aufsatzes wurden die Folgen dieser Auseinandersetzung in Bezug auf die späteren Werke erörtert und die ontologisch-gnoseologischen Folgen von Kants Kritizismus in der Formulierung des Konzepts des Willens zur Macht betont. Die Definition des Willens zur Macht in *Jenseits von Gute und Böse* als X, als unerkennbar im Gegensatz zu Schopenhauers Identifizierung des Willens mit dem Kantischen *Noumenon*, weist darauf hin, dass Nietzsche Kants und Schopenhauers Denken scharf voneinander unterschied und sich im Rahmen seiner Erkenntnistheorie sehr viel stärker an Kant orientierte. Es konnte in diesem Zusammenhang gezeigt werden, dass Nietzsche in expliziter Auseinandersetzung mit Kant und zentralen neukantianischen Autoren hauptsächliche Topoi seiner späteren Philosophie ausarbeitete, ja sogar den Anspruch vertrat, mit seinen Konzeptionen Kants Lehre entscheidend weiterzuentwickeln.

Elisabeth Theresia Widmer
Friedrich Albert Langes materialistisch-poetische Kant-Interpretation und die Konsequenzen in der Ethik

1 Einleitung

Friedrich Albert Lange (1828–1875) galt in der zweiten Hälfte des 19. Jahrhunderts als einer der einflussreichsten Philosophen seiner Zeit. Umso erstaunlicher ist es, dass bis heute eine detaillierte Ausarbeitung seiner ästhetischen Ethik, die er in Abgrenzung zur kantischen Ethik konzipierte, ein Desideratum darstellt. Neben seinem berühmten Werk *Geschichte des Materialismus und Kritik seiner Bedeutung in der Gegenwart* (1866) entwickelte Lange – abgesehen von der bekannten psychophysischen Fundierung der kantischen Transzendentalphilosophie – eine Theorie beruhend auf dem „Standpunkt des Ideals".[1] Diese Standpunkt-Theorie umfasste nicht nur die empirisch fundierte Moralstatistik. Damit verteidigte Lange auch eine idealistisch fundierte Ethik, die der Ästhetik untergeordnet war, und die einen systematisch relevanten Beitrag zur philosophischen Fundierung seiner Philosophie lieferte. Lange vertrat damit eine Position, die einen bemerkenswerten Einfluss auf den ‚klassischen' Neukantianismus hatte.[2] Somit entwickelte beispielsweise der Vertreter der Südwestdeutschen Schule des Neukantianismus, Wilhelm Windelband (1848–1915), unter anderem auf Grundlage des langeschen Idealismus seine Wertphilosophie. Und auch auf Hermann Cohen (1842–1918) hatte Langes philosophische Grundlage *via negationis* Einfluss, indem er seine Erkenntnistheorie von Langes Naturalismus abzugrenzen versuchte. Langes Idealismus inspirierte auch Friedrich Nietzsche (1844–1900)[3] und Hans Vaihinger (1852–1933). Seine politischen Schriften gewannen in der sozialdemokratischen

---

1 Friedrich Albert Lange: Geschichte des Materialismus und Kritik seiner Bedeutung in der Gegenwart. Erstes und zweites Buch. Hg. v. Karl-Maria Guth. Berlin 2015, S. 553/980. Die nachgestellte Seitenzahl bezieht sich hier und im Folgenden auf Band 2 der Ausgabe: Friedrich Albert Lange: Geschichte des Materialismus und Kritik seiner Bedeutung in der Gegenwart. 2 Bde. Hg. v. Alfred Schmidt. Frankfurt a.M. 1974.
2 Jeremy Heis: Neo-Kantianism. In: Stanford Encyclopedia of Philosophy. Stanford 2018, S. 3.
3 Vgl. dazu den Beitrag von Valentina Dafne de Vita in diesem Band.

https://doi.org/10.1515/9783110758801-005

Partei spätestens dann an Bedeutung, als Eduard Bernstein (1850–1932) mit dem Motto „Zurück auf Lange" den parteiinternen Revisionismus in einforderte.[4]

Das Ziel des vorliegenden Artikels ist es, die Grundlinien der langeschen ästhetischen Theorie im Kontext der wissenschaftstheoretischen und politischen Philosophie bei Lange auszuarbeiten. In den letzten Jahren ist mit dem Neukantianismus auch Friedrich Albert Lange wieder in den Blick geraten. Durch die historischen Abhandlungen von Frederick Beiser[5] dehnte sich das Interesse am Deutschen Idealismus im englischsprachigen Raum auf den Neukantianismus aus und auch die historischen Forschungen zur Wissenschaftstheorie und Logik führten zu neueren Abhandlungen über Lange.[6] Während im englischsprachigen Raum die politischen Verhältnisse nur am Rande behandelt werden, sind frühere Abhandlungen zur Geschichte des Neukantianismus aus dem deutschsprachigen Raum stärker darauf ausgerichtet, die Entwicklungen des Neukantianismus vor dem Hintergrund der politischen Verhältnisse zu erklären.[7] Da Langes Ethik sowohl aus erkenntnistheoretischer als auch aus politischer Perspektive bisher eher als nebensächliches Thema behandelt wurde, etablierte sich die Meinung, dass seine sozialistischen Schriften von seiner theoretischen Philosophie unabhängig zu verstehen seien.[8] Ich vertrete hingegen die These, dass Langes ästhetische Ethik als Bindeglied zwischen seiner Erkenntnistheorie und seiner politischen Philosophie fungiert und damit eine systematisch bedeutende Rolle in Langes philosophischem System spielt. Die Außerachtlassung seiner Ethik führte zu einigen Unklarheiten in der aktuellen Literatur. Mit meinem Interpretationsvorschlag gehe ich auf diese Probleme ein und zeige, dass seine theoretische und praktische Philosophie in einem systematischen Verhältnis zu verstehen sind. Wenn es mir zu zeigen gelingt, dass Langes ästhetische Ethik die fundamentale Grundlage seines unabgeschlossenen Œuvres darstellt, wirft dies ein neues Licht auf Langes Philosophie.

Ich gehe wie folgt vor: Zunächst nehme ich eine historische Kontextualisierung vor, um den Hintergrund zu klären und auf wichtige Autoren einzugehen,

---

4 Hein Retter: Friedrich Albert Lange als pädagogisch-politischer Denker. In: Claudia Crotti, Philipp Gonon u. Walter Herzog (Hg.): Pädagogik und Politik. Historische und aktuelle Perspektiven. Festschrift für Fritz Osterwalder. Bern u.a. 2007, S. 89–109, hier S. 103.
5 Frederick C. Beiser: The Genesis of Neo-Kantianism 1796–1880. Oxford 2014; ders.: Hermann Cohen. An Intellectual Biography. Oxford 2018.
6 Vgl. Lydia Patton: Anti-Psychologism about Necessity. Friedrich Albert Lange on Objective Inference. In: History and Philosophy of Logic 32 (2011), S. 139–152.
7 Vgl. Klaus Christian Köhnke: Entstehung und Aufstieg des Neukantianismus. Die deutsche Universitätsphilosophie zwischen Idealismus und Positivismus. Frankfurt a.M. 1993.
8 Vgl. Beiser: Genesis (wie Anm. 5); Beiser: Cohen (wie Anm. 5); Patton: Anti-Psychologism (wie Anm. 6); Köhnke: Entstehung (wie Anm. 7).

die Langes Theorie beeinflusst haben. Danach zeige ich, dass Lange im Zuge seiner Kritik an Kants Transzendentalphilosophie auch die Fundierung der kantischen Ethik – und damit auch den kategorischen Imperativ und die praktische Freiheit – explizit ablehnt. Im darauf folgenden Abschnitt gehe ich auf Langes ‚ethischen Materialismus' ein, der relativistisch, sensualistisch und evolutionstheoretisch begründet ist. In Anbetracht seiner detaillierten Analyse des geschichtlich gewachsenen Bewusstseins zeige ich auf, dass Lange über den philosophischen Standpunkt hinaus auch einen politischen Standpunkt einnimmt, der eine moralpsychologische Bewertung philosophischer Theorien erlaubt. In zwei weiteren Abschnitten porträtiere ich Langes Verhältnis zum Christentum, Kapitalismus und Marxismus. Vor diesem Hintergrund komme ich dann auf die kantische Ethik zurück und argumentiere, dass – obwohl Lange den kategorischen Imperativ philosophisch ablehnt – er die kantische Ethik von einem politischen Standpunkt aus positiv rezipiert. Daraufhin zeige ich, dass Lange neben dem ethischen Materialismus noch eine weitere Konzeption der Ethik ausarbeitet, die der Ästhetik untergeordnet ist. Seine ästhetische Ethik stelle ich anschließend dem ethischen Materialismus gegenüber und offeriere zwei Definitionen, die sich aus den vorigen Abschnitten ergeben. Schließlich argumentiere ich, dass Langes Ethik als unabgeschlossen zu betrachten ist. Seine Ethik ist nämlich vor dem Hintergrund seiner geplanten Schrift *Theorie der Demokratischen Republik* zu lesen. Aufgrund seines frühen Todes gelang es Lange nicht, seine systematisch-idealistische Philosophie zum Abschluss zu bringen. Am Ende fasse ich noch einmal die wichtigsten Thesen zusammen und erwäge die Konsequenzen, die sich aus der vorgestellten Interpretation ergeben.

2 Historische Kontextualisierung

Lange begreift den Materialismus als skeptische Gegenbewegung zur spekulativen Philosophie seiner Zeit. Im ersten Buch der *Geschichte des Materialismus* behauptet Lange, dass der Materialismus schon so alt sei wie die Philosophie selbst.[9] Um seine These zu untermauern, liefert er eine Abhandlung von der

---

9 Köhnke nennt die *Geschichte des Materialismus* das „meistgelesenste Buch des Neukantianismus" (Köhnke: Entstehung, wie Anm. 7, S. 233). Weil sich Langes *Geschichte des Materialismus* von der ersten Auflage 1865 auf die zweite Auflage 1873 vom Umfang her verdoppelte und auch inhaltlich veränderte, ist es angemessener, von zwei unterschiedlichen Büchern zu sprechen.

Antike bis in das 19. Jahrhundert. Im zweiten Buch arbeitet Lange seine eigene Position zu Kant heraus, um mit dieser den naturwissenschaftlichen Materialismus, der in den 1850er Jahren einen Aufschwung erlebte, zu kritisieren. Langes Opponenten im Materialismus-Streit sind Carl Vogt (1817–1895), Jacob Moleschott (1822–1893), Ludwig Büchner (1824–1899) und Heinrich Czolbe (1819–1873).[10] Gemeinsam ist ihnen die Ansicht, dass die physische Basis des Menschen die Bedingungen der Erfahrung erkläre. Uneinigkeit herrscht hingegen darüber, wie ethische und religiöse Ideen mit dieser naturwissenschaftlichen Perspektive zu vereinen seien. Als Theoretiker, der den Materialismus als skeptische Bewegung versteht, versucht Lange mit Immanuel Kant (1724–1804) gegen einen naiven Realismus anzukämpfen, den er nicht nur in den Arbeiten von Vogt, Moleschott und Büchner, sondern auch in David Humes (1711–1776) Skeptizismus zu erkennen meint.[11] Was für Lange die Materialisten seiner Zeit mit Hume verbinde, sei der Glaube, dass „die Materie, wie sie unseren Sinnen erscheint, die letzte Lösung aller Rätsel der Natur enthalte", sowie die Forderung, den wissenschaftlichen Erkenntnissen den Vorzug zu geben.[12] Neben dem Skeptizismus vereint die Materialisten Lange zufolge aber auch die Unzulänglichkeit, eine zufriedenstellende Antwort auf die Frage zu geben, wie Erfahrung möglich sei. Im 18. Jahrhundert sei es Kant gewesen, der es geschafft habe, mit seiner Transzendentalphilosophie eine adäquate Antwort auf die Frage nach den Bedingungen der Erfahrung zu geben, nachdem er von Hume aus seinem „dogmatischen Schlummer" aufgeweckt worden war.[13] Nun liege die Aufgabe darin, den Skeptizismus des Materialismus im 19. Jahrhundert mit Kant einzugrenzen. Dies gelänge aber nur, wenn Kants Erkenntnistheorie von den Resten der Metaphysik abgelöst und den empirischen Erkenntnissen der Bedingungen der Erfahrung ihren nach Langes Ansicht wohlverdienten Platz im kantischen System zugesprochen werde.

Als politischer Philosoph kritisierte Lange philosophische Top-down-Untersuchungen und plädierte dafür, realpolitische Zustände mit empirischen Mitteln zu untersuchen. Theorielastige Untersuchungen würden die Gefahr in sich bergen, empirische Wahrheiten zu verfälschen. Während Lange in der ersten Auflage der *Arbeiterfrage* (1865) noch optimistischer davon ausging, dass

---

10 Vgl. dazu die Briefwechsel mit Ludwig Büchner und mit Heinrich Czolbe in: Friedrich Lange: Über Politik und Philosophie. Briefe und Leitartikel 1862–1875. Hg. v. Georg Eckert. Duisburg 1968.
11 Lange: Geschichte (wie Anm. 1), S. 256f./457f.
12 Ebd., S. 257/458.
13 Vgl. Prol., S. 260.

sich das allgemeine Bewusstsein positiv verändern würde, nimmt er diese Annahme in der zweiten Auflage fünf Jahre später zurück und schreibt:

> [D]ie sittlichen Kräfte, von deren Thätigkeit man die Herbeiführung einer neuen und besseren Zeit erwarten konnte, schienen im Allgemeinen weit größer und reiner, als sie sich seitdem herausgestellt haben.[14]

Damit spielt Lange auf die „Willkürherrschaft" der preußischen Monarchie unter der Regierung von Otto von Bismarck (1815–1898) an, die er dafür verantwortlich macht, dass „die idealen Motive neben den Gefühlen verletzter Eitelkeit" in Deutschland verschwunden seien.[15]

Die politischen Forderungen Langes stießen aber nicht nur bei der konservativ-rechten Regierung seiner Zeit auf Unverständnis. Auch Karl Marx (1818–1883) und Friedrich Engels (1820–1895) wussten mit Langes Positionen nur wenig anzufangen. Lange hatte großen Respekt vor Marx und Engels und wollte die beiden für eine Mitarbeit an seiner Zeitung *Boten vom Niederrhein* gewinnen. Obwohl Lange der marxschen Theorie in vielen Punkten zustimmte, lehnte er die dialektische Geschichtsauffassung ab, auf deren Basis die kommunistische Revolutionstheorie begründet war. Statt den radikalen Forderungen der Linken, die Lange zufolge „den Arbeitern mit aller Gewalt ihre eigene Anschauung" aufzudrängen versuchten, plädierte er dafür, das geschichtlich gewachsene Bewusstsein der Arbeiter mit einzubeziehen.[16] Lange verlangte eine Reformation in kleinen Schritten, damit die humanistischen Ideen des Sozialismus auf wirkungsvolle Weise Fuß fassen konnten. Statt der politischen Revolution meinte Lange: „Dieser Kampf ist [...] nicht äußerlich zu fassen, sondern er ist zugleich in dem Gemüth jedes Einzelnen auszufechten."[17]

Den Sozialismus begründete Lange evolutionstheoretisch auf der Basis von Charles Darwin (1809–1882), dessen Werk *On the Origin of Species by Means of Natural Selection* 1859 erstmalig auf Englisch publiziert wurde und 1860 in deutscher Übersetzung erschien. Die Rezeption der Lehre Darwins im deutschspra-

---

14 Friedrich Albert Lange: Die Arbeiterfrage. Ihre Bedeutung für die Gegenwart und Zukunft. Winterthur 1870, S. 358.
15 Ebd., S. 359. Köhnke schreibt, dass es zu Beginn von Langes politischem Aktivismus noch offen stand, welche Stellung er zu der Regierung unter Bismarck einnahm, und zieht den Schluss, dass es in Anbetracht seines liberalen Standpunktes durchaus möglich gewesen wäre, Lange auf die Seite der Regierung zu holen. Erst als die Regierung mit Sanktionen wie der Pressezensur auf die Forderungen der sozialdemokratischen Partei antwortete, wurde Lange zum „Bismarck-Gegner" (Köhnke: Entstehung, wie Anm. 7, S. 237).
16 Lange: Arbeiterfrage (wie Anm. 14), S. 365.
17 Ebd., S. 369.

chigen Raum und somit auch Langes Rezeption war vor allem von Ernst Haeckel (1832–1919) geprägt, der die Gesetzmäßigkeiten der Evolutionstheorie als Naturgesetze des Menschen auffasste.[18] Lange, der eine Art poetischen Dualismus vertrat und dem Menschen aufgrund seiner geistigen Natur die Möglichkeit zuschrieb, der Naturbedingtheit zu trotzen, sah sich nicht als einen „unbedingte[n] Anhänger des Darwin'schen Systems"; er argumentierte dafür, die evolutionstheoretischen Gesetze nicht, wie Haeckel, als Naturgesetze sondern als „Hülfsprinzipien" aufzufassen.[19] Damit nahm Lange eine klare Position im Darwinismus-Streit ein, der in der Fortsetzung des Materialismus-Streits geführt wurde und dessen Hauptvertreter Ludwig Büchner, Albert Stoeckl (1823–1895) und Eduard von Hartmann (1842–1906)[20] waren.

Auch Langes Rückgriff auf Friedrich Schiller (1759–1805) stellt keinen Einzelfall aus dieser Zeit dar. Bereits Kuno Fischer (1824–1907) erkannte 1858 das Potenzial der Philosophie Schillers, als Brücke zwischen dem Kritizismus und der Romantik auf kantischer Grundlage zu dienen. In der Vorrede zu dem Vortrag *Schiller als Philosoph* (1858), den er dem Großherzog von Sachsen-Weimar-Eisenach widmete, schrieb Fischer, dass „Schiller der Erste war, der Kants Entdeckungen im ästhetischen Gebiet weiterführte". Ohne ihn würde „eine Kluft" zwischen „den ästhetischen Begriffen der kritischen Schule und der romantischen" liegen.[21] Obwohl – wie noch zu zeigen ist – Lange große Einwände gegen Fischers Schiller-Interpretation erhob, teilte er diese Ansicht.

---

18 Aus einem Briefwechsel aus dem Jahre 1873 zwischen Lange und Haeckel wird deutlich, dass sich Haeckel darum bemühte, Lange eine Professur in Heidelberg zu verschaffen. Obwohl Lange von dieser Idee angetan war, weil die „hiesige Stellung [in Marburg, E. T. W.] nicht viel Anregung zu neuen Forschungen" gab, bevorzugte er letztendlich Marburg, um die „gemütliche Stille für die Ausarbeitung" der zweiten Auflage der *Geschichte des Materialismus* zu nutzen (Lange: Politik, wie Anm. 10, S. 332).
19 Lange: Arbeiterfrage (wie Anm. 14), S. 31.
20 Eduard von Hartmanns *Philosophie des Unbewussten* stieß bei Lange auf größte Ablehnung. In einem Brief an Haeckel schreibt Lange: „Die Hartmann'sche Teleologie des allwissenden Unbewußten werde ich mit aller Schärfe zurückweisen. Der ‚Schöpfungsplan' als transcendierte Idee gehört selbstverständlich auch nicht in die Naturwissenschaften." (Lange: Politik, wie Anm. 10, S. 333). Umgekehrt äußerte auch Eduard von Hartmann 1877 scharfe Kritik an Langes Philosophie, die er als „Verlegenheitsphilosophie einer Uebergangsperiode" im „subjektivistischen Gewand" bezeichnete und in ihrer Reduktion auf „Poesie und Erkenntnistheorie" nur als populäre Antwort auf den modernen Materialismus auffasste (Eduard von Hartmann: Neukantianismus, Schopenhauerianismus und Hegelianismus in ihrer Stellung zu den philosophischen Aufgaben der Gegenwart. 2. Aufl. Berlin 1877, S. 2).
21 Kuno Fischer: Schiller als Philosoph. Vortrag gehalten in der Rose zu Jena am 10. März 1858. Frankfurt a.M. 1858, S. V–VI.

3 F. A. Langes Argument gegen das Sittengesetz

Aus demselben Grund lehnte Lange die Herleitung des kategorischen Imperativs ab, weshalb er generell die Herleitung von apriorischen Bedingungen und Formen im kantischen Sinne zurückwies. Indem Kant von einer strikten Unterscheidung von Form und Inhalt ausgehe, setze er in problematischer Weise die Erfahrungsbedingungen als fixe, metaphysische Kategorien voraus. Während die apriorischen Formen die Erfahrung konstituierten, umfassten die materiellen Anteile die subjektiven und kontingenten Faktoren. In der Transzendentalen Ästhetik[22] sind es Raum und Zeit, die als notwendige Bedingungen der Anschauung gelten. In der Transzendentalen Logik[23] deduziere Kant die reinen Verstandeskategorien, die „uranfänglich" existieren und konstitutiv für die Erfahrung sind.[24] Die materielle, das heißt physiologische und psychologische, Voraussetzung findet laut Lange bei Kant aber keine ausreichende Beachtung. Zwar ist Lange der Meinung, dass es möglich sei, Gesetzmäßigkeiten von allgemein gültigen und notwendigen Bedingungen der Erfahrung festzustellen.[25] Im Unterschied zu Kant hält Lange es aber nur für eine Frage der Zeit, bis wir erkennen würden,

> daß selbst der ganze Zusammenhang, in welchen wir die Sinneswahrnehmungen bringen, mit einem Wort unsre ganze Erfahrung, von einer geistigen Organisation bedingt wird, die uns nötigt, so zu erfahren, wie wir erfahren, so zu denken, wie wir denken, während einer andern Organisation dieselben Gegenstände ganz anders erscheinen mögen und das Ding an sich keinem endlichen Wesen vorstellbar werden kann.[26]

Statt der kantischen Methode, die die Kategorien metaphysisch voraussetzt, sollen Lange zufolge die Untersuchung der Bedingungen der Erfahrung auf empirisch-psychologischen Experimenten beruhen.

Die Konsequenz von Langes sinnesphysiologischer Kant-Interpretation tritt am deutlichsten in seiner Auffassung der Logik hervor, die er in der *Geschichte des Materialismus* und in den postum erschienenen *Logischen Studien* darlegt. Lange stellte hier seine empiristische Kantauslegung vor, die er zugleich von einem humeschen Skeptizismus abzugrenzen versucht, am Beispiel des Kausalitätsprinzips. Die Metaphysik versuche, die Kausalität aus einer höheren Ver-

---

22 KrV B 37–73.
23 KrV B 91–124.
24 KrV B 106.
25 Lange: Geschichte (wie Anm. 1), S. 262/466.
26 Ebd., S. 255/454f.

nunft abzuleiten; der Skeptizismus verteidige das Prinzip der Kausalität auf der Grundlage der Gewohnheit. Kant habe zwar mit der konstitutiven Auffassung des Kausalitätsbegriffs bereits eine sehr gute Erklärung geliefert; diese müsse nun aber auch mit den neuesten Erkenntnissen der Physiologie in Übereinstimmung gebracht werden. Lange argumentiert:

> Der Kausalitätsbegriff wurzelt in unsrer Organisation und ist der Anlage nach vor jeder Erfahrung. Er hat ebendeshalb im Gebiete der Erfahrung unbeschränkte Gültigkeit, aber jenseits desselben gar keine Bedeutung.[27]

Mit anderen Worten: Lange erkennt das Potenzial der kantischen Philosophie darin, dass Kant die Grenzen der Erfahrung als notwendig auffasst. Zugleich kritisiert Lange aber den Umstand, dass Kant die Erfahrungsbedingungen ausschließlich als logisch-konstitutive Formen begreife, die er nicht auf die Physiologie zurückführt. Kant scheitert in Langes Augen letztendlich daran, dass er die materialistische Kritik nicht ernst genug genommen habe. Kants Transzendentalphilosophie sei damit in einem problematischen Rationalismus verwickelt geblieben. Tatsächlich sei das Kausalitätsprinzip nämlich *vor* der substantiellen Erfahrung in der psychologischen Organisation begründet. Damit stimmt Lange zwar dem Ergebnis der kantischen Transzendentalphilosophie zu, nicht aber der Methode, mit der Kant die apriorischen Formen begründen möchte.

Lange kritisiert an der Transzendentalphilosophie, dass sie auf einer Abstraktion aller Erfahrungsanteile beruhe und somit von der Annahme ausgehe, dass erfahrungsunabhängige, erkenntniserweiternde Urteile möglich seien. Beispiele dafür seien mathematische Urteile, die Kant als synthetische Urteile *a priori* auffasse. Sie seien *a priori*, weil sie unabhängig zu der Erfahrung existierten und synthetisch, weil sie zu neuer Information führten. Obwohl Lange Kant darin zustimmt, dass es *apriorische* Verstandesformen gebe, mit denen notwendige Prinzipien aufgestellt werden könnten, versteht er mathematische Urteile als synthetische Urteile *a posteriori*, weil sie auf Erfahrung beruhten. Zwar sei unsere Physiologie so strukturiert, dass wir mathematische Gleichungen lösen könnten. Die mathematische Praxis sei jedoch auf erfahrungsbasierte Anschauungen angewiesen. Für Lange ist Mathematik nur deshalb möglich, weil wir eine erfahrungsbasierte Vorstellung von Zahlen hätten, mit der es uns gelinge, mathematische Formeln zu lösen.[28] Von dieser Einsicht aus entwickelte Lange eine fundamentale Kritik an Kants transzendentaler Methode, die fälschlicherweise auf deduktivem Wege versuche, zu wahren Schlüssen zu gelangen.

---

27 Ebd., S. 286/493f.
28 Vgl. ebd., S. 271–273/476–478.

Wie die Mathematik beruhe aber auch die Transzendentalphilosophie, mit der Kant die Bedingungen der Erfahrung feststellen möchte, auf synthetischen Urteilen *a priori*. Weil es auch hier zutreffe, dass die Erfahrungsformen auf erfahrungsbasierten Konzepten beruhen, scheitere letztlich die Ableitung aus reinen Begriffen. Obwohl Lange die kantische Unterscheidung von Form und Materie akzeptiert und somit einen dualistischen Standpunkt vertritt, bleibt er Empirist, wenn es um die Feststellung von objektiven Wahrheiten geht. Jeder Versuch, Wahrheiten aus Vernunftkonzepten zu deduzieren, stellt in Langes Augen einen fehlgeleiteten Versuch dar. Um Kants Weg der Ableitung objektiver Wahrheiten *a priori* aus einer höheren Vernunft zu umgehen, behauptet und fordert er, die Bedingungen der Möglichkeit mit empirischen Methoden zu erforschen. Nur so sei es möglich, die formalen Kriterien der Erkenntnis nicht nur zu behaupten, sondern auch zu beweisen. Wie bei der Mathematik unterscheidet Lange die kantische Methode von dem Resultat ihrer Anwendung und kritisiert, dass Kant den wichtigen Schritt unterlassen habe, nach den psychologischen Ursachen der transzendentalen Bedingungen zu fragen.[29]

Indem Lange die metaphysische Deduktion der Transzendentalphilosophie für unzureichend erklärt, verlagert er die kritische Philosophie Kants in das Gebiet der empirischen Psychologie und fordert, dass die psychische Organisation des Menschen induktiv mit empirisch-wissenschaftlichen Methoden zu ergründen sei.[30] Langes Kritik zielt also nicht auf die Apriorität der Formen ab, sondern betrifft die deduktive Methode, mit der Kant die Formen *a priori* zu begründen versucht. Aus seiner psychologischen bzw. physiologischen Interpretation des kantischen Apriori folgt also, die kantischen Formen der Erkenntnis mit empirisch-experimentellen Methoden zu überprüfen und zu begründen. Erst wenn nach wissenschaftlichen Kriterien, das heißt induktiv, erschlossen werde, dass die menschliche Erfahrung auf allgemeinen, physiologischen Prinzipien beruhe, sei es möglich, eine Metaphysik hinter sich zu lassen, die deduktiv versuche, objektive Wahrheiten festzustellen.[31]

Wir haben gesehen, dass Langes Kritik an der metaphysischen Deduktion die Konsequenz nach sich zieht, die Formen der Erfahrung mit den Methoden der empirischen Wissenschaft neu zu erforschen. In der praktischen Philosophie hat Langes Kritik fatalere Folgen. Aus Langes Sicht überlebe nur die kritische Philosophie Kants die wissenschaftlich-materialistische Kritik seiner Zeit. „Die ganze praktische Philosophie aber ist der wandelbare und vergängliche

---

[29] Vgl. ebd., S. 273f./478.
[30] Vgl. ebd., S. 275/480.
[31] Vgl. ebd., S. 277/480f.

Teil der Kantschen Philosophie, so mächtig sie auch auf die Zeitgenossen gewirkt hat."[32]

Lange stimmt Kants Ethik nur in dem einen Punkt zu, dass es ein ethisches Apriori gebe. Dieses dürfe aber nur durch die moralische Erfahrung gerechtfertigt werden. Weil wir in der Lage seien, ethisch zu erfahren und weil die Bedingungen der Erfahrung auf einer materiellen Basis beruhten, müsse es auch ein moralisches Apriori in unserer psychischen Organisation geben. Wie zuvor im Theoretischen stimmt Lange somit auch im Praktischen dem Kern der kantischen Philosophie zu:

> Das Prinzip der Ethik ist a priori, aber nicht als fertiges, gebildetes Gewissen, sondern als eine Einrichtung in unsrer ursprünglichen Anlage, deren Natur und Wirkungsweise wir gleich der Natur unsres Körpers nur allmählich und a posteriori teilweise erkennen können.[33]

So wie die intuitive Erkenntnis vom Zusammenhang zweier Ereignisse darauf hinweise, dass unsere Anschauung nach dem Prinzip der Kausalität strukturiert sei, so liefere auch die Intuition von Gut und Böse einen Hinweis auf unsere psychologische Natur, in der die Möglichkeit der ethischen Erfahrung begründet liege. Dieses moralische Apriori liefert für Lange jedoch keine Grundlage, um der Deduktion des kantischen Sittengesetzes zuzustimmen. Kant unterscheidet die Form von dem Inhalt des Wollens, um zu einem formalen objektiven moralischen Prinzip zu gelangen. Lange greift den kategorischen Imperativ auf einer methodischen Ebene an, um zu zeigen, weshalb mit seiner Kritik an der metaphysischen Deduktion auch der kategorische Imperativ den Boden der Rechtfertigung verliert.

Obwohl Lange in der Kritik der praktischen Philosophie Kants jene Kritik wiederholt, die er bereits gegen die theoretische Philosophie hervorbrachte, sind die Konsequenzen in der Ethik – wie erwähnt – weitreichender. Bei Kant fungiert der kategorische Imperativ als praktischer Satz, der dazu dient, alle partikularen Wünsche und Interessen vom Willen der Vernunft zu abstrahieren, womit der kategorische Imperativ unabhängig von der Erfahrung begründet wird. Weil das Sittengesetz unabhängig von den kontingenten Faktoren der menschlichen Natur und der Erfahrung besteht, gilt das Gesetz kategorisch, womit auch der universelle Charakter der kantischen Ethik gerechtfertigt ist. Für Lange erweist sich hingegen die Unterscheidung von Form und Materie und die daraus folgende Rechtfertigung des Apriorischen als problematisch. Weil Lange der Meinung ist, Kant habe trotz der falschen Methode wichtige psychologische Wahrheiten für die

---
32 Ebd., S. 254/453.
33 Ebd., S. 525/932f.

Erkenntnislehre herausgefunden (wie zum Beispiel, dass unser Denken kausal organisiert sei), mündet seine Kritik in Bezug auf die theoretische Philosophie in einer Aufforderung zum Methodenwechsel. Diese Möglichkeit existiert im Falle des kategorischen Imperativs jedoch nicht. Folgen wir der langeschen Argumentation, würde der kategorische Imperativ die Kritik an der metaphysischen Deduktion nur dann überstehen, wenn es Hinweise darauf gäbe, dass die moralpsychologische Struktur das Sittengesetz darstelle. Das heißt: Wenn der moralische Akteur notwendigerweise fragen würde, ob die Maxime der Handlung als allgemeines Gesetz gewollt werden kann, dann gäbe es auch einen berechtigten Grund, das Sittengesetz als mögliches psychologisches Prinzip in Betracht zu ziehen. Wie beim Prinzip der Kausalität wäre es dann nicht die Philosophie, die den Beweis mittels der deduktiven Methode erbringt, sondern die empirische Psychologie, die diesen Beweis induktiv führen müsste. Weil dies aber nicht der moralischen Erfahrung entspreche, argumentiert Lange:

> Die *Vorstellung* des Sittengesetzes können wir nur als ein Element des erfahrungsmäßigen Denkprozesses betrachten, welches mit allen andern Elementen, mit Trieben, Neigungen, Gewohnheiten, Einflüssen des Augenblicks usw. zu kämpfen hat.[34]

Lange fasst den kategorischen Imperativ als fiktives Konstrukt auf, das auf keiner psychologischen Wahrheit *a priori* beruhe und lediglich *a posteriori* Einfluss auf den Willen nimmt. *A priori* ist bei Lange nur die psychologische Bedingung der Möglichkeit der ethischen Erfahrung. Der kategorische Imperativ, der nicht unserer moralischen Psychologie entspricht, ist Lange zufolge nur dann Teil unseres Denkprozesses, wenn wir die kantische Ethik kennenlernen. Weil der kategorische Imperativ kein psychologisches Prinzip darstelle, hält er Langes psycho-physiologischer Kritik an der kantischen Philosophie nicht stand.

Darüber hinaus bedeute dies auch, dass das Prinzip der kantischen Ethik – aufgrund der fehlenden psychologischen Bedeutung – keiner *kritischen* Interpretation des kantischen Systems standhalte. Wie an seiner Interpretation des Dings an sich deutlich wird, die Lange für die zweite Auflage der *Geschichte des Materialismus* veränderte, ist Lange dort der Meinung, dass eine Naturalisierung der Erkenntnisgrundlagen in der theoretischen Philosophie mit einer kritischen Auslegung zu vereinen ist. In der ersten Auflage interpretiert er das Ding an sich noch als metaphysischen Begriff, womit die phänomenale und die noumenale Welt als zwei voneinander unterschiedene Welten verstanden werden. Mit der metaphysischen Interpretation des Dings an sich wird über die empiri-

---

34 Ebd., S. 295/506.

sche Realität hinaus noch eine weitere, ideale Realität angenommen. Weil der metaphysik-kritische Lange diesem Idealismus aber skeptisch gegenübersteht, kritisiert er in der ersten Auflage, dass Kant den Kausalitätsbegriff widersprüchlich verwende – ein Argument, das bereits bei Friedrich Heinrich Jacobi (1743– 1819) und Gottlob Ernst Schulze (1761–1833) hervorgebracht wurde und später von dialektischen Materialisten wie Georgij Valentinovič Plechanow (1856– 1918) wieder aufgegriffen und als Hauptkritikpunkt gegen Kants Transzendentalphilosophie und den langeschen Neukantianismus hervorgebracht wurde.[35] Die Kritik lautet, dass die Kausalität bei Kant einerseits eine konstitutive Kategorie der Erfahrung darstelle und somit nur in der empirischen Welt Gültigkeit habe, Kant aber das Prinzip der Kausalität auch auf den reinen Willen und somit auf die Dinge an sich außerhalb der Erfahrung anwende, wo das Prinzip außer Kraft gesetzt sein müsste. In der ersten Auflage fehlt es Lange noch an Argumenten, um das Ding an sich als Grenzbegriff zu begreifen, weshalb er das Ding an sich als unbrauchbares Konzept verwirft, das den Dingen über der Erfahrung hinaus noch einen weiteren Wahrheitsanspruch zuschreibe. Diese Ansicht vertritt Lange auch noch einige Jahre nach der ersten Auflage der *Geschichte des Materialismus*, wie aus einem Brief an Friedrich Ueberweg (1826– 1871) im Oktober 1870 hervorgeht. Dort schreibt Lange seinem Freund, dass das, was er (Ueberweg) als „Dinge" oder „Wirklichkeit" bezeichne, „gewiß" zu dem zähle, was „nach Kants Anschauung mit der zu der durch Sinnlichkeit und Kategorien bestimmten Erfahrungswelt" gehöre. Dies könne „daher von vorn herein mit unsren mathematischen Sätzen nur in Widerspruch treten".[36] Czolbe war es, der ein Jahr nach Ueberwegs Tod einen Brief an Lange verfasste mit dem Ziel, ihn davon zu überzeugen, dass Ueberwegs empiristischer Spinozismus viel näher bei Lange stünde als von diesem angenommen. Seine Kritik an Ueberwegs Verständnis des Kausalitätsprinzips sei daher nicht gerechtfertigt.[37]

---

35 In seinen *Beiträgen zur Geschichte des Materialismus* versucht Georgij Valentinovic Plechanow nachzuweisen, dass Lange in seiner Darstellung des Materialismus einigen Philosophen fälschlicherweise eine Nähe zum kantischen Ding an sich unterstelle (vgl. Georgij Valentinovic Plechanow: Beiträge zur Geschichte des Materialismus. Holbach, Helvetius, Marx. Stuttgart 1896, S. 54). Er argumentiert, dass die *Geschichte des Materialismus* nicht, wie bei Lange, in die Abschnitte vor und nach Kant zu unterteilen sei, sondern besser in den Abschnitten vor und nach Hegel behandelt werde (ebd., S. 103). Diese Kontroverse veranlasste Franz Staudinger (1849–1921) zu der Abhandlung *Der Streit um das Ding an sich und seine Erneuerung im sozialistischen Lager* (1900). Staudinger verfolgt darin das Ziel, die Stärken und Schwächen der jeweiligen Positionen darzulegen.
36 Lange: Politik (wie Anm. 10), S. 304.
37 Vgl. ebd., S. 300.

In der zweiten Auflage wechselte Lange seine Sicht auf das Ding an sich und schloss sich der Interpretation des Dinges an sich als *Grenzbegriff* an. Mit dieser Interpretation wird das Ding an sich nicht als Teil einer metaphysischen Überwelt gedacht, sondern rein ‚problematisch' aufgefasst. Als ‚problematisch' bezeichne Kant das Ding an sich deshalb, weil uns das Ding an sich aufgrund unserer empirischen Existenz niemals in der Anschauung gegeben sein kann, wir aber dennoch einen Begriff benötigen, der die Grenze unserer Erkenntnis bezeichnet.[38] Im Unterschied zur metaphysischen Interpretation wird das Ding an sich hier nicht im positiven Sinne aufgefasst. „Der Begriff eines Noumenon", schreibt Kant, „ist also bloß ein Grenzbegriff, um die Anmaßung der Sinnlichkeit einzuschränken, und also nur von negativem Gebrauche."[39] In der zweiten Auflage erkennt Lange die Möglichkeit, das Ding an sich rein kritisch zu interpretieren, womit sich für Lange die Möglichkeit auftut, die Bedeutung des Dings an sich von der empirischen Welt aus zu denken. In dieser Interpretation erblickt Lange eine Möglichkeit, das kantische System mit seinem eigenen Empirismus zu vereinen.

Üblicherweise wird Hermann Cohen für diesen Interpretationswechsel verantwortlich gemacht.[40] Wie Beiser aber herausarbeitete, sei es Lange nicht gelungen, diesen Interpretationswechsel in der zweiten Auflage auf konsequente Weise umzusetzen, weshalb noch an einigen Stellen die alte Lesart aufzufinden ist.[41] Ohne hier einen Beitrag zu dieser Debatte leisten zu wollen, lässt sich an der neuen Interpretation des Dings an sich aber ebenfalls Langes Ziel zeigen, das kantische System von metaphysischen Deutungen und Behauptungen zu befreien und Kants kritische Philosophie mit der empirischen Psychologie zu versöhnen.

Abschließend lässt sich zusammenfassen, dass Lange den *Materialismus* als skeptische Bewegung begreift. Auf materialistischer Grundlage kritisiert er an der

---

38 KrV B 310.
39 KrV B 310f.
40 So etwa Ulrich Sieg, der auf eine Fußnote verweist, in der Lange neben Otto Liebmann, Jürgen Bona Meyer vor allem Hermann Cohen für seine terminologische Veränderung in der zweiten Auflage verantwortlich macht (vgl. Ulrich Sieg: Aufstieg und Niedergang des Marburger Neukantianismus. Die Geschichte einer philosophischen Schulgemeinschaft. Würzburg 1994, S. 104f.; Lange: Geschichte, wie Anm. 1, S. 253). Dass es sich hierbei um das Ding an sich handelt, lässt Lange selbst unerwähnt. Beiser schließt sich Siegs These an (vgl. Beiser: Cohen, wie Anm. 5, S. 12), und verweist auf eine weitere Fußnote (ebd. S. 13), in der Lange schreibt, dass er die Änderungen größtenteils bereits abgeschlossen habe, aber Cohens *Kritik der Erfahrung* ihn „zu einer nochmaligen totalen Revision" der „Ansichten über die kantische Vernunftkritik" veranlasste (vgl. Lange: Geschichte, wie Anm. 1, S. 288/497).
41 Vgl. Beiser: Cohen (wie Anm. 5), S. 13.

theoretischen Philosophie Kants die Methode der metaphysischen Deduktion. Damit lehnt er die Möglichkeit synthetischer Urteile *a priori* ab und entzieht dem kategorischen Imperativ seine Rechtfertigungsgrundlage. Weil nur empirisch messbare Faktoren als objektiv wahr gelten können, fehle dem apriorischen Sittengesetz jede objektive Basis. Ein weiteres Problem für den kategorischen Imperativ ergebe sich aus der kritischen Interpretation des Dings an sich als Grenzbegriff. Wenn das *Noumenon* nicht positiv, sondern negativ zur Einschränkung der Grenzen der Erfahrung fungiert, dann eröffnet sich ein Problem für den moralischen Akteur spätestens dann, wenn positive Maximen formuliert werden sollen. Mit anderen Worten: Wenn nur von der empirischen Welt und den Grenzen ihrer Erkennbarkeit ausgegangen und die Bedeutung des *Noumenon* in die empirische Welt verlegt wird, dann fehlt die Basis, auf der es möglich ist, ein wahres Sollen auszudrücken, das über das Gegebene hinausweist. Indem Lange die kritische Philosophie Kants der empirischen Psychologie unterordnet, tut sich für ihn damit aber ein Problem auf, dem sich weder Kant noch die Empiristen stellen mussten: die Rechtfertigung der praktischen Freiheit auf psycho-physischer Basis.

4 Langes Argument gegen den praktischen Freiheitsbegriff bei Kant

Viele Lange-Interpretinnen und -interpreten behaupten, Lange vertrete ein monistisch-deterministisches Menschenbild. Köhnke glaubt, weil alle Menschen dieselbe psychische und physische Organisation aufweisen, würde Lange den Menschen als ein von der Natur determiniertes Wesen verstehen.[42] Sieg schlussfolgert, dass der „positivistisch beeinflußten Erkenntnistheorie [...] ein deterministisches Menschenbild" korrespondiere. „Obwohl sein sozialpolitisches Engagement" aus seinem Idealismus zu verstehen sei, lehne Lange die „Willensfreiheit als metaphysisches Konstrukt ab".[43] Meiner Ansicht nach betrachten Köhnke und Sieg die Frage der Willensfreiheit bei Lange jedoch zu einseitig; die ästhetische Kraft des Willens bei Lange bleibt hier unbeachtet. Lange vertritt einen Dualismus, der sich in maßgeblichen Punkten von dem kantischen Dualismus unterscheidet. Obwohl er die praktische Freiheit im kantischen Sinne ablehnt, schreibt er der Freiheit einen ästhetischen Wert zu, die einen wesentlichen Platz in seiner politischen und ästhetischen Theorie einnimmt.

---

42 Vgl. Köhnke: Entstehung (wie Anm. 7), S. 252f.
43 Sieg: Aufstieg (wie Anm. 40), S. 101.

Kant unterscheidet drei verschiedene Formen der Freiheit: Die transzendentale Freiheit, die empirisch-psychologische Freiheit und die praktische Freiheit. Die transzendentale Freiheit behandelt Kant als „das Vermögen, einen Zustand von selbst anzufangen, deren Kausalität also nicht nach dem Naturgesetze wiederum unter einer anderen Ursache steht, welche sie der Zeit nach bestimmte". Sie ist „eine reine transzendentale Idee", weil sie „nichts von der Erfahrung Entlehntes enthält" und ein „allgemeines Gesetz" der „Möglichkeit aller Erfahrung" darstellt.[44] Indem Kant sowohl die Freiheit als auch die Determination als möglich annimmt, greift er in der ersten Kritik auf die dialektische Methode zurück, um zu dem Schluss zu gelangen, dass, obwohl die Freiheit nicht begründet werden könne, sie dennoch von uns angenommen werden müsse. Die transzendentale Freiheit stellt eine Idee dar, die wir aufgrund unserer Vernunft notwendigerweise entwickeln und die das spontane, also freie Handeln zumindest theoretisch möglich macht. Mit der empirisch-psychologischen Freiheit meint Kant die subjektive Erfahrung, die wir in der Anwendung des Sittengesetzes machen, wenn wir uns als unabhängig von den naturbedingten Faktoren denken. Diese Freiheit ist die Kehrseite der inneren Determination. Sie stellt die praktische Seite der transzendentalen Freiheit dar und lässt sich mit dem Determinismus vereinbaren. Obwohl das Subjekt – als Naturwesen betrachtet – determiniert ist, kommt ihm in der praktischen Philosophie Kants die Möglichkeit zu, vermittelt durch das Sittengesetz in die ‚intelligible Welt' einzutreten und den sonst transzendenten Begriff der Freiheit durch das moralische Gesetz zu realisieren.[45] Mit anderen Worten: Indem das Subjekt dem kategorischen Imperativ folgt, löst es sich von den weltlichen und natürlichen Bedingungen, womit zumindest aus subjektiver Perspektive die Möglichkeit besteht, autonom zu handeln.

Wie bereits bei der Interpretation des Dings an sich, kritisiert Lange auch hier den Übergang von der negativen zur positiven Freiheit. Während die transzendentale Freiheit nur als Möglichkeit gedacht werde, transformiere sich das Subjekt in der praktischen Philosophie zu einem *Noumenon* und erhebe sich damit über die „Sphäre der Erscheinungen":

> Diese ganze Gedankenfolge ist irrig, vom ersten Beginne an. Kant wollte den offnen Widerspruch zwischen „Ideal und Leben" vermeiden, der doch nicht zu vermeiden ist. Er ist nicht zu vermeiden, weil das Subjekt auch im sittlichen Kampfe nicht Noumenon, sondern Phänomenon ist.[46]

---

[44] KrV B 561.
[45] Vgl. ebd.
[46] Lange: Geschichte (wie Anm. 1), S. 296/507.

Wie bereits durch die Kritik an der metaphysischen Deduktion deutlich wurde, steht Lange der methodischen Trennung von noumenaler und phänomenaler Welt skeptisch gegenüber. In der Abhandlung zu Kants praktischer Freiheit greift Lange diese Problematik erneut auf – dieses Mal jedoch nicht, um die Methode zu kritisieren. Ihm geht es darum, den vermeintlich noumenalen Status zu hinterfragen, der dem kantischen Subjekt zugeschrieben wird. Lange akzeptiert an der theoretischen Abhandlung der Idee der Freiheit, dass sie in der Form als Idee und somit als Möglichkeit aufgefasst wird. Dass sie aber eine ‚transzendentale' und somit eine notwendige Idee darstelle, verneint Lange.

Die Problematik erkennt Lange im Übergang von der theoretischen Abhandlung der Freiheit zur praktischen Freiheit, die Kant als empirisch-reale Tatsache begreife. Lange geht es hierbei nicht darum, dass Kant über der Möglichkeit der Freiheit als bloße Idee hinaus noch eine subjektive Freiheit annimmt. Problematisch sei vielmehr, dass Kant diese Freiheit in seiner Ethik als objektiv reale annehme. „Dieser Gedanke [der Freiheit, E. T. W.] erscheint theoretisch nur als möglich, die praktische Vernunft aber behandelt ihn als *wirklich*" [Hervorh. E. T. W.]. Langes Kritik zielt hier nicht prinzipiell auf den kantischen Dualismus ab, sondern auf den Wahrheitsgehalt, den Kant der Autonomie zuschreibt. Lange lehnt es ab, die Willensfreiheit mit dem kategorischen Imperativ in Verbindung zu bringen und den moralischen Akteur vollständig zum Bewohner der intelligiblen Welt zu machen. Bei Kant hat der kategorische Imperativ die Aufgabe, zu Willenshandlungen zu führen, die frei von seinen natürlichen Bedingungen sind. Lange stellt also nicht das Ideal des völlig rationalen Akteurs in Frage, das Kant in der *Grundlegung zur Metaphysik der Sitten* entwirft. Die Kritik betrifft zum einen die vermeintliche Fähigkeit, von den unmittelbaren Empfindungen und Neigungen unabhängig handeln zu können, und zum anderen die Ansicht, dass das Subjekt dabei vollständig zu einem Teil der noumenalen Welt und somit zu einem Ding an sich werde.[47]

Lange schließt daraus, dass praktische Freiheit bei Kant nur eine metaphysische und keine kritische Interpretation des Dings an sich zulasse. Das *Noumenon* diene bei Kant nicht nur dazu, die Grenzen der Erkennbarkeit in der empirischen Welt offenzulegen. Stattdessen werde der moralische Akteur selbst zu einem positiv gefassten Ding an sich, das nicht über die Erfahrung, sondern ausschließlich über die Vernunft zu wahren Prinzipien gelange. Damit sieht Lange Kant hier in einen platonischen Idealismus zurückfallen, der lediglich die Ideen als das wahre Sein gelten lässt. Wenn Lange nun aber den Dualismus

---

47 Vgl. ebd., S. 296f/507f.

anerkennt und die objektiv-empirische Wahrheit der Autonomie aberkennt, was bleibt dann übrig, wenn das Subjekt unter der Idee der Freiheit handelt?

Es ist *scheinbar* frei. Mit Verweis auf Schiller stellt Lange fest, dass die Freiheit weder transzendental noch als empirisch-subjektives Faktum eine Berechtigung findet. Dennoch entstehe eine Kluft zwischen der empirischen Welt und der Welt des Geistes bzw. zwischen dem „Reich der Schatten" und dem „Reich der Träume" – um es in den Termini auszudrücken, die Lange von Schiller übernimmt.[48] Aus Langes Sicht scheitert Kants Begründung der praktischen Freiheit, weil er nicht berücksichtigt habe, dass sie ausschließlich eine *Fiktion* darstelle.

Der kategorische Imperativ und die praktische Freiheit, wie auch jedes weitere ‚positive' Ideal, stellen Erfindungen dar, die im Widerspruch zur empirischen und wahren Welt stehen.[49] Im Gegensatz zu Kant schreibt Lange fiktiven Idealen einen ästhetischen Wert zu. Sein Ziel ist es nicht, die Willensfreiheit durch die Naturkausalität zu widerlegen, um den Menschen ausschließlich als determiniertes Wesen zu verstehen. Sein Ziel ist es, die Willensfreiheit von dem Wahrheitsanspruch, den Kant der praktischen Freiheit auf Grundlage des Sittengesetzes zuschreibt, loszulösen, um ihr stattdessen einen ästhetischen Wert beizumessen. Der Standpunkt des Ideals ist die fiktive Vorstellung eines freien Subjekts.

Mit dieser Freiheitskonzeption tut sich bei Lange ein neuer Dualismus auf. Auf der einen Seite steht das Gegebene in der Erfahrungswelt, auf der anderen Seite die ideale Welt, die durch die menschliche Kreativität entworfen wird. Weil die innere Freiheit keine empirische Basis aufweist, die es erlaubt, objektive Prinzipien abzuleiten, könne die imaginierte Freiheit nur durch die Kunst veranschaulicht werden. Kant habe den Fehler begangen, mit dem kategorischen Imperativ einen „unendlich leeren Raum jenseits der menschlichen Erfahrung" in die „intelligible Welt hinein zu bauen".[50] Lange ersetzt den kantischen Dualismus der noumenalen und phänomenalen Welt mit einem empirischen Weltbild, in dem zwei unterschiedliche „Standpunkte" eingenommen werden können: der empirisch-wahre und der ideal-fiktive Standpunkt.[51] Will ich die Wahrheit erkennen, so muss ich mich auf das empirisch Gegebene beschränken, die mir die Naturbedingtheit des Menschen vor Augen führt. Die Kunst aber bietet die Möglichkeit, den Boden der Wahrheit zu verlassen und eine Welt zu imaginieren, in der der Mensch frei von seinen natürlichen Bedingungen gedacht wird.

---

48 Ebd., S. 297/509.
49 Vgl. ebd., S. 254/453.
50 Ebd., S. 322/549.
51 Ebd., S. 553/980.

Trotz Langes psychophysischer und deterministischer Kantauslegung bleibt damit bei Lange dennoch ein subjektiver und fiktiver Begriff der Autonomie bestehen. Weder bei Köhnkes noch bei Siegs Lange-Interpretation wird diese – wenn auch nur fiktive – Rechtfertigung der Freiheit genannt. Zwar trifft es zu, dass Lange die Methode Kants kritisiert, womit er sich gegen die deduktiv abgeleitete transzendentale Idee der Freiheit richtet; Lange hält aber dennoch an der Idee der Freiheit als ästhetisches Ideal fest. Seine Kritik zielt letztendlich darauf ab, die Freiheit von ihrem Wahrheitsanspruch zu befreien und als ästhetische Idee gegenüber dem deterministischen Materialismus zu verteidigen. Der fiktiven Imagination schreibt Lange einen genauso wichtigen Wert wie der wissenschaftlichen Erkenntnis zu; sie gilt als notwendige Voraussetzung zur geistigen Lösung von der menschlichen Naturbedingtheit. Durch die Generierung neuer, kreativer Vorstellungen und Ideale gelingt es Lange zufolge, unsere Willensrichtung nach einem fiktiven Ideal auszurichten.[52]

5 Der Sensualismus und die Evolutionstheorie in Langes Ethik

Lange fasst die Bedingungen der Erfahrung ausschließlich in einem ‚kritischen' Sinne auf. Mit der Überzeugung, dass das Bewusstsein auf physiologische Ursachen zurückgeführt werden könne, sollen die Erfahrungsbedingungen nicht durch die Vernunft, sondern durch die empirischen Methoden der Wissenschaft gerechtfertigt werden. Diese empiristische Auslegung ist außerdem dafür verantwortlich, dass Lange eine normgebende, praktische Philosophie ablehnt, die versucht, allgemeingültige Prinzipien von angeblichen Vernunftprinzipien zu deduzieren. Letztendlich lässt sich auch seine Ablehnung des Sittengesetzes mit seiner Kritik an der metaphysischen Deduktion erklären. Anstelle der kanti-

---

52 Diese enge Verschmelzung von Ästhetik und Erkenntnis hat Hans Vaihinger dazu gebracht, in Lange „den Führer, den Meister, den ‚Lehrer im Ideal'" zu sehen, wie er in seiner Autobiographie 1874/75 schreibt (Lange: Politik, wie Anm. 10, S. 354). In einem Brief an Lange bittet er um seine Meinung bezüglich seiner Interpretation der langeschen Philosophie, die ihm aufgezeigt habe, dass der einzige Unterschied zwischen der Fiktion und der Hypothese darin liege, dass die „Hypothese mit dem Anspruch auftritt, dem wirklichen Verhältniß und Zusammenhang der Dinge zu entsprechen und durch die fortschreitende Erkenntniß als wirklich erwiesen zu werden", während die Fiktion dagegen nur als „Hilfevorstellung, eine Art Gerüst" zu verstehen sei (ebd., S. 355). Obwohl Langes Antwort nicht erhalten blieb, teile ich Vaihingers Interpretation, die eine enge Verbindung von Kunst und Wissenschaft suggeriert.

schen ‚positiven' Philosophie setzt Lange eine sensualistische und evolutionstheoretische Ethik, die sich mit seinem Empirismus vereinen lässt.[53]

Es wird gezeigt, dass Langes empirisch-materialistische Ethik im Einklang mit seiner psychophysischen Kant-Interpretation steht. Aus diesem Grund sollte die ästhetische Ethik von der materialistischen Ethik getrennt betrachtet werden. Von dem naturalistisch-wissenschaftlichen Standpunkt aus stellen moralische Sinneserfahrungen natürliche Phänomene dar, die mit empirischen Methoden zu untersuchen sind. Die psychophysische Untersuchung liefert eine Antwort auf die Frage, welche empirischen Faktoren vorausgesetzt werden müssen, damit die Ethik wissenschaftlich erforscht werden kann. Bei der Erklärung ethischer Ideale vor dem Hintergrund der Willensbestimmungen stützt sich Lange hingegen auf ein kulturdarwinistisches Verständnis der Sitten. Von einem ästhetisch-idealen Standpunkt aus werden Ideen, Theorien und Vorstellungen der Moral nicht auf ihren Wahrheitsgehalt hin geprüft, sondern liefern Aufschluss über das geschichtlich gewachsene Bewusstsein. Zum einen ist Langes Ethik materialistisch, weil sie die physische Basis des Menschen zum Untersuchungsgegenstand ethischer Erfahrung bestimmt, das gesellschaftlich verankerte Wissen in einem materialistischen Sinne auffasst und Theoreme, Ideen und Anschauungen der Moral auf die sozialen Verhältnisse zurückführt. Zum anderen erweist sich seine Ethik als darwinistisch, weil sie sowohl die physiologisch untermauerten moralischen Empfindungen als auch die psychologische Erklärung moralischer Anschauungen evolutionstheoretisch erklärt. Als idealistisch gilt seine Ethik, weil er letztendlich fiktiven Idealen die Kraft zuschreibt, moralische Normen zu revolutionieren, das Zusammenleben zu stärken und die Kultur in einen höheren Zustand zu überführen.

Für eine naturalistische Erklärung moralischer Erfahrungen beruft sich Lange auf die Ethik von Adam Smith (1723–1790), die sich seiner Ansicht nach gut mit den exakten Wissenschaften vereinbaren lässt. Lange meint, dass sein ethisches Prinzip empirisch-induktiven Untersuchungen standhalte und nicht auf metaphysische Deduktionen angewiesen sei. Die entscheidende Grundlage für eine physiologisch messbare Moral erkennt Lange in den messbaren Faktoren der Lust und Unlust, weshalb er in Smiths Erklärung der Moral auf der Basis von Gefühlen – „obwohl selbst für die damalige Zeit sehr mangelhaft durchgeführt" – den „zweckmäßigste[n] Versuch einer natürlichen und rationellen Begründung der Moral" zu erkennen meint.[54] Adam Smith gehe davon aus, dass

---

53 Vgl. Lange: Geschichte (wie Anm. 1), S. 254/453.
54 Friedrich Albert Lange: J. St. Mill's Ansichten über die sociale Frage und die angebliche Umwälzung der Socialwissenschaft durch Carey. Duisburg 1866, S. 21.

der Mensch egoistische und sympathische Neigungen aufweise. Indem Smith der menschlichen Einfühlsamkeit einen zentralen Stellenwert zuspreche, entwickle er eine Ethik, die er „aus der Sympathie" ableite.[55] Adam Smith definiere die Sympathie als Effekt, der eintrete, wenn wir uns in eine andere Person hineinversetzen und ihre Reaktion als rational beurteilen. Die moralische Intuition des Menschen führt Lange somit auf das menschliche Einfühlungsvermögen zurück. Neben der moralischen Disposition weise der Mensch aber auch eine egoistische Disposition auf, worauf der Kapitalismus gründe. Moralische Intuitionen werden nicht von einem formalen Sittengesetz begründet; soziale Normen kommen vielmehr durch den sozialen Austausch zustande.

Indem Lange Adam Smiths Empfindungsethik den Vorzug gibt, votiert er für einen sinnlich-rationalen Eudämonismus und distanziert sich somit in seiner Begründung des ethischen Materialismus um einen weiteren Schritt von der kantischen Ethik. An die Stelle des Guten setzt er die Glückseligkeit als den höchsten Zweck des Menschlichen. Während Kant den moralischen Wert darin erkennt, dass der aus Pflicht handelnde Mensch unabhängig von seinen subjektiven Wünschen und Neigungen dem Sittengesetz gemäß handelt, erkennt Lange den moralischen Wert in dem glückseligen Zustand, der sich einstellt, wenn Wille und Neigung miteinander harmonieren. Indem er der praktischen Vernunft das Vermögen abspricht, zu höheren Einsichten zu gelangen, fällt letztlich das Gute mit dem Schönen, die Ethik also mit der Ästhetik, zusammen.

Diese eudämonistische Wende verdeutlicht sich noch einmal an Langes Einstellung zu den transzendentalen Ideen. Wie oben bereits besprochen, geht Kant davon aus, dass wir als Vernunftwesen notwendigerweise eine Idee von Freiheit, Seele und Gott entwickeln, obwohl sich diese Konzepte der Erfahrbarkeit entziehen. Im Gegensatz zu Kant begreift Lange diese jedoch nicht als notwendige Ideen der Vernunft, sondern als fiktive Ideen bzw. Ideen der Dichtung. „[N]och bedenklicher", so Lange, als die „Ableitung der Kategorien", ist Kants Ableitung „reine[r] Vernunftbegriffe aus den Schlußformen".

> Er glaubte darin wieder eine Bürgschaft für die vollständige Ermittlung der reinen Vernunftbegriffe zu haben und entwickelte in sehr künstlicher Weise aus dem kategorischen Schlusse die Idee der Seele, aus dem hypothetischen die Idee der Welt und aus dem disjunktiven die Idee Gottes.[56]

Lange identifiziert hier den kantischen Fehler in der metaphysischen Deduktion und fordert, dass die Ideen von Gott, Unsterblichkeit und Freiheit nicht formal,

---

55 Ebd.
56 Lange: Geschichte (wie Anm. 1), S. 291/500f.

sondern historisch-kontingent aufzufassen sind. Die Ideen stünden nicht für eine objektiv-wissenschaftliche Wahrheit. Stattdessen würden sie Aufschluss über die historischen und kulturellen Bedingungen für das Entstehen dieser Ideen liefern. Weil Lange die Trennung von Vernunft und Sinnlichkeit ablehnt und den Menschen als sinnlich-rationales Wesen auffasst, reduziert er die Bedeutung dieser Ideen auf historisch-kulturelle Faktoren, die keinen Ursprung in der psychophysischen Organisation finden. Lediglich in Bezug auf die „Idee der Seele" lässt er die Möglichkeit bestehen, sie als notwendige zu begreifen.[57]

Über diese sensualistisch-rationale Begründung der Ethik hinaus ist Lange außerdem der Meinung, dass sich unsere egoistische Natur mit dem darwinistischen Prinzip der Selektion erklären ließe. Der Egoismus stelle keine zufällige Neigung des Menschen dar, sondern sei als „tierische" Triebfeder evolutionstheoretisch auf den ‚Kampf um das Dasein' zurückzuführen.[58] In der zweiten Auflage der *Geschichte des Materialismus* (1873) widmet Lange ein ganzes Kapitel der Frage, wie der Darwinismus philosophisch zu interpretieren sei, und spricht sich dabei gegen eine teleologische Auffassung des darwinistischen Selektionsprinzips aus. Wie bereits in der Besprechung des Materialismus-Streits der 1850er Jahre in der ersten Auflage stößt sich Lange auch in der zweiten Auflage an naturphilosophischen Interpretationen der Evolutionstheorie, in denen ein immanenter Zweck angenommen wird. Lange kritisiert, dass dadurch der Verlauf der Natur als vernünftiger Prozess dargestellt werde.[59] Diese teleologische Naturauffassung meint Lange in Ernst Haeckels Darwinismus, in Gustav Theodor Fechners (1801–1887) ‚Prinzip der Stabilität' und in Eduard von Hartmanns *Philosophie des Unbewußten* zu erkennen. Gemeinsam sei diesen Naturphilosophien eine ‚falsche Teleologie', die der Natur unterlegt werde. Im Kontrast dazu vertritt Lange die These, dass die Erscheinungen der Natur vom Zufall geprägt seien. Den Zufall definiert er als „Gegensatz zu den Folgen einer menschenähnlich berechnenden Intelligenz", den er in den unterschiedlichsten Variationen der natürlichen Organismen verwirklicht sieht, die die Natur hervorbringe.[60] Über das Weiterexistieren der Organismen entscheide kein immanenter Zweck, sondern der bare „Kampf um das Dasein", in dem sich der Stärkere gegenüber dem Schwächeren bewahre.[61]

---

57 Ebd., S. 293/504.
58 Lange: Mill (wie Anm. 54), S. 85.
59 Vgl. Lange: Geschichte (wie Anm. 1), S. 398/689.
60 Ebd., S. 400/691.
61 Ebd., S. 403/676.

Mit zahlreichen Beispielen aus der Natur, in denen Lange meint, den Zufallscharakter dieses Kampfes erkennen zu können, zielt er darauf ab, den Darwinismus von mystischen Elementen einer „anthropomorphistisch"-teleologischen Auslegung zu befreien.[62]

> Für uns ist das Wesentliche, zu zeigen, wie alle Verbesserungen und Einschränkungen der Lehre Darwins, welche man vorgebracht hat und noch vorbringen mag, sich doch im wesentlichen [sic!] stets auf denselben Boden einer rationellen, nur begreifliche Ursachen zulassenden Naturbetrachtung stellen müssen.[63]

Den fehlgeleiteten Natur-immanenten Zweckbegriff möchte Lange durch eine „gesunde Kritik" ersetzen, die von Kant beeinflusst ist.[64] Eine formale Auffassung des Zweckbegriffs sei von der spekulativen Mystik befreit und ließe sich mit einem kritisch-naturwissenschaftlichen Weltbild vereinbaren. Lange meint bei Kant zwei Stufen der Teleologie zu erkennen. Die erste Stufe umfasse die „formale Zweckmäßigkeit der Welt" und fordere die „Angemessenheit derselben für unsern Verstand". Die „zweite Stufe der Teleologie" handele von der „Lehre der Willensfreiheit", in der Kant „nicht überall streng die Linie des kritisch Zulässigen" eingehalten habe. Denn für die Naturwissenschaften könne die „*objektive* Teleologie niemals etwas andres sein, als ein heuristisches Prinzip; es wird durch sie nichts erklärt, und Naturwissenschaft reicht ein für allemal nur so weit, als die mechanisch-kausale Erklärung der Dinge".[65]

Analog zum Kampf um das Dasein in der Natur argumentiert Lange in der *Arbeiterfrage*, dass sich auch der soziokulturelle Raum des Menschen mit dem „Kampf um die bevorzugte Stellung" erklären ließe.[66] Er versucht historisch nachzuweisen, dass seit Beginn der Menschheit eine Klassenteilung existiere, die aus dem Kampf um die bevorzugte Stellung zu verstehen sei. Damit schreibt Lange dem Menschen eine natürliche Neigung zu, nach Macht zu streben, um sich einen Vorteil zu verschaffen. Eine Bestätigung dieser Annahme sei in den rauen Sitten unserer Vorfahren zu finden, die Produkte der herrschenden Klasse darstellen würden. Nicht nur moralische Normen stellen Lange zufolge aber Nachwirkungen voriger Gesellschaften dar; auch in den Vorurteilen und Emotionen der Moralträger sind in Langes Augen Nachwirkungen der Vorfahren zu finden.[67]

---

62 Ebd., S. 417/717.
63 Ebd, S. 416/715.
64 Ebd.
65 Ebd., S. 418/719.
66 Vgl. Lange: Arbeiterfrage (wie Anm. 14), S. 87.
67 Vgl. Lange: Mill (wie Anm. 54), S. 57f.

Mit dem humanistischen Fortschritt der Sitten und der Kultur habe sich auch der Kampf um das Dasein kultiviert und weiterentwickelt. Dies sei folgendermaßen zu erklären: Während bei sehr frühen Kulturen im Kampf um das Dasein noch die physische Kraft von Bedeutung war, entwickelte der Mensch im Laufe der Zeit Strategien, die zur Befreiung von Gewalt und zur Humanisierung beitrugen. Die Kultur galt dabei aber nicht einfach als vom Kampf um das Dasein befreit; stattdessen nahm dieser Kampf lediglich eine andere Form an. Der Kapitalismus stellt in Langes Augen die modernste Form dieses Kampfes dar. In ihm haben sich Normen etabliert, wie das Recht auf Bodenrente und das Erbrecht, die unumgänglich zu einem Herrschaftsgefälle führen würden. Wie an den klassischen Theorien der Ökonomie deutlich werde, habe sich auch ein egoistisches Menschenbild in der kapitalistischen Kulturperiode etabliert. Während der Kampf um das Dasein in der Natur auf der Überproduktion von Lebenskeimen beruhe, so meint Lange auch ein analoges Gesetz in der „Ueberproduktion der Fähigkeiten" erkennen zu können. Der Kapitalismus beruhe auf den „Keime[n] der Befähigung und Neigung zu einer leitenden Stellung",[68] und gehe – wie in der Natur – mit einer großen Anzahl von „Verkümmerung[en]" der Arbeitskräfte einher.[69]

Doch wie gelang es dem Menschen in früheren Perioden, die raueren Formen des Egoismus zu überwinden und die Sitten zu humanisieren? Dies vollzog er durch das Mittel Sympathie – ein Konzept, das Lange, wie bereits erwähnt, von Adam Smiths *Theory of Moral Sentiments* (1751) übernimmt. Während Lange den Egoismus auf die Naturbedingtheit des Menschen und somit auf die Evolution zurückführt, ordnet er die Sympathie der geistigen Natur des Menschen zu und versteht sie als die sinnliche Begleitung der menschlichen Rationalität. Der Mensch ist in der Lage, sich sinnlich und geistig über den Kampf um die bevorzugte Stellung zu erheben und eine soziale Welt zu schaffen, in der auch jene einen Platz finden, die sonst ausgesondert werden würden. Sympathie entwickelt sich dort, wo der Mensch nicht gezwungen ist, egoistisch zu handeln, und wo er die Freiheit besitzt, an andere zu denken und sich in sie einzufühlen. Die Sympathie des Menschen erklärt Lange als eine natürliche Tendenz, die es erlaubt, sich gegen die Naturbedingtheit zu stellen und eine Welt anzustreben, die nicht auf dem Prinzip der Selektion beruht. In der *Arbeiterfrage* betont er aus diesem Grund, dass er – im Unterschied zu Ernst Haeckel – „kein unbedingter Anhänger des Darwin'schen Sys-

---

[68] Ebd., S. 52.
[69] Ebd., S. 48.

tems in der speziellen Durchführung" sei.⁷⁰ Die darwinschen Gesetzmäßigkeiten betrachtet er, wie bereits erwähnt, als „Hülfsprinzipien[,] [...] deren Mitwirkung in der Gestaltung der Organismen [...] als an und für sich wahrscheinlich" zu betrachten sind.⁷¹ Zwar schreibt Lange dem Menschen eine natürliche Disposition zum Egoismus zu. Aufgrund der sympathischen Begabung besitze der Mensch aber auch die Fähigkeit, geistig mit seiner Naturbedingtheit zu brechen und sich eine humanere Welt nach eigenen Standards vorzustellen. Trotz der evolutionären Mechanismen der Natur gelinge es dem Menschen, sich über seine Gesetzmäßigkeiten zu erheben und eine Welt nach seinen eigenen Idealen zu schaffen: „Der civilisirte Mensch" gehe „von dem Grundsatz aus", dass ein „moralisches Lebensziel ihm selbst und allen seinen Mitmenschen" zukomme; er wünsche daher eine „andere Natur" für den Menschen als für die Tiere.⁷² Lange befürwortet das Prinzip der Sympathie von Smith nicht nur aufgrund der naturalistischen Erklärungsgrundlage. Das Moralprinzip Smiths erlaube darüber hinaus, dem interpersonellen Austausch jene Stellung zuzuschreiben, die er verdiene. Empathie, Rationalität und interpersoneller Austausch stehen bei Lange in einem engen Verhältnis zueinander; aus diesen drei Faktoren setze sich die moralische Erfahrung zusammen, die eine bedeutende Rolle in der Ausbildung des moralischen Bewusstseins spiele.

Moralität konstituiert sich laut Lange im Austausch mit unseren Mitmenschen. Moralische Normen entstünden durch den zwischenmenschlichen Austausch und basierten auf der Fähigkeit, einen Du-Standpunkt einzunehmen. Lange nennt seine Position „Tuismus".⁷³ Die ‚Erfindung' des „Tuismus" führt er auf die Philosophie von Ludwig Feuerbach (1804–1872) zurück, den er – wenn auch mit einigen Vorbehalten – als Vorreiter der materialistischen Moralphilosophie würdigt.⁷⁴ Bei Feuerbach laufe die Sittlichkeit auf die „Anerkennung des andern" hinaus.⁷⁵ Das Verdienst Feuerbachs liege darin, dass er die Konzeption des Ich nur in Relation zu einem Du gedacht habe, womit er den Grundstein für eine anti-idealistische und innerweltliche Auffassung der Moral gelegt habe. Leider sei Feuerbach aber letzten Endes in einen „theoretischen Egoismus" zurückgefallen. Dies sei eine Folge der „Zusammenhanglosigkeit seines Denkens", welche sich unter anderem in seinem „Kampf gegen die Religion" äuße-

---

70 Lange: Arbeiterfrage (wie Anm. 14), S. 31.
71 Ebd.
72 Ebd., S. 4.
73 Lange: Geschichte (wie Anm. 1), S. 308/526.
74 Ebd.
75 Ebd., S. 309/527.

re.⁷⁶ Als problematisch stellt sich aber vor allem der Umstand heraus, dass Feuerbach letztendlich trotz seines Materialitätsanspruchs einen Begriff des „empfindungslose[n] Denken[s]" verteidigt, das den Menschen wiederum in „einen unheilbaren Zwiespalt" bringe und eine immanente Moralbegründung letztlich unterminiere.⁷⁷ Eine Moralphilosophie, die sich ausschließlich auf ein innerweltliches Prinzip stütze, müsse aber letztlich auf empirisch messbaren Daten beruhen, um die Ursachen der moralischen Erfahrung zu erklären. Eine materialistische Ethik muss daher in Langes Augen ganz ohne Dualismus auskommen. Diese Kritik tritt auch in Langes Behandlung der kantischen Rechtslehre zutage, die er in der *Arbeiterfrage* diskutiert.

Lange vertritt die These, dass die ethisch-praktischen Sätze der kantischen Ethik auf einer „*petitio principii*" beruhen.⁷⁸ Weil er davon überzeugt ist, dass es keine Wahrheiten unabhängig zur Erfahrung gebe, stellt für ihn die Deduktion in der praktischen Philosophie eine unzureichende Methode dar, die lediglich jene Konzepte wiederhole, die bereits vorausgesetzt wurden. Kant verfehle das Ziel, weil er mittels der Deduktion

> voraussetzt, daß die naturgemäße Art, in welcher sich das Recht des Individuums an den Boden, auf dem es entstand, kundgibt, keine andre sein könne, als die des ausschließlichen Eigenthums an einzelne Theile [sic!].⁷⁹

Am Beispiel des Bodenrechts zeigt Lange hier, dass Kants Argument auf einem Zirkelschluss beruhe und den Grundbesitz dabei immer schon als gerecht voraussetze – ohne das Konzept selbst einer kritischen Betrachtung zu unterziehen.⁸⁰

Genauso erweist sich für Lange auch das Sittengesetz als eine zirkelschlussartige Methode, die die eigentlich kritisch-rationale Aufgabe (nämlich die Infragestellung des Rechts auf Bodenbesitz) umgeht. Statt einer Rechtfertigung von bürgerlichen Rechtsbegriffen, die in Wahrheit den Egoismus nähren und den humanen Fortschritt verhindern, habe die Rechtsphilosophie auf ein Prinzip zu gründen, das Normen relativ aus dem jeweiligen Kulturraum heraus versteht. Die Rechtsphilosophie erhebe den Anspruch, substanzielle Gesetze auf ihren Machtmissbrauch hin zu untersuchen und zu befreien. Die deduktive

---

76 Ebd.
77 Ebd., S. 308/526.
78 Lange: Arbeiterfrage (wie Anm. 14), S. 256.
79 Ebd., S. 256f.
80 Ebd., S. 256–258.

Methode in der philosophischen Rechtslehre soll durch eine kritische Analyse moralisch-rechtlicher Begriffe abgelöst werden.

Im *Kommentar zu Schillers Gedichten* wiederholt Lange im Grunde dieses Argument, wenn er die praktische Philosophie Kants dafür kritisiert, den „Relativismus, den er für die empirische Erkenntnis so schlagend nachgewiesen" habe, außer Acht ließe.[81]

> [S]eine Form [des kantischen Systems, E. T. W.] ist absolut; allein weil es durch ein veränderliches, dem subjektiven Fortschritt unterworfenes Verfahren individuell erzeugt wird, so reicht auch seine Gültigkeit und damit seine wirksame Dauer nicht weiter als der Kreis der Schule und aller derjenigen Individuen, die gerade zu einem ähnlichen Stil der Architektonik disponiert sind. Streng genommen kann jedes System seine volle Bedeutung nur für das Individuum haben, welches es erzeugt, und die objektive Geltung des Systems kann nur eine relative sein.[82]

Ideale haben in Langes Augen keine objektive Gültigkeit im wissenschaftlichen Sinne; sie erscheinen uns als objektiv, weil wir mit vielen anderen einen kulturellen Raum teilen, in dem bestimmte Ideale für richtig gehalten werden. Weil ethische Ideale die Willensrichtungen der Akteure einer Gesellschaft bestimmen, sieht Lange die Notwendigkeit, normative Ideale des sozialen Handelns psychologisch zu hinterfragen und genetisch auf ihren geistigen Ursprung zurückzuführen. Hans Vaihinger bezeichnete Langes substanzielle Kritik an Theorien und Anschauungen aus diesem Grund als „psychologisch-genetische" Methode.[83] Mit dieser Kritik beansprucht Lange, Theorien nicht nur hinsichtlich ihrer Wahrheit zu beurteilen, sondern substanzielle Konzepte auch auf ihre ethische Wirkung hin zu bewerten. Weil alle Ideale bei ihm Fiktionen sind, die den Willen bestimmen, wird seine historische Kritik von der Frage geleitet, welche normative Praxis den Ideen und Theorien innewohnen. Führt eine Theorie zu egoistischem Verhalten, so verhindert sie den ethisch-intellektuellen Fortschritt und ist zu verwerfen. Führt eine Theorie oder Anschauung hingegen zur Entwicklung der Sympathie, so mag zwar die zugrunde liegende Theorie, nach der der Akteur handelt, theoretisch falsch sein, aus politischen Gründen erweist sie sich aber dennoch als legitim.

Indem Lange der Anschauung von Theoriemodellen einen wichtigen Platz in seiner Ethik einräumt, geht er über Smiths empirisch-sensualistisch begrün-

---

81 Friedrich Albert Lange: Einleitung und Kommentar zu Schillers Gedichten. Hg. v. Otto Adolf Ellissen. Bielefeld u. Leipzig 1897, S. 7.
82 Ebd.
83 Hans Vaihinger: Hartmann, Dühring und Lange. Ein kritischer Essay. Iserlohn 1876, S. 178.

dete Ethik und über das feuerbachsche Prinzip hinaus und argumentiert, dass auch die Analyse kultureller Leitideen eine wichtige Funktion im ethischen Materialismus erfülle. Weil die moralische Erfahrung aufgrund ihres fehlenden Erscheinungsobjekts auf fiktive Bilder angewiesen sei, reicht es Lange nicht, Theorien über die Moral nur aus philosophischer Perspektive zu behandeln. Gesellschaftlich weitverbreitete Theorien spielen aufgrund ihres normativen Gehaltes auch dann eine bedeutende Rolle, wenn sie sich als falsch erweisen: „Bilder und Vorstellungen" werden laut Lange „Theil unseres Wesens" und somit zu Elementen, die auch im „ruhigen Denken" präsent sind.[84] Obwohl jede empirische Erklärung der Moral aufgrund ihres fehlenden Anschauungsobjekts in der Erfahrungswelt nur eine Fiktion sei, schreibt Lange den erdichteten Anschauungen und Vorstellungen eine ernst zu nehmende Wirkung in der sittlichen Lebenspraxis zu. Moralische Handlungen sind für Lange somit nicht nur auf Schmerz- und Lusterfahrungen zurückzuführen, sondern werden von leitenden Ideen des gesellschaftlichen Zeitgeistes getragen.

Weil Lange davon überzeugt ist, dass theoretische Konstrukte (auch wenn sie falsch sind) normativ wirken und ein menschliches – egoistisches oder sympathisches – Verhalten vorschreiben, erweitert er seine Ethik um die anthropologische Disposition der Gewohnheit. Der aktuelle Kampf um die bevorzugte Stellung könne nur dann überwunden werden, wenn sich das kollektivgesellschaftliche Bewusstsein zuerst an das kritische Denken gewöhnt habe. Eine Berücksichtigung kollektiver Denkgewohnheiten sei nötig, um den egoistischen Kapitalismus zu überwinden. Statt eines revolutionären Umsturzes sollen Lange zufolge sozialistische Bestrebungen auf eine sukzessive Veränderung ausgerichtet sein. Das gesellschaftliche Bewusstsein benötige Zeit, um sich an die veränderten Bedingungen anpassen zu können. Für einen nachhaltigen und gesellschaftlichen Wandel müsse erst das kritische Denken – eine Voraussetzung zur Einsicht in die Ungerechtigkeiten des Kapitalismus – geschult werden.

In den nächsten Schritten stelle ich anhand des Kapitalismus, des Christentums und der kantischen Ethik dar, wie und zu welchem Zweck Lange eine psychologisch-genetische Geschichtsschreibung entwirft. Ich werde zeigen, dass er Theorien nicht nur hinsichtlich ihrer Prinzipien untersucht, sondern auch die moralpsychologischen Implikationen kritisiert.

---

84 Lange: Mill (wie Anm. 54), S. 22.

6 Der theoretische Egoismus in den Wirtschaftswissenschaften und die sittlichen Folgen

Lange kritisiert Strömungen in den Wirtschaftswissenschaften, in denen wirtschaftliche Prozesse unabhängig von der Ethik betrachtet werden. Obwohl Lange Smiths naturalistisches ethisches Prinzip akzeptiert und auch John Stuart Mill (1806–1873) für seinen philosophischen Empirismus und seinen scharfen Blick auf die politische Ökonomie wertschätzt, kritisiert er die von Smith und Mill vorgenommene Trennung von Ökonomie und Moral bzw. die Art und Weise, wie ihre Theorien in der Tradition der klassischen Ökonomie rezipiert worden sind. Das gesellschaftliche „Leben selbst" sei durch diese Trennung „auseinander gerissen" worden und damit habe man „sich ein Gebiet wirthschaftlicher Operationen erdacht, auf welchem lediglich die Interessen herrschen, während auf gewissen andern Gebieten, die mit den Geschäften nichts zu thun haben, der Tugend ein Tummelplatz gelassen wird".[85] Lange widerspricht dieser Trennung einerseits, weil er wirtschaftliche Prozesse als nicht von der Moral abgekoppelt versteht, und andererseits, weil er einen Zusammenhang zwischen der wissenschaftlichen Abstraktion und der Bildung des sittlichen Bewusstseins zu erkennen meint.

Lange leitet das zweite Kapitel „Eigenthum und die Vertheilung des Vermögens" mit einem Zitat von Mill aus *Über die Freiheit* (1859) ein, in dem es heißt, dass sich „das sittliche Bewußtsein" seit Menschheitsbeginn auch von der herrschenden Klasse aus entwickelt habe und maßgeblich bei der Bewusstseinsbildung beteiligt war. Bereits zwischen „Spartanern und Heloten, [...] zwischen Fürsten und Unterthanen, zwischen Vornehmen und Pöbel, zwischen Mann und Weib" hätte es ein Sittengesetz gegeben, welches „großentheils aus [...] Klassen-Vorurtheilen und Gefühlen erwachsen" sei und wiederum „zurück auf das sittliche Gefühl in den gegenseitigen Beziehungen der hervorragenden Klasse" gewirkt habe.[86] Der Kapitalismus stellt Lange zufolge die neueste Form des rauen Kampfes um die bevorzugte Stellung dar. Die Arbeiterfrage ist für Lange keineswegs eine zufällige Erscheinung. Den Sozialismus betrachtet er als die sympathische und rationale Antwort auf die rauen Sitten des Kapitalismus. Dass es zu jeder egoistischen Gesellschaftsform auch ein sympathisches Pen-

---

85 Ebd., S. 18.
86 Ebd., S. 57f.

dant gebe, meint Lange retrospektiv in der Betrachtung der Menschheitsgeschichte erkennen zu können.

> Erst in den letzten Jahrhunderten sind allmählig Grundsätze der Humanität aufgekommen, welche jene Greuel beseitigt haben; aber das Vernichtungsgeschäft der Natur hat damit unter den Menschen nur wieder andre Formen angenommen. Diese Formen, wir müssen es gestehen, sind milder als in früheren Jahrhunderten.[87]

Nun seien es die „Arbeiter der Industrie", die in der „Abtrennung der ernährenden Arbeit vom ernährenden Boden, in der Behandlung sämmtlicher Produkte der Arbeit als Waare [sic!] und in der dadurch bedingten Ausbeutung der Arbeit durch das Kapital" die rauen Seiten des Kampfes um das Dasein erfahren würden.[88] Die Arbeiter werden aber nicht mehr wie in der Sklaverei durch die physische Gewalt „zum Frohndienst gezwungen"; nun sei es das „Uebergewicht des Kapitalbesitzes", das sie dazu zwinge, die „ganze Arbeitskraft in den Dienst des Kapitalisten zu stellen" und ihren Lebensunterhalt von ihm abhängig zu machen.[89]

Obwohl Lange den Kapitalismus darwinistischen Gesetzmäßigkeiten unterordnet und den Humanismus auf die sinnlich-rationale Natur des Menschen zurückführt, zeigt er mit einem historischen Rückgriff, dass der Kampf um das Dasein nicht von den Humanitätsbestrebungen unbeeinflusst blieb. Dies sei an dem humanistischen Fortschritt innerhalb der kapitalistischen Theorien zu erkennen. Während den Kapitalisten die Theorien von David Ricardo (1772–1823) und Thomas Robert Malthus (1766–1834) nämlich als willkommene „Deckung" erschienen, mit der sie „das Elend der Arbeiter als Folge eines unerbittlichen Naturgesetzes" hinstellen konnten, sei in „neuerer Zeit" eine „Stimmung" zu erkennen, die vom „moralischen Fortschritt" und einer „wachsende[n] Sympathie mit dem Schicksal" der Mitmenschen geprägt sei.[90] Die „edlen Geschlechter" würden bei der Konstituierung moralischer Normen eine wesentliche Rolle spielen. Denn „so verhaßt uns ihr Ursprung sein" möge, stellten die Herrschenden „eben doch die wichtigsten Träger der Kultur" dar.[91] Erst „in der sorgenfreien und bevorzugten Existenz" hätten sich jene Züge von „Großmuth, Ritterlichkeit, aufopfernder Tapferkeit und stolzer Offenheit" entwickeln können, die „unter günstigeren Verhältnissen zum Gemeingut aller besseren Menschen geworden sind".[92]

---

87 Ebd., S. 7.
88 Ebd., S. 11.
89 Ebd., S. 12.
90 Ebd., S. 14.
91 Ebd., S. 64.
92 Ebd.

Das Recht stellt für Lange die substanzielle Basis dar, in der sich die geschichtlich geformten Sitten manifestieren. Lange führt die Mechanismen des Kapitalismus teilweise auf den Feudalismus zurück. Ebenso zeichne sich der kapitalistische Kulturraum durch ideologische Verblendungen aus, die mit Vorurteilen gegenüber der unterdrückten Klasse einhergehen und von der Idee – man könne durch Fleiß und Streben tatsächlich zu Wohlstand gelangen – angeleitet sind. Lange ist darum bemüht, den „Schein von Freiheit" des Kapitalismus aufzudecken, die die Macht des Kapitalisten, „den Arbeiter durch Entziehung des Lebensunterhaltes zu immer ungünstigeren Bedingungen" zwingen zu können, verschleiere.[93]

Mithilfe der Statistik und der Wahrscheinlichkeitsrechnung möchte Lange zeigen, dass der kapitalistische Traum vom finanziellen Aufstieg nichts weiter als eine Illusion und ein Traum sei, der weit schwieriger zu erreichen wäre, als allgemein angenommen. Empirische Fakten würden zeigen, dass der soziale Stand im kapitalistischen System weitaus ausschlaggebender sei als die Arbeit und der Fleiß des Einzelnen. Anhand eines literarischen Beispiels[94] veranschaulicht Lange die Ideologie des kapitalistischen Traums. Wahrscheinlichkeitsrechnungen zeigten, dass die äußeren Umstände in Wahrheit weitaus mehr Einfluss auf den Werdegang hätten als die Arbeitswilligkeit der Individuen.[95]

Auch das subjektive Glücksempfinden, so Lange, sei bei der Untersuchung der inneren Mechanismen des Kapitalismus mit einzubeziehen. In der *Arbeiterfrage* argumentiert Lange, dass das „Weber'sche Gesetz", das von Fechner weiterentwickelt wurde, nicht nur auf die äußeren Sinne zutreffe, sondern auch auf den inneren Glückssinn angewendet werden könne.[96] Das Weber-Fechner-Gesetz lautet wie folgt: Bei leichtem Druck ist nur eine kleine Erhöhung des Drucks notwendig, um einen Unterschied zu dem vorangehenden Druck zu bemerken. Wird von starkem Druck ausgegangen, dann ist deutlich mehr Druck zur Wahrnehmung eines Unterschiedes notwendig. Lange ist überzeugt, dass sich diese Formel auch auf das innere Glücksempfinden im Kapitalismus übertragen ließe. Umgelegt auf den Kapitalismus bedeute dies, dass reiche Menschen weit mehr Geld verdienen müssen, um überhaupt einen Unterschied im

---

93 Ebd., S. 12.
94 Die Geschichte erzählt von einem Jungen namens Girard, der sein zu Hause verlässt, um eine Karriere zu starten. Als armer Schiffsjunge beginnend, endet er im Wohlstand und als „zwanzigfacher Millionär" (Lange: Arbeiterfrage, wie Anm. 15, S. 93f.). Der Stoff wird später von Gustavus Myers (1872–1942) wieder aufgenommen und in dem Buch *Geschichte der großen amerikanischen Vermögen* (1916) verarbeitet.
95 Lange: Arbeiterfrage (wie Anm. 14), S. 12.
96 Ebd., S. 115–117.

Glücksempfinden wahrzunehmen. Indem Lange das Empfindungsgesetz auf den Kapitalismus überträgt, sucht Lange damit die *Pleonexie* zu erklären.

In *Mills Ansichten* kommt Lange erneut auf das Recht der Bodenrente und das Erbrecht zu sprechen. In *Mills Ansichten* wendet sich Lange noch einmal dem Problem der praktischen Philosophie Kants zu; dieses Mal jedoch nicht aus einer rechtsphilosophischen Perspektive, sondern mit dem Ziel aufzuzeigen, dass diese Rechte natürliche und soziale Zufallsvariablen rechtfertigen und somit zur sozialen Differenzierung beitragen. Lange kritisiert, dass das Recht auf Bodenrente auf der Zufallsvariablen der Fruchtbarkeit des Bodens beruhe und damit zu einer willkürlichen und ungerechten Verteilung des Bodenertrages führe. Auch das Erbrecht, das auf der Zufallsvariablen des sozialen Standes beruhe, stütze die Mechanismen des Kapitalismus. Lange problematisiert, dass diese Zufallsvariablen bisher in liberalen Theorien ignoriert wurden. Fälschlicherweise sei man von einer fairen Selbstregulierung des Marktes ausgegangen. Eine faire philosophische Rechtstheorie müsse hingegen Kriterien bereitstellen, die es erlauben, Gewaltpotenziale zu identifizieren. Weil unser sittliches Bewusstsein aber durch das kapitalistische System schon so geprägt sei, dass uns Konzepte wie das Erbrecht als natürlich gerecht erscheinen, sei es notwendig, kleine Schritte in die richtige Richtung vorzunehmen. Für das „unentwickelte Bewusstsein" sei es aber noch zu früh, die Berechtigung der Erbschaftssteuer zu erkennen. Erst, wenn es zur „Volkssitte geworden" sei, das „Allgemeine zu bedenken", könne „eine Erweiterung und Fixierung dieser Sitte durch das Gesetz empfohlen werden".[97]

Langes politischer Reformismus beruht auf der Annahme, dass sich das Bewusstsein mit dem Hang zur Gewohnheit geschichtlich herausbildet, weshalb sich neue Sitten erst schrittweise und allmählich verändern können. Erst, wenn es uns natürlich erscheint, die Bodenrente und das Erbrecht als unfair aufzufassen, ist die Gesellschaft auch bereit, gesetzliche Anpassungen vorzunehmen. Alle Begriffe, die das kollektive Bewusstsein fördern, sind hierzu dienlich. Nur durch eine allmähliche Anpassung könne sich ein natürlicher Gemeinschaftssinn etablieren, der zur Überwindung des egoistischen Bewusstseins führe. Damit nimmt Lange eine klare Gegenposition zu Marx und Engels ein.

Lange kritisiert, dass in der Evolutionstheorie von Marx die Gewohnheit des Bewusstseins nicht genügend reflektiert werde.

---

[97] Lange: Mill's Ansichten (wie Anm. 54), S. 108f.

> Der Mensch ist ein viel zu dressurfähiges Wesen und die Gewohnheiten des einseitigen Gehorchens und Befehlens graben sich viel zu tief, und leider bis zu einem gewissen Grade auch erblich, in die Gemüther ein, als daß der bezeichnete Uebergang so ohne Weiteres durch einen revolutionären Akt könnte vollzogen werden.[98]

An mehreren Stellen in der *Arbeiterfrage* und im Briefwechsel mit Engels äußert sich Lange aber auch positiv zu Marx' und Engels' Theorie. Lange schreibt Marx und Engels den bleibenden Verdienst zu, sich an der „Abstraktion den Magen verdorben" zu haben.[99] Obwohl in ihrer Methode noch die „Nachwirkung unserer philosophischen Schule" zu erkennen sei, trugen sie laut Lange einen wesentlichen Teil dazu bei, die Philosophie von dem deutschen „Absolutismus" zu befreien.[100]

Obwohl Lange die marxsche Theorie mit großer Wertschätzung behandelt, steht er der marxschen Methode jedoch kritisch gegenüber. Bei Marx sei ein „Zusammenwerfen der reinen und angewandten Volkswirtschaft, der deduktiven und empirischen Methode" festzustellen. Dies dürfe ihm zwar – aufgrund seines Kampfes gegen die klassische Ökonomie – nicht zum Vorwurf gemacht werden. Dennoch betont Lange, dass bei Marx „unrichtige und verwerfliche praktische Folgerungen" zu finden seien, die eine kantische Untermauerung verhindern könne.[101] Das Problem bei Marx liege in seinem fehlerhaften Rückgriff auf statistische Zahlen – ein Fehler, den Lange mit dem Einfluss Hegels auf Marx begründet. Die philosophischen Implikationen der wissenschaftlichen Methoden sind auch ein Thema im Schriftwechsel zwischen Lange und Engels, der 1865 zustande kam.[102] Engels warf Lange vor, dass er Hegels Naturphiloso-

---

[98] Lange: Arbeiterfrage (wie Anm. 14), S. 238.
[99] Ebd., S. 326.
[100] Ebd.
[101] Ebd., S. 226.
[102] Nachdem Engels das Angebot von Lange erhielt, fragte er Marx „Qu'en penses-tu?", worauf Marx antwortete: „Lange: Ihm nicht direkt vor den Kopf stoßen. Schreib ihm, er könne die Sache [die *Arbeiterfrage*, E. T. W.] am besten per Post an Dich schicken, 2 Copies, wovon Du mir eine jedesmal zuschicken würdest. Wie er selbst richtig einsehe, müßten wir einstweilen, nach der letzten Erfahrung, uns der Mitarbeit an jedem deutschen Blatt erhalten" (Lange: Politik, wie Anm. 10, S. 74). Engels erwiderte darauf: „Dem Lange seine Broschüre hat mir Siebel geschickt. Konfus, Malthusianer mit Darwin versetzt, nach allen Seiten liebäugelnd, doch einige nette Sachen gegen Lassalle und die Bourgeoiskonsumkerls." (Ebd.). Ulrich Sieg zufolge sind mit den „Bourgeoiskonsumkerls" die Anhänger der Genossenschaftsbewegung Schulze-Delitzschs gemeint (vgl. Sieg: Aufstieg, wie Anm. 40, S. 95). Lange wandte sich 1865 auch vergebens an Wilhelm Liebknecht, der auf sein Angebot, sich für den Vereinstag zur Verfügung zu stellen, ablehnend reagierte. Georg Eckert führt Langes vergeblichen Versuch, Anerkennung im linken Lager zu gewinnen, darauf zurück, dass die sozialdemokratische Partei sich nach dem Erscheinen der

phie falsch verstanden hätte; die „wahre Naturphilosophie" liege „im zweiten Teil der Logik".[103] Die hegelsche Geschichtsdialektik, auf deren Basis die Philosophie von Marx und Engels entstanden sei, beruhe auf einer spekulativen Konstruktion, die musterhaft über die Wirklichkeit gestülpt werde und zu einer „symmetrisch[en]" Darstellung der geschichtlichen Entwicklung führe.[104]

In der *Arbeiterfrage* schreibt Lange, dass es großer Übung und Einsicht in die Bedingungen menschlichen Zusammenwirkens bedürfe, um die „republikanisch organisierte Fabrik zur herrschenden Produktionsweise" zu erheben.[105] Wenn Lange fordert, die Gemüter und Sitten umzugewöhnen, so hat er eine neue und gerechtere Organisation vor Augen, die nur dann Fuß fassen kann, wenn das Klassendenken und die durch den Kapitalismus etablierte Selbstsucht als überwunden gilt und an dessen Stelle ein freies, aufgeklärtes, und kritisches Bewusstsein gerückt ist. Lange führt nicht nur den Egoismus und die Pleonexie auf ideologische Indoktrination zurück; auch das Christentum hat eine – wenn auch ausschließlich positive – indoktrinierende Wirkung auf das Gemüt. Lange zufolge wohnt der Tugendlehre des Christentums das Potenzial inne, die durch den Kapitalismus hervorgebrachten Laster zu überwinden und zu einem gemeinschaftlichen Denken zu führen.

7 Das ethische Potenzial des Christentums

Das Christentum und der Kommunismus haben in den Augen Langes einige Gemeinsamkeiten. Schon im Neuen Testament erkennt er revolutionäre Tendenzen, die sich in der sozialistischen Bewegung wiederfinden. Auch die Reformation im 16. Jahrhundert interpretiert er als ein Ereignis, das sowohl kommunistische als auch religiöse Ideen vereinige. Das Christentum habe schon früher dazu beigetragen, Gesellschaften zu humanisieren. Lange, der die Idee Gottes als menschliche Projektion betrachtet, versteht die christliche Lehre dennoch als eine Weltanschauung, die den Gemeinschaftssinn fördert. In diesem Sinne interpretiert er beispielsweise die von Thomas Morus (1478–1535) verfasste *Utopia* als ein Werk,

---

Arbeiterfrage in den Jahren 1866–69 „mehr nach links" entwickelte (Lange: Politik, wie Anm. 10, S. 338). Als Liebknecht 1870/71 dann nach seiner Verhaftung wieder mit Lange Kontakt aufzunehmen versuchte, war Lange bereits erkrankt und fühlte sich nicht mehr in der Lage, sich politisch zu engagieren (vgl. ebd., S. 339).
103 Lange: Politik (wie Anm. 10), S. 83.
104 Lange: Arbeiterfrage (wie Anm. 14), S. 237.
105 Ebd.

das dazu beigetragen habe, die Idee der Toleranz zu verbreiten. Ein weiteres Beispiel liefere Juan Luis Vives (1492–1540), auf den die Idee zurückgehe, dass es eine christliche Pflicht sei, bürgerliche Einrichtungen für Arme zu errichten und sie nicht dem Zufall der Almosen zu überlassen.[106] Für Lange besitzt das Christentum die ästhetische Kraft, das sittliche Bewusstsein mit gemeinschaftsorientierten Ideen zu fördern, das heißt, das Christentum trägt einen wesentlichen Teil dazu bei, den evolutionär begründeten egoistischen „Kampf um die bevorzugte Stellung", die auf dem Kapitalismus beruht, zu überwinden.

Im Unterschied zu Marx und Engels betrachtet Lange die Religion als förderlich. Die Ideen des Christentums würden eine Annäherung an das politische Ziel einer republikanisch organisierten Gesellschaft erlauben. In der christlichen Religion, die ohnehin eine bedeutende gesellschaftliche Rolle einnehme, erkennt Lange ein „Heilmittel", dessen „sittliche Wirkungen" einen wesentlichen Beitrag zum sozialistischen und humanen Fortschritt lieferte.[107] Das bedeutet jedoch nicht, dass dem Christentum eine bevorzugte Stellung zukommt. Für Lange handelt sowohl der „Gläubige" als auch der „Ungläubige" sowohl sittlich als auch unsittlich. Der Unterschied liege lediglich im „psychischen Verlauf", das heißt in der subjektiven Erklärung unsittlicher Handlungen.[108] Da es auch keine wissenschaftlichen Beweise gebe, die zeigen, dass es in christlichen Ländern friedlicher zugehe und Lange die „sittliche Rohheit" in „Gegenden, die im Buchstabenglauben befangen sind" auf eine „indirekte Folge" zurückführt, geht es Lange nicht darum, das Christentum als ethisch fortschrittliche Religion zu behaupten.[109] Lange erkennt das Potenzial des Christentums vielmehr in der anschaulichen Darstellung, in der die Sittenlehre verbreitet werde.

> So kann die Religion gleichzeitig dem ethischen Fortschritt dienen und Greuel heiligen, während sie, dem Volkscharakter entsprechend, die bunten Gebilde einer Ideenwelt in eigentümlichen Formen entfaltet.[110]

Obwohl Gott für Lange nichts anderes als eine menschliche Projektion darstellt, schreibt er der ästhetischen Kraft der Religion eine bedeutende Rolle zu. Den Christen würde es gelingen, Ideale so darzustellen, dass sie für alle anschaulich sind; ihr Glaube stelle daher einen fruchtbaren Boden für einen gelingenden Sozialismus dar.

---

106 Lange: Geschichte (wie Anm. 1), S. 522/928.
107 Ebd., S. 521/925.
108 Ebd., S. 523/930.
109 Ebd., S. 524/930.
110 Ebd., S. 526/934.

8 Die psychologische Wirkung des kategorischen Imperativs

Anhand des Kapitalismus und des Christentums habe ich dargestellt, dass Lange über die Frage nach der Wahrheit bestimmter Theorien hinaus auch die moralpsychologische Wirkung bestimmter Theorien von einem idealen Standpunkt aus analysiert. Aus theoretischer Sicht erweist sich die Ethik Kants für Lange zwar als falsch. Aus einer moralpsychologischen Perspektive stellt der kategorische Imperativ (wie die christliche Sittenlehre) aus Langes Sicht aber durchaus ein hilfreiches Prinzip dar.

Folgen wir der Argumentation Langes, so lassen sich zwei unterschiedliche Wege erkennen, die Lange in seiner moralpsychologischen Bewertung einschlagen könnte. Zum einen könnte Lange die kantische Ethik als eine Theorie bewerten, die in einer feudalen und vorkapitalistischen Zeit entstanden ist und die Sitten der herrschenden Klasse rechtfertigt und stabilisiert. Das moralische Gesetz würde die gegebenen Verhältnisse damit unterstützen. Oder Lange fokussiert sich auf die wortwörtliche Formulierung des Imperativs, der dazu auffordere, die *Allgemeinheit* in den Denkprozess miteinzubeziehen. Aufgrund seiner gemeinschaftsfördernden Wirkung würde der kategorische Imperativ positiv bewertet werden. Lange entschied sich für letzteren Weg und schrieb der moralpsychologischen Wirkung einen anzustrebenden Effekt zu.

Beiser, der die Relation der theoretischen und praktischen Philosophie bei Lange untersucht, schlussfolgert: "Never did Lange, in his defence of social-democracy, appeal to Kantian moral principles, and never did he give a Kantian moral foundation to social-democratic ideals."[111] Betrachtet man den 1870 verfassten *Aufruf an die Menschenfreunde aller Nationen*, in der Lange sich auf kantische Prinzipien beruft, tut sich hier aber ein Widerspruch auf, den Beiser folgendermaßen zu lösen versucht:

> Yet it is important to note that he does accept one crucial aspect of Kant's practical philosophy: namely, "its starting point", the attempt to provide a justification for moral and religious ideas through practical reason. Though Lange rejected Kant's demonstrations of the standard Christian beliefs, he still approved of the general strategy of using practical reason to defend morality and religion.[112]

---

111 Beiser: Genesis (wie Anm. 5), S. 357.
112 Ebd., S. 362.

Beiser übersieht hier, dass es sich bei dem „starting point" nicht um eine Rechtfertigung der praktischen Vernunft handelt, sondern um die materielle Basis, auf die Lange moralische Empfindungen, die Fähigkeit zum logischen Schlussfolgern und die ethische Erfahrung zurückführt. Um Langes Position richtig einzuordnen, muss hervorgehoben werden, dass er zwischen dem natürlichen Phänomen und den erdichteten Theorien und Repräsentationen strikt unterscheidet, um Naturphänomene zu erklären. Lydia Patton hat diesen Umstand in der Logik und Wissenschaftstheorie einleuchtend mit dem folgenden Beispiel dargestellt:

> He points out that it is no barrier to a possible experience that we have contradictory explanations of things [...]. While Lange does not give this example, one could appeal to the competing theories of light, one which explains light as emissions of streams of particles, while another explains light as transverse waves in a medium. The fact that there are competing explanations does not affect whether or not we can experience light. The relevant contrast here is relatively intuitive. The psychological law of non-contradiction says that we cannot draw a figure that is black all over and white all over at the same time. But it is not impossible to construct inconsistent theories or explanations of the phenomena.[113]

Analog zu Pattons Beispiel lässt sich auch im Bereich der Ethik zeigen, dass unterschiedliche Erklärungen ethischer Erfahrung nicht die Möglichkeit der ethischen Erfahrung unterminieren. Allein in diesem Punkt stimmt Lange Kant zu. Dass die praktische Vernunft jedoch die Fundierung der Ethik bei Lange darstellt, wie Beiser behauptet, ist damit nicht bewiesen. Die praktische Vernunft im ethischen Sinne findet nur dann eine Berechtigung, wenn die Schrift Kants auf die moralpsychologische Wirkung untersucht wird. Diese pragmatische Rechtfertigung stellt aber keine Zustimmung der praktischen Vernunft im kantischen Sinne dar.

Lange kritisiert, dass Kant unabhängig von aller Erfahrung ein Bewusstsein behauptet, in der das Sittengesetz aufzufinden sei.[114] Wie an den Dichtungen des Christentums und des Kapitalismus gezeigt wurde, schreibt Lange aber auch der Vorstellung des Sittengesetzes eine Wirkung auf unser Bewusstsein und unseren Willen zu. Gerade deshalb, so Lange, weil „der Mensch sich die unbedingte Erfüllung des Sittengesetzes als möglich denkt, wird allerdings auch ein bedingter Einfluß auf seine wirkliche, nicht bloß eingebildete Vervollkommnung ausgeübt".[115] Lange richtet den Fokus auf die Formulierung des

---

113 Patton: Anti-Psychologism (wie Anm. 6), S. 147.
114 Vgl. Lange: Geschichte (wie Anm. 1), S. 295.
115 Ebd., S. 294f./506.

kategorischen Imperativs und hebt hervor, dass dieser dazu auffordere, immer jene Maxime zur Grundlage des eigenen Handelns zu wählen, die zugleich als allgemeines Gesetz gelten könne. Dies sei letztendlich für die Sittlichkeit entscheidend.[116] Langes positive Bewertung der sittlichen Wirkung des fiktiven kategorischen Imperativs zeigt sich noch einmal in einem Brief an Ueberweg, in dem er schreibt:

> Ob ich z.b. in meiner praktischen Philosophie auch dem Grundgedanken Kants folge? Ja: sofern ich ebenfalls – und schärfer als Kant – die sittliche Berechtigung der Ideen von ihrer objektiven Begründung trenne; nein: sofern ich wesentlich andere Ideen brauche und dieselben mit Religion und Dichtung in ein gemeinsames Gebiet verweise.[117]

Das Problem, das Lange in der kantischen Ethik erkennt, bezieht sich nicht auf den sittlichen Inhalt, der sich aus der Anwendung des kategorischen Imperativs ergibt, sondern ausschließlich auf die Methode, mit welcher der Inhalt gewonnen und der moralische Inhalt vermittelt wird. Obwohl Lange dem kategorischen Imperativ eine ähnlich positive sittliche Wirkung zuschreibt wie dem Christentum, scheitere die kantische Ethik aber letztendlich an der fehlenden ästhetischen Anschauung, auf die die fiktiven Ideale angewiesen sind. Während Lange der christlichen Religion – wenn auch in einer anderen Form als die gegenwärtige – das Potenzial zuschreibt, in zukünftigen Zeitaltern weiterzubestehen, sieht er Kants Ethik dem Untergang geweiht. Sobald sich das allgemeine Bewusstsein weiterentwickelt habe und das Bewusstsein auf eine höhere Gesellschaftsstufe gehoben worden sei, werde auch die rationale Ethik Kants der Vergangenheit angehören. Wenn endlich eingesehen werde, dass die Ethik eine Subkategorie der Ästhetik darstelle, dann sei auch das ästhetisch geprägte Bewusstsein nicht mehr auf eine rationalistische Ethik angewiesen. In einer aufgeklärten Gesellschaft existiere keine Ethik mehr im philosophisch-argumentativen Stil; ethische Inhalte würden stattdessen durch die Kunst vermittelt werden.

Wie ist es aber nun zu verstehen, dass sich Lange trotz seines Vorbehaltes gegenüber Kant in der verfassten Schrift *Aufruf an die Menschenfreunde aller Nationen* von 1870 auf kantische Prinzipien beruft? Als Reaktion auf den deutsch-französischen Krieg spricht Lange im „Namen der Vernunft und der Sittlichkeit". Es sei an der Zeit, „Protest zu erheben gegen die Fortdauer des unmenschlichen Krieges".[118] Weiter erinnert Lange an Kant, wenn er schreibt,

---

116 Lange: Mill (wie Anm. 54), S. 21.
117 Brief an Ueberweg vom 2. Juni 1870, zit. nach Beiser: Genesis (wie Anm. 5), S. 362.
118 Lange: Politik (wie Anm. 10), S. 296.

dass dies die „Stimme der Pflicht" erfordere.[119] Aber auch dieser Rückgriff auf die Terminologie Kants darf nicht als theoretisches Zugeständnis an die praktische Vernunft verstanden werden. In diesen Zeilen tritt vielmehr Langes politische Motivation zutage. Weil er davon ausgeht, dass seine Adressaten die kantische Terminologie kennen, adaptiert er seinen Schreibstil, um Gehör bei einer breiteren Leserschaft zu erlangen.

Damit wird nun auch ersichtlich, in welchem Verhältnis Langes Kantianismus zu seinem Sozialismus steht: Weil Lange der praktischen Philosophie Kants einen ansprechenden Charakter zuschreibt und den Inhalt der kantischen Ethik als förderlich betrachtet, reichert er seine sozialistischen Forderungen mit kantischen Begriffen an. Beide Bewegungen – sowohl den Kantianismus als auch den Sozialismus – betrachtet er zwar letztendlich als zeitlich gebunden und vorübergehend. Weil Lange aber einerseits kantisch zu argumentieren scheint, andererseits die kantische Ethik kritisiert, zeigen sich Nikolaj Aleksandrovič Berdjajev (1874–1948)[120] und Köhnke verwundert darüber, dass sich Lange letztlich gegen eine Ausarbeitung einer kantischen Grundlage für den Sozialismus entschied. Aus dem gleichen Grund meint aber auch Karl Vorländer (1860–1928),[121] dass Lange trotz seiner Ablehnung der kantischen Ethik ‚kantisch im Geiste'[122] geblieben sei. Letztendlich – so lässt sich festhalten – entspringen sowohl Langes Ethik als auch seine Politik einer gemeinsamen Grundlage. Sowohl die Idee des Sozialismus als auch die kantische Idee des Guten fördern das kollektive Denken und somit den Fortschritt in der Gesellschaft.

Wenn nun aber die Form der kantischen Ethik abgelehnt wird, dann stellt sich unweigerlich die Frage, wie denn die politische Form aussehe, die eine aufgeklärte Gesellschaft in Langes Augen hätte. Gibt es zeitunabhängige Faktoren, auf die Lange seine Politik begründet? Welche Ethik würde sich nach dem kapitalistischen Kampf um das Dasein etablieren? Bevor ich diesen Fragen nachgehe, zeige ich erst, wie Lange die politisch motivierte materialistische Ethik von der Ethik als Subkategorie der Ästhetik abtrennt.

---

119 Ebd., S. 297.
120 Nikolaj Aleksandrovič Berdjajev: Friedrich Albert Lange und die kritische Philosophie in ihren Beziehungen zum Sozialismus. In: Die Neue Zeit. Revue des geistigen und öffentlichen Lebens 2 (1900), S. 132–140.
121 Karl Vorländer: Kant und der Sozialismus. In: Kant-Studien 4 (1900), S. 361–412.
122 Zum Problem der Beanspruchung des „Geistes" der kantischen Philosophie in der Rezeption vgl. den Beitrag von Hauke Heidenreich in diesem Band.

9 Die Ethik als Subkategorie der Ästhetik: Langes Verhältnis zu Schiller

Wir haben gesehen, dass es laut Lange in einer kapitalistischen Gesellschaft dem Subjekt verunmöglicht wird, ein von Ideologien befreites, kritisches und aufgeklärtes Bewusstsein zu entwickeln. Dies zeigt sich nicht nur an jenen Theoremen, Überzeugungen und Normen, die zu einem egoistischen Verhalten anregen. Lange hält die kantische Ethik und die Morallehre des Christentums zwar für falsch; im Unterschied zu den Theorien der freien Marktwirtschaft erscheinen sie ihm in moralpsychologischer Hinsicht im Kampf gegen den Egoismus aber als fruchtbar. Auch seine Lösungsvorschläge, das Christentum und die kantische Ethik für ein gemeinschaftsorientiertes Verhalten zu ‚benutzen', setzen im Grunde ein noch unaufgeklärtes Subjekt voraus, das mit falschen Theorien getäuscht werden muss. Darüber hinaus konzipiert Lange selbst eine Ethik, die nach seinem Dafürhalten im Gegensatz zur kantischen und zur christlichen Ethik nicht auf einer theoretisch falschen Grundlage beruht.

Mit Schiller verteidigt Lange einen „Lehrsatz von der Harmonie der Sonderinteressen",[123] der besagt, dass wir ein ästhetisches Bedürfnis besitzen, das darauf ausgerichtet ist, all unsere Interessen auf konsistente Weise zu ordnen und in Harmonie miteinander zu bringen. Lange stellt drei unterschiedliche Stufen in der Menschheitsgeschichte fest, in der sich jeweils eine andere Ethik herausgebildet habe. Er unterscheidet zwischen dem „naiven" Egoisten, der sich „im Stande der Unschuld befindet" und „unbewusst das Gute tut". Die

> Sympathie ist der moralische Sündenfall, und wer sich erst an das Getriebe des großen Ganzen erinnern muß, um zu derselben Tugend zurückzukehren, die ein roher Spekulant in Einfalt ausübt, der kommt nur auf einem mit Notwendigkeit in der menschlichen Natur begründeten Umweg wieder dahin zurück, von wo die Kindheit der Menschheit ausging. Auf diesem Wege mag sich der Egoismus geläutert, gemildert, aufgeklärt haben; er mag richtigere Mittel gelernt haben, das eigene Wohl zu befördern; aber sein Prinzip, sein Wesen ist wieder das ursprüngliche.[124]

Eine aufgeklärte Gesellschaft würde für Lange nicht in eine radikale Subjektivierung der Normen verfallen; auf der höchsten Stufe der Menschheitsentwicklung würden wir stattdessen zu der wahren moralischen Grundlage geläutert

---

123 Lange: Geschichte (wie Anm. 1), S. 512/910.
124 Ebd.

zurückkehren und unsere Normen nach der Allgemeinheit einrichten, die mit dem reinen Wohlgefallen natürlich einhergeht.

Obwohl Lange eine klare Gegenposition zur hegelschen Methode der Dialektik einnimmt, behauptet er hier eine dialektische Struktur in der sittlichen Entwicklung des Menschen. Der Mensch wird als natürliches Wesen betrachtet, das nur auf Umwegen der Sympathie moralisch gut und somit der eigenen Natur gerecht handelt. Der ethische Materialismus und das darauf beruhende Prinzip der Sympathie von Adam Smith findet bei Lange somit nur in einer bestimmten Menschheitsepoche eine Berechtigung. Wenn der Mensch in einer geläuterten Form zu seiner wahren Natur zurückkehrt, ist er nicht mehr auf moralische Gefühle angewiesen. Der geläuterte und höhere Egoist handelt intuitiv und ohne Hilfsprinzipien richtig: eine Position, die an die ‚schöne Seele' bei Schiller erinnert.

In *Über Anmuth und Würde* (1793) vertritt Schiller die These, dass die Naturerkenntnis im Widerspruch zur ästhetischen Betrachtung stehe. Während die Naturerkenntnis auf die Vernunft angewiesen sei, finde das ästhetische Urteil unmittelbar und auf unreflektierte Weise statt. Um die Wahrheit eines Gegenstandes zu erkennen, müsse er in seine Einzelteile zerlegt werden, um die Ursache des Seins einzusehen. Ließe man den Gegenstand hingegen unreflektiert auf sich wirken, betrachte man ihn ästhetisch. Empfinde man etwas als schön, so rege etwas die Sinne an und führe unmittelbar zu einem ästhetischen Urteil. Diese statische Schönheit nennt Schiller die „*architektonische* Schönheit".[125] Neben der architektonischen Schönheit bestimmt Schiller noch eine ‚bewegende Schönheit', die er „Anmut" nennt und auf das griechische Wort „Grazie" zurückführt.[126] Anmut komme keinem Objekt als solchem zu, sondern beziehe sich auf die bewegenden Handlungen. Sie bestehe in der Art und Weise, *wie* eine Handlung vollzogen werde. Werde eine Blume vom Wind in Bewegung versetzt und bewege sich in Harmonie mit der Natur, so wirke die Blume laut Schiller anmutig. Eine anmutige Handlung stelle eine schöne Handlung dar, die auch dann als schön gelte, wenn ihre architektonische Schönheit fehlerhaft sei. Übertragen auf den Menschen sei eine anmutige Handlung eine moralische Handlung, worin sich das Gebiet der nach Wahrheit strebenden Vernunft mit dem Gebiet der nach Lust strebenden Ästhetik verbinde. Schiller zufolge bleibt bei willentlichen Handlungen immer etwas Unbestimmtes und Zufälliges offen,

---

[125] Friedrich Schiller: Über Anmut und Würde. In: Ders.: Philosophische Schriften und Briefe. Essen 2017, S. 1–48, hier S. 10.
[126] Ebd., S. 11f.

das Aufschluss über den Gemütszustand einer Person gebe. Dieser unbestimmte Teil unterliege einer ästhetischen Bewertung.[127]

Auch in Schillers Kantkritik lässt sich eine Parallele zu Langes als aufgeklärt apostrophierter Ethik feststellen. Die schöne Seele ist bei Schiller nicht darauf angewiesen, das Sittengesetz zu achten, weil es bereits in ihrer Natur liege, das Richtige zu tun. Im Gegensatz zu Kant muss die Handlungsmaxime nicht erst mit dem Sittengesetz überprüft werden; Moralität ist bei Schiller keine Frage der Vernunft, sondern eine Frage des Gefühls. Die Achtung, die Kant vor dem Sittengesetz verlangt, ist für Schiller hingegen eine Haltung, die nur dann aufzubringen ist, wenn die Gefahr besteht, dass unsere Natur bzw. unsere Intuitionen auf eine falsche Fährte gebracht werden. Die schöne Seele handelt großzügig und selbstsüchtig zugleich. Damit kritisiert Schiller an Kant, dass die Gegenüberstellung von Vernunft und Natur eine asketische Praxis erfordere, die die schöne Seele geradezu hindern würde, ihre moralischen Handlungen auf natürliche Weise auszuführen. Bei Lange trifft dies sowohl auf den primitiven Zustand der Gesellschaft wie auch auf den geläuterten Zustand zu.

Lange schreibt der moralischen und der ästhetischen Erfahrung dieselbe Wurzel zu und ordnet damit die aufgeklärte Ethik dem Bereich der Ästhetik unter. Die ästhetische Lust versteht Lange als eine Lust an der Form, die durch die Hingabe zu einem Objekt entsteht.[128] Im Vorwort zu *Schillers Gedichten* schreibt Lange, dass die „Philosophie" danach strebe, „die Wahrheit zu ergründen" und die „Kunst" danach strebe, „das Schöne hervorzuheben". Uns Menschen wohne ein „natürlicher Zug" in unserem Gemüt, der versuche, „Wahrheit und Schönheit" stets zu vereinen. Tatsächlich stehe jedoch die „Erkenntnis des Wirklichen" im „Kampfe" mit der Überlieferung des Schönen. Lange unterscheidet zwei philosophische Wege, die aus dieser Unvereinbarkeit führen: Entweder man nehme eine „Welt vollendeter, vollkommener schöner Formen an", oder eine Welt, in der die „wahren und ewigen Dinge" zu Hause sind.[129] Der erste Weg sei der platonische; diesen lehnt Lange vehement ab und schlägt den zweiten Weg ein. Damit würden die ästhetischen Grundlagen zur „Hülle der Wahrheit" erhoben werden. Menschliche „Erkenntnis" bedeute hingegen „ein stückweises Erfassen einer vollendeten ewigen Schönheit".[130] Letzteren Weg habe Schiller gewählt und somit eingesehen, dass die schöne Dichtung die passendere Form zur Vermittlung von (moralischen) Inhalten, die sich dem Erfahrungshorizont entziehen, darstelle.

---

127 Ebd.
128 Lange: Geschichte (wie Anm. 1), S. 511/909.
129 Lange: Einleitung (wie Anm. 81), S. 1.
130 Ebd.

> Reden wir [...] von der Wahrheit eines Kunstwerkes, so gebrauchen wir diesen Begriff nur bildlich, indem wir damit andeuten wollen, daß der Zusammenhang der Teile im ganzen ein ebenso notwendiger ist, wie das Bild, welches unsere Sinne von einem Objekt erhalten, oder wie das Ergebnis einer richtigen Rechnung.[131]

Obwohl einige philosophische Parallelen zwischen Lange und Schiller existieren, bezieht sich Lange bewusst auf Schillers Dichtungen, um seine aufgeklärte Ethik zu begründen. In der postum erschienen Schrift *Einleitung und Kommentar zu Schillers Philosophischen Gedichten* wirft Lange auch Schiller den Fehler vor, teilweise in „spekulative Konstruktion[en]" zurückgefallen zu sein. Das Potenzial der schillerschen Philosophie gehe hierbei verloren. Weil auch Schiller an einer Stelle die „Erfahrung" als den „Richtstuhl" der Moral auffasse, sieht Lange Schiller wieder in einen problematischen Idealismus zurückfallen, der in seinen „philosophischen Dichtungen" nicht auftauche.[132]

Lange würdigt Schiller für seine philosophische Dichtung, und zwar nicht wegen seiner philosophischen Schriften, sondern weil er eine Form für die ethischen Inhalte gewählt habe, die die Sinne am besten anspreche: die Metrik.[133] In der Poesie vermittle Schiller den philosophischen Gehalt der Unvereinbarkeit von ‚Ideal und Leben' in einer sinnlich ansprechenden Form. Für Lange lieferte Schiller damit eine der bedeutendsten Werke für einen aufgeklärten Geist. Den *Spaziergang* und das Gedicht *Ideal und Leben*, auf welches Lange in der *Geschichte des Materialismus* unter dem Namen ‚Reich der Schatten' Bezug nimmt, würdigt Lange als die „reifsten Früchte der zweiten philosophischen Periode Schillers". Diese beiden Gedichte habe er mit einer „Klarheit und Sicherheit der Prinzipien" verfasst, die Schiller seinem intensiven Kant-Studium verdanke.[134]

Während Kuno Fischer und Julian Schmidt (1818–1886) auf künstliche Weise versuchen würden, den kategorischen Imperativ in die Gedichte Schillers hineinzuinterpretieren, glaubt Lange, dass die Kraft Schillers in der Auflösung der „beiden Parteifragen" – dem Sein und Sollen – liege.[135] Unter höherer objektiver Betrachtung versteht Lange den ästhetischen Standpunkt, von dem aus die Unvereinbarkeit von Hoffnung und Genuss zu beobachten sei. Im Unterschied zu Kant werde bei Schiller der „Gegensatz zwischen dem Sittengesetz und der sinnlichen Natur des Menschen" nicht moralisch gelöst, sondern als zwei unterschiedliche Aufgaben aufgefasst: „Die eine für das Leben der Wirklichkeit, die

---

131 Ebd., S. 10.
132 Ebd., S. 21.
133 Ebd., S. 19.
134 Ebd., S. 26.
135 Ebd., S. 28.

andere für das Leben im Reich des Ideals."[136] Erlösung finde der Akteur ausschließlich in der Kunst.

Der einzige Interpret Schillers, der die Zeilen „fliehet aus dem engen dumpfen Leben in der Schönheit Schattenreich" aus *Ideal und Leben* richtig verstanden habe, ist Lange zufolge Alexander von Humboldt (1769–1859).[137] In der Zeile: „Die von ihren Gütern nichts berühren, fesselt kein Gesetz der Zeit" sei nicht – wie oft angenommen – von einer Person die Rede, die „noch nicht mit den Sinnen" im Einklang sei. Lange schlägt vor, diese Stelle so zu interpretieren, dass „wer sich an den Stoff" halte, sich dem „Genuss der Vergänglichkeit" hingebe, während derjenige, der „sein Interesse nur [auf das an der, E. T. W.] reinen Form der Dinge" richte, „das Unvergängliche" zu erfassen vermöge.[138]

Auch tritt in Langes Interpretation von *Ideal und Leben* noch einmal der Stellenwert der ästhetischen Entfaltung zutage, der für Lange ausschlaggebend ist. In diesem Gedicht trete die Grundlage einer aufgeklärten (und nicht psychologisch ausgerichteten) Sympathie hervor. Lange schreibt, dass die „Sympathie" als „heilige" Neigung gelte, „weil sie ein Band zwischen den Menschen flicht und so der Kultur die wichtigsten Dienste leistet".[139] Dennoch wird aber im „Reiche der Schönheit" das Prinzip der Sympathie obsolet; in ihr „kann auch die Sympathie jene Wirkung nicht mehr üben, weil wir auch im Untergang des Helden [des Gedichts, E. T. W.] nur den Sieg seines Geistes gewahren".[140] In der 17. und 18. Strophe erkennt Lange „das höchste Ziel des ganzen Gedankengangs", weil es dort zurück zum „Olymp" führe, „dessen vollendetes Glück dem Menschen unerreichbar" sei. Den Ersatz für dieses „vollendete Glück" stellt für den Menschen das „Reich der Ideale" dar.[141] Wenn er bereit ist, den „großen Kampf des Lebens, den Kampf der Vernunft mit der tierischen Natur; der Form mit dem Stoffe" aufzunehmen,

> dann wird ihm endlich jener höhere Zustand des Geistes zum dauernden Eigentum, in welchem seine Neigungen mit der Vernunft im Einklang sind und der Seelenfrieden nicht mehr von den Sinnen gestört wird, weil er in Schmerz und Lust stets nur das geistig Bedeutende, die reinen Formen zu erfassen weiß.[142]

---

136 Ebd., S. 32.
137 Ebd., S. 61f.
138 Ebd., S. 65.
139 Ebd., S. 75.
140 Ebd., 75f.
141 Ebd., S. 76.
142 Ebd.

Damit wiederholt Lange noch einmal den dialektischen Gang der moralischen Kultur, die in der „unschuldsvollen Kindheit" beginne, in die nächste Stufe, „die moderne Kultur und die unter dem Einflusse der Reflexion stehende Kunst", übergehe und zuletzt im ästhetischen Stadium münde, das „jenseits unserer Erfahrung" liege.[143] Welche Zeit und Kultur für die unschuldsvolle Kindheit bei Lange steht, bleibt weitgehend unklar. Deutlich wird jedoch, dass Lange die Zeit des Kapitalismus mit dem ethischen Materialismus in Verbindung bringt, während er den Boden für eine ästhetische Ethik in eine Zukunft verlegt, in welcher der tierische Kampf um das Dasein, das heißt die strukturelle Möglichkeit zur Ausbeutung, überwunden ist.

10 Der ethische Materialismus und die ästhetische Ethik

In diesem Abschnitt nehme ich zwei Definitionsversuche vor, um noch einmal kurz und prägnant die beiden Ethiken gegenüberzustellen.

Der ethische Materialismus ist eine sensualistische und moralrelativistische Ethik. Er verfolgt das politische Ziel, soziales Bewusstsein zu kultivieren und den durch Kapitalismus hervorgerufenen Egoismus zu überwinden. Er geht davon aus, dass es *apriorische* Bedingungen der ethischen Erfahrung gibt, erklärt die Entwicklung des moralischen Bewusstseins jedoch erfahrungsbasiert und somit von herrschenden moralischen Theorien und Anschauungen geprägt. Der ethische Materialismus weist die Möglichkeit zur objektiven Ableitung moralischer Prinzipien ab und affirmiert nur objektive Aussagen, die mit den Methoden der empirischen Wissenschaft erforscht wurden. Mittels empirisch-psychologischer und statistischer Verfahren können damit anthropologische und gesellschaftliche Gesetzmäßigkeiten festgestellt und im Blick auf das politische Ziel bewertet werden. Der ethische Materialismus erkennt über die eigene Theorie hinaus auch andere normative Moraltheorien an, wenn ihre psychologische Wirkung soziales Verhalten hervorrufen und sie einen Beitrag zur Überwindung des kapitalistischen Kampfes um das Dasein leisten. Das politische Ziel bleibt so lange bestehen, bis die egoistischen Denkgewohnheiten des Kapitalismus als überwunden gelten und sich an dessen Stelle ein Bewusstsein etablieren konnte, das intuitiv und aus reinem Wohlgefallen moralisch handelt.

---

143 Ebd., S. 77f.

Die ästhetische Ethik stellt hingegen eine auf Schiller basierende Theorie dar, die davon ausgeht, dass, wenn sich der Mensch frei nach seiner geistigen Natur entwickelt, er eine natürlich-moralische Disposition ausbildet, die es dem Akteur ermöglicht, nach dem ästhetischen Prinzip der Harmonie der Sonderinteressen zu handeln. Unter den Bedingungen einer freien geistigen Entwicklung wird die Bereitstellung jener Mittel verstanden, die notwendig sind, um dem Subjekt die Lusterfahrung in der reinen Form der Dinge, also in der Kunst, zu ermöglichen. Der ästhetisch gebildete Mensch bzw. der ‚höhere Egoist' handelt intuitiv gut und ist nicht darauf angewiesen, seine Handlungsmaxime zu prüfen. Seine Motivation zum ethischen Handeln basiert nicht auf Gefühlen der Sympathie, sondern entspringt der reinen ästhetischen Lust, seine Interessen harmonisch nach der Allgemeinheit zu ordnen. Dieses Stadium erfordert keine argumentativ-logische Darstellung, sondern vermag es, ethische Inhalte ästhetisch darzustellen.

Erst wenn diese zwei ethischen Konzeptionen strikt voneinander unterschieden werden, wird deutlich, weshalb Lange sich an einigen Stellen positiv zur kantischen Ethik äußert, während er Kants Ethik theoretisch ablehnt. Das Verdienst Schillers erkennt Lange darin, dass er die praktische Philosophie Kants unter einem sinnlichen Aspekt betrachtet. Nur „die intelligible Welt" müsse „unter dem Bilde einer sinnlichen Welt gedacht werden", wobei – statt einer vernünftigen und nüchternen Moral – „eine farbenvolle und lebenswarme Religion" herauskäme.[144]

Wenn Lange also, wie in *Aufruf an die Menschenfreunde aller Nationen* (1870/71), im „Namen der Vernunft" spricht, und sich erhofft, „daß auch in den schrecklichsten Tagen entfesselter Leidenschaft und wilden Völkerkampfes in tausend und aber tausend Herzen die Stimme der Humanität ihr Echo finden wird", dann stimmt er nicht der praktischen Philosophie Kants zu.[145] Weil Lange der Meinung ist, dass das kapitalistische Zeitalter noch vor der Aufklärung stünde, stützt er sich auf die Grundlagen des ethischen Materialismus und bedient sich der kantischen Terminologie, um die Orientierung auf die Gemeinschaft zu stärken.

---

144 Lange: Geschichte (wie Anm. 1), S. 306/523.
145 Lange: Politik (wie Anm. 10), S. 296.

11 Das unvollendete Œuvre

Weder *Mills Ansichten* noch die *Arbeiterfrage* geben konkret Aufschluss darüber, welche Staatstheorie Lange vorschwebt und in welche Gesellschaftsform die sozialistischen Reformen seiner Ansicht nach führen sollen. Dass es sich um eine Theorie der demokratischen Republik handelt, wird erst aus einem Brief an seinen Freund Conrad Wilhelm Kambli (1829–1914) deutlich, den er zwei Jahre vor seinem Tod 1873 verfasste. Dort drückt Lange seine Bedenken in Bezug auf seinen gesundheitlichen Zustand aus, die es verhindern werden, sein „Hauptwerk" zu schreiben, in dem es um die „Theorie der demokratischen Republik" gehen soll.[146] Langes Œuvre muss als unabgeschlossen betrachtet werden. Die Architektonik seiner Philosophie tritt erst dann vollständig zutage, wenn auch der Umstand mitberücksichtigt wird, dass Lange sein geplantes „Hauptwerk" nie verfasste.[147] Anhand einiger Stellen aus der *Arbeiterfrage* ist es dennoch möglich, eine grobe Idee davon zu erhalten, wie eine demokratische Republik im Sinne Langes aussehen hätte können.

Lange kritisiert idealistische Staatsauffassungen, die sich an der Metapher eines „große[n] Mensch[en]" orientieren, wie es bereits bei Agrippa, Aristoteles und Platon der Fall sei. Dieses fälschliche Bild eines lebenden Organismus suggeriere, dass die Glieder des Staates eine Funktion auszuführen hätten, die dem Staat dienen. Die Metapher stehe „in Verbindung mit der Furcht vor einer allgemeinen Revolution".[148] Diese Auffassung des Staates verhindere aber die Etablierung eines kritischen Bewusstseins, das für eine demokratische Republik nötig sei. Nun sei endlich die Zeit gekommen, den Gedanken, dass der Staat ein „höhere[s] Ganzes" sei, loszulassen und sich auf eine neue Staatstheorie zu berufen, die frei ist von vermeintlich naturrechtlichen Rechtfertigungen historisch kontingenter Inhalte, und die zu einer ungleichen Machtverteilung führt. Obwohl Lange selbst die Revolution ablehnt, interpretiert er die „Furcht unserer Gelehrten vor der Revolution" bei Naturrechtstheoretikern, wie Friedrich Adolf Trendelenburg (1802–1872), als eine Form des Kulturpessimismus, die meine, dass die Revolution zurück in die Barbarei führe.[149]

Da Lange jede naturrechtliche Grundlage ablehnt und auch der Moral kein objektives Fundament zuschreibt, aus dem sich objektive und gültige Prinzipien ableiten lassen, stellt sich die Frage, auf welcher rechtsphilosophischen Grund-

---

146 Lange: Einleitung (wie Anm. 81). S. IX.
147 Ebd.
148 Lange: Arbeiterfrage (wie Anm. 14), S. 20.
149 Ebd., S. 24f.

lage Langes Vorstellung einer demokratischen Republik begründet liegt. Lange geht davon aus, dass wir „staatenbildende Geschöpfe" sind und meint, dass sich ein Konzept des Staates erst bilden müsse, ohne dabei eine idealistische Staatskonzeption vorauszusetzen.[150] Der Sozialismus stelle eine kritische Bewegung dar, die die feudalen Verhältnisse mit all den daraus folgenden Sitten eine Stufe emporzuheben versuche. Er führe zu einer humaneren Gesellschaft, in der das kritische Bewusstsein bereits zur Gewohnheit wurde.

Es bleibt offen, ob Lange die sozialistische Bewegung als die einzige und letzte Reformation betrachtet, die benötigt wird, um in eine republikanische Demokratie einzutreten. Auch bleibt das Verhältnis zwischen Langes politischer und ästhetischer Theorie unklar. Es ist anzunehmen, dass die ästhetische Bildung eine wesentliche Rolle bei der Erschaffung eines aufgeklärten Staates gespielt und Lange dem geistigen Austausch einen wichtigen Platz eingeräumt hätte. Seine Staatstheorie dürfte wohl auf eine völkerstaatliche Vereinigung abgezielt haben.

Dies findet sich in einer Festrede, die Lange zu Schillers 100. Geburtstag hielt. Darin wird ersichtlich, dass Lange die Arbeiterfrage nicht auf die nationalen Grenzen beschränkt sieht, sondern, dass „kein Patriotismus [...] uns je vergessen machen" dürfe, „daß über dem Zweck" aller „Nationen der Zweck der Menschheit" stehe. Zwar soll ein Staat von Zügen wie der „nationale[n] Gesinnung" und „echte[r] Liebe zur Freiheit und Vaterland" getragen werden.[151] Dass seine Konzeption des Staates aber über die geographischen Grenzen hinausgehe, wird aber noch einmal im *Aufruf an die Menschenfreunde der Nationen* deutlich, worin Lange „alle Nationen" dazu auffordert, „sich in diesem Protest [...] zu vereinigen".[152]

12 Schluss

Der frühe Tod Langes verhinderte es, seine Werke in seiner von ihm selbst angedachten Systematik vor dem Hintergrund der ‚Theorie der demokratischen Republik' zu interpretieren. In diesem Artikel habe ich dennoch versucht zu zeigen, dass Langes wissenschaftstheoretische, politische und ästhetische Schriften durchaus einer Systematik folgen. Seine politischen Schriften sind

---

150 Ebd., S. 252.
151 Köhnke: Entstehung (wie Anm. 7), S. 235.
152 Ebd., S. 240.

dabei nicht unabhängig von seiner psychophysischen Kant-Auslegung aufzufassen. Beide Teile seines Werks stehen vielmehr in einem komplementären Verhältnis. Chronologisch lassen sich Langes Werke als Versuch lesen, seine psychophysische Kant-Interpretation zu verfeinern, indem er die kritische Auslegung der kantischen Philosophie nach und nach verbesserte. Charakteristisch hierfür ist Langes Wandel bei der Interpretation des Dings an sich.

Obwohl Lange in seinen erkenntnistheoretischen Betrachtungen die ideale Grundlage der Moral ablehnt, lassen sich daraus erst die grundlegenden Aspekte seiner ästhetischen Ethik und die Positionierung der materialistischen Ethik verstehen. An Langes idealistischem Standpunkt wird deutlich, dass bei ihm die sozialistischen Forderungen darauf ausgerichtet sind, den Egoismus des Kapitalismus zu bekämpfen und die Gesellschaft in eine humanere, aufgeklärtere und ästhetisch-ethische Periode zu überführen. Die Sozialdemokratie erhält somit keine praktisch-objektive Berechtigung qua Vernunft, sondern stellt eine fiktive Idee dar, der nur eine historische und vorübergehende Berechtigung zukommt.

Lange arbeitete mit seinem ästhetischen Idealismus die theoretischen Problempunkte hervor, die weitreichende Folgen nach sich zogen. Wie Köhnke feststellte, fand in den Jahren 1878/79 eine „idealistische Wende" statt, die sich empirisch an dem rasanten Anstieg von zahlreichen Seminarangeboten zu Kant und Platon an deutschsprachigen Universitäten und an der Vielzahl von Publikationen zur Ethik in den Folgejahren messen lässt.[153] Indem Lange mit seinen ethisch-sozialistischen Schriften einen neuen und gegenüber der marxschen Theorie alternativen Ansatz entwarf, öffnete er damit die Tür für linke Theoretiker, die die Themen des Sozialismus aus ethischer Perspektive betrachten wollten. Neben den Einflüssen auf Wilhelm Windelband, Hans Vaihinger und Friedrich Nietzsche war es in ethischer Hinsicht vor allem Hermann Cohen, der Langes Ethik zum Ausgangspunkt und als Negativfolie für sein Werk *Kants Begründung der Ethik* (1877) nahm. Cohen widmet das erste Drittel seines Buchs der epistemologischen Begründung seiner Moralphilosophie, um seine antipsychologische Kant-Interpretation von ästhetischen Begründungen der Ethik, wie jener Langes, abzugrenzen. In einem Brief an Louis Lewandowsky (1821–1894) im Jahre 1872 schreibt Cohen über Lange: „Es ist keine Frage, daß er viel gründlicher, viel umsichtiger und feiner denkt als die ganze Sippe. Und dennoch fehlt die letzte theoretische Vertiefung" und „abgesehen von der Anwendung hapert am Prinzip hie und da".[154] Im gleichen Brief schreibt Cohen, dass

---

153 Ebd., S. 404.
154 Peter A. Schmid: Entstehung, Rezeption und Wirkungsgeschichte. In: Hermann Cohen: Werke. Bd. 2: Kants Begründung der Ethik nebst ihren Anwendungen auf Recht, Religion und

er nun versuche, das „Problem der Ethik als eine Erkenntnis aus Prinzipien *a priori*" zu begründen.[155] Dieses Vorhaben mündete 1877 in Cohens *Kants Begründung der Ethik* und 1904 in der *Ethik des reinen Willens*, in der Cohen den Sozialismus auf kantischen Prinzipien begründete.

Es ist durchaus berechtigt, Lange als Theoretiker aufzufassen, der den Grundstein für einen kantisch-idealistischen Sozialismus legte. Seine Schriften führten letztendlich dazu, dass die normative Ethik von Kant auch in sozialistischen bzw. sozialdemokratischen Kreisen salonfähig wurde. Obwohl Langes Ethik von einem psychologischen Essentialismus geprägt war, der zur Ablehnung der kantischen Ethik führte, leistete er durch seine ästhetische Ethik – wenn auch nur indirekt – einen wesentlichen Beitrag zur kantischen Untermauerung des Sozialismus. Während sich in den 1850er Jahren die frühen Neukantianer, wie Jürgen Bona Meyer (1829–1897), Eduard Zeller (1814–1908), Otto Liebmann (1840–1912) und Kuno Fischer, unter dem Leitspruch „Zurück auf Kant!" auf die erkenntniskritische Grundlage von Kant beriefen, war es Langes politische Philosophie, die Eduard Bernstein mit dem Motto „Zurück auf Lange!" dazu veranlasste, den Revisionismus in den 1890er Jahren einzuleiten.[156]

Geschichte. Variantenverzeichnis und Register. Hg. vom Hermann-Cohen-Archiv am Philosophischen Seminar der Universität Zürich unter der Leitung v. Helmut Holzhey. Hildesheim, Zürich u. New York 2011 [ND der 2. Aufl. Berlin 1910], S. 1–35, hier S. 27.
155 Ebd., S. 28.
156 Retter: Friedrich Albert Lange (wie Anm. 4), S. 103.

Kirstin Zeyer
Cassirers Kant

Neukantianisches „Zurück auf Kant!" und symbolphilosophische Modifikationen

Im April jährte sich zum hundertsten Mal der Todestag von Hermann Cohen (1842–1918), der noch im Januar 1918 die Vorrede zur dritten Auflage seiner Schrift *Kants Theorie der Erfahrung* (1871) beendet hatte. Zusammen mit *Kants Begründung der Ethik* (1877) und *Kants Begründung der Ästhetik* (1889) bildete ihre zweite Auflage von 1885 die Grundlage für die Marburger Schule mit Cohen und Paul Natorp (1854–1924) als ihren Schulhäuptern. Cohens anspruchsvolle Auseinandersetzung mit der kantischen Philosophie ist legendär. Der Eucken-Schüler Richard Falckenberg (1851–1920) äußerte sich folgendermaßen:

> War das Kantische Hauptwerk nicht leicht zu lesen, so war Cohens Erläuterung noch schwerer geschrieben, so daß man damals scherzte: „ein Glück, daß wir zu dem Cohenschen Werke einen guten Kommentar – von Kant besitzen: die Kritik der reinen Vernunft." Die neue Auflage 1885 wurde die Bibel der Kantorthodoxie Marburger Observanz.[1]

Nach Ernst Cassirers (1874–1945) eigenem Bekunden ist es die anspruchsvolle Auseinandersetzung mit Kant gewesen, die ihn, auf einen Fingerzeig von Georg Simmel (1858–1918) hin, zu Cohen nach Marburg geführt hatte.[2] Beide, Cohen und Cassirer, verband schließlich eine tiefe philosophische Übereinstimmung und eine lebenslange Freundschaft. Als Cohen im Jahr 1918 verstarb, veröffentlichte Cassirer gerade seine eigene große Monographie *Kants Leben und Lehre*, die den Abschluss der Kant-Ausgabe in zehn Bänden darstellen sollte, deren Edition er geleitet hatte. Aufgrund des Jubiläums von Cassirers Werk *Kants Leben und Lehre*, das „bis heute als Standardwerk der Kant-Forschung gelten darf", widmete jüngst vom 5.–6. Oktober 2018 die Internationale Ernst-Cassirer-Gesellschaft dem Verhältnis von „Cassirer und Kant" ein Symposion, dessen Augenmerk der frühen Prägung durch den Marburger Neukantianismus nicht weniger galt als Cassirers eigenem Zugriff:

---

1 Richard Falckenberg: Kant und das Jahrhundert. Gedächtnisrede zur Feier der hundertjährigen Wiederkehr des Todestages des Philosophen im Auftrage des Akademischen Senats der k. b. Friedrich-Alexanders-Universität Erlangen am 12. Februar 1904 gehalten in der Aula der Universität. 2. Aufl. Leipzig 1907, S. 14.
2 Ernst Cassirer: Cohen's Philosophy of Religion. In: Internationale Zeitschrift für Philosophie 1 (1996), S. 89–104, hier S. 91.

https://doi.org/10.1515/9783110758801-006

> Auf der reflektierten Methodenbasis des Vernunftkritizismus wird er [Cassirer, K. Z.] sich in der Folge auf sein Projekt einer ‚Grundlegung der Geisteswissenschaften' konzentrieren, in deren Durchführung die ‚Kritik der Vernunft' in ‚Kritik der Kultur' transformiert wird.³

Genauer zu beleuchten, welche Transformationen und Erweiterungen Kants Philosophie im Rahmen von Cassirers eigener Philosophie erfährt, ist im Rahmen einer Untersuchung seiner Kantrezeption hier nachfolgend aufgegeben. Damit verständlich wird, weshalb die Titel von ganzen Buchreihen *Cassirer und Kant* lauten könnten, wie der Cassirer-Biograph Thomas Meyer die Bedeutung Kants für Cassirer unterstreicht,⁴ wird zunächst ein intensiver Blick auf das Charakteristische am neukantianischen „Zurück auf Kant!" Marburger Färbung zu werfen sein. Ein zweiter Schritt versucht wesentliche Transformationen der kantischen Philosophie im Rahmen von Cassirers eigener Symbol- bzw. Kulturphilosophie zu erfassen und übersichtlich zu machen. Abschließend wird noch Cassirers Kant-Rezeption von ihrer aktiv-reaktiven Seite aus betrachtet, indem seine Verteidigung Kants in einer zeitgenössischen Auseinandersetzung – nämlich mit Martin Heidegger – zur Sprache kommt.

1 Philosophiegeschichtsphilosophie: ‚Kant in Marburg'

Karl-Heinz Lembeck hat in seinem Buch mit dem bezeichnenden Titel *Platon in Marburg* für Cohen und Natorp grundlegend gezeigt, dass und wie Philosophie auf ihre Geschichte verwiesen bleibt und, insofern sie ihre Aufgabe in Tradition und Überlieferung findet, auch allgemein in Gestalt einer Philosophie der Philosophiegeschichte auftritt.⁵ Es ist daher kein Zufall, dass sich ebenso gut ein Buch über *Cusanus in Marburg*⁶ verfassen lässt, für den eine lebenslange Rezeption und Beschäftigung bei sowohl Cohen als auch Cassirer nachweisbar ist, und analog ließe sich in die Reihe großer Denker des Idealismus mit noch größerem Recht ein ‚Kant in Marburg' einfügen. Von dem produktiv zu wendenden

---

3 Vgl. Internationale Ernst-Cassirer-Gesellschaft: Programmtext Symposium Cassirer und Kant. URL: http://www.warburg-haus.de/tagebuch/symposion-cassirer-und-kant/ [20.10.2018].
4 Thomas Meyer: Ernst Cassirer. Hamburg 2007, S. 191.
5 Vgl. Karl-Heinz Lembeck: Platon in Marburg. Platon-Rezeption und Philosophiegeschichtsphilosophie bei Cohen und Natorp. Würzburg 1994, S. 339–394.
6 Kirstin Zeyer: Cusanus in Marburg. Hermann Cohens und Ernst Cassirers produktive Form der Philosophiegeschichtsaneignung. Münster 2015.

historischen Bewusstsein, dass Philosophiegeschichte als Problemgeschichte bzw. als Geschichte von bestimmten Problemvorwürfen in ihrem Geltungsanspruch zu entdecken, zu kritisieren und in ihrer Reichweite neu zu bestimmen ist, zeugen selbst noch Nachzügler des Neukantianismus, wie der Existenzphilosoph Heinrich Barth (1890–1965), der seine umfassende, Natorp gewidmete Schrift *Philosophie der Erscheinung*[7] ausdrücklich in Gestalt einer *Problemgeschichte* vorlegte. Auch die Schriften Nicolai Hartmanns sind hier zu nennen, trotz seiner persönlichen Abkehr vom Neukantianismus.

Was das konkret für Cassirers Kantverständnis heißt, das der Grundintention nach an jenes von Cohen anschließt, hat Meyer pointiert zusammengefasst:

> Kant klärt mit seiner ‚kopernikanischen Wende' die seit den Vorsokratikern aufgeworfenen Probleme der Erkenntnistheorie auch deshalb, weil er von ihr ausgehend die Felder der praktischen Philosophie und der Ästhetik neu bestimmen kann. Mit dem ‚kritischen' Kant findet nicht nur eine Umformung der bisherigen Probleme und Antworten der Philosophiegeschichte statt. Mit Kant ist die Möglichkeit real geworden, von der Philosophie aus die gesamte ‚geistige Kultur' und das ‚Kulturbewusstsein' seit Platon zu rekonstruieren, auch das Neue und Unerwartete einzuordnen und auf die durch den Königsberger gesicherte ‚Einheit' menschlichen Wissens und Tuns zurückzuführen.[8]

Kant selbst scheint hier als ein Philosoph zu fungieren, der seinerseits Philosophiegeschichte fruchtbar macht. In der Tat entwickelt sich die Reihe der idealistischen Denker bei Cassirer insgesamt im Sinne eines Fortschritts oder Fortschreitens, das im Zeichen immer größerer systematischer Vollendung des zuvor schon Angelegten steht. Kants Philosophie gehe aber nicht nur über Descartes und Leibniz hinaus. Eine bloße Nachzeichnung von Geschichte, in der sich Darstellung und Interpretation ununterscheidbar verquicken und allenfalls dem Anspruch eines Eklektikers genügen, ist Cassirers Sache nicht. Für ihn, der mit Kant auch über diesen hinausgehen wird, um eine zeitgemäße Kritik der Kultur fruchtbar zu machen, übernimmt Kant vielmehr noch eine weitere wichtige Funktion, die in der Anerkennung der Tradition selbst besteht: „Nicht eine Destruktion der bisherigen Überlieferung, sondern deren Fortsetzung ist die Aufgabe von Traditionsübernahme."[9] Das beharrliche Beibehalten richtiger Einsichten führt auf der Darstellungsebene zu einer Ideengeschichte, die von Platon bis auf Kant oder – im Hinblick auf exakte Wissenschaft – von Leonardo

---

7 Heinrich Barth: Philosophie der Erscheinung. Eine Problemgeschichte. Teil 1: Altertum und Mittelalter. Basel 1947; ders.: Philosophie der Erscheinung. Eine Problemgeschichte. Teil 2: Neuzeit. Basel 1959.
8 Meyer: Ernst Cassirer (wie Anm. 4), S. 192.
9 Ebd., S. 193.

da Vinci über Galilei bis zur Relativitätstheorie Einsteins führt. Cassirer, der selbst keine eigenständige Religionsphilosophie verfasst hat, vermittelt im Exil englischen Studierenden Cohens Religionsphilosophie. Hier kommen ihm Konzepte, die im gemeinsamen Philosophiegeschichtsphilosophieren begegnen, wie die von Nikolaus von Kues, zum Ausdruck bzw. zur Hilfe.

In der Vorrede von *Kants Leben und Lehre* gibt Cassirer zu verstehen, die Schrift wende sich nicht an „solche Leser, die mit Kant und seiner Lehre schon in irgendeinem Sinne ‚fertig' zu sein glauben, sondern sie rechnet auf Leser, die noch mitten im *Studium* von Kants Werken stehen".[10] Dass Cassirer selbst nicht aufhören wird, sich aktiv mit Kant auseinanderzusetzen, davon zeugt ein weiterer Hinweis in derselben Vorrede:

> Und nicht minder verbot sich im Zusammenhang dieser Schrift der Versuch einer eigenen kritischen Um- und Weiterbildung der Kantischen Grundgedanken. Ich halte eine derartige Weiterbildung keineswegs für unmöglich: ja ich glaube, daß sie durch den Gehalt der kritischen Philosophie selbst, die kein metaphysisches Dogma aufstellen, sondern einen Weg und eine Weise der philosophischen Forschung bezeichnen will, notwendig geboten ist.[11]

In der mit „Einleitung und Problemstellung" übertitelten Einführung in den ersten Band der *Philosophie der symbolischen Formen* heißt es zunächst allgemein über die geschichtliche Entwicklung des Idealismus:

> Wo die realistische Weltansicht sich bei irgendeiner letztgegebenen Beschaffenheit der Dinge, als der Grundlage für alles Erkennen, beruhigt – da formt der Idealismus eben diese Beschaffenheit selbst zu einer Frage des Denkens um. Nicht nur in der Geschichte der Philosophie, sondern auch in der der Einzelwissenschaften wird dieser Fortgang erkennbar. Auch hier geht der Weg nicht einzig von den ‚Tatsachen' zu den ‚Gesetzen' und von diesen wieder zu den ‚Axiomen' und ‚Grundsätzen' zurück: sondern eben diese Axiome und Grundsätze, die auf einer bestimmten Stufe der Erkenntnis als der letzte und vollständige Ausdruck der Lösung dastehen, müssen auf einer späteren Stufe wieder zum Problem werden. Demnach erscheint das, was die Wissenschaft als ihr ‚Sein' und ihren ‚Gegenstand' bezeichnet, nicht mehr als ein schlechthin einfacher und unzerleglicher Tatbestand, sondern jede neue Art und jede neue Richtung der Betrachtung schließt an ihm ein neues Moment auf.[12]

Dieser Passus ist zugleich charakteristisch für Cassirers eigenen Ansatz, der in Anknüpfung an die früheren, mehr systematisch-erkenntnistheoretischen Ar-

---

10 Ernst Cassirer: Kants Leben und Lehre. Berlin 1918, S. V.
11 Ebd., S. IX.
12 Ernst Cassirer: Philosophie der symbolischen Formen. Erster Teil. Die Sprache. Berlin 1923 [ND Darmstadt [10]1994], S. 4f.

beiten zur historischen Akzentverschiebung vom Substanzbegriff zum Funktionsbegriff nun stärker zu den unterschiedliche Momente aufschließenden Formen des Verstehens von Welt übergeht. Es ist ein Übergang insbesondere von den kleinschrittigen Arbeiten zum Zusammenschluss vom Besonderen zum System, kantisch gesprochen der Synthesis, in der Einzelnes erst innerhalb des Prozesses des diskursiven Denkens seine theoretisch fixierte Bestimmtheit erhält,[13] zu einer die Kulturerscheinungen in ihrer Totalität fokussierenden Phänomenologie der Erkenntnis. So legt sich die Symbolphilosophie die zentrale Frage nach der Erzeugung von Sinn und Bedeutung vor und gelangt dabei im Kern zu der Einsicht, dass die Einheit von Sinn und Sinnlichkeit durch eine Beziehung der Wahrnehmung selbst gestiftet wird, die im Hin und Her vom Darstellenden zum Dargestellten den Aufbau des Bewusstseins beherrscht.

Der Gewährsmann für die Ausweitung des Problembereichs ist für Cassirer wiederum Kant, der im Übergang zur Entwicklung des „Systems der reinen Vernunft" im Rahmen der drei Kritiken selbst bemerkt habe, dass der mathematisch-naturwissenschaftlich bestimmte Gegenstand zu eng gefasst bleibe und nicht alle Wirklichkeit, nicht alle Wirksamkeit des Geistes und seiner Spontaneität betreffe. Im Reich der Freiheit, das Kant in der *Kritik der praktischen Vernunft* in Angriff nimmt, oder in der Kunst, die uns auf die *Kritik der Urteilskraft* führt, treten laut Cassirer je neue Seiten dieser Wirklichkeit heraus.[14] Wer sich einmal die Mühe macht, allein die Vorrede zur zweiten Auflage der *Kritik der reinen Vernunft* aufmerksam zu lesen, wird Cassirer hierin zustimmen müssen. Er behauptet:

> Diese *allmähliche* Entfaltung des kritisch-idealistischen Begriffs der Wirklichkeit und des kritisch-idealistischen Begriffs des Geistes gehört zu den eigentümlichen Zügen des Kantischen Denkens und ist geradezu in einer Art Stilgesetz dieses Denkens begründet. Die echte, die konkrete Totalität des Geistes soll nicht von Anfang an in einer einfachen Formel bezeichnet und gleichsam fertig hingegeben werden, sondern sie entwickelt, sie findet sich erst in dem stetig weiterschreitenden Fortgang der kritischen Analyse selbst.[15]

An diesen Fortgang knüpft Cassirer an, ohne die Einsicht in die ‚kopernikanische Drehung' (wie Cassirer die ‚Wende' bezeichnet), mit der Kant begonnen hatte, preiszugeben. Für ihn liegt das „Grundprinzip kritischen Denkens" im „‚Prinzip' des Primats der Funktion von dem Gegenstand", das in jedem Son-

---

13 Vgl. Ernst Cassirer: Sprache und Mythos. Beitrag zum Problem der Götternamen. In: Ders.: Wesen und Wirkung des Symbolbegriffs. 8. Aufl. Darmstadt 1994, S. 71–158, hier S. 95f.
14 Cassirer: Philosophie. Erster Teil (wie Anm. 12), S. 10.
15 Ebd.

dergebiet eine neue Gestalt annimmt und eine neue selbstständige Begründung verlangt.[16] Als Sondergebieten widmet sich Cassirers Analyse vor allem der Funktion der Sprache, der Funktion des mythisch-religiösen Denkens und der der künstlerischen Anschauung. Daher heißt im Rückgriff auf Kant die aus der Vorrede zum ersten Band der *Philosophie der symbolischen Formen* viel zitierte Stelle:

> Die Kritik der Vernunft wird damit zur Kritik der Kultur. Sie sucht zu verstehen und zu erweisen, wie aller Inhalt der Kultur, sofern er mehr als bloßer Einzelinhalt ist, sofern er in einem allgemeinen Formprinzip gegründet ist, eine ursprüngliche Tat des Geistes zur Voraussetzung hat.[17]

2 Differenzen zur kantischen Philosophie

Auf den ersten Blick bieten sich fast ausnahmslos Gemeinsamkeiten mit der kantischen Philosophie. Bis in schwierige Fragen hinein lehnt sich Cassirer an Kant an, etwa, wenn er sein Konzept der ‚symbolischen Prägnanz' verteidigt. Unter ‚symbolischer Prägnanz' wird, wie wir andeutungsweise bereits sahen, die Art verstanden, „in der ein Wahrnehmungserlebnis, als ‚sinnliches' Erlebnis, zugleich einen bestimmten nicht-anschaulichen ‚Sinn' in sich faßt und ihn zur unmittelbaren konkreten Darstellung bringt".[18] Cassirer illustriert den Gedanken an dem optischen Gebilde eines einfachen Linienzuges, der sich, je nachdem, in welchem Sinn er genommen wird, etwa als geometrische Figur, als mythisches Wahrzeichen oder als ästhetisches Ornament erblicken lässt. Die Schwierigkeit dieses Beispiels entzündet sich an der Frage, wie dieser Linienzug an sich geartet sein muss, um doch für anscheinend für alle Bedeutungen die gemeinsame Grundlage zu bilden. Der Verschiebung des Augenmerks von der Frage nach dem Sinn erzeugenden Prinzip hin zum Träger des Sinns in seiner faktischen oder ontischen Beschaffenheit hält Cassirer mit dem kantischen Ding an sich den Linienzug als bloßen ‚Grenzbegriff' der erkenntnistheoretischen Reflexion entgegen. Cassirer interessiert sich nicht für eine Lehre von der Unerkennbarkeit des Dinges an sich, sondern für die Objektivität der Erkenntnis, die in der freien Spontaneität des Geistes gesichert ist. Für diese Deutung lässt sich

---

[16] Ebd., S. 11.
[17] Ebd.
[18] Ernst Cassirer: Philosophie der symbolischen Formen. Dritter Teil. Phänomenologie der Erkenntnis. Berlin 1929 [ND Darmstadt [10]1994], S. 235.

etwa eine kantische Einsicht aus dem *Opus postumum* anführen, dass das Ding an sich nur das Prinzip bedeute, dass es „nichts Empirisches sei, was den Bestimmungsgrund der Möglichkeit der Erfahrung enthält", also kein ablesbares Datum, sondern lediglich die „bloße Vorstellung seiner eigenen Tätigkeit".[19] Cassirer setzt jedenfalls die Erkenntniskritik im Sinne einer nichtnaturalistischen Philosophie des Geistes fort.

Dennoch lassen sich gerade dem Linienbeispiel spezifische Differenzen zur kantischen Philosophie entnehmen. So muss etwa die strenge kantische Unterscheidung zwischen Wahrnehmungs- und Erfahrungsurteilen gelockert werden, wenn Cassirer behauptet, der Linienzug sei als eine allgemeine geometrische Gesetzlichkeit wahrnehmbar, weil theoretische Gesetzlichkeiten bereits einen Schritt zur Erfahrung voraussetzen.[20]

Im Zuge seiner Konzeption der gegliederten Wahrnehmung verwirft Cassirer ferner Kants Annahme zweier Stämme der menschlichen Erkenntnis, die laut der *Kritik der reinen Vernunft* „vielleicht aus einer gemeinschaftlichen, aber uns unbekannten Wurzel entspringen, nämlich Sinnlichkeit und Verstand, durch deren ersteren uns Gegenstände gegeben, durch den zweiten aber gedacht werden".[21] Die Unterscheidung nehme Kant nachträglich zum ursprünglichen Phänomen vor, weshalb er die Lösung verfehle, die in der ursprünglichen Repräsentationsleistung des Bewusstseins liege, indem es zur Entfaltung bringe, was der Möglichkeit nach schon in ihm beschlossen liege.[22]

Trotz der Deutung des *Dings an sich* als eines Grenzbegriffs übernimmt Cassirer grundsätzlich nicht die Unterscheidung von ‚Erscheinung' und ‚Ding an sich'.[23] Das hängt mit den anti-realistischen Tendenzen in Cassirers Philosophie zusammen, die sich nicht damit vertragen, dass Kant auf der Kehrseite des transzendentalen Idealismus zugleich empirischer Realist ist. Cassirer lasse kein „dem Apriori des Denkens gegenüber selbständiges Ding an sich, an dem

---

19 Immanuel Kant: Opus postumum. 2 Bde. Hg. v. Artur Buchenau. Berlin u. Leipzig 1936–1938, hier Bd. 2, VII. Convolut, II. Bogen, 3. Seite u. III. Bogen, 4. Seite.
20 Vgl. Cassirer: Philosophie. Dritter Teil (wie Anm. 18), S. 233. Zu den Differenzen zur kantischen Philosophie bei Cassirer vgl. Kirstin Zeyer: Erkenntnistheorie im 20. Jahrhundert. Die kontroversen klassischen Positionen von Spicker, Cassirer, Hartmann, Dingler und Popper. Hildesheim u. Zürich 2005, S. 97–100 und passim.
21 Immanuel Kant: Kritik der reinen Vernunft. Hg. v. Wilhelm Weischedel. Frankfurt a.M. 1995, S. 29.
22 Vgl. Cassirer: Philosophie. Erster Teil (wie Anm. 12), S. 40.
23 Vgl. für eine ausführliche Analyse von Cassirers Kant-Rezeption in Bezug auf die Unterscheidung zwischen ‚Ding an sich' und ‚Erscheinung' Claudio Almir Dalbosco: Ding an sich und Erscheinung. Perspektiven des transzendentalen Idealismus. Würzburg 2002, S. 38–56.

sich der Begriff erst zu bewähren habe" zu und „vice versa keinen Begriff, der, wenn auch leer, ohne Anschauung gedacht werden könnte": „In möglichen Phänomenen – seien sie noch so amorph – symbolisiert sich immer der Inbegriff, andernfalls sind die ‚für uns nichts', auch wenn wir dies ‚vergessen'. Cassirer kennt kein Ding an sich."[24]

Ebenfalls anders gefasst wird von Cassirer die Konzeption der Wahrnehmung, die bei Kant auf ein zerstreut im Gemüt liegendes ‚Mannigfaltiges' geht, das in jeder Erscheinung enthalten sei und dessen Ordnung erst hergestellt werden müsse. Die kantische Voraussetzung, nach der Mannigfaltigkeit gegeben sei und Einheit hergestellt werde, zieht den Entwurf einer relativ komplizierten Theorie nach sich. Bei Cassirer ist es die Wahrnehmung selbst, die sich als aktiv und gegliedert erweisen wird.

Für all diese hier nur kurz skizzierten Relativierungen der kantischen Philosophie gilt, dass sie im Zeichen der symbolphilosophischen Erfassung sämtlicher geistiger wissenschaftlicher Leistungen stehen, womit diese zugleich als Leistungen des menschlichen Bewusstseins aufgefasst werden. Wenn sich sämtliche Symbolbereiche aber nur noch dem *Grad* nach, aber nicht mehr der *Art* nach unterscheiden, dann droht auch die Unterscheidung von Geistes- und Naturwissenschaften hinfällig zu werden.

Einem Fundierungsmotiv Cassirers im Zusammenhang mit Mathematik, Geometrie und Naturwissenschaften ist Karl-Norbert Ihmig in seinem Buch *Cassirers Invariantentheorie der Erfahrung und seine Rezeption des ‚Erlanger Programms'* (1997) ausführlicher nachgegangen. Hierbei handelt sich um Kants Grundgedanken von einem System der Erfahrung, der sich in Cassirers ‚Invariantentheorie der Erfahrung' wiederfindet. Im Widerspruch zu Kant, der bis zuletzt daran festhält, dass es nur einen Raum und nur eine Zeit gibt, unternimmt Cassirer zunächst eine Rückführung verschiedener Geometrien auf die Raumanschauung. Ihmig spricht hier von einer Bedeutungsverschiebung, die der Begriff des Apriori erfahre:

> Wenn man reine Anschauungen, Kategorien und Ideen als Invarianten versteht, die gewisse Objektivitätsstufen unterschiedlicher Ordnung begründen, das *System* dieser Stufen aber als *in sich veränderlich* auffaßt, dann sind diese Invarianten zwar apriorische Bestimmungen in dem Sinne, daß sie ihren Ursprung nicht in der Erfahrung haben, aber sie können sich unter dem Einfluß der Entwicklung der wissenschaftlichen Erfahrung auch verändern. Das (unbedingte) Apriori Kants verwandelt sich auf diese Weise in ein relatives Apriori. Die apriorischen Bestimmungen bleiben jedoch insofern gegenstandskonstitutiv,

---

[24] Enno Rudolph: Ernst Cassirer im Kontext. Kulturphilosophie zwischen Metaphysik und Historismus. Tübingen 2003, S. 35.

als jeder Gegenstand der (wissenschaftlichen) Erfahrung, um als objektiver Gegenstand erkannt werden zu können, immer die Zuordnung zu einem Komplex solcher Bestimmungen voraussetzt.[25]

Mit Ihmig lässt sich die Frage stellen, ob hinter Cassirers Invariantentheorie nicht ein Zirkel steckt:

> Wenn Cassirer annimmt, daß sein System der Invarianten der Erfahrung einerseits als Bedingung der Möglichkeit der (wissenschaftlichen) Erfahrung anzusehen ist, wie kann er dann andererseits die Ansicht vertreten, daß dieses System durch die Erfahrung (bzw. die Erfahrungswissenschaften) einer Korrektur fähig ist?[26]

Aus Cassirers Perspektive, in der das absolute Apriori nach dem Muster Kants apriorischer Anschauungsform fallen gelassen ist, erweist sich der Zirkel in der Tat als unvermeidlich, aber nicht als vitiös.

3 Kant als Dreh- und Angelpunkt in zeitgenössischen Auseinandersetzungen

Man wird, wollte man auf die angesprochenen Differenzen vertieft eingehen, erneut ganze Buchreihen zu Cassirer und Kant füllen und in großer Zahl auch jetzt schon berücksichtigen können. Am Fall Kant wird damit wenigstens andeutungsweise und paradigmatisch klar, dass das auch von mir selbst vielfach gepriesene Verständnis von Philosophiegeschichte bei den Neukantianern im Allgemeinen und beim Kulturphilosophen Cassirer im Besonderen alles andere als voraussetzungslos oder unverfänglich ist.

Die Schwierigkeiten haben freilich bereits Zeitgenossen von Cassirer gesehen, weshalb zum Schluss noch ein kurzer Blick auf Auseinandersetzungen fallen soll, in der Kants Lehre als Dreh- und Angelpunkt fungiert. Berühmt geworden ist vor allem die sogenannte *Davoser Disputation*[27] zwischen Cassirer und Martin Heidegger (1889–1976). Die öffentliche Veranstaltung fand anläss-

---

25 Karl-Norbert Ihmig: Cassirers Invariantentheorie der Erfahrung und seine Rezeption des ‚Erlanger Programms'. Hamburg 1997, S. 253.
26 Ebd., S. 247.
27 Vgl. Martin Heidegger: Davoser Disputation zwischen Ernst Cassirer und Martin Heidegger. In: Friedrich-Wilhelm von Herrmann (Hg.): Kant und das Problem der Metaphysik. Frankfurt a.M. 1991, S. 274–296. Es sei ergänzt, dass von der Disputation keine wortgetreue Niederschrift vorliegt.

lich der 2. Davoser Hochschulkurse vom 17. März bis 6. April 1929 statt und somit zu einem Zeitpunkt, als der dritte Band der *Philosophie der symbolischen Formen* zur *Phänomenologie der Erkenntnis* kurz vor der Veröffentlichung stand. Seit der 1918 veröffentlichten Kant-Monographie stand für den kantischen Cassirer das Vorgehen fest, dass nicht mit der Frage danach, was das Sein ist, begonnen werden solle, sondern mit der Feststellung, was die Frage nach dem Sein überhaupt „bedeutet", so dass nicht lediglich zu zeigen sei, wie unter der Voraussetzung einer bestimmten „Struktur" der Gegenstandswelt die Form der „Objektivität" in die der „Subjektivität" übergeht, sondern zuallererst erklärt werden müsse, was der Begriff der Wirklichkeit, was der Anspruch auf Objektivität überhaupt besage.[28] Es ist typisch für Cassirer, immer dann auf Kant zurückzugreifen, wenn er sich missverstanden glaubt oder wenn er Missverständnisse zu vermeiden sucht. So auch in der Davoser Disputation,[29] in der er Heidegger zunächst zugibt, dass Kant keineswegs die Seinsfrage beseitige, dann aber unter Anführung der ‚Kopernikanischen Drehung' davor warnt, die Seinsfrage im Sinne der alten dogmatischen Metaphysik zu missdeuten. Durch eine derartige Wendung nähme sie eine viel kompliziertere Gestalt an, wenn nun der Frage nach der Bestimmtheit der Gegenstände eine Frage nach der Seinskonstitution von Gegenständlichkeit überhaupt vorausginge. Zudem müsste dann das, was von dieser Gegenständlichkeit überhaupt gelte, nun auch von jedem Gegenstand gelten, der innerhalb dieser Seinsstruktur ist. Für Cassirer gibt es nach Kants Wendung keine einzige ‚Seinsstruktur' mehr, sondern nur noch ganz verschiedene mit je neuen apriorischen Voraussetzungen, die eine ganz neue Vielfältigkeit in das Gegenstandsproblem als solches hineinbringen. Da Cassirer die Substanz als das Sein der alten Metaphysik zu einem Sein wendet, das von einer Mannigfaltigkeit von funktionellen Bestimmungen und Bedeutungen ausgeht, sieht er diesen Punkt als den wesentlichen Unterschied zur Position Heideggers an.

Dass Cassirers Argumentation im Einzelnen von verschiedenen Seiten als unnötig schwach angesehen wurde, hängt auch damit zusammen, dass er auf starke Worte wie etwa die Berufung auf den ‚Logos' verzichtet und stattdessen mit Heidegger den empirischen Menschen unvorsichtig lange in das Zentrum der Diskussion rücken lässt, bevor er zum nichtempirischen Projekt zurückschwenkt. Ungeachtet der Differenzen zwischen den Individuen ermöglicht für Cassirer gerade das allen Individuen gemeinsame Medium der Sprache den gesuchten objektiven Brückenschlag:

---

28 Vgl. Cassirer: Kants Leben (wie Anm. 10), S. 156.
29 Vgl. Heidegger: Disputation (wie Anm. 27), S. 294.

> Das ist, was ich die Welt des objektiven Geistes nennen möchte. Vom Dasein aus spinnt sich der Faden, der durch das Medium eines solchen objektiven Geistes uns wieder mit anderem Dasein verknüpft. Und ich meine, es gibt keinen anderen Weg von Dasein zu Dasein als durch diese Welt der Formen. Es gibt dieses Faktum.[30]

Blieb Cassirers Abgrenzung gegen Heideggers Daseinsanalytik angeblich ‚schwach', so wurde seine Abgrenzung zum Empirismus auch schon als zu ‚blass' moniert. Tatsächlich korrespondierte Cassirer rege mit Vertretern des logischen Empirismus, neben Hans Reichenbach (1892–1953) und Rudolf Carnap (1891–1970) auch mit dem Begründer des Wiener Kreises, Moritz Schlick (1882–1936). Vor allem die Auseinandersetzung mit Schlick, der eine realistische Kant-Interpretation vertritt und die komplexe transzendentale Einstellung Cassirers übersieht, verdeutlicht erkenntnistheoretische Differenzen. Cassirer selbst monierte Schlicks „Realismus der Wirklichkeitstheorie" ausdrücklich als Missverständnis.[31] Ohne auf dieses oder weitere Beispiele näher eingehen zu können, wird mit Cassirer doch deutlich, dass es über den Neukantianismus hinaus und ungeachtet von Grenzen zwischen Geistes- und Naturwissenschaft bis ins erste Drittel des 20. Jahrhunderts hinein eine lebendige Kant-Diskussionskultur gegeben hat.

---

30 Ebd., S. 293.
31 Ernst Cassirer: Erkenntnistheorie nebst den Grundfragen der Logik und Denkpsychologie. In: Jahrbücher der Philosophie 3 (1927), S. 31–92, hier S. 70.

Constantin Plaul
Dilthey – ein Neukantianer?

Schaut man unter dem Stichwort ‚Kantianismus' oder ‚Neukantianismus' in die einschlägigen Wörterbücher, so sucht man den Namen Wilhelm Dilthey (1833–1911) vergebens. Es werden Genealogien aufgemacht, die bis zu Friedrich Albert Lange (1828–1875) zurückreichen, oder unterschiedliche Gruppen zusammengehöriger Philosophen – und Theologen – beschrieben. Zu deren wichtigsten gehören dann bekanntlich die Marburger Schule um Hermann Cohen (1842–1918), die Südwestdeutsche Schule um Wilhelm Windelband (1848–1915) und Heinrich Rickert (1863–1936) sowie der sogenannte Kritizismus um Alois Riehl (1844–1924).

Dilthey taucht in diesem Panorama nicht auf. *Prima facie* ist sein Fehlen nicht bemerkenswert, gilt er in philosophischer Hinsicht in der Regel doch als Vertreter der hermeneutischen Philosophie oder Lebensphilosophie. Die damit bezeichneten Strömungen werden nicht dem Neukantianismus zugerechnet. Darüber hinaus lassen sich nicht wenige durchaus kritische Äußerungen Diltheys über die kantische Philosophie finden. Eine der bekanntesten stammt aus der Vorrede zu Diltheys 1883 erschienener *Einleitung in die Geisteswissenschaften*. In einer viel zitierten Bemerkung setzt er sich hier *expressis verbis* und in einer durchaus ätzend klingenden Redeweise von Kant ab, wenn er feststellt:

> In den Adern des erkennenden Subjekts, das Locke, Hume und Kant konstruierten, rinnt nicht wirkliches Blut, sondern der verdünnte Saft von Vernunft als bloßer Denktätigkeit. Mich führte aber historische wie psychologische Beschäftigung mit dem ganzen Menschen dahin, diesen, in der Mannigfaltigkeit seiner Kräfte, dies wollend fühlend vorstellende Wesen auch der Erklärung der Erkenntnis und ihrer Begriffe [...] zugrunde zu legen.[1]

Es wäre ein Leichtes, weiteres Material aus Diltheys publizierten und nicht veröffentlichten Schriften zusammenzutragen, in denen er ähnlich lautende Einschätzungen bietet. Es lassen sich allerdings auch gegenläufige Urteile finden. So spricht er etwa in einer seiner ersten Frühschriften[2] von „Kants Kritiken" als

---

[1] Wilhelm Dilthey: Einleitung in die Geisteswissenschaften. Versuch einer Grundlegung für das Studium der Gesellschaft und der Geschichte. In: Ders.: Gesammelte Schriften. 26 Bde. Bd. I. Hg. v. Bernhard Groethuysen. Stuttgart u. Tübingen 1914, S. XVIII.
[2] Gemeint ist Diltheys preisgekrönte Arbeit zur Geschichte der Hermeneutik in der Neuzeit, die er in Reaktion auf eine Preisaufgabe der Schleiermacher-Stiftung verfasste. Die Aufgabenstellung lautete: „Das eigentümliche Verdienst der Schleiermacherschen Hermeneutik ist durch

den „ehernen Toren" am „Eingang aller Bestrebungen unseres Jahrhunderts, die auf die Wissenschaften des Geistes gerichtet sind".[3] Zudem gibt es eine Vielzahl von Einzeleinschätzungen in unterschiedlichen enzyklopädischen und systematischen Zusammenhängen, in denen Dilthey durchaus positiv auf Kant Bezug nimmt und seine eigenen Überlegungen ausgehend von dessen Denken entwickelt. Aus dem Bereich von Diltheys erkenntnispsychologischen Untersuchungen wäre etwa auf eine Vorlesungsankündigung aus dem Sommersemester 1878 zu verweisen, also genau derjenigen Zeit, in der er sich über die Grundlinien seiner eigenen Konzeption klar wurde. In jener Ankündigung heißt es, „Prof. Dilthey" bleibe in seinen Ausführungen „auf dem Standpunkte Kants".[4] Weitere Beispiele ließen sich ergänzen.

Vor diesem Hintergrund ergibt sich ein gemischtes Bild. Dilthey kann mit Sicherheit nicht einfach als Kantianer bezeichnet werden. Ebenso wenig können aber auch jene positiven Anknüpfungspunkte außer Acht gelassen werden, wenn man Diltheys Verhältnis zu Kant angemessen in den Blick bekommen möchte. Freilich lässt sich fragen, ob überhaupt je ein ernst zu nehmender Denker, eine ernst zu nehmende Denkerin nach Kant dessen Philosophie unmittelbar fortzusetzen versucht habe. Das trifft ja gerade auch auf die sogenannten Neukantianer nicht zu, die in ihrer Orientierung an Kant in der Regel immer auch durchaus eigene Wege beschritten und sein Erbe auf eine konstruktive Weise fortgeführt haben. Stellt man diese Mehrdeutigkeit in Rechnung, so ist es nicht von vornherein unsinnig zu fragen, ob nicht auch Diltheys Denken eine Spielart des Neukantianismus im weiteren Sinne darstellt. Dies könnte anhand

---

Vergleichung mit älteren Bearbeitungen dieser Wissenschaft, namentlich von Ernesti und Keil, ins Licht zu setzen." (In einem Brief vom 4. März 1860 an seine Eltern zitiert Dilthey den genauen Wortlaut, vgl. Wilhelm Dilthey: Briefwechsel. Bd. I: 1852–1882. Hg. v. Gudrun Kühne-Bertram u. Hans-Ulrich Lessing. Göttingen 2011, S. 131). Dilthey hat diesen Text als solchen nie veröffentlicht, sondern lediglich manche Passagen in publizierten Schriften verwendet. In den *Gesammelten Schriften* ist er unter dem Titel *Das hermeneutische System Schleiermachers in der Auseinandersetzung mit der älteren protestantischen Hermeneutik* aufgenommen worden (vgl. Wilhelm Dilthey: Leben Schleiermachers. Zweiter Band: Schleiermachers System als Philosophie und Theologie. Aus dem Nachlaß von Wilhelm Dilthey. In: Ders.: Gesammelte Schriften. 26 Bde. Bd. XIV. Hg. v. Martin Redeker. Stuttgart u. Tübingen 1966, S. 594–787, abzüglich S. 612–615). Zur geschichtlich-systematischen Rekonstruktion dieser Schrift und ihrer Einbettung in Diltheys Gesamtwerk vgl. Constantin Plaul: Verstehen und Religion im Werk Wilhelm Diltheys. Theologische Dimensionen auf kulturphilosophischer Grundlage. Tübingen 2019, S. 19–113.

3 Dilthey: Leben (wie Anm. 2), S. 669.
4 Zit. nach Karl-Heinz Lembeck: Kantianismus oder Neukantianismus in Diltheys Psychologie? In: Dilthey-Jahrbuch für Philosophie und Geschichte der Geisteswissenschaften 10 (1996), S. 38–60, hier S. 45.

unterschiedlicher systematischer Zusammenhänge des diltheyschen Denkens untersucht werden, etwa in ästhetischer, ethischer oder auch religionstheoretischer Hinsicht. Ich möchte den Blick im Folgenden auf den erkenntnistheoretischen Kontext lenken, da Diltheys konstruktiv-kritischer Kantbezug hier besonders gut zum Vorschein kommt. Darüber hinaus wird sich zugleich ein Ausblick auf den Grundcharakter von Diltheys Philosophie insgesamt ergeben, die man als eine interpretative oder auch hermeneutische Theorie bezeichnen kann.

Meine folgenden Ausführungen gliedern sich in vier Abschnitte: Im Ausgang von Diltheys erkenntnistheoretischem Grundansatz soll es erstens um eine eher implizite Bezugnahme auf Kant gehen, in der konstruktive wie kritische Aspekte gleichermaßen eine Rolle spielen. Im Anschluss daran wird, zweitens, eine ausdrückliche und zunächst dezidiert positive Bezugnahme im Fokus stehen, die mit Kants Einsicht in die Kategorialität aller Erfahrung zusammenhängt. Wie Dilthey diese Einsicht dann kritisch weiterentwickelt, wird im dritten Abschnitt zu zeigen sein, um von hier aus, viertens, einen Ausblick auf Diltheys hermeneutisches Denken zu unternehmen.[5]

I.

Um den impliziten Berührungspunkt ins Auge fassen zu können, ist es notwendig, kurz etwas zu Diltheys erkenntnispsychologischer Grundthese zu sagen. Ihr zufolge sind dem Menschen alle Gehalte seiner unterschiedlichen Erfahrungen nicht anders denn im Medium der Tatsachen seines eigenen Bewusstseins gegeben. Für das Feld des Fühlens und des Wollens ist diese Behauptung unproblematisch. Im Blick auf die Wahrnehmung außenweltlicher Tatbestände und Sachverhalte hingegen bedarf es einer eigenen Begründung, scheinen die außenweltlichen Tatbestände und Sachverhalte auf dem Standpunkt des alltäglichen Lebens[6] in der Regel doch so gegeben, als ob man sich direkt auf sie beziehen könnte, wie sie an sich sind. Wie aber lässt sich gegenüber einer solchen

---

5 Die folgenden Ausführungen basieren teilweise auf Untersuchungen meiner Dissertationsschrift, vgl. Plaul: Verstehen (wie Anm. 2), S. 120–152.
6 Dilthey spricht diesbezüglich – Husserls spätere Terminologie vorwegnehmend – auch vom Standpunkt des „natürlichen Bewußtsein[s]" (Wilhelm Dilthey: Grundlegung der Wissenschaften vom Menschen, der Gesellschaft und der Geschichte. Ausarbeitungen und Entwürfe zum Zweiten Band der Einleitung in die Geisteswissenschaften (ca. 1870–1895). In: Ders.: Gesammelte Schriften. 26 Bde. Bd. XIX. Hg. v. Helmut Johach u. Frithjof Rodi. Leipzig u. Stuttgart 1982, S. 15).

Einstellungsweise der Sachverhalt zur Geltung bringen, dass dingliche „Gegenstände so gut als Willensakte, ja die ganze unermeßliche Außenwelt so gut als mein Selbst [...] zunächst Erlebnis in meinem Bewußtsein (ich nenne das Tatsache des Bewußtseins) sind"?[7]

Der psychologisch-deskriptive Befund, auf den Dilthey zunächst verweist, besteht darin, dass „in den meisten Fällen [meiner äußeren Wahrnehmung, C. P.] [...] mit dem Auftreten des Objektes ein Innewerden des Bewußtseinsvorgangs, vermöge dessen er für mich da ist, verbunden"[8] ist. Dilthey hat insbesondere die den Aufbau der eigenen Wahrnehmungen „*begleiten*[*den*]"[9] leiblich-geistigen Erfahrungen vor Augen, die mir die Meinigkeit meiner Wahrnehmungsbestände eindrücklich machen: beispielsweise die „Organgefühle im auffassenden Sinn" oder auch die „Spannung der Aufmerksamkeit" und die „Richtung, welche der Wille dem Sinn gibt".[10] Bereits durch den Gebrauch der eigenen Sinnesorgane bzw. deren intentional gesteuerte Tätigkeitsweise und den damit einhergehenden vorreflexiven Selbstvollzügen vermag dem Subjekt in der Wahrnehmung also ein Begleitbewusstsein davon zu entstehen, dass die äußeren Wahrnehmungsgehalte in gewisser Hinsicht Produkte des eigenen Bewusstseinslebens darstellen.

Es ist genau jener Begriff des ‚Begleitens', durch den eine gewisse Nähe zu Kants Erkenntnistheorie angezeigt wird. So heißt es in § 16 der *Kritik der reinen Vernunft*: „Das: Ich-denke, muß alle meine Vorstellungen begleiten können."[11] Das ist nicht zuletzt deshalb der Fall, weil für Kant alle Vorstellungen als Resultat einer synthetisierenden Tätigkeit begriffen werden müssen. Insofern diese Tätigkeit aber nur durch die Instanz des Selbstbewusstseins erbracht werden kann, muss letzteres eben alle Vorstellungen ‚begleiten können'. Wie eben gesehen, spricht auch Dilthey von einem Begleitbewusstsein, das dem Subjekt die jeweilige Subjektivität seiner Bewusstseinszustände und -prozesse eindrücklich macht. Zwar ist bei Dilthey nicht von einem begleitenden Ich-Denke, sondern von begleitenden psychophysischen Empfindungen die Rede. Diese haben in seiner Konzeption aber keine andere Funktion, als dem Subjekt die jeweilige subjektive Eigenheit seiner Erfahrungsvollzüge zu vermitteln. In Analogie zu Kant geht also auch Dilthey davon aus, dass sich die eigene Subjektivität der äußeren Erfahrung in einem spezifischen Begleitbewusstsein des Subjekts artikuliert.

---

7 Dilthey: Grundlegung (wie Anm. 6), S. 59.
8 Ebd., S. 60.
9 Ebd., S. 69.
10 Ebd.
11 KrV B 131f.

Dilthey behauptet freilich nicht, dass mir als äußerlich wahrnehmendem Subjekt in jedem einzelnen Moment meines Bewusstseinslebens der eigene Vollzug meiner Wahrnehmungen explizit präsent wäre.[12] Denn eine solche Behauptung würde nicht den realen Phänomenen des Bewusstseinslebens gerecht werden – wie schon aus dem Blick auf das Alltagsbewusstsein erhellt, das ja gerade dadurch charakterisiert ist, dass in ihm der Anschein einer unmittelbaren Gegebenheit vorherrscht. Dass die betreffenden Gegenstandswahrnehmungen dennoch im angegebenen Sinne unter der Bedingung meines Bewusstseins stehen, lässt sich für Dilthey deskriptiv aber dadurch aufweisen, dass ich „*in einem jeden Fall*, gleichviel wie tief ich in den Gegenstand versenkt sein mag, sobald ein Antrieb dazu von außen oder innen herbeigeführt wird, *dazu imstande* [*bin*], dessen inne zu werden, daß das ganze Schauspiel der Außenwelt [...] in einem Vorgang von Wahrnehmung für mich da und sonach eine Tatsache meines Bewußtseins ist".[13] Auch Kant hatte übrigens nicht behauptet, dass alle meine Vorstellungen von einem Ich-Denke begleitet sind, sondern von einem Ich-Denke müssen begleitet werden können. Anders gesagt: Das Bewusstsein um die Subjektivität von Erfahrung muss nicht in jedem Fall explizit werden, es muss aber prinzipiell in jedem Fall expliziert werden können. Diese kantische Grundeinsicht macht Dilthey sich zu eigen, wenn er sie auch psychologisch transformiert.[14]

---

12 „Ich sage ausdrücklich nicht, daß ich in jedem Fall, in welchem ein Gegenstand da ist, mir per se unmittelbar bewußt sei, daß dieser Gegenstand eine Tatsache meines Bewußtseins sei." Denn dies „würde einschließen, daß jede Wahrnehmung eines Gegenstandes per se mit einem [sc. ausdrücklichen] Innewerden davon verbunden sei, daß ihr Gegenstand in einem Vorgang meines Bewußtseins gegeben ist, und dies wäre zuviel behauptet" (Dilthey: Grundlegung, wie Anm. 6, S. 60).
13 Ebd., S. 60f.
14 Eine psychologische Lesart des kantischen Gedankens des Begleitens findet sich übrigens bereits bei Schleiermacher, vgl. etwa aus seiner Dialektik-Vorlesung von 1822: „Das unmittelbare Selbstbewußtsein ist aber nicht nur im Uebergang [von Denken zu Wollen, C. P.]; sondern sofern Denken auch Wollen ist und umgekehrt, muß es auch in jedem Moment sein. Und so finden wir auch das Gefühl als beständig jeden Moment sei er nun vorherrschend denkend oder wollend immer begleitend." (Friedrich Daniel Ernst Schleiermacher: Vorlesungen über die Dialektik. 2 Teilbände. In: Ders.: Kritische Gesamtausgabe. II. Abt. Bd. 10/1–2: Vorlesungen über die Dialektik. Hg. v. Andreas Arndt. Berlin u. New York 2002, S. 266). Mit Schleiermachers Leben und Werk hat Dilthey sich bekanntlich intensiv auseinandergesetzt. Theologische und philosophische Schleiermacher-Schüler waren in seiner Berliner Studienzeit seine Lehrer, wie etwa August Twesten (1789–1876) oder Friedrich Adolf Trendelenburg (1802–1872). Bei letzterem verfasste er sowohl seine Promotion (über die Prinzipien von Schleiermachers Ethik) als auch seine Habilitation. Eine Untersuchung der ideengeschichtlichen Hintergründe von Diltheys Kantverständnis hätte nicht zuletzt diese Zusammenhänge in den Blick zu nehmen.

II.

Wie gesehen, ist alle Wirklichkeit für Dilthey letztinstanzlich nur in Gestalt subjektiver Bewusstseinsvollzüge gegeben. Zudem hat Dilthey herausgearbeitet, dass sich das entwickelte Bewusstseinsleben in die Formen von Selbst- und Außenweltbewusstsein ausdifferenziert, denen *cum grano salis* der Unterschied von innerer und äußerer Wahrnehmung entspricht. Hierauf will ich an dieser Stelle aber nicht weiter eingehen.[15] Für unsere Fragestellung ist ein anderes Theorieelement entscheidend, wonach jegliche Konstruktion konkreter Erfahrung nur mithilfe kategorialer Vorstellungen erfolgen kann. Denn es ist genau dieser Zusammenhang, in dem sich eine explizite und positive Bezugnahme auf Kant findet.

In einem Vorlesungsmanuskript[16] der 1870er Jahre findet sich die bemerkenswerte Feststellung: „Verbindung als solche kann nicht durch die Sinne überliefert werden [...]. Und zwar ist die allgemeine Form, in welcher unser Geist seine Grundverhältnisse gestaltet, Synthesis."[17] Dilthey bezieht sich damit ganz offensichtlich auf einen Teilaspekt der kantischen Zwei-Stämme-Theorie, wonach die Einheit von Objektvorstellungen nicht durch die sinnlichen Anschauungen gegeben werde, sondern erst kraft einer synthetischen Tätigkeit derjenigen epistemischen Instanz zustande komme, die diese Anschauungen hat. Kant hatte bekanntlich gegenüber rationalistischen Theoriemodellen den Sachverhalt zur Geltung gebracht, dass die Sinnlichkeit für den Aufbau aller Erkenntnis eine unhintergehbare Funktion besitze. Umgekehrt betonte er empiristischen Annahmen gegenüber, dass das Zustandekommen von Objektbewusstsein unter Rekurs auf die Sinnlichkeit allein nicht erklärt werden könne, da letztere nur unverbundene Daten liefere. Deren Vereinigung komme erst auf Basis subjektiv vollzogener Synthesen des solcherart gegebenen Mannigfaltigen zustande. Dilthey pflichtet Kant diesbezüglich völlig bei, wobei er sich dessen grundlegende Einsicht vermutlich schon recht früh zu eigen gemacht haben dürfte.[18] In

---

15 Vgl. dazu Plaul: Verstehen (wie Anm. 2), S. 131–140.
16 Dilthey: Grundlegung (wie Anm. 6), S. 398–401, wo sich freilich schon die psychologisierende Kant-Lesart Diltheys abzeichnet.
17 Ebd., S. 400.
18 Zumindest erinnert er sich in einem Brief an seinen Bruder Karl vom November 1856 daran zurück, „wie ich im jetzigen Speisekämmerchen die alte kantische Logik, die ich in irgend einem Winkel gefunden hatte, verschlang" (Dilthey: Briefwechsel, wie Anm. 2, S. 55). Auch wenn diese Notiz nichts über den Umfang der jugendlichen Lektüre aussagt, so zeugt sie doch von einer schon früh einsetzenden Beschäftigung mit der Philosophie Kants.

einem vergleichsweise frühen Manuskript, das in der Forschung als *Breslauer Ausarbeitung* bezeichnet wird – und aus dem ich oben schon zitiert habe –, hält Dilthey an einer Stelle lapidar fest: „Der Satz, daß die Verbindung zum Objekt nicht aus der Empfindung, aus den Sinnen stammen könne, daß somit im Subjekt Synthesis liege, ist richtig."[19] Und in seiner großen psychologischen Studie *Ideen über eine beschreibende und zergliedernde Psychologie* ist zu lesen: „Wir erkennen die Naturobjekte von außen durch unsere Sinne." Aber die Sinne liefern uns „niemals die Einheit des Objektes. Diese ist für uns ebenfalls nur durch eine von innen stammende Synthese der Sinneserregungen da."[20] In Überlegungen wie diesen kommt ein positiver Kant-Bezug Diltheys auf einer grundlegenden Ebene zum Ausdruck. Er erschöpft sich darin indes noch nicht.

Angesichts sinnlich gegebener Mannigfaltigkeit kann das Subjekt nach Kant Objektvorstellungen nur dadurch erzeugen, dass es über bestimmte Formen der Einheitsstiftung verfügt, nach deren Maßgabe es das Anschauungsmannigfaltige zu gegenständlichen Zusammenhängen verbindet. Kant bezeichnet diese Formen – unter partiellem Rückgriff auf Aristoteles – als ‚Kategorien'. Dilthey erblickt auch hierin eine unaufgebbare Einsicht von Kants kritischem Denken: Die Erkenntnis einheitlicher Gebilde in der äußeren Welt ergibt sich nicht auf eine unmittelbare Weise, sondern verdankt sich konstruktiver Akte des wahrnehmenden Subjekts, das die vielfältigen unterschiedlichen Sinneseindrücke mittels kategorialer Formungen zu innerlich zusammenhängenden Gebilden synthetisiert und vermöge dessen überhaupt erst Objekte erkennen kann. So bezeichnet Dilthey in dem erkenntnistheoretischen Manuskript *Leben und Erkennen* (1892/93) die „Kategorien" als den „Zusammenhang des Gegebenen, welchen alles Erkennen voraussetzt",[21] wobei er explizit festhält, dass unter ‚Kategorie' „jedes System seit Kant" einen „Begriff" bezeichne, „der einen Zusammenhang ausdrückt oder herstellt".[22]

Dilthey stimmt Kant also voll und ganz darin zu, dass die Vorstellung eines Objektes nur darum einheitlich verfasst sein kann, weil die Empfindungen kraft subjektiver Synthesis-Handlung zu einer inneren Einheit verbunden worden sind. Darüber hinaus ist er mit Kant darin einig, dass jene Verbindungen nicht anders als durch die Anwendung von Kategorien zustande kommen, die jene

---

19 Dilthey: Grundlegung (wie Anm. 6), S. 156.
20 Wilhelm Dilthey: Die geistige Welt. Einleitung in die Philosophie des Lebens. Erste Hälfte: Abhandlungen zur Grundlegung der Geisteswissenschaften. In: Ders.: Gesammelte Schriften. 26 Bde. Bd. V. Hg. v. Georg Misch. Leipzig u. Stuttgart 1924, S. 169. Vgl. ebd., S. 172.
21 Dilthey: Grundlegung (wie Anm. 6), S. 359.
22 Ebd., S. 360f.

Einheitsbildung anleiten. Bis hierhin reicht Diltheys konstruktive Bezugnahme in theoretischer Hinsicht. Kants weitere Ausgestaltung jener erkenntnistheoretischen Grundeinsicht hat Dilthey dann allerdings nicht mehr als überzeugend angesehen. Damit komme ich zum dritten Punkt meiner Ausführungen, der Diltheys grundlegender Kritik an Kant gewidmet ist.

III.

Bereits im Kontext der zitierten Ausführungen in der *Breslauer Ausarbeitung* fragt Dilthey kritisch zurück, „ob außer den Sinnen nur *Verstandes*handlungen zur Erklärung der Objekte verwandt werden können" [Hervorh. C. P.].[23] Anders als Aristoteles begnügt Kant sich bekanntlich nicht damit, die Kategorien mithilfe eines deskriptiv-summarischen Verfahrens lediglich aufzulesen, sondern er erhebt zugleich den Anspruch, sie systematisch abzuleiten. Dies tut er, indem er sich der in der formalen Logik gegebenen Liste der Urteilsformen bedient und einer jeden derselben eine bestimmte Kategorie zuweist. Die Berechtigung dieses Verfahrens ergibt sich für ihn aus zweierlei Gründen. Zum einen könne die für die Objektvorstellung notwendige Verbindungsleistung durch kein anderes Vermögen als das des Verstandes erbracht werden. Zum anderen aber betätige letzterer seine Funktion, objektive Einheit herzustellen, eben in der Form logischen Urteilens.[24] Darum müssen die kategorialen Gesichtspunkte des Objektbewusstseins denjenigen Grundformen des Denkens korrespondieren, die durch die Logik bereitgestellt werden. Dies ermöglicht es Kant, eine vollständige Tafel aller Kategorien aufzustellen und auf den Gesetzen des Denkens zu begründen.

So sehr nun auch Dilthey davon ausgeht, dass die Synthesis-Handlung des Subjekts mithilfe kategorialer Formungen erfolgt, so wenig ist er davon überzeugt, dass letztere allein aus der Struktur logischer Urteile deduziert werden können. Dabei bedient er sich in seiner Überlegung eines apagogischen Beweises. Dessen Obersatz lautet: Wenn Kants Beweisverfahren stichhaltig wäre, dann müssten sich alle von ihm aufgestellten kategorialen Grundbegriffe in ihrer jeweiligen Struktur in logisch eindeutiger Weise rekonstruieren lassen. Das sei aber – so der Untersatz – mitnichten der Fall. Denn einige der von Kant herangezogenen Kategorien ließen sich mit den Mitteln des Denkens allein keineswegs hinrei-

---

23 Ebd., S. 156.
24 Vgl. zum letztgenannten Punkt auch Ulrich Barth: Objektbewußtsein und Selbstbewußtsein. Kants erkenntnistheoretischer Zugang zum Ich-Gedanken. In: Ders. (Hg.): Gott als Projekt der Vernunft. Tübingen 2005, S. 195–234, hier S. 207.

chend erfassen. Daraus folgt die Konklusion, dass nicht alle Kategorien reine Verstandesbegriffe seien, wie Kant annimmt, sondern dass dies nur auf solche Vorstellungen zutreffe, die auf dem Wege des Denkens restlos begreiflich gemacht werden können. Dilthey bezeichnet letztere als ‚formale Kategorien', zu denen er etwa Begriffe wie ‚Unterschied', ‚Gleichheit', ‚Identität', ‚Allgemeinheit' et cetera zählt. Von ihnen hebt er die ‚realen Kategorien' ab, auf die das im Untersatz Gesagte zutrifft. Angesichts von deren nicht verstandesmäßigem Charakter entfällt Dilthey zufolge dann auch die Möglichkeit, sie sowohl in ihrem zahlenmäßigen Umfang als auch in ihrem taxonomischen Verhältnis definitiv bestimmen zu können.[25] In seiner *Einleitung in die Geisteswissenschaften* hat Dilthey den entsprechenden Nachweis zunächst exemplarisch im Blick auf die Kategorie der ‚Substanz' geführt.[26] In dem zehn Jahre später verfassten Textfragment *Leben und Erkennen* hat er analoge Überlegungen dann auch für den Begriff der ‚Kausalität' angestellt.[27] Ich beschränke mich im Folgenden auf die Ausführungen zur ‚Substanz', da das entscheidende Argumentationsmuster hier bereits zutage tritt.

Bei Kant wird die Kategorie der Substanz – zusammen mit der der Akzidenz bzw. Inhärenz – als notwendige Bedingung dafür eingeführt, wechselnde Erscheinungen überhaupt als Zustandsveränderungen ein und desselben Gegenstands begreifen zu können. Denn Veränderungen können niemals absolut, sondern immer nur im Verhältnis zu einem Substrat erfahren werden, an dem sie auftreten. Eben dazu, jenes Substrat begrifflich zu bezeichnen, soll der Substanzbegriff dienen. Dilthey bestreitet nun nicht, dass es zur Auffassung objektiv-realer Sachverhalte einer Kategorie bedarf, mithilfe derer die unterschiedlichen Erscheinungen zu innerer Einheit zusammengenommen werden können. Auch die entsprechende Bezeichnung als ‚Substanz' stellt er nicht rundheraus in Frage. Er gibt aber zu bedenken, dass der Gehalt jener Kategorie nicht angemessen erfasst ist, wenn sie als ein reines Verstandesprodukt betrachtet wird. Entsprechend seiner apagogischen Beweisführung bedeutet das: Wenn der Substanzbegriff ein reiner Verstandesbegriff wäre, dann müsste er „als solche[r] dieser [sc. der Intelligenz] gänzlich durchsichtig sein".[28] Zum einen zeige nun aber die Geschichte der abendländischen Philosophie, dass der Substanzgedanke niemals eine solche Eindeutigkeit erreicht habe, wie dies im Blick auf die formalen Kategorien der Fall sei. Darum habe sich bis in die Gegenwart hinein auch keine einheitliche Ver-

---

25 Vgl. Dilthey: Grundlegung (wie Anm. 6), S. 361f.
26 Denn es „würde ermüden, wollten wir nun zeigen, wie der Begriff der Kausalität ähnlichen Schwierigkeiten unterliegt" (Dilthey: Einleitung, wie Anm. 1, S. 399).
27 Vgl. Dilthey: Grundlegung (wie Anm. 6), S. 368–374.
28 Dilthey: Einleitung (wie Anm. 1), S. 400.

wendungsweise herausgebildet. Zum anderen lasse sich der Substanzbegriff nicht in „widerspruchsloser Klarheit" entwickeln.[29] Angesichts dessen kann aber eben nicht angenommen werden, er würde aus dem Vermögen des Verstandes entspringen.

Wie kommt die Substanzvorstellung dann aber zustande? Diltheys Antwort lautet: „In der Totalität unserer Gemütskräfte, in dem erfüllten lebendigen Selbstbewußtsein [...] liegt der lebendige Ursprung"[30] jener Vorstellung. In einer Logik-Vorlesung aus den 1880er Jahren heißt es entsprechend: „Im Selbstbewußtsein ist uns die Konstanz eines Selben im Wechsel seiner Zustände [...] gegeben." Und wo wir uns in unserem Bewusstseinsleben auf Anderes unseres Selbst bezogen finden, da „übertragen wir die Lebendigkeit unseres Selbst auf die Objekte".[31]

Auf den ersten Blick mag der Unterschied zu Kant nicht sogleich ins Auge springen, da auch dieser das Selbstbewusstsein als letzte Grundlage von Synthesis behauptet hat. Diesbezüglich ist aber daran zu erinnern, dass für Dilthey im Unterschied zu Kant das Selbstbewusstsein keine rein kognitive Größe – kein bloßes ‚Ich-denke' – darstellt, sondern letztlich in vorreflexiven Vollzügen des bewussten Lebens gründet. Das zeigt sich ihm zufolge nicht zuletzt daran, dass das Phänomen von Selbstheit nicht mit den Mitteln des Verstandes rekonstruierbar sei, sondern jeder Versuch einer reflexionstheoretischen Rekonstruktion in einen infiniten Regress führe.[32] Für die hier interessierende Problematik be-

---

29 Ebd., S. 398. Auf dem Wege des Denkens alleine lasse sich, erstens, kein hinreichendes Kriterium dafür benennen, wodurch die Einheit der Substanz von der Mannigfaltigkeit ihrer Zustände bzw. Eigenschaften abgegrenzt werden könne. In analoger Weise lasse sich, zweitens, kein Beharrliches von dem ihm zugehörigen Eigenschaftswechsel sondern. Drittens lasse sich so nicht angeben, inwieweit eine Sache sich lediglich verändere und wo sie zu bestehen aufhöre. Viertens schließlich müsse alle Substanz räumlich gedacht werden, weil sie anderenfalls keine sinnlichen Qualitäten aufweisen könne. Alles Räumliche als solches sei aber teilbar, so dass der Aspekt der unteilbaren Einheit nicht mehr gedacht werden könne (ebd.).
30 Ebd., S. 401.
31 Wilhelm Dilthey: Logik und System der philosophischen Wissenschaften. Vorlesungen zur erkenntnistheoretischen Logik und Methodologie (1864–1903). In: Ders.: Gesammelte Schriften. 26 Bde. Bd. XX. Hg. v. Hans-Ulrich Lessing u. Frithjof Rodi. Leipzig u. Stuttgart 1990, S. 203f.
32 Nicht zuletzt deshalb kann dann übrigens auch der Lebensbegriff in eine große Nähe zum Begriff der Selbigkeit rücken. Vgl. etwa die beiden Stellen aus *Leben und Erkennen*: „Der Ausdruck Leben spricht das einem jeden Bekannteste, Intimste aus", das „zugleich aber das Dunkelste, ja ein ganz Unerforschliches" (Dilthey: Grundlegung, wie Anm. 6, S. 346) sei, wobei eben gerade die „Selbigkeit [...] die intimste Erfahrung des Menschen über sich" (ebd., S. 362) ist. Allerdings ist zu beachten, dass Dilthey mithilfe des Lebensbegriffs auch noch eine andere innere Erfahrung bezeichnen will, nämlich diejenige des bewussten Lebens, sich selbst als eine „Struktur" zu erfahren, „welche von Reiz zu Bewegung geht" (ebd., S. 344). Zur Äquivokation

deutet das: Das erkennende Subjekt vermag nur auf Basis der ihm aus dem eigenen Inneren vertrauten Struktur von Selbstheit auch im Blick auf Anderes seiner selbst einen solchen Zusammenhang zu setzen, in dem etwas im Wechsel von Zuständen mit sich identisch bleibt. Dies geschieht dadurch, dass jene Struktur auf die in der unmittelbaren Wahrnehmung gegebenen Empfindungen gleichsam projiziert wird, wodurch überhaupt erst die „Vorstellung" eines „inneren Bandes"[33] jener unterschiedlichen Empfindungen entsteht. In einem späteren Manuskript heißt es entsprechend: „Die Selbigkeit ist die Kategorie, welche aus dem Selbstbewußtsein einen Lebenszusammenhang heraushebt, welcher auch im Objekt wiedergefunden werden kann."[34] Jene Kategorie stellt aber nach Dilthey eben gerade nicht das Produkt einer Verstandeshandlung dar, sondern verdankt sich dem inneren Einheitserleben von Subjekten, dessen Ursprung sich mittels intellektueller Vorstellungen letzthin nicht erklären lässt. Während Kant also die Kategorie der Substanz unter Rückgriff auf die Logik entwickelt und sie mithin als rein verstandesmäßige Größe betrachtet, geht Dilthey davon aus, dass mit ihr kein Erzeugnis des Verstandes zur Anwendung komme. Vielmehr stelle sie die Artikulation der im erlebten Zusammenhang von Selbstheit gegebenen Einheitsform des Bewusstseins dar. Das meint er, wenn er davon spricht, dass sie „aus lebendigen Wurzeln"[35] entspringe.

Das eben Gesagte trifft nun nicht nur auf die Kategorie der Substanz, sondern in analoger Weise auch auf die der ‚Kausalität' zu: Beide stellen Artikulationsgestalten vorreflexiver Einheitsformen dar, mit deren Hilfe sinnlich wahrnehmbare Tatbestände und Sachverhalte in ihrer Veränderlichkeit und in ihrem Ursachenzusammenhang begriffen werden können. In dieser Funktion sind sie für den Aufbau des Bewusstseins äußerer[36] Gegenstände unentbehrlich und bilden darum – in ihrer abstrakten Form – auch eine wesentliche Grundlage für das naturwissenschaftliche Erkennen.[37] Nun kennt die sinnlich vermittelte Erfahrung aber auch Gegebenheiten, für die die Anwendung von ‚Substanz' und

---

des Lebensbegriffs bei Dilthey, der auch biologische Konnotationen haben kann, vgl. Matthias Jung: Der bewusste Ausdruck. Anthropologie der Artikulation. Berlin u. New York 2009, S. 131f.
33 Dilthey: Einleitung (wie Anm. 1), S. 399.
34 Dilthey: Grundlegung (wie Anm. 6), S. 363.
35 Ebd., S. 379.
36 Diltheys Gegenstandsbegriff ist durch eine Äquivokation gekennzeichnet: Zum einen steht er – wie hier – für objektiv-real existierende Tatsachen und Sachverhalte; zum anderen bezeichnet er das Resultat einer verobjektivierenden Bezugnahme auf etwas überhaupt, somit auch Phänomene des inneren Bewusstseinslebens.
37 „Sie sind schlechterdings erforderlich für die naturwissenschaftliche Konstruktion der Außenwelt" (Dilthey: Grundlegung, wie Anm. 6, S. 378).

‚Kausalität' nicht hinreicht. Dies betrifft die Auffassung äußerlich beobachtbarer Zustände und Prozesse als Erscheinungen des individuellen und soziokulturellen Lebens. Dilthey kommt diesbezüglich auf die „Kategorien Essentialität oder Wesen, Zweck, Wert, Sinn, Bedeutung"[38] zu sprechen, mit deren Hilfe sinnlich wahrnehmbare Tatbestände und Sachverhalte auf eine tiefere Bewandtnisdimension hin betrachtet werden können. Auch hier geht Dilthey wiederum davon aus, dass jene Kategorien Artikulationen vordiskursiver Einheitsformen des bewussten Lebens darstellen – so sehr auch sie zu abstrakten Formen gerinnen können.[39]

So viel zu Diltheys kritischer Weiterentwicklung der kantischen Kategorienkonzeption. Bevor ich abschließend ein Fazit ziehe, seien noch einige Bemerkungen zu den Konsequenzen des bisher Gesagten für Diltheys eigene Gesamtkonzeption angestellt.

IV.

Kants sogenannte kopernikanische Wende ist bekanntlich mit der tief greifenden These verbunden, dass Objekterkenntnis sich nicht nach den Dingen richte, sondern konstitutiv durch das erkennende Subjekt bedingt sei, das die Erkenntnisleistung vollziehe. Dem Nachweis dieser These dienen Kants breit angelegte Analysen des Erkenntnisvorgangs, in denen er die unterschiedlichen subjektiven Bedingungen desselben herausarbeitet, die vom Aufbau raumzeitlicher Verhältnisse und Zusammenhänge bis hin zur Konstitution konkreter objektiv-realer Sachverhalte und Tatsachen reichen. Sosehr Kant aber auch die Subjektivität alles Erkennens herausgearbeitet hat, sosehr ist sein erkenntnistheoretisches Denken dabei von der Annahme getragen, streng-allgemeine und notwendige Faktoren menschlicher Erkenntnis aufgedeckt zu haben. Anders gesagt: In der Erkenntnis mag der Mensch niemals dahin kommen, die *Dinge an sich* zu erkennen, aber zumindest erkennt er sie mit logischer Notwendigkeit und Allgemeinheit. Es ist genau diese Annahme der rein rationalen Grundlage humanen Erkennens, die Dilthey, wie gesehen, nicht teilt. Dies hat sich zum einen schon gezeigt im Hinblick auf die Ausweitung des Ich-denke zur ganzheitlichen Subjektivität. Zum anderen war es aber vor allem im Zusammenhang mit

---

38 Ebd., S. 374.
39 „Wie nun aus lebendigen Wurzeln Substanz und Kausalität entspringen, dann aber eine abstrakte Form im Zusammenhang des Erkennens annehmen, so findet dieselbe Entwicklung auch von diesen Begriffen aus statt" (ebd., S. 379).

Diltheys Kritik an Kants Kategorienkonzeption hervorgetreten. Ihm zufolge stammen die grundlegenden Einheitsvorstellungen, mithilfe derer Menschen sich ihre Umwelt zurechtlegen, gerade nicht aus der rein rationalen Sphäre des Verstandes. Sie stellen vielmehr Artikulationen primordialer Erlebnisstrukturen dar, die eben darum gerade auch durch nicht-rationale Elemente mitbedingt sind. Sowenig, wie sich die Struktur Selbstbewusstsein rein reflexionslogisch rekonstruieren lasse, sowenig sei dies für die übrigen realen Kategorien möglich.

Mit diesem in der Auseinandersetzung mit Kant zutage getretenen Grundzug des diltheyschen Denkens verbinden sich dann auch Konsequenzen für Diltheys Wissenschaftstheorie, die vor diesem Hintergrund den Charakter einer interpretativen oder hermeneutischen Theorie annimmt. Denn in einem ganz allgemeinen Sinn stehen ‚Deuten' oder ‚Verstehen' bei Dilthey für den Aufbau von Sinnzusammenhängen, die zwar plausibel gemacht, nicht aber logisch erzwungen werden können. Dies hat Dilthey dann vor allem im Zusammenhang seiner Theorie der Geisteswissenschaften ausgearbeitet, denen er die Aufgabe des Verstehens bekanntlich wirkmächtig ins Stammbuch geschrieben hat. Weniger bekannt ist der Umstand, dass er auf einer tieferen Ebene jedoch letztlich alle Wirklichkeitserkenntnis, also auch diejenige der äußeren Natur, als Deutungs- bzw. Verstehensprodukte eingestuft hat. Darauf wird gleich zurückzukommen sein.

Auf der Basis seines hermeneutischen Ansatzes konnte Dilthey sogar die rein kognitiven Elemente des Erfahrungsaufbaus als interpretative Momente einstufen. Dies zeigt sich etwa an einer Stelle von *Leben und Erkennen*, wo er aufzuzeigen sucht, inwiefern die Synthesis gegebener Sinnesdaten zu einer einheitlichen Objektvorstellung und die subjektiv vollzogene Beziehung dieser Objektvorstellung auf einen objektiv-realen Gegenstand im Sinne eines Deutungsaktes aufzufassen ist: „Ich kann nun die Beziehung des Empfindungsaggregats auf den Gegenstand als eine Interpretation einer unmittelbar gegebenen Empfindungsmannigfaltigkeit auffassen. Ich kann diese Interpretation auffassen als einem Schluss äquivalent, welcher diese unmittelbar gegebene Empfindungsmannigfaltigkeit als eine Wirkung ansieht, zu welcher nun die Ursache durch Interpretation hinzugedacht werden muß."[40]

Vor diesem Hintergrund ergibt sich ein prima facie überraschender Befund: Wenn nämlich alle Setzung außenweltlicher Realität als Ergebnis eines Interpretationsvorgangs erscheint, dann müsste auch dem Erkennen der Naturwissenschaften ein interpretativer Charakter eignen. Dies mag zunächst verwundern, gilt Dilthey doch gemeinhin als derjenige, der von einer harten Dichotomie zwischen

---

40 Ebd., S. 337.

Geistes- und Naturwissenschaften ausgegangen wäre, wonach letztere gerade dadurch ausgezeichnet seien, dass Begriffe wie ‚Verstehen', ‚Deuten', ‚Interpretieren' nicht auf sie angewendet werden könnten. Dass er das naturwissenschaftliche Erkennen aber tatsächlich als Deutungsvorgang ansieht, dafür spricht unter anderem eine Stelle in seiner *Poetik*, in der er neben Dichtung und Religion die Wissenschaft überhaupt – und damit eben auch die naturwissenschaftliche Wirklichkeitsbeschreibung – als ein „Organ des Welt*verständnisses*"[41] apostrophiert.

Derselbe Sachverhalt ließe sich auch nochmals kategorientheoretisch begründen. Wie gesagt, verläuft aller Erfahrungsaufbau mithilfe kategorialer Vorstellungen. Dilthey kann von den „Kategorien" nun aber auch als den „Organe[n] alles *Verständnisses* von Wirklichkeit"[42] sprechen. Wenn aber jede Wirklichkeitserfahrung im Zusammenhang der ‚realen Kategorien' den Gebrauch von ‚Verstehensorganen' bedeutet, wenn zu den ‚realen Kategorien' auch ‚Substanz' und ‚Kausalität' zählen und wenn letztere „schlechterdings erforderlich" sind auch „für die naturwissenschaftliche Konstruktion der Außenwelt",[43] dann kann das nichts anderes heißen, als dass auch das Erkennen der Naturwissenschaften in letzter Konsequenz eine Form von Verstehen darstellt. Dilthey hat dies nicht weiter ausgeführt. Folgendes dürfte ihm vor Augen gestanden haben.

Wie gesehen stimmt Dilthey mit Kant darin überein, dass die Verbindung mannigfaltiger äußerer Wahrnehmungen zur Vorstellung einer objektiv-realen Einheit nicht schon mit der Wahrnehmung als solcher gegeben ist, sondern dass es dafür einer aus dem Inneren des Subjekts stammenden Synthesis-Leistung bedarf, die sich kraft der Anwendung von Kategorien vollzieht. Während Kant aber davon ausging, dass die Konstitution einer Objektvorstellung ausschließlich durch die Anwendung von Verstandeskategorien erfolgt, hatte Dilthey hervorgehoben, dass sich ‚Substanz' und ‚Kausalität' nicht auf verstandeslogischem Wege ableiten lassen. Daraus folgerte er, dass sie nicht dem diskursiven Denken entspringen können, sondern als Artikulationen vorreflexiver Einheitsformen des bewussten Lebens anzusehen sind. Dass letztere für die Erzeugung von Einheit in der Mannigfaltigkeit herangezogen werden, bedeutet nun aber, dass sich die Konstitution des äußeren Gegenstandsbewusstseins der

---

41 Wilhelm Dilthey: Die geistige Welt. Einleitung in die Philosophie des Lebens. Zweite Hälfte: Abhandlungen zur Poetik, Ethik und Pädagogik. In: Ders.: Gesammelte Schriften. 26 Bde. Bd. VI. Hg. v. Georg Misch. Leipzig u. Stuttgart 1924, S. 116.
42 Dilthey: Grundlegung (wie Anm. 6), S. 360.
43 Ebd., S. 378.

Anwendung jener Einheitsformen verdankt. Anders gesagt: Der Mensch erschließt sich die gesamte äußere Wirklichkeit nach Maßgabe der Einheitsstrukturen, die ihm aus seinem inneren Erleben bekannt sind. Auch die Naturwissenschaften ruhen letztlich auf dieser Grundlage auf – so sehr sie dann auch im Erkenntnisvollzug von ihr abstrahieren. Angesichts dessen aber kann eben auch das von ihnen bereitgestellte Wirklichkeitswissen in einer letzten Hinsicht als ein Deutungswissen betrachtet werden. Die objektive Gültigkeit naturwissenschaftlichen Wissens wird dadurch freilich massiv herabgemindert.[44]

Kognitive Deutungsprozesse spielen freilich nicht nur im Aufbau des äußeren Gegenstandsbewusstseins eine grundlegende Rolle. In *Leben und Erkennen* hebt Dilthey ausdrücklich hervor, dass Prozesse dieser Art auch im Bereich der inneren Wahrnehmung und Erfahrung unhintergehbar zum Tragen kommen. So sind alle hierzu zählenden Bewusstseinsphänomene dadurch ausgezeichnet, nicht in reiner Unmittelbarkeit aufzutreten. Vielmehr erweisen sie sich immer schon durch Vollzüge des Denkens strukturiert. So ist die innere Wahrnehmung und Erfahrung – wie Dilthey im Blick auf die religiöse Erfahrung exemplarisch hervorhebt – „durch intellektuelle Prozesse angeordnet *und interpretiert*".[45] Der interpretative Charakter der inneren Erfahrung erschöpft sich indes nicht in der Beteiligung kognitiver Vollzüge. Darüber hinaus reicht er sich dadurch an, dass die nicht-kognitiven Bewusstseinsvorgänge ebenso als Deutungsleistungen anzusehen sind – etwa wenn eine gegenwärtige oder vergangene Lebenslage in einer bestimmten Gefühlsäußerung hinsichtlich ihres ‚Werts' und ihrer ‚Bedeutung' beurteilt wird oder wenn eine Reihe von Lebensvollzügen einem einheitlichen ‚Zweck' untergeordnet werden. Auch dafür steht jene oben zitierte Rede von den ‚realen Kategorien' als ‚Organen des Verstehens '. Auf dem Feld der inneren Erfahrung stellen diese zwar nicht überhaupt erst Verbindung her, sondern bringen lediglich einen „gegebenen Zusammenhang des Lebens uns zum Bewußtsein" bzw. drücken „einen Zusammenhang" aus.[46] Aber schon jede solche Artikulation kann als ein Akt primordialer Deutung angesehen werden.

---

44 Entsprechend heißt es in den *Ideen*: „Hypothesen [haben] nicht nur als bestimmte Stadien in der Entstehung naturwissenschaftlicher Theorien eine entscheidende Bedeutung: es läßt sich auch nicht absehen, wie bei äußerster Steigerung der Wahrscheinlichkeit unserer Naturerklärung ihr hypothetischer Charakter jemals ganz zum Verschwinden gebracht werden könnte" (Dilthey: Geistige Welt. Erste Hälfte, wie Anm. 20, S. 141). In der Konsequenz dessen läuft Diltheys Konzeption der Sache nach auf einen „erkenntnistheoretischen Fallibilismus hinaus" (Helmut Johach u. Frithjof Rodi: Vorbericht des Herausgebers. In: Dilthey: Grundlegung, S. IX–LVII, hier S. XXV).
45 Dilthey: Grundlegung (wie Anm. 6), S. 336.
46 Ebd., S. 360.

Darüber hinaus können solche realen Kategorien dann auch als Muster zur hermeneutischen Erschließung einer Innendimension äußerlich gegebener Sachverhalte fungieren. Denn mit ihrer Hilfe kann die zunächst nur sinnlich gegebene äußere Wirklichkeit dahingehend aufgefasst werden, dass ihre Zustände und Prozesse als Ausdrucksphänomene von Innerlichkeit betrachtet werden können. Das gilt sowohl für die Sphäre interpersonalen Verstehens als auch für den gesamten Bereich von Kultur und Gesellschaft.[47] Der amerikanische Kant- und Dilthey-Forscher Rudolf Makkreel hat übrigens darauf hingewiesen, dass Diltheys Beschreibung dieser Erschließungsvorgänge bemerkenswerte Ähnlichkeiten zum Geschäft der reflektierten Urteilskraft aufweist, wie es Kant in seiner dritten Kritik beschreibt, so dass hier mit hoher Wahrscheinlichkeit von einer ideengeschichtlichen Abhängigkeit auszugehen sei.[48] Diese These lässt sich empirisch sicherlich nicht eins zu eins verifizieren, aber gerade angesichts der inzwischen vorangeschrittenen Publikation von Diltheys Psychologievorlesungen gewinnt sie zunehmend an Plausibilität.[49]

***

Es hat sich gezeigt, dass Diltheys Wissenschaftsphilosophie auf tief greifende Weise an Kant orientiert ist. Mit ihm teilt er die Einsicht in die subjektive Bedingtheit aller Wirklichkeitsgegebenheit, die sich nicht zuletzt darin zeigt, dass jede Objektvorstellung durch ein Selbstbewusstsein muss begleitet werden können. Dahinter steht Kants These, dass die Verbindung der Empfindungsmannigfaltigkeit zu einheitlichen Vorstellungen allein durch innerlich vollzogene Synthesen erbracht werden kann, wozu eben keine andere Instanz als das Selbstbewusstsein in der Lage sei. Dilthey schließt sich dieser Auffassung an, allerdings in einer spezifischen Hinsicht: Zwar stimmt er Kant bezüglich der konstitutiven Funktion des Selbstbewusstseins zu. Anders als er fasst Dilthey die Größe ‚Selbstbewusstsein' aber nicht als rein kognitive Instanz auf, sondern verfolgt den Aufbau von Selbstheit bis in vorreflexive Sphären des bewussten Lebens hinab. Analog dazu verhält es sich in Bezug auf die Problematik der Kategorien. Für die Einsicht in deren konstitutive Funktion für den Erfahrungsaufbau bezieht Dilthey sich ausdrücklich auf Kant zurück, sucht dessen rein verstandeslogische Ableitung allerdings auf eine psychologische Betrachtung

---

47 Vgl. dazu Plaul: Verstehen (wie Anm. 2), S. 153–269.
48 Vgl. Rudolf A. Makkreel: Dilthey. Philosoph der Geisteswissenschaften. Übers. v. Barbara M. Kehm. Frankfurt a.M. 1991, S. 280–291.
49 Vgl. Lembeck: Kantianismus (wie Anm. 4), S. 47, Anm.

hin zu entgrenzen, die auch die nicht-kognitiven Elemente des Bewusstseinslebens mit in Betracht zieht. Der damit gegebenen Depotenzierung des Verstandes korrespondiert die Einstufung aller menschlichen Erkenntnis als ein Deutungswissen, das Dilthey nicht nur für den geisteswissenschaftlichen Bereich, sondern näher besehen auch für die Sphäre des naturwissenschaftlichen Erkennens behauptet.

War Dilthey nun Neukantianer? Karl-Heinz Lembeck hat darauf hingewiesen, dass die Beantwortung dieser Frage maßgeblich davon abhängt, was man unter ‚Neukantianismus' versteht.[50] Anlässlich eines Gedenkartikels für Alois Riehl hatte Heinrich Rickert einmal festgehalten: „[A]ls Neukantianer, d.h. als Kantianer, die etwas Neues gebracht haben", könnten die gelten, die „durch ein erneutes und vertieftes Studium Kants die Philosophie über sich selbst zu besinnen suchten und dadurch zugleich wirklich über ihren schon vorher erreichten Stand hinausführten".[51] Rickert standen dabei Denker wie Hermann Cohen, Alois Riehl und Wilhelm Windelband vor Augen. Angesichts des oben Ausgeführten könnte man aber fragen, ob nicht auch Dilthey – gleichsam in einem gebrochenen Sinne – als Neukantianer bezeichnet werden könnte.[52] Auch er hat sich intensiv mit Kant auseinandergesetzt und an systematisch belangvollen Stellen positiv an ihn angeknüpft. Allerdings hat er diesen Anschluss auf eine zutiefst kritisch-konstruktive Weise vollzogen. So hat auch Dilthey mit Kant und über ihn hinaus etwas Neues gebracht.

---

50 Ebd., S. 38. Zur Historizität des Neukantianismus-Begriffes vgl. den Beitrag von Hauke Heidenreich in diesem Band.
51 Heinrich Rickert: Alois Riehl. In: Logos 13 (1924/25), S. 163–166, zit. nach Helmut Holzhey: Art. Neukantianismus. In: Historisches Wörterbuch der Philosophie. Hg. v. Karlfried Gründer. Bd. 6. Darmstadt 1984, S. 747–754, hier S. 750.
52 In eine ähnliche Richtung votiert auch Lembeck: Kantianismus (wie Anm. 4), S. 60.

Martin Bunte
Gegenstand und Gegensatz
Zum Problem des Geltungsfremden bei Kant und Emil Lask

Die Grundfrage der Gnoseologie nach der Legitimität von Erkenntnisansprüchen hinsichtlich eines Gegenstandes ist in gewisser Weise durch den Begriff des Gegenstandes selbst vorentschieden. Gegen-Stand, das *ob-iectum*, ist dasjenige, was in der Erkenntnis dem Subjekt entgegensteht und damit vor jeder Erkenntnis durch die Beziehung auf das Subjekt bestimmt ist. Der sich an Kant anschließenden Philosophie fiel es entsprechend nicht schwer, die Frage nach dem Gegenstand unter die Frage der Legitimität unserer Erkenntnisse von ihm zu subsumieren. Dabei ist ihr die generelle Tendenz eigen, das damit einhergehende Subordinationsverhältnis von Ontologie und Epistemologie zu einem Substitutionsverhältnis weiterzudenken.

Entsprechend geht die nachkantische Transzendentalphilosophie von der vorerfassten Bestimmtheit des Gegenstandes aus, um hernach in der Reflexion die Voraussetzung der Legitimität, das heißt der Geltung möglicher Bestimmungen des Gegenstandes im Urteil zu exponieren. Das damit einhergehende Problem liegt auf der Hand: Im Gegensatz zum geltungsdifferenten Urteil, es kann gelten oder auch nicht, ist die Möglichkeit der dem Urteil vorausliegenden Korrelation von Inhalt, das ist der zu erkennende Gegenstand, und Form, das ist seine vom Subjekt ausgehende aussagbare kategoriale Form, selbst keine geltungsdifferente Bestimmung. Sie muss vielmehr als übergegensätzliche Voraussetzung jeden Urteils und somit allen Wissens, das heißt als Absolutum angenommen werden.[1] Dies geht bereits aus dem *factum brutum* hervor, dass ‚Erkenntnis ist': Das apophantische ‚ist' im Urteil über die Erkenntnis, dem ‚Faktum der Wissenschaft' des Marburger Neukantianismus, konnotiert so ein apodiktisches ‚Soll',[2] der ‚absolute Wert' der Südwestdeutschen Schule, als Voraussetzung jeden theoretischen Geltungsanspruches. Als Konsequenz aus

---

1 Vgl. Michael Gerten: Transzendentalphilosophie als fundamentale Geltungsreflexion. Historische und systematische Überlegungen mit besonderem Blick auf den späten Fichte. In: Michael Gerten, Leonhard Möckl u. Matthias Scherbaum (Hg.): Vernunft und Leben aus transzendentaler Perspektive. Festschrift für Albert Mues zum 80. Geburtstag. Würzburg 2018, S. 93–156.
2 Vgl. Lutz Herrschaft: Theoretische Geltung. Zur Geschichte eines philosophischen Paradigmas. Würzburg 1995, S. 100.

diesem Befund konnte der Neukantianismus das Problem des Gegenstandes und damit das der Referenz nur als logisches bzw. axiologisches ausstellen, was in letzter Konsequenz zur phänomenologischen und neoontologischen Gegenreaktion führen musste.

Emil Lask (1875–1915) nimmt insofern in diesem Zusammenhang eine gewisse Sonderstellung ein, als er im Bruch mit seinem akademischen Lehrer Heinrich Rickert (1863–1936) und der badischen Schuldisziplin den Selbststand des Gegenstandes als wahrhaftes ‚Gegen' und damit die Eigenheit der ontologischen Sphäre, ihrer Geltungsfremde, betont. Im Folgenden soll dieser Zusammenhang im Rückblick auf das bereits bei Kant und Fichte angelegte Problemfundament des Verhältnisses von Anschauung und Begriff beleuchtet werden. Dabei geht es durchaus nicht um anthropologische Kapazitäten, sondern um das Zentrale der Transzendentalphilosophie als strenge Wissenschaft von den Prinzipien des Wissens überhaupt: Jede Form der Geltung benötigt den Begriff, sofern sie nur von einem solchen beansprucht und ausgesagt werden kann. Nun bedarf die Anschauung nach Kant aber „der Funktionen des Denkens auf keine Weise".[3] Das Material der Erkenntnis, das die Anschauung beisteuert, ist damit selbst nur über den Begriff ein geltungsbestimmtes. Wie dies jedoch möglich sein soll, bleibt unklar, setzt dies doch die Logizität bzw. Intelligibilität des in der Anschauung vorgestellten Seins immer schon voraus, das dem Verstehen gerade zur Aufgabe gestellt war. Bevor Lasks Lösungsansatz dieser Grundschwierigkeit diskutiert wird, soll daher das Problem der (reinen) Anschauung bzw. das ihres Verhältnisses zum Begriff diskutiert werden.

1 Das Problem der Verbindung von Begriff und Anschauung bei Kant und Fichte

Die Differenz von Begriff und Anschauung und damit einhergehend der Gegensatz zwischen dem Vermögen des Denkens und dem der Sinnlichkeit ist eine der wichtigsten Unterscheidungen innerhalb der kantischen Philosophie. Kants Unterscheidung ist deshalb so bemerkenswert, weil sie in ihrer Schärfe einerseits präzedenzlos ist, er jedoch andererseits bei ihrer Einführung auf jegliche

---

3 KrV A 90f./B 123, 170.

Begründung verzichtet.⁴ Damit ähnelt das Geheimnis um den Grund der Vermögenseinteilung der Frage nach der subjektiven Deduktion der Kategorien bzw. des Ursprungs der logischen Funktionen und damit der Vollständigkeit ihrer Tafel. Umso mehr nimmt es Wunder, dass die Forschung in einer solch zentralen Frage, die nicht nur die Kantexegese, sondern die (Transzendental-) Philosophie überhaupt betrifft, auf die Angabe von Gründen fast unisono verzichtet.⁵ Vielmehr begnügt sie sich mit dem dürren Faktum der Heterogenität und damit verbunden der Heteronomie der Vermögen. Dies gilt wohlgemerkt für die philologisch eingestellte Kantdeutung. Für die systematischen Bemühungen im Anschluss an Kant lässt sich dagegen die Tendenz beobachten, den kantischen Gegensatz zu relativieren, indem man ihn in der Reflexion zur Einheit eleviert. Am Beispiel Fichtes, nach dem Anschauung und Begriff Wechselbestimmungen sind, wird dies insbesondere deutlich. In der Ausstellung des Wechselverhältnisses von idealer und realer Tätigkeit in der *Wissenschaftslehre nova methodo* folgt Fichte der scheinbaren Auflösung der Dichotomie in § 24 der

---

4 Der Frage nach der Begründbarkeit von Kants radikaler Trennung der Erkenntnisvermögen wird bis heute nahezu ausschließlich im Rekurs auf den äußeren Entwicklungsgang der kantischen Philosophie begegnet. Vgl. Konrad Vorderobermeier: Sinnlichkeit und Verstand. Zur transzendentallogischen Entfaltung des Gegenstandsbezuges bei Kant. Berlin 2012, S. 3.
5 Eine Ausnahme bildet der Versuch von Karen Gloy. Diese betont zu Recht die Unaufhebbarkeit der Exteriorität von Zeit und Raum mit Blick auf das leibnizsche Prinzip der Identität des Indifferenten. So bliebe bei jedem Versuch, begriffliche Gleichartigkeit durch „Zusammenfalten ihrer Teile herzustellen, beispielsweise durch beliebig oft wiederholtes Zusammenklappen der rechten und linken Seite einer Linie [...] doch immer eine weitere Linie, die derselben Operation fähig wäre". Die Undurchführbarkeit eines solchen Versuchs dokumentiere daher „die Irreduzibilität des Auseinanderseins der Teile auf absolute Identität und damit die Unmöglichkeit der Aufhebung der Ausdehnung im Ausdehnungslosen". Vgl. Karen Gloy: Die Kantische Differenz von Begriff und Anschauung und ihre Begründung. In: Kant-Studien 75 (1984), S. 1–37, hier S. 32. Zusammen mit Kants eigenem und Gloys ebenfalls erwähntem Hinweis der Nichtdiskursivität von Raum und Zeit aufgrund ihrer unendlichen Inbegriffe liegt dieses Argument tatsächlich nahe, so dass gegen sie auch der Sache nach kein Einwand besteht. Gloys Argument symmetrischer Transformativität ist jedoch transzendental insofern voraussetzungsreich, als dieses die Bestimmungen der Identität und Differenz in Bezug auf raum-zeitliche Relationen bereits voraussetzt. In gewisser Weise kehrt sich damit jedoch die transzendentale Argumentation um, sofern es ja gerade die Bestimmungen von Identität und Differenz in der Relation sind, welche als Funktionen der Vorstellungsvermögen aus ihrer Unterscheidung erwiesen werden sollen. Dies führt auf das Paradox der heteronomen Reflexion der Affektibilität, sofern die Reflexion auf die Möglichkeit der Unterscheidung nicht wiederum aus der Differenz von Identität und Differenz gefolgert werden kann, da die gesuchte Form der Möglichkeit aller Unterscheidung hierdurch nicht voraussetzungslos, sondern wiederum aus einer Unterscheidung gefunden wäre, und so weiter.

ersten *Kritik* und den sich aus ihr ergebenen Folgerungen: Wenn das Vermögen des Denkens als mittleres und mittelndes Vermögen eine erkenntniskonstitutive, objektivierende Funktion hinsichtlich der Erfahrung und ihrer Gegenstände haben können soll, so muss dieses nicht nur hinsichtlich der intellektuellen Verbindung, sondern auch hinsichtlich der Anschauung bestimmende Funktion besitzen, das heißt gestaltend sein. Durch diesen Modus der Synthesis, Kant nennt sie entsprechend „synthesis speciosa" oder figurale Synthesis, soll der Verstand hinsichtlich der Form der Anschauung, genauer hinsichtlich der Zeit bestimmend sein können.[6] Diese Funktion des Verstandes äußert sich wiederum in einer Varietät bestimmter regelanleitender Gestaltcharaktere, die Kant transzendentale Schemata nennt. Trotz ihrer verwinkelt anmutenden Argumentation ist Kants Deduktion bis zu diesem Punkt durchaus zwingend und konkludent. Das eigentliche Problem, das mit der Vermögensdichotomie verbunden ist, wird jedoch von dem Versuch ihrer schematischen Auflösung keineswegs berührt. So fordert Kant zwar mit Recht die Spontaneität des Denkens und setzt diesem die Rezeptivität der Sinnlichkeit entgegen, jedoch führt diese radikale Gegensetzung notwendig zu der Konsequenz, dass nicht nur die Anschauung als logische Materie durch die Form des Denkens, sondern auch die Form des Denkens durch die von ihm differente Materie als durch diese hinsichtlich ihrer Bestimmbarkeit als bestimmt gedacht werden muss. Wenn Kant also den Verstand als das spontane Erkenntnisvermögen fasst, das gegenüber der Rezeptivität in eine ordnungskonstitutive Beziehung tritt, ist gleichzeitig die Spontaneität durch eben diese Beziehung auf die Rezeptivität in ihrer generativen Möglichkeit restringiert und insofern *sensu stricto* nicht aus und durch sich selbst Bestimmendes.

Die Pointe letztlich der gesamten fichteschen Argumentation liegt nun genau darin, dass die Heterogenität der Vermögen unweigerlich auf ihre Heteronomie in der Doppelbestimmtheit von Fremdgesetzlichem und Geltungsfremdem führt, die als Einheit nur in der Form wechselseitiger Bestimmtheit innerhalb ein und derselben Handlung der Selbstbestimmung aufgefasst werden kann. Der Geltungsgrund dieser Sichselbstbestimmung bildet jedoch nicht selbst wiederum ihr Produkt, sofern für Fichte im Gegensatz zu Hegel der Begriff selbst nicht das Absolute ist. Das eigentliche Schibboleth der kantischen Philosophie gegenüber dem Deutschen Idealismus besteht nun genau darin, das Verhältnis von Begriff und Anschauung mit dieser Konsequenz nicht an ihr logisches Ende geführt zu haben und dies auch nicht zu wollen. Sie bleibt damit als kritische systematisch hinter dem spekulativen Standpunkt zurück.

---

6 KrV B 151, 192.

2 Das Verhältnis von Sinnlichkeit und Denken als zentrale Frage Lasks

Das Problem der Vermittlung von Begriff und Anschauung, von Form und Material der Erkenntnis, findet sich in seiner geltungslogischen Abwandlung ebenfalls im Neukantianismus. Dabei folgt dieser weitestgehend weniger Kant selbst als dem breiten Strom der sich an Kant anschließenden Denkbewegung, indem er das Problem der Heterogenität der Vermögen bereits durch die Reflexion in ihrer Verwiesenheit als aufeinander aufgehoben bzw. als aufeinander im Begriff bezogen denkt. Trotz der inneren Varietät der neukantischen Philosophie ist hierin ein gewisses Muster zu erkennen. Fasst man den Neukantianismus als den Versuch, die von Kant gestellte Frage nach den Gründen der objektiven Geltung unserer Erkenntnis mit den Mitteln des Rückgangs auf die Voraussetzungen wissenschaftlichen Urteilens bzw. Wertens zu beantworten, dann erscheint das Problem der Form/Materie-Dichotomie, Denken und Sinnlichkeit, bereits durch ihren geltungsbestimmten Sinn im Urteilen entweder als schon entschieden oder zumindest als weitestgehend unproblematisch. So kann nur das Gegenstand der Erfahrung sein, was bereits seinem Begriffe nach verstanden ist. Die Realität als Inhalt der Erfahrung ist damit bereits ihrer Möglichkeit nach durch ihre Form bedingt. Dies bedeutet, dass in der Reflexion auf die formalen Bedingungen der objektiven Realität des Gegenstandes der Erfahrung die Möglichkeit seines Inhalts als Inhalt eines möglichen Urteils bereits vorausgesetzt ist. Der Gegenstand, sofern von ihm überhaupt nur etwas ausgesagt werden kann, ist Phänomen, also Geltungsbestimmtes und damit Urteilsförmiges. Entsprechend erscheint jeder ontologische Ansatz, den Gegenstand jenseits seines Phänomenseins als ein in sich gefasstes, geltungsfremdes Ansich verstehen zu wollen, nicht nur epistemisch aussichtslos, sondern auch epistemologisch sinnlos.[7]

Emil Lask nimmt in diesem Zusammenhang eine gewisse Sonderstellung ein. In seiner Kategorienlehre stellt der Rickert-Schüler den Gegensatz von Gel-

---

[7] Hegel bezeichnet bekanntlich die Voraussetzung als Setzung der Negation des Gesetztseins innerhalb der Setzung. Vgl. Georg Wilhelm Friedrich Hegel: Wissenschaft der Logik. Erster Band. Die objektive Logik. Zweites Buch. Die Lehre vom Wesen. Neu hg. v. Hans-Jürgen Gawoll. 2. Aufl. Hamburg 1999, S. 16 (= GW XI, S. 251). So richtig dies für die Reflexion ist, so wenig ist damit das mit der kantischen Trennung aufgeworfene Problem gelöst, insofern diese nicht eine innerhalb der Reflexion reflektierte Grundbeziehung bildet, sondern vielmehr die Möglichkeit der Reflexion, respektive die Reflexibilität selbst betrifft und damit nicht durch die Reflexion auf ihren Grund unterlaufen werden kann.

tung und Sein, Begriff und Sinnlichkeit, in einer erneuten Schärfe heraus. Lotzes besonderer Leistung folgend, unterscheidet Lask eine doppelte Bedeutung der Funktion des ‚ist': als Daseinsanzeige einerseits und als Geltungsanzeige andererseits. So kann man von einem ontischen Gegenstand sagen, er existiere – dies gilt für alle wahrnehmbaren Gegenstände. Das ‚ist' kann jedoch auch auf den Wahrheitswert des sich auf den Sachverhalt beziehenden Urteils verweisen. In diesem Fall bezieht sich der kopulative Gebrauch des ‚ist' jedoch nicht auf die Existenz, sondern auf die Art des Sachverhalts. ‚Es ist' bzw. ‚es ist nicht so', meint dabei, ‚es verhält sich so' bzw. ‚es verhält sich nicht so'. ‚Es ist' meint also nicht zwangsweise ‚es existiert', sondern kann bezogen auf das die Verhaltungsart bestimmende Gesetz auch als ‚es gilt' verstanden werden: ‚Es verhält sich so, da Folgendes gilt.' Für Lask zerfällt damit das Wissen in zwei grundsätzlich zu unterscheidende Sphären: das Reich des Seins und das Reich der Geltung. In der Radikalität dieser Unterscheidung verzichtet Lask jedoch auf die für die Südwestdeutsche Schule des Neukantianismus prägende Priorisierung der Geltungs- bzw. Wertdimension des Seins,[8] verknüpft sie allerdings gleichzeitig eng über die Form des Kategorialen. Grundlegend für das rechte Verständnis des Kategorialen ist dabei die Unterscheidung von Kategorie und Kategorienmaterial. Kategorial betroffen ist nach Lask nämlich sowohl Sein als auch Gelten. Damit weist er die Einhegung des Seinsbegriffs innerhalb der Geltungsphilosophie zurück, welcher auf folgendem Fehlschluss basiere: „Sein ist Kategorie, Kategorie gilt, also Kategorie ist ein Gelten, folglich ist auch Sein ein Gelten."[9] Dem ist mitnichten so: „Was ist, gilt nicht, das Seiende ist nicht das Geltende."[10] Das Sein ist entsprechend nicht Geltendes, sondern geltungsbetroffenes Geltungsfremdes, das heißt kategorial bestimmte Sinnlichkeit: „Ein solches Sichdecken der Form des einen Gebiets mit dem Material des anderen ist allerdings zuzugeben. Das zu erkennen, darin besteht die kopernikanische Einsicht."[11]

Lask erreicht hierdurch die faktische Absetzung des neukantischen Logizismus und der mit ihm verbundenen Priorisierung der Epistemologie. Mit dieser Absage setzt er gleichzeitig dem Panlogismus die „Panarchie des Logos" entgegen, welcher „wieder zu Ehren gebracht werden [müsse, M. B.]".[12] Seine Allherrschaft sichert sich der Logos mit der universellen Geltung der Kategorien, welche beide Sphären durchherrschen. In der Frage nach ihrer Auffindung

---

[8] Vgl. Emil Lask: Gesammelte Schriften. Bd. 2. Tübingen 1923, S. 119.
[9] Ebd., S. 120.
[10] Ebd., S. 122.
[11] Ebd.
[12] Ebd., S. 133.

wendet sich Lask dabei dezidiert gegen Kant. Anstatt wie Kant in der metaphysischen Deduktion der *Kritik der reinen Vernunft* die Kategorien als konstitutive Formen aus den logischen Funktionen innerhalb der Urteile zu deduzieren, seien, so Lask, „[d]ie konstitutiven Kategorien [...] nicht aus angeblich reineren logischen Formen abzuleiten, sondern umgekehrt alle nicht-konstitutiven aus den konstitutiven Formen als deren bloße künstliche Komplizierung und Verdünnung zu begreifen".[13] Lasks Verfahren in der Auffindung der Kategorien ist dagegen reduktiv, die Bedeutung ihrer Konstitutivität konservativ. Diese Reduktivität zeigt sich in dem Versuch der systematischen Absetzung des Kategorialen vom Reflexiven:

> Soviel ist aber gewiß: um das Konstitutive in seiner Reinheit herauszuschälen, muß man vom logischen Apparat des Seins- wie des philosophischen Erkennens den reflexivkategorialen Einschlag in Abzug bringen.[14]

Der konservative Sinn bezieht sich auf die Kategorie als strukturerhaltend. Das Ansich als das kategorial Betroffene kann als Ansich nur aufgrund seiner Betroffenheit begriffen (!) werden.

> Aber gerade wegen des enklitischen Charakters der reflexiven Kategorie ist damit bereits eine freilich schematisch gebliebene Hindeutung, eine leer gelassene Anweisung auf die konstitutive Kategorie gegeben, in der doch *an sich* [Hervorh. M. B.], ohne daß sich freilich uns dies erschlösse, das betreffende Material stehen muß.[15]

Für die Entwicklung einer philosophischen Kategorienlehre bedeutet dies, die Formen des kategorial betroffenen Materials in der Reflexion auszustellen und nicht sie aus den ursprünglichen Formen der Reflexibilität abzuleiten: „Es ist die Aufgabe einer systematischen Kategorienlehre, den ganzen kategorialen Formenschatz zu entwickeln, bei dem das Kategorienmaterial als nichts anderes denn als das bloße reflexive Etwas in Betracht kommt. Dort würden solche Kategorien wie etwa die der Andersheit, des Und, der Vielheit, der Zahl usw. ihre Stelle finden."[16]

Diese theoretische Ausgangslage hat für das Doppelproblem der transzendentalen Deduktion von Geltung und Anwendung eminente Konsequenzen. Da Lask die deduktive Methode Kants ablehnt, stellt sich für ihn die Frage nach der transzendentalen Deduktion nicht mehr als informatorisches Problem des kon-

---

13 Ebd., S. 68.
14 Ebd., S. 164.
15 Ebd., S. 162.
16 Ebd., S. 142.

ditionalen Zusammenhanges von Form und Material, welches Kant durch eine schematische Vermittlung der Formenduplizität von Anschauung und Begriff durch die kategorienimmanente Triplizität – logisches, figurales und diskursives Moment – zu lösen sucht. Vielmehr weist er das Verhältnis von Kategorie und Kategorienmaterial als alogisches Grundphänomen aus, welches die objektive Basis bildet für die bloß in und durch die Reflexion erfasste Trennung von Form und Materie:

> Und es muß bedacht werden, daß gerade das bedeutungsbestimmende Moment, das ‚fundamentum relationis', für die „Relation" zwischen *Kategorie* und *Kategorienmaterial* dasjenige ganz eigentümliche alogische Phänomen ist, das es überhaupt und ganz allgemein gestattet, von dem ‚Verhältnis' zwischen *Form* und *Inhalt*, nicht bloß zwischen *theoretischer* Form und Kategorienmaterial, zu reden […].[17]

Die Irrationalität der zwischen Form und Materie vermittelnden alogischen Form des in der Verhaltung stehenden Verhältnisses des „Zwischen" lässt sich bloß als phänomenaler bzw. phänomenologischer Grundsachverhalt darstellen. Das Relationale an der Relation kommt dieser erst im Moment der Reflexion zu. Das „Verhältnis" bezeichnet vielmehr eine lebenswirkliche Grunddimension, welche nur durch die philosophische Reflexion der theoretischen Form in den bestimmten Gegensatz zum Nachvollzug tritt:

> die Relation ‚zwischen' Kategorie und Material, deren man sich angeblich zirkelhaft bedient, repräsentiert die kategoriale Form bereits des oberen Stockwerks, während jene zum Material in Relation stehende Kategorie selbst die Kategorie des unteren Stockwerks ist. Ein fehlerhafter Zirkel bestände nur dann, wenn beide Kategorien im gleichen Stockwerk lägen.[18]

Das Anwendungsproblem wird so letztlich durch den konservativen und somit objektiven Sinn der Kategorie an einer materialen Bestimmtheit gelöst:[19]

> die konstitutiven wie die reflexiven Relationen heben sich als logische Form, als logisches Zwischen von dem alogischen materialen Wozwischen ab. Auch die konstitutive Beziehung ist nicht mehr als ein bloßes logisches Zwischen, ist ebensowenig wie die reflexive

---

[17] Ebd., S. 165.
[18] Ebd., S. 166f.
[19] Über den materiallogischen Status der geltungsnoetischen Reflexion wurde innerhalb der Südwestdeutschen Schule kontrovers diskutiert. Dieser Streit betraf die Frage, ob die Geltung primär als objektive oder als subjektive aufzufassen sei. Lask tritt klarerweise als Vertreter der ersten Lesart auf. Vgl. Christian Krijnen: Nachmetaphysischer Sinn. Eine problemgeschichtliche und systematische Studie zu den Prinzipien der Wertphilosophie Heinrich Rickerts. Würzburg 2001, S. 312–314; Herrschaft: Geltung (wie Anm. 2), S. 74–76.

Beziehung im Material *enthalten*. Auch das ‚reale' Verhältnis, die reale Beziehung, z.B. die der Kausalität, ist ein bloß logisches Zwischen. [...] Die reale Beziehung ist der unverblaßt durch das Spezifische des Materials determinierte logische Relationsgehalt. Andererseits sind beide Relationsarten durch das Material gebunden und in ihm wurzelnd, auch die reflexive Relation, bloß daß diese nicht unverblaßt durch das Spezifische des Materials, sondern erst durch die Verblassung hindurch determiniert ist. Beide Formen stecken also nicht im metalogischen und im alogischen Material, auch die konstitutive nicht, und beide sind durch das Material bestimmt, auch die reflexive.[20]

Lask begegnet damit gleichzeitig der Frage der objektiven Geltung des Kategorialen, indem er das Kriterium des Konstitutiven als dessen Passung bzw. „Zugeschnittensein" fasst:

So arbeitet sich jetzt das einzig mögliche Kriterium des Konstitutiven heraus. Es liegt im Zugeschnittensein auf die spezifische, die einzige unabhängig von der Subjektivität bestehende, Inhaltlichkeit.[21]

Die alogische Form der Passung, des Zugeschnittenseins bildet den Höhe- bzw. je nach Perspektive den Ankerpunkt der laskschen Kategorienlehre, in welchem sich ihr Prinzip überhaupt offenbart. Das Zugeschnittensein erklärt sich weder aus dem reflexiven noch aus dem konstitutiven Sinn der Kategorie. Kategorie und kategoriales Material werden nicht koordiniert, sie sind koordiniert und werden durch die Reflexion auf ihre Koordination als verbunden und getrennt vorgestellt. Lasks Zwei-Welten-Theorie führt so in einer zu erwartenden Konsequenz zu einem theoretischen Synthetismus.[22]

3 Einschätzung der laskschen Lösung

Die historische Bedeutung von Lasks Denken darf trotz des vergleichsweise geringen Umfanges seines Werkes als eminent eingeschätzt werden. Dies trifft sowohl auf die reduktive Methode der Kategorienfindung als auch auf die Absetzung des hegelschen Panlogismus und des neukantischen Logizismus zu. Es scheint daher nicht abwegig, hier eine Linie von Lask über Husserl zu Hartmann zu ziehen. Ein hiermit verbundenes unsterbliches Verdienst liegt in der bis heu-

---

20 Lask: Schriften (wie Anm. 8), S. 145f.
21 Ebd., S. 149.
22 In diesem Sinne ist es durchaus vergleichbar mit der Antwort Wilhelm Traugott Krugs in seiner Fundamentalphilosophie. Vgl. Wilhelm Traugott Krug: Fundamentalphilosophie oder urwissenschaftliche Grundlehre. Züllichau Freistadt 1819, S. 107.

te nicht in vollem Umfang gewürdigten notwendigen Trennung von Denken und Sinnlichkeit, Geltung und Geltungsfremdem.

So richtig diese Einsichten sind, so folgenreich sind auch die Konsequenzen der systematischen Fehlentscheidungen. So betont Lask gegen die Vorstellung der logischen Selbstbewegung im hegelschen Sinne den Primat des Konstitutiven gegenüber der logisch reflexiven Inhaltlichkeit, wobei die Verklammerung der reflexiven und konstitutiven Momente innerhalb der Reflexion durch die „Herrschaftsweite" der logischen Momente gesichert sei. Hierin liegt ein tragisches Missverständnis des kantischen Ansatzes. Nach Lask sehe Kant in den logischen Momenten keine kategorialen Formen. Das Gegenteil ist zutreffend: Die logischen Momente machen die kategoriale Form überhaupt aus. Der *error in principio* liegt nun genau in Lasks Umkehrung der metaphysischen Deduktion und damit einhergehend derjenigen von subjektiver und objektiver Deduktion, welche in seiner Absetzung des kantischen Verfahrens der Ableitung der logischen Formen respektive der Kategorien aus der Apperzeption als der synthetischen Funktion der Identität resultiert, von der Lask sagt: „Die Identität ist jedoch nicht das logisch Oberste und Reinste, sondern lediglich das logische Minimum."[23] In der Konsequenz kommt es zu einer illegitimen Ausweitung des Kategorienbegriffs und einer Multiplikation der Kategorien über die Zwölffachheit hinaus.

Der Synthetismus verführt Lask darüber hinaus zu dem verhängnisvollen Schluss, die Frage nach dem Verhältnis von Denken und Sinnlichkeit wiederum als Frage des Verhältnisses von Form und formbestimmtem Material anzusehen.

> Jede Unterart der Form, z.B. logische Form, darf nur als Beispiel für Form überhaupt, für Geltendes überhaupt, den Typus formartigen Materials für die logische Form der Form repräsentieren. Eine Logik der Logik also bietet gar keine anderen Schwierigkeiten als etwa eine Logik der Aesthetik, als die Logik der Geltungsphilosophie überhaupt. [...] An dem logischen ebenso wie etwa an dem ästhetischen formartigen Material kommt als bedeutungsbestimmend für die logische Form der Form vorläufig nur ihr geltungsartiges und sodann ihr bedeutungsartiges Wesen überhaupt, also das, was sie mit der Struktur der Bedeutungssphäre überhaupt teilt, in Frage.[24]

Für Lask tritt sodann der Gegensatz zwischen Begriff und Anschauung, Form und Material, in den bestimmten Gegensatz von philosophischer und seinslogischer Sphäre. Das eigentliche Problem sitzt jedoch tiefer, nämlich in der Möglichkeit einer Logik der Ästhetik und damit der Möglichkeit der Intelligibilität

---

23 Lask: Schriften (wie Anm. 8), S. 159.
24 Ebd., S. 178.

des Sinnlichen überhaupt, die weder zur einen noch zur anderen Seite, also zur subjektiven oder objektiven, aufgelöst werden kann. Die Frage nach der Möglichkeit der Seinserkenntnis kann entsprechend nicht durch die faktische Ausstellung und Beziehung der gegensätzlichen Sphären, sondern nur durch ein Verständnis der Formenduplizität von Begriff und Anschauung gelöst werden. Dies setzt jedoch voraus, dass auf transzendentallogischer Ebene die Einheit der Formen von Begriff und Erscheinung begriffen werden kann. Die Lösung dieser Aufgabe steht gleichwohl bis heute aus.

Nina A. Dmitrieva
Kant im frühen russischen Neukantianismus

1 Zum philosophiehistorischen Kontext

Alexander Iwanowitsch Wwedenski (1856–1925) war der erste, der den Neukantianismus um 1900 nach Russland gebracht und seine Ideen verbreitet hat.[1] Wwedenski studierte Philosophie an der Sankt-Petersburger Universität bei Mikhail Wladislavlev (1840–1890), der, obwohl selber kein Kantianer, 1867 die erste Übersetzung der *Kritik der reinen Vernunft* ins Russische besorgte und private Kant-Seminare veranstaltete. Er hat Wwedenski stark beeinflusst. Als einer der besten Absolventen im Fach Philosophie und als Doktorand konnte Wwedenski zwei Jahre im Ausland verbringen. Im Januar 1885 reiste er nach Deutschland, wo er bis Mai 1887 blieb und seine Dissertation vorbereitete. Wwedenski besuchte Vorlesungen in Berlin und Leipzig. Die meiste Zeit verbrachte er allerdings in Heidelberg bei Kuno Fischer (1824–1907).

Wwedenski kam zu der Zeit nach Deutschland, als die neukantianischen Schulen sich erst formierten. Hier sind die folgenden für die Entwicklung des Neukantianismus wichtigsten Schriften zu nennen: Es sind dies vor allem das Kant-Buch von Kuno Fischer (1860) und Friedrich Albert Langes *Geschichte der Materialismus* (1866), Werke, die noch vor Wwedenskis Reise nach Deutschland in den Jahren 1864/65 und 1881/82 ins Russische übersetzt worden waren. Hermann Cohen (1842–1918) veröffentlichte 1871 und 1877 *Kants Theorie der Erfahrung* und *Kants Begründung der Ethik*, Wilhelm Windelband 1884 seine *Präludien*.[2]

Wwedenski kehrte mit fundierten Kenntnissen und im Bewusstsein der Bedeutung der zukünftigen philosophischen Bewegung nach Russland zurück, wurde aber weder Adept der Marburger noch der Südwestdeutschen Schule des Neukantianismus. Wer waren die europäischen Philosophen, die sein Interesse an Kant verstärkt hatten? Welche Ideen Kants hatte er für sich als die wichtigen hervorgehoben, und wie behandelte er sie in seinen frühen Schrif-

---

[1] Ernest Lwowitsch Radlov: Neukantianismus und Neukantianer. In: Enzyklopädisches Wörterbuch. Hg. v. Friedrich Arnold Brockhaus u. Iljya Abramowitsch Efron. Bd. XXI. St. Petersburg 1897, S. 281 (Russ.).
[2] Wilhelm Windelband: Präludien. Aufsätze und Reden zur Einleitung in die Philosophie. Freiburg i.Br. 1884.

ten? Die Antworten auf diese Fragen erlauben es, die wichtigsten Aspekte des Phänomens des russischen Neukantianismus bzw. seiner Kant-Interpretation zu verstehen.

2 Kants Problemstellungen aus Wwedenskis Sicht

2.1 Ideen a priori

Wwedenskis Dissertation fügt sich sowohl thematisch als auch methodisch in den Kontext der neukantianischen Forschungen seiner Zeit ein. Sie folgt der Problemstellung, die in den Werken von Friedrich Albert Lange (1828–1875) und Georg Simmel (1858–1918) zentral war.[3] Gleichwohl versuchte er, seine eigene Auffassung im Zuge einer kritischen Erörterung seines Themas, die Begründung einer Theorie der Materie, vorzuschlagen. Unter den neukantianischen Philosophen seiner Zeit nennt Wwedenski namentlich nur Lange und tritt nur mit ihm in eine direkte Auseinandersetzung ein.

Wwedenski wendet sich kategorisch gegen Langes Deutung der kantischen „Ideen a priori" als „angeborene" Ideen und seine Auffassung von ihrer Herkunft aus der „psychophysischen Organisation" des Menschen.[4] Wwedenski selbst deutet Kants apriorische Ideen als logisch „notwendige Formen des Bewusstseins"; die Unterschiede zwischen seiner Deutung und derjenigen Langes erklärt Wwedenski auf folgende Weise: „Die *angeborenen* Ideen" sind dahingehend zu verstehen, dass sie ins Bewusstsein *ein*geführt oder „uns von außen eingeflößt" sind. Aus diesem Grund sind sie nicht notwendig für unser Bewusstsein und bilden ein zusätzliches Element. Die *apriorischen* Ideen dagegen sind im Bewusstsein selbst, sie bilden eine unvermeidliche Form seiner Aktivität, sie sind logisch untrennbar von ihm, das heißt ohne sie würde das Bewusstsein zu einem inneren Widerspruch kommen, aber das Bewusstsein unterliegt dem Gesetz des zu vermeidenden Widerspruchs.[5]

---

3 Georg Simmel: Das Wesen der Materie nach Kant's Physischer Monadologie [1881]. In: Ders.: Gesamtausgabe in 24 Bänden. Hg. v. Otthein Ramstedt. Bd. 1: Das Wesen der Materie nach Kant's Physischer Mondadologie. Abhandlungen 1882–1884. Rezensionen 1883–1901. Hg. v. Klaus Christian Köhnke. Frankfurt a.M. 2000, S. 9–42.
4 Alexander Iwanowitsch Wwedenski: Versuch des Aufbaus einer Theorie der Materie nach Prinzipien der kritischen Philosophie. Teil 1. St. Petersburg 1888, S. 40 (Russ.).
5 Ebd., S. 38.

2.2 Das fremde Ich

In seinem nächsten großen Werk, *Über die Grenzen und Zeichen des geistigen Lebens* (1892), geht Wwedenski dem Problem des von ihm sogenannten „fremden Ich" nach – das heißt, dem Problem des Fremdpsychischen. Es geht um den Beweis für die Existenz des geistigen Lebens eines Anderen. Wenn ein Mensch, so lautet seine Interpretation der kantischen Lehre, in seinem sittlichen Bewusstsein und seinem geistigen Leben nur als ein Ding an sich verstanden werden kann, gibt es keinen erklärbaren Zugang zum anderen Menschen, weil eine Erkenntnis von Dingen an sich nicht möglich ist.

Als erste Adresse für seine Polemik wählt Wwedenski auch hier Friedrich Albert Lange. Wwedenski referiert einen der wichtigsten Grundsätze Langes, wonach

> alle von außen beobachteten Handlungen und Aktivitäten eines Menschen – ohne Ausnahme – durch rein materielle Prozesse, ohne Hilfe mentaler Prozesse erklärt werden können; das bedeutet, dass unter den Prozessen, die von dieser Person erlebt werden, es keine gibt, die als ein Zeichen seines geistigen Lebens dienen könnten.[6]

Diese These Langes formuliert Wwedenski als ein „neues psychophysisches Gesetz", das er „das Gesetz der Abwesenheit der objektiven Zeichen des geistigen Lebens [eines Anderen, N. D.]"[7] nennt. Denken wir über das vermeintlich geistige Leben eines Anderen, so tun wir, laut Wwedenski, in Wahrheit nur das, dass wir unser eigenes geistiges Leben „unter den Bedingungen eines fremden Lebens *vorstellen*, das heißt, wir setzen uns gedanklich an die Stelle eines anderen Wesens".[8] Das bedeutet, dass wir nicht die geistigen Phänomene anderer Menschen beobachten, vielmehr konstruieren wir sie nur „in unserer Vernunft" aus den Elementen unseres eigenen geistigen Lebens und „übertragen" dann das Resultat auf eine andere Person.[9]

2.3 Das metaphysische Gefühl

Gleichwohl macht Wwedenski geltend, dass die Existenz des geistigen Lebens für jede Person dennoch eine „unverbrüchliche Wahrheit" ist, deren Ursprung er in

---

6 Alexander Iwanowitsch Wwedenski: Über die Grenzen und Zeichen des geistigen Leben. Ein neues psychophysisches Gesetz im Zusammenhang mit der Frage über die Möglichkeit der Metaphysik. St. Petersburg 1892, S. 51 (Russ.).
7 Ebd.
8 Ebd., S. 53.
9 Ebd., S. 54.

einem „metaphysischen Gefühl" sieht.[10] Wir sind gezwungen, so Wwedenski, die Möglichkeit einer „zuverlässigen transzendental-metaphysischen Erkenntnis"[11] und „die Existenz eines besonderen Organs für eine solche Erkenntnis zuzulassen".[12] Die Funktion dieses Organs soll auch den Beweis für die Unabdingbarkeit der moralischen Pflicht umfassen. Wwedenski schließt aber auch das religiöse Gefühl in das metaphysische ein, das das Gefühl „der Gegenwart Gottes", die „Nähe des Göttlichen" vermittelt.[13]

Es wäre logisch korrekt, den Begriff des metaphysischen Gefühls als einen allgemeinen Begriff zu verwenden, der die beiden anderen Begriffe – das „religiöse Gefühl" und das „moralische Gefühl" – als seine Artbegriffe unter sich befasst. Aber in der Form, in der Wwedenski es formuliert, hat es keine Entsprechung in der Philosophie Kants. Wwedenski nähert seine Konzeption der Sache nach offenbar der Position Fichtes an, die Johann Gottlieb Fichte (1762–1814) im dritten Buch der *Bestimmung des Menschen* entwickelt. Hier schreibt Fichte am Ende seiner Überlegungen dem sittlichen Bewusstsein und seinem Prinzip, dem Begriff eines reinen Willens, Prädikate des Göttlichen zu. Es ist mit Emphase vom „Reich Gottes"[14] und vom „Glauben an eine übersinnliche, ewige Welt"[15] die Rede. Wenn Wwedenski über unser „spezielles Organ" der metaphysischen Erkenntnis spricht, zitiert er, wenngleich ohne direkten Hinweis, die letzten Zeilen des Zweiten Buches (*Wissen*) aus diesem in Russland wahrscheinlich am meisten gelesenen Werk Fichtes. Unter dem „Organ" versteht Fichte das sittliche Bewusstsein, durch das die höchste Realität zugänglich ist.[16] Der Begriff des metaphysischen Gefühls findet sich jedoch weder bei Kant noch bei Fichte.

Fichte verwendet verschiedene Konzepte, um dieses „Organ" zu bezeichnen: *innere Stimme, Gefühl, Gewissen, sinnliche Kraft, mein Wille* und andere. Aus dieser Liste wählt Wwedenski offenbar den Begriff des Gefühls. Er stimmt mit dem Begriff überein, den Kant in seiner Moralphilosophie als moralisches Gefühl be-

---

10 Ebd., S. 4.
11 Thesen von Wwedenski in: Fragen der Philosophie und der Psychologie IV, 16(1) (1893), Teil II, S. 115f., hier S. 116 (Russ.).
12 Wwedenski: Grenzen (wie Anm. 6), S. 83.
13 Ebd., S. 106.
14 Johann Gottlieb Fichte: Die Bestimmung des Menschen. In: Ders.: Gesamtausgabe der Bayerischen Akademie der Wissenschaften. 42 Bde. Hg. v. Erich Fuchs u.a. Bd. I, 6: Werke 1799–1800. Hg. v. Reinhard Lauth u. Hans Gliwitzky. Stuttgart-Bad Cannstatt 1981, S. 189–311, hier S. 288.
15 Ebd., S. 286.
16 Vgl. ebd., S. 252.

zeichnet. Da Wwedenski selbst den Begriff des moralischen Gefühls bevorzugt,[17] ist es sinnvoll, an das zu erinnern, was dieses Konzept bei Kant und Fichte bedeutet.

Das moralische Gefühl bestimmt Kant bekanntlich als „die Fähigkeit", ein „[moralisches, N. D.] Interesse am Gesetz zu nehmen (oder die Achtung fürs moralische Gesetz selbst)".[18] Die Eigentümlichkeit dieses Gefühls liegt nach Kant darin, dass es *a priori* vom Menschen verstanden wird als Gebot, seine natürlichen Neigungen dem Zwang unterzuordnen, der durch die Gesetzgebung unserer eigenen Vernunft, und nur durch sie, das heißt frei, ausgeübt wird. So ist für Kant das moralische Gefühl nur ein Element, wenn auch ein wichtiges, in der Struktur der praktischen Vernunft.

Bei Fichte findet sich in der *Appellation an das Publikum* von 1799 der Begriff des moralischen Gefühls.[19] Der Begriff des religiösen Gefühls wird von Fichte allerdings nicht verwendet, sondern entweder durch den Begriff *Religion* oder nur als Gefühl der Abhängigkeit, Bedingtheit[20] bzw. Verbundenheit[21] erklärt. Gleichzeitig ist Gott für Fichte kein persönlicher Gott, nicht wie bei Wwedenski ein „lebendiger Gott",[22] der in der Welt gegenwärtig ist und die Ewigkeit der Seele und des Glücks in einer anderen Welt nach dem Tod des Körpers garantiert. Eine solche Position, dies sei hier am Rande erwähnt, weist eine gewisse Nähe zu Friedrich Heinrich Jacobis (1743–1819) religiös motivierten Einspruch gegen die Philosophie Kants auf. Die Schriften Jacobis waren Wwedenski bekannt.

---

17 Ebd., S. 88. Wwedenski bezieht sich dabei auf Alois Riehl, der für die Lösung des Problems einer „wahren Mitempfindung eines anderen psychischen Lebens" den Begriff des altruistischen Gefühls benutzt (vgl. Alois Riehl: Der philosophische Kritizismus und seine Bedeutung für die positive Wissenschaft. Bd. 2.2: Zur Wissenschaftstheorie und Metaphysik. Leipzig 1887, S. 169f.).
18 KpV, S. 80.
19 Johann Gottlieb Fichte: Appellation an das Publikum über die durch ein Kurf. Sächs. Confiscationsrescript ihm beigemessenen atheistischen Aeußerungen [1799]. In: Ders.: Gesamtausgabe (wie Anm. 14), Bd. I, 5: Werke 1798–1799. Hg. v. Reinhard Lauth u. Hans Gliwitzky, 1977, S. 415–453, hier S. 428.
20 Johann Gottlieb Fichte: Darstellung der Wissenschaftslehre aus den Jahren 1801/02. In: Ders.: Gesamtausgabe (wie Anm. 14), Bd. II, 6: Nachgelassene Schriften 1800–1803. Hg. v. Reinhard Lauth und Hans Gliwitzky, 1983, S. 129–324, hier S. 194 (§ 21).
21 Ebd., S. 197 (§ 22).
22 Alexander Iwanowitsch Wwedenski: Über die Typen des Glaubens und sein Verhältnis zum Wissen (1893). In: Fragen der Philosophie und der Psychologie V, 21(1) (1894), S. 55–80, hier S. 73 (Russ.).

Die andere bzw. die „übersinnliche" Welt versteht Fichte ausschließlich als diejenige Sphäre,[23] die sich diesseits der Grenzen einer möglichen Erfahrung befindet und damit diesseits der Reichweite der theoretischen Erkenntnis; es ist die Sphäre, in der die „moralische Freiheit" herrscht, die Fichte als „Ordnung der moralischen Welt" begreift, die dem moralischen Gefühl unmittelbar zugänglich ist.[24] Der Gottesbegriff wird von Fichte[25] sodann mit der „Ordnung", dem „Gesetz" der sittlichen Welt, identifiziert, die durch den sich selbst bestimmenden reinen Wille realisiert wird, mit dem der individuelle Wille unmittelbar zusammenhängt. Es ist diese Verbindung, die durch das Gefühl als notwendig erkannt wird.

Im Vergleich mit Kant erweitert Wwedenski somit im Wesentlichen den Begriff des moralischen Gefühls: Unter dem moralischen Gefühl, schreibt Wwedenski, kann „auch Kants praktische Vernunft gemeint sein".[26] Bei Wwedenski erhält dieser Begriff aber die Bedeutung eines kognitiven Vermögens, durch das etwas Unbedingtes und Notwendiges, das „außerhalb von uns"[27] existiert, unmittelbar anerkannt wird. Wwedenski gibt diesem Gefühl im Wesentlichen eine existenzielle Bedeutung, indem er darauf hinweist, dass „unser ganzes Sein" von ihm umfasst ist: „Unser ganzes Wesen gibt uns eine Überzeugung" von etwas „außerhalb von uns", etwas „Übersinnlichem", das heißt etwas, das jenseits möglicher Erfahrung existiert. Der Begriff der Überzeugung wiederum wird von Wwedenski synonym mit dem Begriff des in sich „bewiesenen" und „begründeten" Glaubens verwendet.[28]

Eine solche Deutung des moralischen (= metaphysischen) Gefühls ist, wie gezeigt, der fichteschen Konzeption und auch derjenigen Jacobis nahe. Dasselbe gilt für Wwedenskis These einer engen Verbindung von moralischen und religiösen Gefühlen. Wwedenskis Auffassung über den Inhalt des religiösen Gefühls unterscheidet sich jedoch wesentlich von Fichtes Auffassung. Indem er vom religiösen Gefühl als dem Gefühl der „Präsenz", der „Nähe" Gottes spricht,

---

23 Denselben Ausdruck („übersinnliche Welt") verwendet auch Wwedenski (vgl. Wwedenski: Versuch, wie Anm. 4, S. 77 [Russ.]).
24 Fichte: Appellation (wie Anm. 19), S. 428.
25 „Jene lebendige und wirkende moralische Ordnung ist selbst Gott; wir bedürfen keines andern Gottes, und können keinen andern fassen." (Johann Gottlieb Fichte: Über den Grund unsers Glaubens an eine göttliche Weltregierung. In: Ders.: Gesamtausgabe, wie Anm. 14, Bd. I, 5, S. 347–357, hier S. 354).
26 Wwedenski: Grenzen (wie Anm. 6), S. 90.
27 Ebd., S. 4.
28 Ebd., S. 103f.

verlässt Wwedenski den Boden des Kritizismus und gerät in die Nähe der russischen religiösen Mystik.

Es gibt noch einen anderen Punkt, der eine merkwürdige Interpretation Wwedenskis von Kants Verhältnis von theoretischer und praktischer Vernunft demonstriert. Wwedenski propagiert eine besondere Methode, deren Bedeutung in „der Lösung der theoretisch unlösbaren Fragen durch und in Übereinstimmung mit moralischen Postulaten"[29] besteht und die Wwedenski Kant zuschreibt. Diese Idee Wwedenskis erregte viel Kritik seitens einer Reihe russischer Philosophen. In seiner Antwort erklärt Wwedenski das Wesen dieser Methode folgendermaßen: Wenn wir eine Situation haben, in der es für eine theoretische Frage verschiedene theoretisch gleichermaßen gut begründete Antworten gibt, dann muss eine Wahl aus eben diesen Antworten getroffen werden, die aus moralischer Sicht am befriedigendsten ist.[30]

3 Abschließende Bemerkungen

Unter den russischen Neukantianern übernahm sein Schüler und Nachfolger im Jahre 1913 am Philosophischen Seminar der Universität St. Petersburg Iwan Lapschin (1870–1952) eine aktive Rolle in der Diskussion über Wwedenskis Problem des „geistigen Lebens eines Anderen". Lapschin veröffentlichte eine eigene, durchaus kritische Untersuchung dieses Problems.[31] Er präsentierte eine nahezu vollständige Übersicht über dieses Problem nicht nur in der Geschichte der Philosophie, sondern auch in zeitgenössischen (meist westlichen) philosophischen Konzeptionen und neukantianischer Autoren. Lapschin bietet jedoch keine eigene Lösung dieses Problems an und bemerkt nur abschließend:

> Ich bin zutiefst davon überzeugt, dass das Problem des fremden Ichs auf der Grundlage einer kritischen Philosophie ohne jegliche Neigung zur Skepsis, zum Mystizismus, Fideismus oder zur dogmatischen Metaphysik auf rein wissenschaftliche, theoretische Weise lösbar ist.[32]

---

29 Ebd., S. 111.
30 Alexander Iwanowitsch Wwedenski: Nochmalige Herausforderung zur Auseinandersetzung über das Gesetz des fremden geistigen Lebens und eine Antwort den Gegnern (1893). In: Fragen der Philosophie und der Psychologie IV, 18(3) (1893), Teil II, S. 120–149, hier S. 142 (Russ.).
31 Iwan Iwanowitsch Lapschin: Das Problem des „fremden Ich" in der Philosophie der Gegenwart. St. Petersburg 1910 (Russ.).
32 Ebd., S. 192.

Schärfer, ohne jedoch seinen Opponenten namentlich zu nennen, äußerte sich Evgeny Spektorsky (1875–1951). Er wies darauf hin, dass viele Anhänger Kants ihre Aufmerksamkeit auf „eine Reihe von metaphysischen Aussagen und Interpretationen richteten, die mehr psychologisch als transzendental waren". Infolgedessen machten sie

> Kants Philosophie zu einem psychologischen und sogar psychophysiologischen Solipsismus, zur Lehre [...] über irgendwelche mystischen Dinge an sich, die für die wissenschaftliche Erkenntnis völlig unerreichbar sind, aber uns doch auf eine mysteriöse, superwissenschaftliche Art und Weise über sie selbst wissen lassen.[33]

Wenn man weiß, dass Wwedenski von der Annahme einer „zuverlässigen transzendental-metaphysischen Erkenntnis"[34] ausgegangen war, dann darf man ihn sicher zu den Adressaten von Spektorskys Polemik zählen. Die Antwort auf die Frage, warum Wwedenski solche Interpretationen der Lehre Kants vorschlägt – Interpretationen, die nicht nur von Kants Buchstaben, sondern auch von seinem Geist deutlich abweichen – findet sich auf den letzten Seiten von Wwedenskis Arbeit, wo er auf die Befürworter der auf diese Weise interpretierten „kantischen Methode" Bezug nimmt, so auf Alfred Fouillée (1838–1912),[35] Alois Riehl (1844–1924) und Fichte, auf die französischen Kantianer Charles Bernard Renouvier (1815–1903), Jules Lequier (1814–1862) und Charles Secrétan (1815–1895), die englischen Metaphysiker William Kingdon Clifford (1845–1879), Alfred Barratt (1844–1881) und George Henry Lewes (1817–1878) sowie den amerikanischen Pragmatisten William James (1842–1910).[36] Es zeigt sich, dass Wwedenskis Referenten für seine Neuinterpretation von Kants Lehre nicht die Vertreter des neukantischen Mainstreams sind, sondern entweder weniger einflussreiche Kantianer, wie Riehl und Renouvier, oder Philosophen, die in einem anderen „Paradigma" arbeiteten, wie die englischen „Meta-Empiristen" Lewis und Clifford. Der starke Einfluss der Philosophie Fichtes, die Wwedenski offenbar vor allem durch Kuno Fischer kennenlernte, hielt Wwedenski zwar immer noch im Rahmen des Kritizismus, aber wirklich nicht mehr dem Buchstaben, sondern nur, und auch hier mit starken Abstrichen, dem Geiste nach.[37]

---

33 Evgeny Vasilyevich Spektorsky: Aus dem Bereich der reinen Ethik. In: Fragen der Philosophie und Psychologie III, 78 (1905), S. 384–411, hier S. 389 (Russ.).
34 Thesen Wwedenskis (wie Anm. 11), S. 116 (Russ.).
35 Alfred Fouillée: L'avenir de la métaphysique fondée sur l'experience. Paris 1889.
36 Wwedenski: Grenzen (wie Anm. 6), S. 116.
37 Zum Problem der Beanspruchung des „Geistes" der kantischen Philosophie in der Rezeption vgl. den Beitrag von Hauke Heidenreich in diesem Band.

Diese höchst unterschiedlichen und zum Teil problematischen Konzeptionen, die hauptsächlich von Wwedenski nach Russland gebracht worden waren, haben das Kant-Bild im russischen Neukantianismus stark beeinflusst und dazu beigetragen, dass ein besonderes philosophiegeschichtliches Phänomen – das Phänomen des „russischen Neukantianismus" – entstehen konnte, der zu einem integralen Teil der russischen Kultur wurde und in der Folge noch eine Reihe bedeutender Transformationen erfahren hat.[38]

---

38 This research was supported by the Ministry of Science and Higher Education of the Russian Federation grant no. 075-15-2019-1929, project "Kantian Rationality and Its Impact in Contemporary Science, Technology, and Social Institutions" provided at the Immanuel Kant Baltic Federal University (IKBFU), Kaliningrad.

Barbara Loerzer
„Philosophies Paint Pictures"
Zur Kant-Rezeption bei William James

1 Hinführung

Wer über die Kant-Rezeption des 19. Jahrhunderts in Amerika nachdenkt, muss nicht lange suchen, um das Lager der ‚Cambridge Pragmatists' ausfindig zu machen, die Murray Murphy als „Kant's Children" bezeichnet hat.[1] Die Philosophie des amerikanischen Pragmatismus, der sich gegen Ende des 19. Jahrhunderts neben dem Transzendentalismus Ralph W. Emersons (1803–1882) hat etablieren können, ist ohne Kant nicht denkbar. Dafür steht der legendäre ‚Metaphysical Club', dessen Gründungsmitglieder Chauncey Wright (1830–1875), Charles S. Peirce (1839–1914), Oliver W. Holmes (1809–1894) und William James (1842–1910) sich mit kontinentaleuropäischer Philosophie und insbesondere mit Kants kritischen Schriften befassten.[2] Auch die religionsphilosophischen Kontroversen um James' ‚Radical Empiricism' bzw. ‚Pragmatism' und Josiah Royces (1855–1916) ‚Absolute Idealism' sind ohne den Einfluss Kants nicht vorstellbar.[3] Dass auch aus werkgenetischer Perspektive die Transzendentalphilosophie Kants für James eine zentrale Rolle gespielt hat, ist offenkundig, denn in seiner privaten Bibliothek befanden sich Kants gesammelte Werke sowie englische Übersetzungen und Einzelwerkausgaben.[4] Überdies belegt die von ihm verwendete Sekundärliteratur seine rege Teilnahme am Kant-Diskurs des

---

[1] Zum Zitat in der Überschrift vgl. unten Anm. 88. Zu „Kant's Children" vgl. Murray Murphy: Kant's Children. The Cambridge Pragmatists. In: Transactions of the Charles S. Peirce Society 4 (1968), S. 3–33. Vgl. auch Hermann Deuser u.a. (Hg.): The Varieties of Transcendence. Pragmatism and the Theory of Religion. New York 2016; Gabriele Gava u. Robert Stern (Hg.): Pragmatism, Kant and the Transcendental Philosophy. London 2016.
[2] Vgl. Louis Menand: The Metaphysical Club. A Story of Ideas in America. New York 2001, S. 201–231.
[3] Vgl. Ralph B. Perry: The Thought and Character of William James. 2 Bde. Boston 1935, hier Bd. 1, S. 779–824. Siehe auch Josiah Royce: The Basic Writings of Josiah Royce. Bd. 1. Hg. v. John J. McDermott. Chicago u. London 1969, S. 225–318.
[4] Die Houghton Library listet 23 Titel, die aus dem Bestand der privaten Bibliothek William James' stammen. Vgl. Ermine L. Algaier: Reconstructing the Personal Library of William James. Markings and Marginalia from the Harvard Library Collection. Lanham 2019.

19. Jahrhunderts. So ist die Frage nach dem literarischen Verhältnis von James und Kant in der James-Forschung selbstverständlich immer wieder aufgeworfen worden. Wie Thomas Carlson in seinem Aufsatz *James and the Kantian Tradition* betont, erkannten bereits zu James' Lebzeiten Zeitgenossen wie Hugo Münsterberg (1863–1916) und James Ward (1843–1925) eine Ähnlichkeit zwischen James und Kant.[5] James-Interpreten Mitte des 20. Jahrhunderts wie zum Beispiel Henry D. Aiken (1912–1982) und insbesondere Bruce Kuklick (*1941) griffen diese Hypothese ebenfalls auf.[6] Letzterer nicht ohne Widerspruch – wie Carlson mit Bezug auf Edward H. Madden und Peter H. Hare anmerkt.[7] James als „a Kantian fundamentally" zu bezeichnen, ging ihnen entschieden zu weit.[8] Carlson seinerseits sucht anhand der vier Fragen Kants eine „family resemblance" aufzuzeigen und kommt zu dem Schluss:

> With his evolutionary view of mental development, James adopts Kant's ‚Copernican' emendation of empiricist epistemology: Knowledge, as the product of the interaction of the knower and his environment, finds its justification in part through the contribution of the knower.[9]

David Lamberth hingegen stellt den Unterschied zwischen James und Kant heraus. Bei James gebe es keine Basis für hierarchisch angeordnete Strukturen des Denkens, vielmehr sei für ihn das Vorfindliche sowohl auf empirischer als auch auf begrifflicher Ebene immer im Plural gegeben.

> Rather than admitting a hierarchy of rationality as Kant, for example, had in placing the categorical imperative above rules of skill and counsels of prudence, James instead concedes what he takes to be both empirically and conceptually obvious: that there is no inherent normative ordering possible among these competing domains, since their interests and procedures just are plural in nature as are their objects.[10]

Auch Sami Pihlström sieht in James einen „strongly anti-Kantian thinker", der sich sowohl dem kantischen *a priori* und der transzendentalen Methodenlehre

---

5 Vgl. Thomas Carlson: James and the Kantian Tradition. In: Ruth Anna Putnam (Hg.): The Cambridge Companion to William James. Cambridge 1997, S. 363–383.
6 Vgl. ebd., S. 364f.
7 Vgl. ebd., S. 382f., Anm. 3.
8 Edward H. Madden u. Peter H. Hare: Review of The Rise of American Philosophy by B. Kuklick. In: Transactions of the Charles S. Peirce Society 14 (1978), S. 53–72.
9 Carlson: James (wie Anm. 5), S. 369.
10 David Lamberth: A Pluralistic Universe a Century Later. Rationality, Pluralism, and Religion. In: Martin Halliwell u. Joel D. S. Rasmussen (Hg.): William James and the Transatlantic Conversation. Pragmatism, Pluralism, and the Philosophy of Religion. Oxford 2014, S. 133–149.

widersetzt als auch die Unterscheidung zwischen den Dingen an sich und einer empirischen Realität vehement abgelehnt habe. Dennoch nennt Pihlström immerhin sieben Argumente, die für eine Ähnlichkeit zwischen Kant und James sprechen, darunter den Versuch, im Konflikt zwischen dem wissenschaftlichen Determinismus einerseits und der moralischen Verantwortung und Freiheit andererseits zu vermitteln.[11] Wenn James im Rahmen dieses Essays erneut als Rezipient der Schriften Kants in den Fokus gestellt wird, geht es weniger um einen hermeneutischen Ansatz, der sich lediglich auf James' publizierte Äußerungen zu Kant konzentriert. Vielmehr soll eine rezeptionshistorische Perspektive in den Blick genommen werden: Anhand jamesscher Marginalien soll aufgezeigt werden, auf welche Weise James sich mit Kant befasst hat. Das Ziel ist es, neue Erkenntnisse der jamesschen Kant-Rezeption zu sichten und – wo möglich – für bislang ungelöste Fragen fruchtbar zu machen. Damit ist gewissermaßen auch ein werkgenetischer Ansatz verbunden, denn zweifellos hat James' Auseinandersetzung mit Kant zur Formulierung seines eigenen philosophischen Ansatzes maßgeblich beigetragen.

Die Bandbreite der bisherigen Ergebnisse zum Verhältnis James–Kant soll damit keinesfalls in Abrede gestellt werden, gleichwohl steht – aufgrund der bislang fehlenden Durchsicht der handschriftlichen Kommentare zu den Schriften Kants – eine Präzisierung dieses literarischen Verhältnisses noch aus. Aufgrund der Quellenlage kommen hier in erster Linie Kants *Kritik der reinen Vernunft* (KrV) und Kants *Kritik der Urteilskraft* (KU) in Betracht.

Hier ist mit Blick auf James' Lesart der *Kritik der reinen Vernunft* zunächst festzuhalten, dass James in den frühen 90er Jahren des 19. Jahrhunderts vor dem Hintergrund der noch jungen Wissenschaft der experimentellen Psychologie argumentiert, der er sich nur mühsam entwindet. Erst mit den *Varieties of Religious Experience* (VRE) gelingt ihm eine klare Absage an den ‚medizinischen Materialismus' seiner Zeit und in den Folgejahren 1904/05 sucht er mit seinem ‚Radical Empiricism' nach einer philosophischen Konzeption, die sich einerseits von den ‚Absolute Idealists' und andererseits von Kants Transzendentalphilosophie abgrenzt. An dieser Stelle beginnt nun das eigentliche Tauziehen um eine erkenntnistheoretische Fundierung, der James bis zu diesem Zeitpunkt ausgewichen war und die er auch mit seinem ‚Radical Empiricism' nicht bereitstellt. Die Gründe dafür sind vielschichtig und meiner Ansicht nach an einer Stelle zu suchen, die nicht im Interpretationsrahmen der bisherigen James-Forschung liegt. Um dies plausibel zu machen, möchte ich im Folgenden meinen (werkgenetischen) Forschungsansatz kurz erläutern.

---

11 Sami Pihlström: Jamesian Pragmatic Pluralism and the Problem of God. In: Ebd., S. 183–198.

2 Erläuterung zum Forschungsansatz

Wie ich an anderer Stelle ausführlich dargelegt habe, steht außer Zweifel, dass James sich bereits in jungen Jahren mit ästhetischen Theorien befasst hat.[12] Man sollte daher annehmen, dass er durchaus in der Lage gewesen wäre, eine Philosophie der Kunst zu verfassen.[13]

Die Fortführung dieses Interesses stieß bei ihm jedoch auf zwei grundsätzliche Hindernisse. Zum einen war sein spezifisches Kunstinteresse von Elementen der ‚Catholic sacred imagery' gespeist, was ihn angesichts der Konfessionalismusdebatte im Amerika des 19. Jahrhunderts in einen Loyalitätskonflikt mit seiner protestantischen Leitkultur und deren Kunstverständnis gebracht hatte.[14] Zum anderen war der Bereich der Ästhetik das berufliche Terrain seines Bruders Henry James (1843–1916), der sich gegen einen potenziellen Konkurrenten schon frühzeitig wappnete.[15] Dennoch bleibt für James der ästhetische Referenzrahmen erhalten und wird an bestimmten Stellen seines Denkens bzw. seines philosophischen Werkes erkennbar. Dies lässt sich anhand der Konstruktion eines dreigliedrigen Leitmotivs verfolgen, das sich im Denken James' bereits 1861 konfiguriert: Im Kontext seiner ersten Berufswahl hatte er seine ästhetischen Ambitionen als „spiritual impressions the intensest and purest I know" verbalisiert.[16] Die Artikulation religiöser Erfahrung im ästhetischen Feld erhält

---

12 Zur Diskussion der aktuellen Forschungslage zur Frage des Stellenwertes der Ästhetik im Denken James' siehe Barbara Loerzer: An Arch Built Only on One Side. Eine Studie zur werkgenetischen Relevanz der Ästhetik im Denken von William James (1842–1910). Berlin 2016.
13 Ein entsprechendes Zitat findet sich bei Susan E. Gunter: Alice in Jamesland. The Story of Alice Howe Gibbons James. Lincoln u. London 2009, S. 69: „Henry, too, landed his brother's work, telling Alice that ‚I find Pragmatism, tell him, *overwhelmingly* the Philosophy for the Artist & the Novelist – if it had been cooked up for *their* direct & particular behoof it couldn't suit me more down to the ground'." Gunter zitiert aus einem Brief vom 01.02.1908, den Henry James jr. an seine Schwägerin Alice schrieb.
14 Vgl. Loerzer: Arch (wie Anm. 12), S. 57–76.
15 Vgl. ebd., S. 217–220.
16 Vgl. Perry: Thought (wie Anm. 3), Bd. 1, S. 198–200; William James: The Correspondence of William James. 12 Bde. Bd. 4. Hg. v. Ignas K. Skrupskelis u.a. Charlottesville u. London 1995, S. 39f. Der in Bonn verfasste Brief vom 24.08.1860 sei hier ausführlich zitiert: „Why should not a given susceptibility of religious development be found bound up in a mind whose predominant tendencies are artistic, as well as in one largely intellectual, granting, even, that the former be much the most elementary, the least dignified and useful? My experience amounts to very little, but it is all I have to go upon; and I am sure that far from feeling myself degraded by my intercourse with art, I continually receive from it spiritual impressions the intensest and purest I know. So it seems to me is my mind formed, and I *can see* no reason for avoiding the

allerdings bei James eine spezifische Note. Es ist die der ‚Catholic sacred imagery' entlehnte Leiberfahrung, die James' ästhetisches Grundverständnis prägt, eine Form unmittelbar körperlich erfahrbarer Wirkung, das heißt keine sublime Form der Ästhetik. Hier liegt ein kritischer Punkt.

Anders als Alexander Gottlieb Baumgarten (1714–1762), der die Ästhetik als einen dem Intellekt zugänglichen Bereich des Schönen konzipiert, schlägt Kant mit seinem Begriff von Ästhetik einen anderen Weg ein. Er nennt sie Sinnlichkeit, also das, was der Person als den Sinnen Erfahrbares erscheint, und räumt ihr einen gleichwertigen Platz in seiner Philosophie ein. Die Frage ist, ob und wenn ja, auf welche Weise James sich Kants Ansatz zunutze macht. Er wusste ja um den Leibbezug, den er bereits im Kontext seiner frühen ästhetischen Orientierung hergestellt hatte, und so dürfte er sich insbesondere bei der zweiten Einleitung zur *Kritik der Urteilskraft* bestätigt gefühlt haben. Indizien dafür finden sich in den Marginalien seiner Kant-Lektüre. Hinzu kommt der Umstand, dass er bereits 1868 – also zur Zeit seines Deutschlandaufenthalts – Kants *Anthropologie in pragmatischer Hinsicht* (1798) kennenlernte. Auch darin finden sich Ansatzpunkte, die den Erfahrungsbegriff mit dem Leib verbinden und als unerlässliche Quelle der Begriffsbildung anerkennen. Vor diesem Hintergrund muss die Frage nach der Kant-Konvergenz neu gestellt werden. Denkbar wäre, dass Kant einen systematischen Referenzrahmen für den fehlenden theoretischen Überbau in James' ‚Radical Empiricism' bietet. Im Gegenzug wäre auch eine erneute Diskussion des Stellenwerts der dritten *Kritik* im Kontext der kritischen Schriften Kants von Belang, die – wie Eva Schaper und andere angemerkt haben – bislang vergleichsweise wenig ins Forschungszentrum gerückt ist.[17] Mit Blick auf James könnte sich das ändern.

3 James' Motive für die Lektüre der Schriften Kants

Erste Hinweise auf James' Auseinandersetzung mit Kant stammen aus der Zeit seines Deutschlandaufenthalts. In einem Brief an Arthur G. Sedgwick (1844–1915) vom 23. März 1868 äußert sich der 26-jährige James voller Bewunderung

---

giving myself up to art *on this score*. Of course if you even agree to let this pass, there remain other considerations which might induce me to hesitate, – those of utility, of duty to society, etc. All these, however, I think ought to be weight down by the strong *inclination* towards art, and by the fact that my life would be embittered if I were kept from it."
17 Vgl. Eva Schaper: Taste, Sublimity, and Genius. The Aesthetics of Nature and Art. In: Paul Guyer (Hg.): The Cambridge Companion to Kant. Cambridge 1992, S. 367–393.

über seinen Freund Oliver W. Holmes und dessen Lektüre von Kants *Kritik der reinen Vernunft* – „that mass of raw metaphysics".

> My respect for him [Holmes, B. L.] has increased 100 fold since looking into that mass of raw metaphysics called K. d. reinen Vernunft. I need hardly say that I have not yet read it; tho' *I* have read a couple of K's minor works and find him not devoid of a certain acuteness. The trouble is he can't keep up a long *stretch* of thinking (Subtle joke).[18]

Welche der ‚leichteren' Werke James als Einstiegslektüre gedient haben, bleibt unerwähnt. Sehr wahrscheinlich kannte er aber zu diesem Zeitpunkt bereits Kants *Anthropologie*. Das geht aus einem autobiographischen Hinweis hervor, mit dem James den Erwerb dieses Buches gekennzeichnet hat: „Wm. James, Berlin Jany 1868."[19] Im Kontext seines Deutschlandaufenthalts und der damit verbundenen Auseinandersetzung mit ästhetischen Theorien passt Kants *Anthropologie* gut in das Gesamtbild der Aktivitäten des jungen James, wenngleich er zu diesem Zeitpunkt noch keinen Zugang zu den komplexen Gedankengängen Kants gefunden hatte, was die Anmerkung „Subtle joke" andeutet. Das ändert sich allerdings im Laufe der folgenden Jahre und kulminiert in der „heavily annotated" deutschen Werkausgabe der ersten *Kritik*. Folgt man hier allein den jamesschen Unterstreichungen im Textkorpus, zeigt sich sein Blick für das Wesentliche – Kants überbordender Syntax zum Trotz.[20] Einwände grundsätzlicher Art beziehen sich auf Kants Erkenntnistheorie, die James aus

---

[18] James: Correspondence (wie Anm. 16), Bd. 4, S. 275. Zu diesem Zeitpunkt hielt sich William James zu Studienzwecken in Deutschland auf.

[19] Immanuel Kant: Anthropologie in pragmatischer Hinsicht abgefasst. Königsberg 1820. „Autographed: Wm. James. Berlin Jany 1868." Boston, MA, Harvard University, Houghton Library (= HUHL), *AC85 J2376$iZz820k. Als weitere kleinere Schriften kommen in Frage: a) Kants *Prolegomena* (1783), b) *Betrachtungen über das Gefühl des Schönen und Erhabenen* (1764) sowie *Träume eines Geistersehers, erläutert durch die Träume der Metaphysik* (1766) – letztere nicht zuletzt deshalb, weil sein Vater Henry James Sr. ein vehementer Verfechter Emanuel Swedenborgs war und Kants Text als Schmähschrift betrachtete, vgl. etwa Henry James: The Secret of Swedenborg. Being an Elucidation of his Doctrine of the Divine Natural Humanity. Boston 1869, S. 2: „We may smile if we please at the superstitious shifts to which Kant's philosophic skepticism reduced him."; Frederic H. Young: The Philosophy of Henry James, Sr. New York 1951, S. 120f.; Dwight W. Hoover: The Influence of Swedenborg on the Religious Ideas of Henry James, Senior. In: Erland J. Brock u.a. (Hg.): Swedenborg and his Influence. Bryn Athyn 1988, S. 263–276.

[20] An dieser Stelle sei die Bemerkung erlaubt, dass James durch die religionsphilosophischen Schriften seines Vaters und dessen Rezeption der swedenborgianischen Theologie durchaus mit schwer zugänglichen Texten vertraut war und eine gewisse Übung hatte, undurchsichtige Inhalte zu hinterfragen. Dies wird in der Korrespondenz zwischen ihm und seinem Vater deutlich.

der Sicht seiner Psychologie nur zum Teil nachvollziehen kann. Aber selbst das ändert sich in den 90er Jahren des 19. Jahrhunderts, als James sich in der amerikanischen Philosophie zu etablieren beginnt. Die Auffassung einer Unvereinbarkeit zwischen dem weit gereisten amerikanischen ‚Public Philosopher' William James und dem wohl bedeutendsten deutschen Philosophen, dem bodenständigen Königsberger Immanuel Kant, wird von der Sachlage der Primärquellen konterkariert.[21] Ein wesentliches Motiv für die Auseinandersetzung mit Kants Gesamtwerk ist in James' Hinwendung zu philosophischen Grundsatzfragen zu sehen, was er bereits 1873 in seinem *Diary 1* zum Ausdruck bringt, jedoch als berufliche Option zunächst zurückstellt:

> Of course my deepest interest will as ever lie with the most general problems. But as my strongest moral and intellectual craving is for some stable reality to lean upon, and as a professed philosopher pledges himself publicly never to have done with doubt on these subjects, but every day to be ready to criticise afresh and call in question the grounds of his de faith of the day before, I fear the constant sense of instability generated by this attitude [...]. A ‚philosopher' has publicly renounced the privilege of trusting *blindly*, which every single man owns as a right – and my sight is not always clear enough for such constant duty. Of course one may say – you could make of psychology proper just such a basis; but not so, you can't divorce psychology from introspection, and immense as is the work demanded by its purely objective physiologic part, yet it is the other part rather for wh. a professor thereof is expected to make himself publicly responsible.[22]

Wenn James' Kant-Lektüre also bereits in frühen Jahren einsetzt, so zeigt sich zunächst, dass es ihm auf die Überwindung der kantischen Erkenntnistheorie ankam.[23] Spätestens aber 1890, nach der Fertigstellung seines bahnbrechenden Werkes *The Principles of Psychology*,[24] bzw. 1892, mit dem Erscheinen der kürzeren Fassung *Psychology: Briefer Course*,[25] ist ihm klar, wie sehr er sich in seinen Bemühungen getäuscht hatte. Im Epilog bekennt er freimütig, dass die metaphysischen Fragen für ihn keineswegs mit der Psychologie obsolet geworden seien: „When, then, we talk of ‚psychology as a natural science', [...] it means a psychology particularly fragile, and into which the waters of metaphysical criti-

---

21 Vgl. George Cotkin: William James. The Public Philosopher. Chicago 1994. Cotkin hebt den Stellenwert der Public Lectures in Amerika hervor, die sich – anders als im 19. Jahrhundert in Deutschland – stärker an ein nichtakademisches Publikum wandten. Vor diesem Hintergrund wird klarer, weshalb James einen weniger akademischen Sprachduktus pflegte. Dies übertrug sich auf seine Publikationen, die zum Teil auf seinen öffentlichen Vorträgen beruhten.
22 HUHL, William James Papers Diary 1, MS Am 1092.9 (4550), 10.04.1873.
23 Darauf werde ich später noch eingehen.
24 PP.
25 PBC.

cism leak at every joint."[26] Infolge dieser Erkenntnis greift er sein ursprüngliches Interesse an den „more general questions" auf.[27]

Der Entschluss zu einer Professur in Philosophie erforderte nun allerdings eine klare Positionierung, nicht nur im Hinblick auf die für ihn so bedeutsame moralische Verantwortung (nämlich jederzeit Rede und Antwort stehen zu müssen), sondern insbesondere im Hinblick auf die inhaltliche Abgrenzung zu den ‚Absolute Idealists' und Hegelianern, die unter anderem in Gestalt von Josiah Royce das philosophische Denken in Harvard zunehmend bestimmten. Vor diesem Hintergrund kommt der Intensivierung von James' Kant-Studien eine zentrale Bedeutung zu, die insbesondere durch seine Korrespondenz mit dem Kant-Experten Friedrich Paulsen (1846–1908) in Berlin eindeutig belegt ist. Paulsens *Einleitung in die Philosophie* bot James in vielerlei Hinsicht eine Orientierung.[28] Er schrieb für die englische Übersetzung 1895 ein Vorwort[29] und er verwendete Paulsens Publikation als stete Referenzquelle in seinen eigenen Philosophievorlesungen, was durch seine Manuskripte belegt ist.[30] 1896 erscheint James' *The Will to Believe*, eine Sammlung von vorwiegend älteren Essays, mit der er sich erstmals philosophisch positioniert. Ihr kommt der Status einer Programmschrift zu, deren Grundgedanken James nach 1896 weiter ausarbeitet.[31] Eine Reihe von Hinweisen in VRE, in *Radical Empiricism* und explizit in *A Pluralistic Universe* sowie in der postum veröffentlichten Konzeption eines von James geplanten, aber unvollendeten Philosophiebuchs *Some Problems of Philosophy* legen nahe, dass Kant als ‚Hintergrundprogramm' mitlief.

4 Die Primärquellen

Die zahlreichen Kant-Referenzen in James' Gesamtwerk (oftmals in ausführlichen Fußnoten) und die Transkripte seiner Philosophievorlesungen zeugen von der Allgegenwärtigkeit Kants. Besonders aufschlussreich ist der Bestand an kantischer Primärliteratur in der privaten Bibliothek von William James, der bislang noch nicht im Zentrum einer Untersuchung der jamesschen Kant-

---

26 Ebd., S. 400.
27 James: Diary (wie Anm. 22), 10.04.1873.
28 Friedrich Paulsen: Einleitung in die Philosophie. Berlin 1892.
29 William James: Preface to Paulsen's Introduction to Philosophy. In: EP, S. 90–93.
30 ML. Auf den Seiten 378–428, im *Syllabus in Philosophy D: General Problems of Philosophy* (1906f.), finden sich zahlreiche Referenzen zu Paulsen.
31 Die Aufsätze stammen aus den Jahren 1878, 1880–1882, 1884, 1890–1892 u. 1895f.

Rezeption stand; üblicherweise bezieht man sich in der James-Forschung auf die publizierten Werke James'. In diesem Essay wird nunmehr der Versuch unternommen, unter Berücksichtigung einiger der jamesschen Marginalien in den von ihm verwendeten Kant-Ausgaben den Blick auf die Spezifika seiner Kant-Rezeption und insbesondere auf deren Auswirkungen auf den ‚Radical Empiricism' zu richten. Im Rahmen dieses Essays wird dies mittels der von James studierten dritten kritischen Schrift Kants (KdU) erfolgen, hier nach einer von ihm annotierten englischen Übersetzung von J. H. Bernard.[32] Ähnliches gilt für James' intensive Bearbeitung von Kants KrV.[33] Darüber hinaus finden sich sowohl in der umfangreichen James-Korrespondenz als auch in dem jamesschen Reisetagebuch (*Diary 1*) aus der Zeit seines anderthalbjährigen Deutschlandaufenthalts (1867–1868) zahlreiche Hinweise auf James' intensive Auseinandersetzung mit Kants System. Erstaunlich sind in diesem Kontext James' Systematisierungsansätze, mit denen er sich Klarheit im Hinblick auf den Diskurs zwischen philosophischen Entwürfen einerseits und der noch jungen Wissenschaft der experimentellen Psychologie andererseits verschaffte. In der Leseliste zum *Diary 1* fallen folgende Gruppierungen ins Auge:

a) Kant, Kuno Fischer, Schopenhauer, Charles Renouvier;
b) Hermann Lotze, Wilhelm Wundt, Hermann von Helmholtz;
c) Alexander Bain, John Daniel Morell, Gustav Theodor Fechner, James H. Stirling, Henry Maudsley und
d) Theodor Waitz, Julius Bahnsen, (erneut) Lotze, Wilhelm Griesinger.[34]

Weitere Zugänge erschließen sich James über die französische Kant-Rezeption zum Beispiel über Victor Cousin.[35] Und schließlich ist James' umfangreiche Lektüre der ästhetischen Schriften Schillers (1759–1805) bemerkenswert, die er vor dem Hintergrund der kantischen Kritiken kommentiert. Darauf gehe ich später noch ausführlicher ein.

---

32 KJ. „With Ms. Annotations from W[illiam] J[ames], HUHL, AC85 J2376iZz892k.
33 Hier bietet sich noch sehr viel bislang kaum genutztes Forschungsmaterial zur Genese der jamesschen Kant-Rezeption. Das Material liegt als Mikrofilm vor.
34 Vgl. Loerzer: Arch (wie Anm. 12), S. 447–478.
35 Vgl. James: Diary (wie Anm. 22), 18.04.1868.

5 Kant-Referenzen in den publizierten Schriften James'

James' Bezugnahmen auf Kant finden sich weit verstreut in seinem Gesamtwerk, häufig in Fußnoten und zuweilen mit Bezug auf Sekundärliteratur, wie zum Beispiel das folgende Zitat zu Hermann Cohen (1842–1918) in den *Principles of Psychology* zeigt: „'In Kant's Prolegomena,' says H. Cohen,– I do not myself find the passage,– ‚it is expressly said that the problem is not to show how experience arises (entsteht) but what of it consists (besteht).' (Kants Theorie der Erfahrung (1871), p. 138)."[36] Dieses Zitat zeigt nicht nur, dass James mit den Kant-Interpreten des 19. Jahrhunderts in Deutschland vertraut war, sondern lässt auch Rückschlüsse auf James' Verarbeitungsprozess der kantischen Überlegungen zu. Dass insbesondere an dieser signifikanten Stelle der deutsch-jüdische Kantianer Hermann Cohen zum jamesschen Grundverständnis von Kant beigetragen hat, ist vor allem deshalb bemerkenswert, weil er den Fokus der Rückwärtsgewandtheit im Sinne der Ursprungsklärung (ein Merkmal der deutschen Systemphilosophie) zu einer Bestandsaufnahme der Gegenwart verschiebt. *Kants Theorie der Erfahrung*, so wie sie Cohen im kantischen System angelegt sieht, überwindet den traditionellen (rationalistischen) Ansatz und eröffnet der Kant-Rezeption eine anders gelagerte Perspektive. James' Bezugnahme auf diese Passage bereits im Kontext seines Grundlagenwerks zur Psychologie macht zum einen deutlich, wie allgegenwärtig Kant im Denken James' war, und zum anderen, dass mit Cohen für James eine alternative Kant-Rezeption eingeleitet wird, insofern die Wirkungsdynamik einer auf die Zukunft ausgerichteten Religionsphilosophie für James von zentraler Bedeutung ist.[37]

Eine weitere Kant-Referenz soll nun an dieser Stelle ausführlicher zur Sprache kommen, weil sie der Sache nach das Spannungsfeld in der jamesschen Kant-Rezeption mitbegründet.

Die Adickes-Ausgabe der ersten *Kritik* enthält Zwischenseiten, die James für Kommentare und Querverweise intensiv genutzt hat. Abgesehen von den Unter-

---

36 PP, S. 345, Anm. 33. Ein weiterer Hinweis zu Hermann Cohen findet sich in ML, S. 377f.
37 Wilhelm Jerusalem, der ebenfalls dem Kontext der deutsch-jüdischen Philosophie des 19. Jahrhunderts zuzuordnen ist, war einer der wenigen Verfechter des jamesschen Pragmatismus in Deutschland. Er übersetzte James' *Pragmatism*. Eine Studie zur Relevanz der jüdisch-deutschen Philosophie im Hinblick auf James' Religionsphilosophie steht meiner Kenntnis nach noch aus.

streichungen, die den roten Faden seiner Kant-Lektüre bilden, reichen die Randbemerkungen von kurzen Notizen bis hin zu mehrseitigen Kommentaren. In der Einleitung B (die Adickes-Ausgabe stellt die Einleitung A in den Textapparat) notiert James auf dem Einlegeblatt neben Seite 46 das Folgende:

> See my psychol. II; 661. Synthetic j.[judgement] expresses a relation between 2 data at least. Distinction can't be made sharp.[38]

Dieser Hinweis ist wichtig, weil er James' Lektüre der deutschen Ausgabe von KrV für die Zeit *nach* Abfassung der *Principles of Psychology* – also 1890 – nahelegt. Ich nehme daher an, dass James im Zuge seiner beruflichen Ausrichtung als Professor für Philosophie in Harvard, unter steter Bezugnahme auf Friedrich Paulsen, sich der Mühe unterzogen hatte, die KrV sehr gründlich zu bearbeiten. Als Zeitraum käme dann 1895 bis 1896 in Frage. Der Vergleich zwischen dem Hinweis auf die Textstelle in den *Principles of Psychology* und dem ausführlichen handschriftlichen Kommentar, der sich über drei Zwischenseiten erstreckt, zeigt, dass James seine Kant-Kritik im Prinzip aufrechterhält. In der längeren Fußnote der *Principles* schreibt James zunächst (wie oben angedeutet):

> The only sharp way of defining synthetic propositions would be to say that they express a relation between *two data* at least. [...] All philosophic interest vanishes from the question, the moment one ceases to ascribe to *any a priori* truths (whether analytic or synthetic) that ‚legislative character for all possible experience' which Kant believed in. We ourselves have denied such a legislative character, and contended that it was for experience itself to prove whether its data can or cannot be assimilated to those ideal terms between which *a priori* relations obtain. The analytic-synthetic debate is thus for us devoid of all significance.[39]

1890 ist für James die Debatte um Kants *a priori* bedeutungslos („devoid of all significance"). Im Zuge seiner Lektüre der KrV spitzt er das Fazit noch weiter zu: „Transcendental synthesis and empirical synthesis are thus two absolutely diverse conceptions." Im Kontext lautet der jamessche Kommentar in der von ihm verwendeten Ausgabe der KrV wie folgt:

> The receptivity of sensation gives the disconnected matter to experience. But the matter must be combined by a higher synthetic capacity (first by Anschauung) and thereby receive <u>form</u> before it can be pro*b*perly be <u>known</u>, or become an object for consciousness at

---

38 Immanuel Kant: Kritik der reinen Vernunft. Hg. v. Erich Adickes. 2. Aufl. Berlin 1889. „Heavily annotated by him [William James, B. L.] in the margins & on the interleaves." HUHL, AC85 J2376iZz889k.
39 PP, S. 1255, Anm. 23.

all. Thus at the very first instant when we ‚sense' it, it has already been handled by at least one transcendentally synthetic faculty, and its condition as a <u>bare</u> manifold eludes our cognizance altogether. Mr. Gaylord suggests (1897) that if we put Kant's view in this way it tallies well with the speculative results of recent psychology, according to which there is disconnected mind stuff previous to our first sensations, the latter, (as being ~~therefore~~ already endued with form) resulting therefore from a certain transcendentally synthetic treatment of this mind stuff by the combining agency, whatever that may be. This would indeed be a possible way of rescuing Kant. It could hardly pretend, however, to be an historic exposition of his own literal meaning. In distinguishing between matter which we have, and our handling of the same, Kant is psychologically true. And one might call the handling a synthesis and ascribe it to a special faculty in each particular case. But how different are Kant's ‚transcendental' syntheses thus performed from the simple empirical syntheses which consciousness recognizes. The latter are comparisons of materials already there, ~~note~~ classings, noticings of relations of position, associations etc. They start from a given material and without dropping it, add to it, or discriminate within it, and result from stage to stage in a knowledge that grows gradually richer and less vague, but always is material for still later synthetic operations of a similar sort. The synthesis involved in K's Anschauung starts on the contrary from the manifold of what the empirical consciousness is wholly unaware and combines it at one miraculous stroke into two absolutely completed products. Time and Space, with the whole mathematics stowed away inside of them. Transcendental synthesis and empirical synthesis are thus two absolutely diverse conceptions, and no one ought to use the fact of the latter as a means of gaining recognition for the former.[40]

Im Zeitraum zwischen 1890 und der Reprise der Kant-Lektüre scheint sich der Sache nach an James' Haltung zu Kants Erkenntnistheorie also nichts Wesentliches geändert zu haben. Dennoch wächst der Druck auf James, sich philosophisch von seinen Kontrahenten in Harvard abzugrenzen. Die Programmschrift *The Will to Believe* reichte für eine theoretisch abgesicherte philosophische Positionierung nicht aus. Beruflich gesehen, steht James zu diesem Zeitpunkt also an einem kritischen Punkt. In diesem Kontext – so meine Hypothese – gewinnt die dritte der kantischen Kritiken für James eine zentrale, in der James-Forschung allerdings bislang nicht beachtete Bedeutung. Bevor ich näher auf diesen neuen Sachverhalt eingehe, ist es notwendig, den jamesschen Such- und Denkweg um jenen Blickwinkel zu erweitern, der James überhaupt erst zur *Kritik der Urteilskraft* hat greifen lassen. Welchen Weg hatte James überhaupt genommen, bevor er auf die einschlägigen Passagen in Kants KU gestoßen war?

---

[40] Kant: Kritik der reinen Vernunft (wie Anm. 8). Die jamesschen Marginalien finden sich in § 1–8 auf den Zwischenseiten zu S. 68 u. 70f. [Transkription B. L., Hervorh. u. Streichungen W. J.].

6 James' ästhetischer Bezugsrahmen

Wie bereits erwähnt, befasst sich James während seines Deutschlandaufenthalts 1867–1868 mit Kunstphilosophie und orientiert sich zunächst an der französischen Konzeption von Ästhetik, zum Beispiel an Hippolyte Taine (1828–1893). Dabei stößt er immer wieder auf die leiblichen Elemente einer der Sache nach katholischen Konzeption von Ästhetik, die ihm eigentlich zusagen, die er aber aus Loyalität zu seiner protestantischen Leitkultur ‚verdecken' muss. Diesem Dilemma sucht er sich zunächst zu entwinden, indem er den leiblichen Aspekt der religiösen Erfahrung aus dem Leitmotiv seiner komplexen ästhetischen Erfahrung herauslöst und auf dem Gebiet der (experimentellen) Psychologie aufsucht. Ob er dabei die ästhetische Konzeption Kants bzw. die *Kritik der Urteilskraft* bereits als konzeptionelle Brücke in Betracht gezogen hat, ist zu bezweifeln, denn sonst hätte er sich nicht so massiv gegen Kant gestellt, wie es in den *Principles of Psychology* der Fall ist. De facto sucht er aber die ‚verlegten' Elemente seiner Ästhetikauffassung in ein zunächst psychologisches bzw. anthropologisches Modell zu überführen, auch wenn ihn das philosophisch gesehen nicht weiterbrachte. Da das weiter oben angeführte Zitat Carlsons, der die „empiricist epistemology" als James' Anleihe an Kant als „family resemblance" ins Feld führt, von dem ästhetischen Referenzrahmen bei James nichts zu berichten weiß, scheint also die Gemeinsamkeit zwischen James und Kant hier zu enden.

Es gibt jedoch eine weitere Konvergenz zwischen James und Kant; sie lässt sich aber nur dann plausibel erklären, wenn man James' verdeckten ästhetischen Diskurs, der sein religionsphilosophisches Denken von Anfang an prägt, berücksichtigt und mit James' Lektüre der *Kritik der Urteilskraft* in Verbindung bringt. Deshalb ist es an dieser Stelle wichtig, nach ersten Spuren einer Verbindung zu Kants Ästhetik zu suchen. Und diese Spuren finden sich im *Diary 1* als jamessche Kommentare zu den ästhetischen Schriften Schillers.[41]

---

41 Auch wenn Kants dritte Kritik erst den Abschluss seiner kritischen Schriften darstellt, stellt sie doch – seiner eigenen Aussage nach – den Schlussstein dar. Funktional betrachtet hält sie also sein System zusammen. Allerdings geht diese Sache nicht so glatt auf – wie Schaper und andere feststellen. Die für James relevante Passage in der zweiten Einleitung provoziert eine Spannung zum Hauptteil, in dem Kant wiederum dem sublimen Verständnis von Ästhetik folgt. So wird der intendierte Schlussstein zum Stein des Anstoßes. Zugespitzt gefragt: Findet sich der von James gemiedene Loyalitätskonflikt mit der protestantischen Leitkultur etwa auch bei Kant? Dieser Frage kann hier aus Platzgründen nicht weiter nachgegangen werden; allerdings wäre sie in der Tat eine Untersuchung wert. Denn die Vehemenz, mit der zum Beispiel Paulsen Kant als Philosophen des Protestantismus deklariert, scheint mir zu einseitig zu sein. Vgl. Friedrich Paulsen: Kant der Philosoph des Protestantismus. In: Kant-Studien 4 (1900), S. 1–31.

7 James' Kommentare zu Schillers Ästhetik

Neben der Antikenrezeption und der Beschäftigung mit der französischen Kunstphilosophie Taines stellen James' Kommentare zu Friedrich Schillers Ästhetik den materialstärksten Teil seiner Aufzeichnungen dar.[42] In ihnen findet sich unter anderem ein Hinweis auf Schillers Kant-Rezeption.[43] James' Schiller-Rezeption erstreckt sich über 17 Seiten und ist damit der längste zusammenhängende Text des *Diary 1*. Seine Kommentare entsprechen nicht ganz der Chronologie der schillerschen Abhandlungen; außerdem geht er stark selektiv vor, was die Frage nach seinem Erkenntnisinteresse aufwirft. Der folgende Textauszug aus dem *Diary 1* belegt, inwieweit James eine Verbindung zwischen Schiller und Kant erblickt.

> Finished Schiller's magnificent Essay, wh. I began some time ago, on naive & sentimental Poetry. I say magnificent on account of the fullness of the thought & their abundance, & the rich palpitating splendor of style, tho' I do not think the composition is perfect – there are some rather spun out passages in the middle part, wh. treats of the different sorts of poetry and the qualities wh. an Idealist & a realist will each give to theirs, and wh. seem to me to be contain more logical deductions from definitions than real observations. The End of the Essay is a splendidly parallel between the ‚realist' & ‚Idealist' based on Kant's distinction of course, and executed with a richness and brilliancy of antitheses that are admirable. The first 3rd of the essay is an analysis of the what is meant by naiveté – It is always the triumph of Nature over the ineffectual efforts of our reason & art to guide us. To be naïf, it is not enough to be natural, but one me [may?] be at the same time *right*, & so shame the conscious man who acts consciously & normally.[44]

James stellt hier fest, dass Schiller im Wesentlichen die Verhältnisbestimmung zwischen dem Sinnlichen und dem Idealen in den Blick nimmt und damit den Grundgedanken Kants weiterzuführen sucht: nämlich die Verhältnisbestimmung zwischen einer empirischen Verankerung der Sinnenwelt einerseits und der regulativen Funktion der Vorstellungen andererseits. Auffällig ist zudem, dass James seine Schiller-Lektüre mit weiteren weltanschaulichen Diskursen verknüpft. So findet sich unmittelbar nach seinem Kommentar zu „the Pathetic" ein Hinweis auf den Utilitarismus und den Darwinismus. Des Weiteren liest

---

42 Die folgenden Seiten sind Teil meiner Dissertation: Barbara Loerzer: „An Arch Built Only on One Side". Eine Studie zur werkgenetischen Relevanz der Ästhetik im Denken William James (1842–1910). Münster 2016. Mit freundlicher Genehmigung des Verlags erfolgt an dieser Stelle ein leicht gekürzter Wiederabdruck des Kapitels 7.1.2.13. („The Beloved Schiller"), ebd., S. 291–299.
43 Schiller war auch für die Kantrezeption Friedrich Albert Langes (1828–1875) zentral. Vgl. hierzu den Beitrag von Elisabeth Theresia Widmer in diesem Band.
44 James: Diary (wie Anm. 222), 19.04.1868, S. 30f.

James Johann Wolfgang Goethes (1749–1832) Kommentar zu Johann Joachim Winckelmann (1717–1768) und der *Laokoon*-Gruppe.[45] Im Anschluss an die Kommentare zu Schillers ästhetischen Schriften konzentriert er sich auf den Austausch zwischen Schiller und Goethe sowie zwischen Schiller und Wilhelm von Humboldt (1767–1835). Die folgende Übersicht zeigt die Auswahllektüre in der von James gewählten Reihenfolge.

James' Auswahl der ästhetischen Schriften Schillers:
a) „naive & sentimental Poetry" [Naive & Sentimentale Dichtung];
b) „Grace & Dignity" [Anmut & Würde];
c) „the Pathetic" [Über das Pathetische];
d) „Tragedy" [Über die Tragödie];
e) „Zerstreute Beobachtungen" und
f) „Über das Erhabene, Gemeine und Niedrige in der Kunst & moralischer Nutzen esthetischer Sitten".[46]

Bei der Frage, welchen Grundgedanken James aufgreift und wie sich seine Rezeption in den bisherigen Gedankenverlauf einfügt, ist zunächst einmal festzuhalten, dass im Anschluss an den historiographisch-psychologisch-ästhetischen Erklärungshorizont, der James bei Taine und Hugo begegnet war, Schillers ästhetische Schriften für ihn eine Erweiterung in die Richtung einer *philosophisch* fundierten Ästhetik darstellen. Dies hebt er als ein Merkmal kritisch hervor, indem er von „more logical deductions from definitions than real observations" schreibt.[47] Dennoch bezeichnet er Schillers Abhandlung über „naive & sentimental Poetry" als „magnificent". Was ihn überzeugt, ist Schil-

---

45 Vgl. ebd., 22.04.1868, S. 41f.
46 Hier hat James drei verschiedene Aufsätze zusammengefasst: „Gedanken über den Gebrauch des Gemeinen und Niedrigen in der Kunst", „Über das Erhabene" und „Über den moralischen Nutzen ästhetischer Sitten".
47 James' kritische Haltung zur deutschen Ästhetik macht sich bereits in seinem Brief an seine Mutter Mary vom 12.06.1867 bemerkbar, James: Correspondence (wie Anm. 16), Bd. 4, S. 177: „I read this morning an essay of Kuno Fischers [sic!] on Lessing's Nathan – one of the parasitic & analytic sort on the whole, but still very readable. The way these cusses slip so fluently off into the ‚ideal' the ‚Jenseitiger' the ‚Inner' &ct, &ct, and undertake to give a logical explanation of everything, an explanation wh. is so palpably trumped up after the facts, and the reasoning of wh. is so grotesquely incapable of going an inch into the future, is both disgusting and disheartening. You never saw such a mania for going deep into the bowels of truth, with such an absolute lack of intuition and perception of the skin thereof. To hear the grow from morn till night is their happy occupation. There is something that strikes me as corrupt, immodest in this incessant taste for explaining things in this mechanical way, but the era of it may be past now – I don't know. I speak only of aesthetic matters of course."

lers reichhaltiger und lebendiger Sprachstil. Als Erstes benennt er eine Parallele, die ihm zwischen Kant und Schiller auffällt: die Unterscheidung zwischen dem „‚realist' & ‚Idealist'". Danach rekurriert er auf den Begriff der „naiveté" (Einfalt); diese sei der Ausdruck des Triumphs der Natur über die erfolglosen Bestrebungen von Vernunft und Kunst („reason & art"), dem Leben eine (moralische) Richtschnur zu geben. Das Spezifikum der Einfalt sei allerdings nicht nur das Natürliche allein, sondern dessen Kombination mit dem Richtigen („be at the same time right"). Auffällig an der – wenngleich stark verkürzenden – Darstellung James' ist, dass er Vernunft und Kunst in einem Atemzug nennt und damit einen Grundgedanken Schillers auf den Punkt bringt, der insbesondere in der Abhandlung *Über das Pathetische* ausgearbeitet ist: „Die Kunst muß den Geist ergötzen und der Freiheit gefallen."[48] Auch in dem zweiten Kommentar („Grace & Dignity") stellt James zu Anfang fest, dass sich die Ausführungen Schillers insgesamt auf der abstrakten Ebene bewegen.

> Read Schiller's Essay on Grace & Dignity. It is very ingeniously thought out but all in the realm of abstraction. He takes of course for granted, the duality of man's being, the sphere of nature of or ‚Sinnlichkeit' being opposed to that of Freedom. Beauty of form (architectonic beauty as he calls it) is a pure affair of the senses – the preeminence of the human form in it has nothing to do with any ideas of the superior *ends* of that form, of wh. in contemplating it we may be reminded.[49]

Danach kommt er auf den Sachverhalt der Gegenüberstellung von „‚Sinnlichkeit'"[50] und „Freedom" zu sprechen. Die knappe Zusammenfassung dieser „duality of man's being", die für Schiller offensichtlich eine Selbstverständlichkeit zu sein scheint – wie James lakonisch feststellt –, lässt erkennen, dass er diese Voreinstellung zwar nicht unbedingt teilt, aber dennoch versucht, den Gedankengang Schillers zu erfassen. In der etwas hölzernen Wiedergabe erscheint „Beauty" als etwas, das ‚an sich' keine Ideen hervorbringen kann, sondern der ‚Befruchtung' durch „reason" bedarf, um überhaupt die Idee des Schönen zur Geltung bringen zu können. Was James nicht weiter ausführt, sind die zwei Varianten, die Schiller unterscheidet:

> Um diesen anscheinenden Widerspruch aufzulösen muss man sich erinnern, dass es zweierlei Arten gibt, wodurch Erscheinungen Objekte der Vernunft werden und Ideen

---

48 Friedrich Schiller: Sämtliche Werke (Säkularausgabe). Bd. 5: Philosophische Schriften. Hg. v. Eduard von der Hellen. Stuttgart 1985, S. 218.
49 James: Diary (wie Anm. 22), 21.04.1868, S. 32f.
50 James verwendet hier ein deutsches Wort, das im weiteren Gedankenverlauf seinem Gebrauch von „Beauty" entspricht.

ausdrücken können. Es ist nicht immer nötig, daß die Vernunft diese Ideen aus den Erscheinungen *herauszieht*; sie kann sie auch in dieselben *hineinlegen*.⁵¹

Offensichtlich hat James Mühe, den von Schiller gemeinten Sachverhalt adäquat zu übersetzen, und greift deshalb die Metapher auf, die Schiller einige Zeilen später verwendet:

Schiller	James
Die Schönheit ist daher als Bürgerin zweier Welten anzusehen, deren einer sie durch Geburt, der andern durch Adoption angehört; sie empfängt ihre Existenz in der sinnlichen Natur und erlangt in der Vernunftwelt das Bürgerrecht.⁵²	But nevertheless Reason is pleased by beauty; Not that in it self beauty expresses any of the ideas of Reason, but that reason *hineinlegt* these ideas, ‚adopts' the child which is properly born in another world.⁵³

Die jamessche Formulierung „properly born" ist eine etwas riskante Übersetzung, weil dabei die begriffliche Trennschärfe verloren geht. In seiner Rezeption der Analogie von Schönheit und doppeltem Bürgerrecht (Geburt/Adoption) wird „Reason" (Vernunft) zum Akteur (Beweger), der die Idee (das zu Bewegende) in das „Kind" (die Schönheit), das aus einer anderen Welt stammt (sinnliche Welt), hineinlegt und ihm damit erst zum Daseinsrecht („Bürgerrecht") verhilft. So jedenfalls verstehe ich diese Passage. Auf der Grundlage der bisherigen Ergebnisse der *Diary*-Analyse wird man aber festhalten müssen, dass James sich bei seiner Suche nach einer Einheitskonzeption gerade nicht ausschließlich im Referenzrahmen seiner amerikanisch-protestantischen Leitkultur bewegt.⁵⁴ Vielmehr ist deutlich geworden, dass sich das körperlich-sinnliche Element aufgrund der leitmotivischen Verankerung in seinem Denken immer wieder Bahn bricht. Deshalb dürften die Ausführungen Schillers, die ja genau dieses Spannungsmoment zum Thema haben und zudem die fundamentalästhetische Grundposition Kants berücksichtigen, für James von besonderem Interesse gewesen sein.⁵⁵ Insofern

---

51 Schiller: Schriften (wie Anm. 48), S. 171.
52 Ebd., S. 172.
53 James: Diary (wie Anm. 22), 21.04.1868, S. 33. Die Vernunft (Subjekt des Hauptsatzes) legt die Ideen in die Schönheit hinein; sie „adoptiert" quasi die Ideen.
54 Vgl. Loerzer: Arch (wie Anm. 12), S. 255–266.
55 Vgl. Schiller: Schriften (wie Anm. 48), S. 41–75. In seiner Dissertation (1780) zum Thema *Über den Zusammenhang der thierischen Natur des Menschen mit seiner geistigen* hatte Schiller ein Thema bearbeitet, das ab Mitte des 19. Jahrhunderts durch Darwin erneut die Gemüter bewegte und insbesondere auf der jamesschen ‚Agenda' stand.

nun Schiller in seinem Denken von der Grundstruktur des protestantischen Glaubensverständnisses geprägt ist, vermag er für James erst recht eine ‚Spiegelfunktion' zu erfüllen.[56] Da James von sich aus den Bezug zu Kant herstellt, stellt sich die Frage, was er zu diesem Zeitpunkt tatsächlich von Kant gelesen hatte. Holmes' Ausführungen zu Kant dürften sein Interesse geweckt haben.[57] Dennoch nähert er sich Kant zunächst über die Sekundärliteratur, wie der folgende *Diary*-Kommentar zeigt:

> Finished V. Cousin on Kant yesterday. A most urbane and in parts eloquent book, but it gives me a pitiful impression – hardly of invincibility, but of heartlessness. He looks on philosophy from such an official point of view.[58]

Damit ist allerdings nichts über James' unmittelbare Rezeption der fundamentalästhetischen Position Kants ausgesagt. Diese findet sich – folgt man den *Diary*-Aufzeichnungen und der Korrespondenz – nur auf indirektem Wege, das heißt über Schiller. Da er aber mit Kants Schriften im Allgemeinen und mit dessen *Kritik der Urteilskraft* im Besonderen zu diesem Zeitpunkt (noch) nicht aus erster Hand vertraut ist, entgeht ihm, dass Kant bezüglich der Sinnlichkeit genau die Unterscheidung trifft, die James selbst für bedeutsam hält.[59] In Kants *Kritik der Urteilskraft* lesen wir:

> [...] indem dieses (das Schöne) directe ein Gefühl der Beförderung des Lebens bei sich führt und daher mit den Reizen und einer spielenden Einbildungskraft vereinbar ist; jenes aber (das Gefühl des Erhabenen) eine Lust ist, welche nur indirecte entspringt, nämlich so, daß sie durch das Gefühl einer augenblicklichen Hemmung der Lebenskräfte und darauf sogleich

---

56 Was die Unterscheidung zwischen dem ‚idealistischen' Schiller und dem ‚naturalistischen' Goethe betrifft, gehe ich davon aus, dass James die Goethe-Biographie von Lewes gekannt hat. George Henry Lewes (1817–1878) war britischer Philosoph und Literaturkritiker. Seine Goethe-Biographie beginnt im 6. Buch mit einem einschlägigen Kapitel über Goethe und Schiller. Ein weiterer Hinweis dafür, dass James Lewes' Publikation verwendet hat, ist die Schreibweise des Namens „Shakespeare". Wie bei Lewes heißt es in James' Literaturliste im *Diary* „Shakspeare"; vgl. George H. Lewes: The Life and the Works of Goethe. 2. Aufl. London 1864, S. 287.
57 Vgl. Oliver W. Holmes an William James, 15.12.1867. In: James: Correspondence (wie Anm. 16), Bd. 4, S. 236–240.
58 James: Diary (wie Anm. 22), 18.04.1868, S. 25; James: Correspondence (wie Anm. 16), Bd. 4, S. 275; im Brief an Arthur G. Sedgwick vom 23.03.1868 erwähnt James allerdings die Lektüre Kants.
59 Wie ich erst in jüngster Zeit durch die Sichtung der Publikationen aus James' Privatbibliothek feststellen konnte, stand Kants KJ William James frühestens ab 1892 zur Verfügung. Vgl. HUHL, AC85 J2376iZz892k.Das schließt natürlich nicht aus, dass James die KU schon zuvor auf Deutsch zur Kenntnis genommen hatte.

folgenden desto stärkeren Ergießung derselben erzeugt wird, mithin als Rührung kein Spiel, sondern Ernst in der Beschäftigung der Einbildungskraft zu sein scheint.[60]

Der zweite Teil des ersten Satzes scheint mir der Sache nach mit dem jamesschen Leitmotiv „spiritual impressions the intensest and purest I know" vereinbar zu sein, während der zweite Satz auf das sublime Kunstverständnis abzielt, das James wegen der – auch von Kant vorausgesetzten – „Affektdämpfung" für zweitrangig hält, wenn es darum geht, die *unmittelbare* Erfahrung im ästhetischen Feld zu erfassen. Kants Formel – „das eigentliche Erhabene kann in keiner sinnlichen Form enthalten sein"[61] – findet im Beispiel eines tobenden Meeres ein prägnantes Bild:

So kann der weite, durch Stürme empörte Ozean nicht erhaben genannt werden. Sein Anblick ist gräßlich; und man muss das Gemüt schon mit mancherlei Ideen angefüllt haben, wenn es durch eine solche Anschauung zu einem Gefühl gestimmt werden soll, welches selbst erhaben ist, indem das Gemüt die Sinnlichkeit zu verlassen und sich mit Ideen, die höhere Zweckmäßigkeit enthalten, zu beschäftigen angereizt wird.[62]

Nun hat Schiller jene Passagen von Kant verwendet, die sich mit der Kunst im engeren Sinne befassen, also dem Sublimen, dem Geschmack. James wiederum rezipiert gerade das nicht.[63]

8 Zwischenbilanz

Der längere Abschnitt über James' Kommentare zu Schillers Ästhetik wird von James' Lektüre der *Anthropologie* flankiert, die er bereits im Januar 1868 erwor-

---

60 KU, § 23 Analytik des Erhabenen, S. 244f.. Die Zusätze in Klammern sind zitiert nach Immanuel Kant: Kritik der Urteilskraft. Beilage: Erste Einleitung in die Kritik der Urteilskraft. Hg. v. Heiner F. Klemme. Hamburg 2006, S. 106.
61 KU, § 23 Analytik des Erhabenen, S. 245: „[...] das eigentliche Erhabene kann in keiner sinnlichen Form enthalten sein, sondern trifft nur Ideen der Vernunft, welche, obgleich keine ihnen angemessene Darstellung möglich ist, eben durch diese Unangemessenheit, welche sich sinnlich darstellen läßt, rege gemacht und ins Gemüt gerufen werden." Vgl. auch Werner Flach: Landschaft. Die Fundamente der Landschaftsvorstellung. In: Manfred Smuda (Hg.): Landschaft. Frankfurt a.M. 1986, S. 11–28, hier S. 18: „Die Einbildung (Einbildungskraft) macht es möglich, daß etwas, das selbst nicht sinnlich ist, [...] sinnlich faßbar wird [...]. Es ist faßbar, ist faßbar zu machen dadurch, daß es in ein Bild gebracht wird." Dem deutschen „fassbar" entspricht „concrete".
62 KU, § 23 Analytik des Erhabenen, S. 245f.
63 Vgl. das Ende des Abschnitts aus der Dissertationsschrift.

ben hatte. Zu diesem Zeitpunkt hielt er sich noch in Berlin auf. Wenn er sie gelesen hat, worauf der Brief an Sedgwick vom 23. März 1868 indirekt hinweist („I have read a couple of K's minor works"[64]), dann wird ihm nicht entgangen sein, dass Kant – sich von der „Leibniz-Wolffschen Schule" abgrenzend – für die Relevanz der Sinnlichkeit plädiert:

> Denn es kommt alsdann nicht blos auf die Beschaffenheit des Objects der Vorstellung, sondern auf die des Subjects und dessen Empfänglichkeit an, welcher Art die sinnliche Anschauung sein werde, darauf das Denken desselben (der Begriff vom Object) folgt.[65]

Auf diese Weise lässt sich meiner Ansicht nach erklären, weshalb James – im Stil eines kundigen Lesers – zu dem Schluss kommen kann, dass sich Schillers Schriften „all in the realm of abstraction" bewegten. Ein weiterer Hinweis auf James' kantische Vorkenntnis findet sich, wie bereits zitiert, in seinem Eintrag vom 19. April 1868. Gerade in der Formulierung „all in the realm of abstraction" zeichnet sich James' Distanzierung ab. Er präferiert eine der französischen Tradition nahestehende Ästhetik, bzw. was ihn unmittelbar ‚affiziert', ist die ‚Catholic sacred imagery'.[66] Nicht auszuschließen ist auch, dass er zu diesem Zeitpunkt bereits Passagen aus der *Kritik der Urteilskraft* auf Deutsch gelesen hatte, denn die Auswahl seiner Beobachtungspunkte bei Schiller lässt auf eine kantische Vorlage schließen, so zum Beispiel die Differenzierung zwischen dem Reich der Sinnlichkeit und dem der Freiheit. Dabei gerät James allerdings in ein neues Fahrwasser und gleichsam in eine weitere, für Kant charakteristische Dimension: nämlich die der Begründung der Freiheit. Dieses zentrale Thema, das für den Amerikaner James nicht hoch genug angesetzt werden kann, wird zunächst über die Textreferenz auf Goethe und Bahnsen artikuliert.[67] Dabei wird deutlich, dass James das Thema der Willensfreiheit zunächst mit rationalen Mitteln zu bearbeiten sucht, was ihm aber nicht gelingt. Schließlich mobilisiert er den ‚Willen' als Akt der Entscheidung – das aus seiner Sicht einzig verbleibende Mittel angesichts drängender Sinnfragen.[68] In diesem Kontext wird die (zeitlich spätere) Textreferenz zu Charles Renouvier relevant, die in der James-Forschung als Umkehrpunkt der jamesschen Lebenskrise herausgestellt wird.[69]

---

64 James: Correspondence (wie Anm. 16), Bd. 4, S. 275.
65 Anth., S. 141. Die Zusätze in Klammern sind zitiert nach Immanuel Kant: Anthropologie in pragmatischer Hinsicht. Hg. v. Reinhard Brandt. Hamburg: Meiner 2000, S. 27.
66 Vgl. Loerzer: Arch (wie Anm. 12), S. 10, 57–64, 177f. u. 270.
67 Vgl. James: Diary (wie Anm. 22), Februar 1869, S. 73f. u. 117.
68 Vgl. ebd., 21.12.1869. Vgl. Loerzer: Arch (wie Anm. 12), S. 424.
69 Vgl. ebd., 30.04.1870, S. 125.

Dies schließt die Kenntnis James' von der Bedeutung des Willens bzw. des Begehrensvermögens bei Kant zwar keineswegs aus, aber im *Diary 1* findet sich kein expliziter Hinweis darauf. Festzuhalten ist aber, dass der ästhetische Diskurs an dieser Stelle ‚absinkt', weil er für James eine Sackgasse bedeutet. Er kann sich nicht weiter mit jenen für ihn als Amerikaner aus protestantischem Hause drängenden „spiritual dangers" ins Abseits manövrieren.[70] Vor diesem Hintergrund – konkret: seinem Loyalitätskonflikt mit der amerikanischen Leitkultur – ist die ‚Krisenhaftigkeit', die man ihm für jene biographisch bedeutsame Zeit zuschreibt, durchaus nachvollziehbar.

9 Weitere Etappen der jamesschen Kant-Rezeption

Wie wir sahen, wird der Zeitraum von 1878 bis 1891, in der James' *Principles of Psychology* entsteht, von der Kant-Lektüre flankiert. Dies belegt die bereits genannte Referenzstelle, die James bei seiner offensichtlich späteren Lektüre der KrV handschriftlich am Seitenrand anbrachte.[71] Indem James schließlich den begrenzten Erklärungsrahmen der Psychologie als Wissenschaft erkennt, wird er auf ebenjenes große Projekt zurückgeworfen, das auch Kant schon in Angriff genommen hatte, nämlich – wie Pihlström betont – die Freiheit und die Verantwortung philosophisch zu begründen. Dabei arbeitet James vor dem Hintergrund von zwei Bedingungen: a) dem Spezifikum einer Amalgamation von Protestantismus und republikanischem Denken und b) dem Widerständigen seiner ästhetischen Auffassung. Das Bedürfnis, sich religionsphilosophisch zu positionieren, durch das wiederum seine intensive Kant-Lektüre motiviert ist, und die damit verbundene Lektüre der Sekundärliteratur treiben ihn an. Dabei wird Paulsens Kant-Expertise zu einer seiner wichtigsten Orientierungen, was sich an der Korrespondenz bis etwa 1898 nachweisen lässt.

Danach widmet sich James in den VRE der Frage nach den Spezifika der religiösen Erfahrung, die er als „A Study in Human Nature", das heißt unter anthropologischer Perspektive aufgefasst sehen will.[72] Dieses Werk, das auf die Gifford Lectures in Edinburgh zurückgeht, erweckt den Eindruck eines Plädoyers, das dem ‚medizinischen Materialismus' seiner Zeit Einhalt gebietet. Mit der Unterscheidung zwischen dem „existential judgement" (Tatsachenurteil) und

---

70 Vgl. Loerzer: Arch (wie Anm. 12), S. 143.
71 Zu weiteren Kant-Referenzen siehe PP, S. 264, Anm. 31; S. 315, Anm. 16; S. 326, 329, 341, 342–346, 603, 792, 903–908, 925; S. 927, Anm. 16; S. 1255, Anm. 23 u. S. 1258, Anm. 26.
72 VRE.

dem „spiritual judgement" (Werturteil) plädiert James für die individuelle Bedeutung religiöser Erfahrung. Die Beschaffenheit der religiösen Erfahrung steht nunmehr im Zentrum seiner Beobachtungen, in denen er die Narrative der von ihm so genannten „religiösen Genies" als Anschauungsformen unmittelbarer, das heißt der in sinnlicher Erfahrung wurzelnden Bekehrungserlebnisse darlegt. Dabei rekurriert er vielfach auf Beispiele aus dem Katholizismus und geht im Kapitel 19 der VRE („Other characteristics") – in Abgrenzung zur protestantischen Abstinenz – eigens auf die die Sinne affizierende katholische Bilderwelt ein. ‚Sinnlich' kann hier im Sinne der von Kant gebrauchten Definition verstanden werden. Dass James in diesem Zusammenhang tatsächlich auf *Kant's Kritik of Judgment*[73] Bezug genommen hat, soll im Folgenden aufgezeigt werden. Bemerkenswerterweise ist die *Kritik der Urteilskraft* für James nicht wegen ihrer Konzeption des Sublimen von Belang, sondern wegen der von Kant zugestandenen Mittlerfunktion der Urteilskraft, die – wie wir gleich sehen werden – für beide Philosophen im Modus des ‚als ob' angesiedelt ist.

Legt man die Textstelle aus den VRE neben die entsprechende Passage der von James verwendeten englischen Ausgaben der KU, dann zeigen sich die gedanklichen Übereinstimmungen unmittelbar und insbesondere dort, wo James durch handschriftliche Unterstreichungen sowie die Zusatzbemerkung am Textrand „NB" die Bedeutung der kantischen Konzeption hervorhebt.[74]

VRE, 52f.	KJ, 18f.
Immanuel Kant held a curious doctrine about such objects of belief as God, the design of creation, the soul, its freedom, and the life hereafter. These things, he said, are properly not objects of knowledge at all. Our conceptions always require a sense-content to work with, and as the words ‚soul,' ‚God,' ‚immortality,' cover no distinctive sense-content whatever, it follows that theoretically speaking they are words devoid of any significance. Yet strangely enough they have a definite meaning *for our practice*. We can act *as if* there were a God; feel *as if* we were free;	<u>This principle can be no other than the following</u>: as universal laws of nature have their ground in our Understanding, which prescribes them to nature (although only according to the universal concept of it as nature); so <u>particular empirical laws</u>, in respect of what is in them left undetermined by these universal laws, <u>must be considered in accordance with such a unity as they would have if an Understanding (although not our Understanding) had furnished them to our cognitive faculties</u>, so as to make possible a system of experience according to particular laws of nature. Not as if, in this

---

[73] KJ, S. 18f. HUHL, AC85 J2376iZz892k.
[74] Die unterstrichenen Hervorhebungen gehen auf die Bearbeitung durch James der von ihm verwendeten Textvorlage zurück. Ich reproduziere sie hier, um seine Schwerpunktsetzungen kenntlich zu machen.

consider Nature *as if* she were full of special designs; lay plans *as if* we were to be immortal; and we find then that these words do make a genuine difference in our moral life. Our faith *that* these unintelligible objects actually exist proves that to be a full equivalent in *praktischer Hinsicht*, as Kant calls it, or from the point of view of our action, for a knowledge of *what* they might be, in case we were permitted positively to conceive them. So we have the strange phenomenon, as Kant assures us, of a mind believing with all its strength in the real presence of a set of things of no one of which it can form any notion whatsoever.

My object in thus recalling Kant's doctrine to your mind is not to express any opinion as to the accuracy of this particularly uncouth part of his philosophy, but only to illustrate the characteristic of human nature which we are considering, by an example so classical in its exaggeration. The sentiment of reality can indeed attach itself so strongly to our object of belief that our whole life is polarized through and through, so to speak, by its sense of the existence of the thing believed in, and yet that thing, for purpose of definite description, can hardly be said to be present to our mind at all. It is as if a bar of iron, without touch or sight, with no representative faculty whatever, might nevertheless be strongly endowed with an inner capacity for magnetic feeling; and as if, through the various arousals of its magnetism by magnets coming and going in its neighborhood, it might be consciously determined to different attitudes and tendencies. Such a bar of iron could never give you an outwards description of the agencies that had the power of stirring it so strongly; yet of their presence, and of their significance for its life, it would be intensely aware through every fibre of its being.

way, such an Understanding must be assumed as actual (for it is only our reflective judgment to which this Idea serves as a principle – for reflecting, not for determining); but this faculty gives us a law only to itself and not to nature.

Now the concept of an Object, so far as it contains the ground of the actuality of this Object, is the *purpose*; and the agreement of a thing with that constitution of things, which is only possible according to the purposes, is called the *purposiveness* of its form. *Thus the principle of Judgment*, in respect to the form of things of nature under empirical laws, *is the purposiveness of nature* in its variety. That is, nature is represented by means of this concept, *as if* an Understanding contained the ground of the unity of the variety of its empirical laws.

The purposiveness of nature is therefore a particular concept, a priori, which has its origin solely in the reflective Judgment. For we cannot ascribe to natural products anything like a reference of nature in them to purposes; we can only use this concept to reflect upon such products in respect of the connection of phenomena which is given in them according to empirical laws. This concept is also quite different from practical purposiveness (in human art or in morals), though it is certainly thought according to the analogy of these last.

Offenkundig bezieht sich James auf Kant, allerdings nennt er seine Vorlage – nämlich die dritte der kantischen Kritiken – nicht explizit. Stattdessen deutet die sprachliche Wendung „in praktischer Hinsicht" zunächst in Richtung *Anthropologie* – handelt es sich dabei doch um die (leicht abgewandelte) Beifügung zum Titel *Anthropologie*.[75] Allerdings legt die Wendung „as if" die Hypothese nahe, dass die KU mit im Spiel gewesen sein muss. Dass er so verfährt, könnte damit zusammenhängen, dass er eine – an dieser Stelle auffällige – Übereinstimmung mit Kant nicht überbewertet haben möchte; darauf weisen die Formulierungen wie „curious doctrine" und „uncouth part of his philosophy" hin. Es hat den Anschein, als relativiere er die Kant-Referenz, indem er diese Referenz nur (!) als Anschauungsmaterial für die Funktionsweise der ‚menschlichen Natur' verstanden haben will. De facto baut er aber sein Plädoyer für die Vielfalt der religiösen Erfahrung auf der kantischen Position auf: „So we have this strange phenomenon, as Kant assures us, of a mind believing with all its strength in the real presence of a set of things of no one of which it can form any notion whatsoever."[76] Zugespitzt formuliert: Ohne Kants Konzeption der „reflektierenden Urteilskraft" in der *Kritik der Urteilskraft* wäre James im Hinblick auf die Fundierung seiner zentralen Aussage in den VRE in Erklärungsnot. Kants Modus des ‚als ob' ist für James der zentrale Bezugspunkt bzw. der ‚Fluchtpunkt' für die Vielfalt der religiösen Erfahrung. Dies macht sein Beispiel der Eisenspäne im Magnetfeld einmal mehr deutlich. Dieses Ergebnis allein ist schon verblüffend und wirft die Frage auf, ob bzw. auf welche Weise James den Modus des ‚reflektierenden Urteils' in dem sich nunmehr konfigurierenden ‚Radical Empiricism' aufgreift.

10 Die *Kritik der Urteilskraft* – ein zentraler Ansatzpunkt für James' Kant-Rezeption?

Wie Paul Guyer in seiner Einleitung zur englischen Übersetzung der KU erläutert, unterlag die Entwicklung der dritten kritischen Schrift Kants einer zwar bekannten, aber doch wenig beachteten Vorlaufphase, die weit in die Zeit vor Kants Publikation der *Kritik der reinen Vernunft* und der *Kritik der praktischen*

---

75 James schreibt „in ‚praktischer Hinsicht'" anstelle von „pragmatischer Hinsicht".
76 VRE, S. 56f.

Vernunft zurückreicht.⁷⁷ Im Hinblick auf die Frage nach der Funktion der dritten *Kritik* im kantischen Gesamtsystem schreibt Eva Schaper:

> With his *Critique of Judgement* (1790), Kant completed his critical enterprise. To this day, however, the third of his three *Critiques* has remained the darkest of Kant's published works and the most inaccessible to the philosophical reader. Its two parts, the *Critique of Aesthetic Judgement* and the *Critique of Teleological Judgement*, are bracketed together by a formidable Introduction – two, in fact [...]. They see the third *Critique* as a culmination and completion of critical philosophy, now enlarged in scope and thus requiring a number of retrospective adjustments to earlier projections of the architectonics of the entire edifice.⁷⁸

Unter rezeptionshistorischem Aspekt bringt die KU also einige Ungereimtheiten mit sich, die forschungsgeschichtlich nach wie vor Probleme bereiten.⁷⁹ Bemerkenswerterweise widmet Paulsen der KU nur wenige Seiten.⁸⁰ James hingegen, der ansonsten von Paulsens Kant-Expertise umfassend Gebrauch machte, geht in diesem Fall offensichtlich einen anderen Weg und unterzieht sich der Mühe einer intensiven Bearbeitung der KU. Allein deshalb scheint es mir der Mühe wert, hier genauer hinzuschauen und zu fragen, was James an der KU interessiert haben könnte.

Bekanntermaßen suchte Kant das Konzept Alexander Baumgartens zu überwinden, dessen Ansatz, das Ästhetische im Intellektuellen aufgehen zu lassen, er als gescheitert ansah. Kant verortete die Gegenstände des Fühlens in ihrem *leib*haftigen Kontext und suchte sie von dorther zu verstehen. An dieser Stelle liegt meiner Ansicht nach der entscheidende Ansatzpunkt für James. Denn auch er war ja auf der Suche nach einer unmittelbaren, an Leiblichkeit orientierten philosophischen Einheitskonzeption. So ist denn nicht überraschend, dass James' Lektüre von *Kant's Kritik of Judgment* intensive Bearbeitungsspuren aufweist. Dazu tabellarisch die folgenden Textauszüge, die dem bereits oben genannten Zitat unmittelbar vorausgehen.

---

77 Vgl. Paul Guyer: Editor's introduction. In: Immanuel Kant: Critique of the Power of Judgment. Hg. v. Paul Guyer. New York 2000, S. XIII–XXIII.
78 Schaper: Taste (wie Anm. 17), S. 367.
79 Vgl. Aviv Reiter u. Ido Geiger: Natural Beauty, Fine Art and the Relation between Them. In: Kant-Studien 109 (2018), S. 72–100.
80 Vgl. Friedrich Paulsen: Immanuel Kant. Sein Leben und seine Lehre. Stuttgart 1920, S. 363–368. Paulsen überschreibt sein Kapitel zu Kants Ästhetik mit „Die Lehre vom Schönen und Erhabenen". Es umfasst lediglich sechs Seiten und bildet das letzte Kapitel vor der Schlussbetrachtung. Daran lässt sich erkennen, dass Paulsen der KU nur eine geringe Bedeutung beimaß.

KU[81]	Guyer[82]	KJ[83]	James' Marginalien
IV. Von der Urtheilskraft, als einem a priori gesetzgebenden Vermögen	IV. On the power of judgment as an a priori legislative faculty	IV. Of Judgment as a faculty legislating a priori	Determinant works forward not bckwd. reflective only bckwd.
Urtheilskraft überhaupt ist das Vermögen, das Besondere als enthalten unter dem Allgemeinen zu denken. Ist das Allgemeine [...] gegeben, so ist die Urtheilskraft, [...] bestimmend. Ist aber nur das Besondere gegeben [...] Urtheilskraft bloß reflectirend. [...] Die reflectirende Urtheilskraft [...] bedarf also eines Princips [...]. Nun kann dieses Princip kein anderes sein, als: [...] die besonderen empirischen Gesetze [...] nach einer solchen Einheit betrachtet werden müssen, als ob gleichfalls ein Verstand sie zum Behuf unserer Erkenntnißvermögen [...] gegeben hätte.	The power of Judgment in general is the faculty for thinking of the particular as contained under the universal If the universal [...] is given [...] the power of judgment [...] is **determining**. If, however, only the particular is given [...] the power of judgment is merely **reflecting**. The reflecting power of judgment [...] requires a principle [...]. Now this principle can be nothing other than this [...] the particular empirical laws [...] must be considered in terms of the sort of unity they would have if an understanding [...] had likewise given them for the sake of our faculty of cognition [...]	<u>Judgment in general is the faculty of thinking the particular as contained under the Universal.</u> <u>If the universal [...] be given the Judgment [...] is *determinant*. But if only the particular be given [...] the Judgment is merely *reflective.*</u> [...] <u>The reflective Judgment [...] requires [...] a principle [...]</u> <u>This principle can be no other than the following [...] particular empirical laws [...] must be considered in accordance with such a unity as they would have if an Understanding [...] had furnished them to our cognitive faculties [...]</u>	NB

---

81 KU, S. 179–181.
82 Kant: Critique (wie Anm. 77), S. 66–68.
83 KJ, S. 16–18. HUHL, AC85 J2376iZz892k. Die von James verwendete Übersetzung durch Bernard weicht in der Syntax zwar an vielen Stellen von Kant ab. Als Vergleich wurde die Übersetzung von Guyer mit angeführt. Sie hält sich stärker an Kants Text im Original. Unterstreichungen, Fettdruck und Auslassungen in den Originalen.

[...] so ist das Princip der Urtheilskraft [...] die Zweckmäßigkeit der Natur [in ihrer Mannigfaltigkeit, B. L.] [...] als ob [ein Verstand den Grund der Einheit des Mannigfaltigen ihrer empirischen Gesetze enthalte, B. L.]	[...] thus the principle of the power of judgment [...] is the **purposiveness of nature** [in its multiplicity, B. L.] [...] as if [an understanding contained the ground of the unity of the manifold of its empirical laws, B. L.]	Thus the principle of Judgment *[...] is the purposiveness of nature* [in its variety, B. L.] [...] as if [an understanding contained the ground of the unity of the variety of its empirical laws, B. L.]

Wie das Beispiel zeigt, folgt James mit seinem Blick für das Wesentliche einer Kürzungsstrategie, die durch die Unterstreichungen im Text erkennen lässt, was für ihn relevant war. Dieser ‚rote Faden' wird durch seine Annotationen am Textrand verdeutlicht, sei es durch kritische Rückfragen oder durch ein schlichtes „NB" (nota bene). Damit sind Orientierungspunkte zur jamesschen Rezeption der KU gegeben und bilden die Grundlage für die Rekonstruktion einer weiteren Etappe seiner Kant-Studien.[84]

Im Folgenden möchte ich die Aufmerksamkeit auf die von Kant hervorgehobene Unterscheidung zwischen dem ‚bestimmenden' und dem ‚reflektierenden' Urteil richten und begründen, weshalb diese Unterscheidung der Sache nach für James' Konzeption des ‚Radical Empiricism' eine zentrale Rolle spielen könnte. Eine argumentative Stütze bietet in diesem Zusammenhang die Publikation von Walter Biemel, der in seiner Interpretation dieser Unterscheidung auf die ‚mehrstrahlige' Bedeutung des von Kant verwendeten Begriffs ‚reflektieren' aufmerksam gemacht hat. Ich gebe sie hier kurz wieder, weil sie im Hinblick auf die avisierte Integrationsfunktion dieser Textpassage von zentraler Bedeutung ist.

Im Vorgang des Reflektierens – so Biemel – entferne sich die Person vom Objekt, um sich dem Gegenstand dann erneut zu nähern; allerdings nunmehr aus einer gewissen Distanz, die den Überblick ermögliche. Dieser Vorgang sei im Reflexionsurteil vorhanden, und zwar weil

> vom Gegenstand zurückgesehen wird auf den Zustand des Subjekts, der von ihm ausgelöst wurde. Dieser Zustand ist bestimmt durch das Zusammenspiel der Erkenntnisvermögen [...]. Inwiefern ist dieses Urteil ästhetisch? Weil es auf dem Ausgegangen-sein, dem

---

[84] Aus Platzgründen kann in diesem Essay nicht auf weitere Marginalien eingegangen werden. Dieser Ansatz wird in einer breiter angelegten Untersuchung fortgeführt.

,Afficiert-sein' gründet und das ‚Afficiert-sein' ein Wesensmerkmal der Sinnlichkeit ist, unabhängig davon, ob es sich um den äußeren oder inneren Sinn handelt.[85]

Dieser Sachverhalt könnte für James in den Jahren 1903 bis 1904 von zentraler Bedeutung geworden sein, insofern er sich für eine Begründung seiner Konzeption des ‚Radical Empiricism' eignet. Auch James favorisiert eine Konzeption, die das Subjekt als Ort der unmittelbaren Erfahrung sieht: „For such a philosophy, *the relations that connect experiences must themselves be experienced relations, and any kind of relation experienced must be accounted as ‚real' as anything else in the system.*"[86] An dieser Stelle drängt sich die Frage auf, weshalb James diese – der Sache nach deutliche Parallele zu Kant – allem Anschein nach nicht genutzt hat. Hat er sie nicht bemerkt? Wie bereits eingangs erwähnt, bestand James' Intention insbesondere in der Zurückweisung eines ‚combining medium', das heißt einer nichtempirischen Legitimation von Erfahrung. Dazu zählte James nicht nur die ‚Absolute Idealists', sondern auch Kants ‚transcendental Ego'. Damit hatte er sich bereits gegen Kant positioniert. Falls er aber jene signifikante Passage in Kants KU als Vorlage verwendet hat, hätte er seine Kant-Referenz preisgeben müssen. Die daraus resultierenden Erklärungsnöte hinsichtlich seiner bis zu diesem Zeitpunkt bereits publizierten Kant-Kritik wären wohl nicht weniger problematisch gewesen, als es bei einem fehlenden theoretischen Überbau, den seine Kritiker einforderten, zu belassen. Aber das ist nur ein mögliches Motiv.

Die andere Hypothese wäre vor dem Hintergrund der jamesschen Kunsterfahrung zu generieren. In diesem Zusammenhang ist ein Brief an den Bruder Henry aus dem Jahr 1872 aufschlussreich, der die nachhaltige Bedeutung des ästhetischen Bezugsrahmens für William James bekräftigt:

> I have regretted extremely letting my drawing die out. [...] A man needs to keep open all of his channels of activity; for the day may always come when his mind needs to change its attitude for the sake of his health. Simply getting absorbed in the look of nature is after abstract study like standing on one's feet after having been on one's head, and next summer I will if it is at all possible make an effort to begin painting in water colors. I have been of late so sickened & skeptical of philosophic activity as to regret much that I did not stick to painting, and to envy those like you to whom the aesthetic relations of things were the real world. Surely they reveal a deeper part of the universal life than all the mechani-

---

85 Walter Biemel: Die Bedeutung von Kants Begründung der Ästhetik für die Philosophie der Kunst. Köln 1959, S. 18.
86 ERE, S. 22.

cal and logical abstractions do, and if I were you I wd. never repine that my life had got cast among them rather elsewhere.[87]

Sowohl James' Formulierung „the aesthetic relations of things" als auch der philosophische Fluchtpunkt – „a deeper part of the universal life" – weisen in eine Richtung, die sich später in James' Forderungen nach einer Philosophie des „full fact" und der „concreteness" ausdrücken sollte. Nicht zuletzt zeichnet sich dieser Ansatz in der Formel „Philosophies Paint Pictures" ab, mit der James die Einleitung zu seinem (geplanten, aber nie fertiggestellten) Philosophiebuch betitelte.[88] Aufgrund seiner künstlerischen Vorerfahrung wusste James um die Erzeugung von Bildeindrücken durch die Gewichtung der Bildelemente zueinander – durch Schattierungen, Größenverhältnisse und Farbgebung. Meine Annahme ist, dass James seinen ‚Radical Empiricism' in Analogie zu jenem künstlerischen Referenzrahmen konzipierte, der ihn von seiner frühesten Jugend an begleitete. Aus den bereits genannten Gründen konnte James sich jedoch nicht mit dieser spezifischen Herleitung profilieren. Der Ambivalenzkonflikt zwischen der Loyalität zur protestantischen Leitkultur und seiner persönlichen Präferenz birgt eine gewisse Tragik, die durch eine erstaunliche Parallele zwischen Kant und James noch verstärkt wird: die von James eingeforderte Unmittelbarkeit („immediacy") und den von Kant zugestandenen Wert des „afficiert-sein[s]". So gerät James mit seinem (ästhetischen) Ansatz – trotz seiner tiefsten Überzeugung von der Richtigkeit – in eine Sackgasse, denn sein Ansatz im ‚Radical Emipiricism' ist ohne begriffliche Herleitung philosophisch nicht vermittelbar.

Dass dennoch zwischen James' (verdecktem) ästhetischem Bezugsrahmen und der KU eine gedankliche Verbindung besteht, legt der folgende handschriftliche Kommentar nahe, den James auf die Innenseite seiner englischen Ausgabe der KU notiert hatte.[89] Darin nennt er die aus seiner Sicht relevanten Bedingungen hinsichtlich der ‚objektiven' Beurteilung von Kunst. Dabei nimmt er das je eigene Gefühl bzw. das Werturteil einer vertrauten Person als Maßstab:

> We are quite willing to recognize the value of certain works of art, provided they their lovers make *no* claim of universal validity for them.] (Manet etc.) of [others which (judged by classic standards of ‚beauty') are ‚ugly' we nevertheless feel that we ‚ought' to admire, either because the qualities they have are in the *line of prolongation* of qualities which we do

---

87 James: Correspondence (wie Anm. 16), Bd. 1, 1992, S. 173, Brief von James an den Bruder Henry vom [10].16.1872.
88 MEN, S. 3–52.
89 Der Kommentar ist in schwarzer Tinte geschrieben und weist Durchstreichungen und Unterstreichungen auf. Auffällig sind ein unregelmäßiger Tintenfluss sowie die von James nachträglich eingefügten eckigen Klammern.

> admire, or because we see persons admiring them whose judgment in ~~for~~ other ~~reasons~~ ways we emulate, and ~~then~~ so would be with them in this way too. The ~~last source of and~~ standard of ‚beauty' is in *some ones'* [sic!] feeling; and we think the beauty of objectively valid for *us* when we recognize the authority of its recognizer & feeler, as someone whom we would fam. resemble.⁹⁰

Die grundsätzliche Haltung, die in diesem Kommentar zum Ausdruck kommt, lässt sich zunächst auch ohne die Hypothese einer Kant-Referenz denken. Denn sie findet sich an vielen Stellen im *Diary 1*, insbesondere in der Darstellung der Ästhetik Schillers, die James – wenngleich vor dem Hintergrund der kantischen Philosophie – gesehen und kommentiert hat. Und betrachtet man den Verlauf des ästhetischen Diskurses, wie er sich in den jamesschen *Diary-1*-Kommentaren darstellt, so wird deutlich, dass es James vorrangig um die unmittelbare Wirkung der im Zwinger-Museum ausgestellten Exponate geht, die er während seiner Zeit in Dresden häufig betrachtet hat. Nun spricht aber auch das eher für die Wirkung einer vorkantischen Phase bei James, die – daran sei an dieser Stelle erinnert – auf die Wirkung der ‚catholic sacred imagery' schließen lässt. Wie sehr James sich gerade auf die unmittelbare, leibliche (sinnliche) Bildwirkung im religiösen Kontext stützt, zeigt sich in dem bereits erwähnten Brief von 1860, der im Kontext der künstlerischen Ambitionen James' entstanden ist. Er weist eindeutig in die Richtung eines ‚Affiziert-Seins' durch Bildlichkeit insbesondere im Kontext religiöser Motive. Was Baumgarten als die „niederen Erkenntnisvermögen"⁹¹ bezeichnet hatte – ein Gedanke, den Kant aufgreift, um ihn grundlegend zu verändern, das heißt der Sinnlichkeit einen eigenen Wert zu verschaffen –, wird bei James zum Dreh- und Angelpunkt seiner Konzeption des ‚Radical Empiricism'. Die Bedeutung des ‚Affiziert-Seins' gereicht ihm zur Basis der Erfahrung schlechthin.

Deshalb schlage ich vor, den für James' Denken so bedeutsamen, aber nicht öffentlich gemachten ästhetischen Bezugsrahmen als ursprüngliche Folie für seinen ‚Radical Empiricism' anzunehmen und diesen vor dem Hintergrund der Ähnlichkeit mit dem Grundgedanken Kants zur Geltung zu bringen. Das würde bedeuten, den Abschnitt zur „reflektierenden ästhetischen Urteilskraft" als Lösung des Problems eines bislang fehlenden theoretischen Überbaus zu verwenden. Vor diesem Hintergrund wäre dann zu fragen, wie sich James ‚mit Kant' weiterdenken oder ob sich sogar plausible Hinweise dafür finden ließen, dass James Kants Überlegungen aufgreift und weiterführt.

---

90 HUHL, *AC85 J2376$iZz892k [Hervorhebungen und Durchstreichungen W. J.].
91 MEN, S. 35. Im Zusammenhang mit der Überlegung, für die Einheitskonzeption einen ästhetischen Referenzrahmen zu wählen, finden sich auch Referenzen zu Kant, Wolff und Baumgarten.

11 Zur Konvergenz zwischen James und Kant

Während für Kant das ästhetische Urteil eine Sonderform des Urteils ist, das heißt sich vom ‚bestimmenden Urteil' abhebt und als ‚reflektierendes Urteil' seinen Tribut fordert, wird die unmittelbare Erfahrung bei James zum essenziellen Bestandteil seiner Philosophie. Der Blick auf James' Auseinandersetzung mit ästhetischen Theorien zeigte, dass er von der Konzeption des Sublimen, wie sie Schiller der kantischen Ästhetik entlehnt und wie sie gemeinhin im protestantischen Kontext rezipiert wurde, abweicht. Dieser Dissens artikuliert sich bei James jedoch nicht in einer Kunstphilosophie, die das ‚Affiziert-Sein', das heißt das eigenleibliche Spüren in den Mittelpunkt gestellt hätte, sondern unter Absehung der Verwendung explizit ästhetischer Begrifflichkeiten transponiert James – und zwar der Sache nach – seine Position des ‚unmittelbar Erfahrbaren' und damit Konkreten in den Bereich der Religion, und zwar als Basis der je eigenen Überzeugung.[92] Bei dem Vergleich zwischen James und Kant im Hinblick auf ästhetische Grundpositionen ist es daher wichtig, zunächst nicht auf Kants Konzeption des Erhabenen, Sublimen etc. zu schauen, sondern auf seine Konzeption des ‚Affiziert-Seins'. Denn für Letzteres finden sich bei James deutliche Hinweise, und diese werden von ihm gedanklich weitergeführt.

An dieser Stelle möchte ich zwei Rezeptionsspuren vorschlagen, die durchaus parallel laufen können. Die eine Spur liegt – wie bereits ausgeführt – in dem ‚reflektierenden ästhetischen Urteil'. Die andere Spur sehe ich in James' Rezeption der kantischen Begrifflichkeiten und deren Umdeutung, ja Assimilation, auf die ich nun zu sprechen komme. Termini wie „judgment", „pure [experience, B. L.]", „each form", „all form" und „genius" etc. finden sich in den VRE. Es handelt sich um ein Vokabular, das in Kants ‚Ästhetik des Erhabenen' gehäuft vorkommt. Dennoch sind es nicht die Inhalte, sondern lediglich die sprachlichen Hülsen, die James nunmehr auf seinen Kontext anwendet – und das ist die Welt der religiösen Erfahrung. Dies lässt sich an James' Vortragsreihe in Edinburgh aufzeigen, die 1902 als VRE publiziert wurde. Darin trifft James gleich zu Beginn die grundlegende Unterscheidung zwischen einem Tatsachenurteil („existential judgment") und einem Werturteil („spiritual judgment"). Aus werkgenetischer Sicht halte ich dies für ein Indiz dafür, dass James Kant sprachlich verarbeitet hat. Allein die Begriffswahl deutet auf Kants Terminologie der ‚Urteilsformen' hin. Die Abgrenzung

---

92 Vgl. WB, S. 13–33. Damit leistete er einen für die protestantisch-amerikanische Leitkultur seiner Zeit, die durch zahlreiche Neuerungen des 19. Jahrhunderts in eine eklatante Legitimationskrise geraten war, einen außerordentlich konstruktiven Beitrag. Vgl. Loerzer: Arch (wie Anm. 12), S. 39–76.

erfolgt zwischen dem Bereich der dem Verstand zugänglichen Naturgesetzmäßigkeiten und einem Bereich, der gerade nicht notwendigerweise mit der zweiten Kritik Kants zusammenfällt, sondern – wie mir scheint – mit Passagen aus der KU. Denn das von James als ‚Werturteil' („spiritual judgement") Bezeichnete rekurriert auf einen Sachverhalt, der sich weitestgehend mit dem ‚reflektierenden ästhetischen Urteil' bei Kant deckt. Und zwar aus folgendem Grund: An keiner anderen Stelle in seinem System hat Kant der Person einen unmittelbaren, das heißt das Subjekt affizierenden Platz eingeräumt außer im Kontext der Ästhetik. Wichtig ist aber an dieser Stelle, dass für James das ‚unmittelbar Affizierende' auch und insbesondere den Bereich der religiösen Erfahrung betrifft. Und diese – das sei ergänzend erwähnt – durchaus auf dem Wege der ästhetischen Erfahrung vermittelt werden kann. Es ist ausgesprochen wichtig, an dieser Stelle deutlich zu machen, dass für James die religiöse Erfahrung als ‚First-hand'-Erfahrung auf dem Weg des ‚Affiziert-Seins' erfolgt. Nur so ist sein Panoptikum der religiösen Genies verständlich. Sie alle haben den Weg vom „once-born" (Einmalgeborenen) zum „twice-born" (Zweimalgeborenen, im Sinne von Bekehrung) durchlaufen, sei es durch ein spontanes Bekehrungserlebnis oder eine sich allmählich herausbildende Wandlung des leiblich erfahrbaren Sinnhorizontes.

12 Diskussion

Nachdem die Überlegungen für einen neuen Ansatz in der Bewertung der jamesschen Kant-Rezeption am Beispiel der KU dargelegt wurden, soll die Diskussion der „family resemblance" bzw. Kant-James-Differenz noch einmal aufgegriffen werden. Für den Amerikaner James sind Kants Schematismus und abstraktes Denken zu weit von der Lebenswirklichkeit entfernt. Die Spezifika einer kontinentaleuropäischen Erkenntnistheorie, wie sie Kant entwickelt hat, sind für James zwar intellektuell nachvollziehbar, aber sie passen nicht in sein ‚Sentiment of rationality'. Grundsätzlich lässt sich also festhalten, dass James' kritische Haltung gegenüber Kant sich im Wesentlichen auf dessen ‚a-priori-Konstruktionen' bezieht. Dennoch nimmt James auf alle drei Erkenntnisvermögen Kants Bezug, auch wenn er kein ‚System' vorgelegt hat, an dem sich dies problemlos aufzeigen ließe. Vielmehr sind Kants Spuren in James' publizierten Schriften weit über das Gesamtwerk verstreut. Auf dieser Basis kommt ein hermeneutischer Ansatz nicht weit über die Grobbestimmung der Differenzen und Annäherungen hinaus. Nimmt man aber James' möglichen Rekurs auf die oben genannten Kernaussagen in Kants KU zum Ausgangspunkt einer Rezeption, dann verschieben sich die kantkritischen Koordinaten. Dann tritt das sinnliche

Element, das sich bei James sowohl mit den ästhetischen als auch mit den religiösen Teilaspekten seines dreigliedrigen Leitmotivs verbindet, deutlich hervor und wird – ähnlich wie bei Kant – zum Schlussstein.

Zum Vergleich sei das kantische Schema an dieser Stelle in der chronologischen Reihenfolge der Kritiken kurz benannt: 1) Erkenntnisvermögen – Verstand – Gesetzmäßigkeit – Natur; 2) Begehrungsvermögen – Vernunft – Endzweck – Freiheit; 3) Gefühl der Lust und Unlust – Urteilskraft – Zweckmäßigkeit – Kunst. Wenn man bei James von einer Reihenfolge sprechen wollte, müsste sie lauten: Kunst – Psychologie – Philosophie. In einer mehr als hundertjährigen Rezeptionsgeschichte der James-Forschung oszillierten die Lesarten aber vorwiegend zwischen James als dem Psychologen und James als dem Philosophen; die Berücksichtigung eines ästhetischen Referenzrahmens ist die Ausnahme und hat im Hinblick auf hermeneutische Grundprobleme bei James keine konstruktiven Neuansätze gebracht.[93] Wie ich aber an anderer Stelle aufgezeigt habe, konfiguriert sich bereits beim jungen James ein ästhetischer Referenzrahmen, der die Werkgenese nachhaltig bestimmt hat. So lässt sich sein Gesamtwerk als ein komplexes Gebilde von ineinandergeschobenen, konzentrischen Kreisen beschreiben, deren jeweilige Themenschwerpunkte je nach Perspektive deutlicher hervortreten. Insofern unterscheidet sich James' Ansatz zwar vom Schematismus Kants; dennoch bleibt er hinsichtlich der funktionalen Bestimmung der Teilaspekte zueinander auf der Linie Kants. „Philosophies paint pictures"[94] – mit dieser bemerkenswerten Metapher hat James die Einleitung seines geplanten Philosophiebuches überschrieben und damit den Hinweis zur Lesart seines ‚Systems' gegeben. Eigentlich hatte er den Ansatz seiner religionsphilosophischen Einheitskonzeption schon sehr frühzeitig gefunden: Es ist das Subjekt, dessen Begabung zu einem unmittelbaren ‚Affiziert-Sein' im Zentrum steht. Diese Konzeption ist für James im Kontext eines ästhetischen Sinnhorizontes plausibel. Der kritische Punkt ist jedoch der fehlende Rückhalt in seiner protestantischen Leitkultur. Und so vollzieht er im Laufe seiner beruflichen Karriere als Harvard-Professor einen philosophischen Drahtseilakt, um schließlich doch noch zu einer systemkompatiblen Ausdrucksform zu gelangen. Die eigentlich treibende Kraft ist dabei die Frage nach der Willensfreiheit bzw. der ‚moral question' im engen Zusammenhang mit dem ästhetischen Diskurs. Vergleicht man Kant und James in diesem Punkt, so erhält man das erstaunliche Ergebnis, dass James mit der Ästhetik *beginnt* und sich daran die Debatte um die Willensfreiheit anschließt.

---

[93] Dass es sich dabei um einen ‚blinden Fleck' handelt, habe ich in meiner Forschungsarbeit ausführlich dargelegt.
[94] MEN, S. 3.

(Bei Kant erscheint es umgekehrt.) Beides suspendiert James, um der Naturwissenschaft zu folgen. Von dort aus jedoch erfolgt bei ihm dann die Reprise (!) seiner ursprünglich miteinander verzahnten ästhetisch-moralischen Überlegungen. Hier allerdings geschieht etwas Merkwürdiges: Das Thema Ästhetik scheint von der Bildfläche zu verschwinden, taucht aber an anderer Stelle, und zwar als spezifischer Sachverhalt des „eigenleiblichen Spürens im religiös konnotierten ästhetischen Feld",[95] wieder auf – wenngleich im Plural. Dafür steht das Panoptikum der religiösen Genies in den VRE, die durch den tief greifenden Wandel eines Bekehrungsprozesses Heilung erfahren. Das ästhetische Element findet sich – verschoben in den Bereich der religiösen Erfahrung (VRE) – als ‚Szene' bzw. als ‚Narrativ', was die Vorstellungskraft der Leserschaft evoziert. Hier liegt James' Kompromiss mit seiner protestantischen Leitkultur. Er verzichtet auf ein konkretes Bild, das die Sinne affiziert. Stattdessen wird bei ihm die Person selbst zum Resonanzboden bzw. zur Ausdrucksform der in ihr wirkenden Rückverbindung: „eine lebendige Metapher".[96]

13 Ergebnis: Kants ‚Ästhetik' – ein hermeneutischer Schlüssel zu James

In diesem Essay wurde untersucht, ob sich die KU als hermeneutischer Schlüssel für eine James-Interpretation verwenden lässt. Ausgehend von der Annahme, dass ein ‚verdeckter' ästhetischer Referenzrahmen James' philosophisches Denken prägt, wurde die Hypothese überprüft, ob James den empirischen Grundgedanken Kants aufgreifend die unmittelbare ‚Affizierung', die dieser in der KU beschreibt, für die Konzeption des ‚Radical Empiricism' nutzt. Festzuhalten ist hier: Eine literarische Konvergenz ist nicht von der Hand zu weisen, obgleich James sich in diesem Zusammenhang nicht auf Kant als Mitstreiter beruft. Vielmehr rekurriert er im Kontext der VRE auf Kant, wobei – bei näherer Betrachtung – eine Verbindung zur KU erkennbar wird. Dies scheint kein Zufall zu sein, da die zahlreichen Beispiele in den VRE als Anschauungsmaterial unmittelbarer religiöser Erfahrung gedeutet werden können, in denen die Sinnlichkeit das eigentliche Einfallstor bildet. Denkbar wäre, dass James mit den VRE eine materialstarke Vorlage bietet, auf der sich seine Konzeption des ‚Radical Empiricism' (die zeitlich auf die VRE folgt!) als der Versuch eines theoretischen Überbaus liest. Zugespitzt

---

95 Loerzer: Arch (wie Anm. 12), S. 136 u. 324.
96 Paul Ricœur: Die lebendige Metapher. 3. Aufl. München 2004.

formuliert: Für James war möglicherweise klar, auf welche Weise sich ‚erfahrbare Relationen' konstituieren – in der szenischen Beschreibung der Bekehrungserfahrungen lagen für James Prototypen vor. Eine begriffliche Herleitung schien ihm sekundär, wenn nicht sogar irreführend, denn wenn die Person selbst der Ort einer divinatorischen Wirkungsdynamik ist, dann kommt ohnehin jeder Begriff zu spät; er bleibt gewissermaßen ein *Nach*griff. James ging es aber um die Unmittelbarkeit – eben jenes ‚Affiziert-sein' –, und insofern trifft sein Begriff des ‚Radical (!) Empiricism' den Kern der Sache.

Weshalb James einer möglichen Kant-Rezeption nicht mehr Raum gibt, kann nicht abschließend beurteilt werden. Neben den bereits dargelegten Vermutungen wäre eine weitere Erklärung, dass James seine offizielle Distanzierung von Kant vorwiegend auf der Lektüre der KrV gründete und indessen kein Problem darin sah, jene rezeptionshistorisch weniger prominenten Positionen von Kant zu verwenden, die ihm aber durchaus hilfreich erschienen, zumal er bereits vor seiner Kant-Lektüre die unmittelbare Erfahrung als eine religiösästhetisch vermittelte eingeordnet hatte.

Dass durch die KU freilich auch innerhalb des Systems bei Kant ein gewisses Spannungsfeld entsteht, kann an dieser Stelle nicht weiter vertieft werden. Ich vermute allerdings, dass Kant – wie später James – im Hinblick auf die Leiblichkeit im Spiegel der Ästhetik selbst auf ein ‚ikonoklastisches Erbe' gestoßen war, das er lieber generell als ‚Sinnlichkeit' bearbeiten wollte, als sich auf das glatte Parkett der Wirkung religiös konnotierter Ästhetik zu begeben. Im Gefolge seiner vorwiegend protestantischen Rezipienten haben sich dann in erster Linie seine Ausführungen zum Schönen und Sublimen durchgesetzt (siehe Schillers ästhetische Schriften), während die funktionale Bestimmung der Sinnlichkeit, die Kant in seiner Einleitung der KU darlegt, weniger beachtet wurde. Hier bot Kants Formel, „das eigentliche Erhabene kann in keiner sinnlichen Form enthalten sein", eine Möglichkeit der Gewichtung zum Nachteil der Sinnlichkeit, eine Rezeption, die Kant zwar so nicht beabsichtigt hatte, die sich aber dennoch einstellte.[97] Deshalb muss darauf hingewiesen werden, dass im ‚reflektierenden ästhetischen Urteil' eine der ‚Affektdämpfung' gegenläufige Tendenz von Bildwirkung zum Tragen kommt; ob diese dann zwangsläufig einer ‚Catholic sacred imagery' zuzuordnen ist – darüber ließe sich noch streiten, aber von der Hand zu weisen ist diese Deutungsperspektive nicht.[98] Bei James macht sich dieser kritische Punkt seines ästhetischen Referenzrahmens auf jeden Fall bemerkbar – wie ich an anderer Stelle dargelegt habe. Zugespitzt formuliert: Kants KU bot

---

97 KJ u. KU, § 23 Analytik des Erhabenen, S. 245f.
98 Vgl. Loerzer: Arch (wie Anm. 12), S. 270.

James eine ideale Steilvorlage für die Konzeption einer philosophischen Ästhetik, die dem eigenleiblichen Spüren voll Rechnung hätte tragen können. Diesen Weg geht James jedoch nicht, denn weder die einzugestehende Kant-Nähe noch die Nähe zu einer katholischen Ästhetikkonzeption waren für ihn gangbare Wege.

So bleibt es bei der Überschrift zu der Einleitung seines unvollendeten Philosophiebuches *Philosophies Paint Pictures* –, ein Projekt, das James erst nach seinen Essays in *Radical Empiricism* (1904) und *A Pluralistic Universe* in Angriff genommen hatte. Nicht zuletzt die zahlreichen Missverständnisse hinsichtlich seiner pragmatischen Methode und die nur schleppende und verzerrte Rezeption auf dem europäischen Kontinent scheinen ein solches Unternehmen gerechtfertigt zu haben. Die metaphysische Frage, die James in seinen Essays zum *Radical Empiricism* in handlungsrelevante Entscheidungsprozesse zu transformieren sucht und in *A Pluralistisc Universe* programmatisch als Verbesserung der Gesellschaft entwirft, tritt erneut als Problem einer fehlenden Gesamtkonzeption auf, was sich schließlich in seiner Formulierung „an arch built only on one side" andeutet.[99]

14 Schluss

Bei James wird das ‚eigenleibliche Spüren' als Anschauungsform der Sinnlichkeit zum Dreh- und Angelpunkt seines Plädoyers für die religiöse Erfahrung, deren Gehalt sich ihm zuallererst auf dem Wege der Ästhetik erschlossen hatte. Vor diesem Hintergrund sind James' publizierte Bezugnahmen auf Kant allein nicht ausreichend, um die Tragweite der kantischen Philosophie für James zu ermessen. Der hier vorgeschlagene Ansatz schlägt eine stärkere Berücksichtigung der jamesschen Bearbeitung der Schriften Kants vor. Da insbesondere James' handschriftliche Kommentare Hinweise auf die Bearbeitungstiefe und auf die Richtung seiner Kant-Rezeption geben, sollte diese Rekonstruktion stärker im Kant-James-Diskurs berücksichtigt werden. Auf diese Weise kann das zuweilen verzerrte Kantbild, das sich in den publizierten Schriften James' niedergeschlagen hat, korrigiert und eine präzisere Evaluation der Wirkung Kants auf James in Gang gesetzt werden.

---

99 SPP, S. 2: „Say that I hoped by it to round out my system, which now is too much like an arch built only on one side." Vgl. Loerzer: Arch (wie Anm. 12), S. 65–79.

Friedemann Stengel
Kants Vorlesungen, die rationale Psychologie und Swedenborg

1 Die Problemlage

Neben den *Träumen eines Geistersehers* (1766) und vereinzelten brieflichen Äußerungen über Emanuel Swedenborg (1688–1772) werden seit einiger Zeit die Vorlesungen Immanuel Kants über rationale Psychologie und darin enthaltene affirmative oder wenigstens mit dem ablehnenden Impetus der *Träume* nicht konform gehende Äußerungen Kants gegenüber Swedenborg dafür benutzt, um ein ambivalentes Verhältnis des Königsbergers gegenüber dem schwedischen Visionär zu behaupten.[1] Erwähnung findet diese These bei Hartmut und Gernot Böhme, wo Swedenborg mit dem „Anderen" der Vernunft in Verbindung gebracht und Kant unterstellt wird, dieser habe in seiner Auseinandersetzung mit Swedenborgs Visionarität einen wesentlichen Impuls zur Abgrenzung gegenüber der rationalistischen Philosophie erhalten und darüber hinaus in seinen *Träumen eines Geistersehers* nicht nur die kritische Philosophie vor den „Zumutungen" der swedenborgischen Geister zu retten versucht, sondern auch seine eigene kritische Phase eingeleitet. Kants fortdauernde Entschuldigungen, sich mit Swedenborg überhaupt zu beschäftigen, sprächen gerade für seine innere Verwandtschaft mit ihm. Nie wieder sei Kant einem Autor so nahe gewesen.[2]

Die Stringenz – und die Deutung – der Argumentation Kants in den *Träumen* soll in diesem Beitrag nicht eigens thematisiert werden. Es ist hinreichend belegt, dass die *Träume eines Geistersehers* in der unmittelbaren Leserschaft Kants äußerst ambivalent beurteilt worden sind – während die einen in der Schrift eine radikale Abrechnung mit Swedenborg erblickten, sahen andere erhebliche Anleihen und Parallelen zwischen beiden Autoren, ja manche hiel-

---

1 Vgl. Anne Conrad: „Umschwebende Geister" und aufgeklärter Alltag. Esoterik und Spätaufklärung. In: Monika Neugebauer-Wölk (Hg.): Aufklärung und Esoterik. Hamburg 1999, S. 397–415, hier S. 405–408; Hartmut Böhme u. Gernot Böhme: Das Andere der Vernunft. Zur Entwicklung von Rationalitätsstrukturen am Beispiel Kants. Frankfurt a.M. 1983, S. 250–270; Klaus H. Kiefer: Die famose Hexenepoche. Sichtbares und Unsichtbares in der Aufklärung. Kant, Schiller, Goethe, Swedenborg, Mesmer, Cagliostro. München 2004, S. 21–38; Gregory R. Johnson u. Glenn Alexander Magee: Kant on Swedenborg. Dreams of a Spirit-Seer and Other Writings. West Chester 2002.
2 Böhme u. Böhme: Vernunft (wie Anm. 1), S. 260.

https://doi.org/10.1515/9783110758801-011

ten Kant sogar für einen Parteigänger Swedenborgs.³ Die Debatten um das Verhältnis Kants und Swedenborgs wurden seit der zweiten Hälfte der 1760er Jahre, dann über das 19. Jahrhundert bis in die jüngere Vergangenheit geführt – mit völlig gegensätzlichen Bewertungen in der Kant- und Swedenborgforschung, insbesondere zwischen materialistischen, spiritistischen und neukantianischen Kantdeutungen, die in den letzten Jahrzehnten des 19. Jahrhunderts gegeneinander entwickelt worden sind.⁴

Die Theorie eines Bruchs zwischen dem ‚alten' metaphysisch-rationalistischen Denken und dem neuen ‚aufgeklärten' Ansatz der kritischen Phase Kants ist in den 1990er Jahren durch einen erneuten Blick auf die genannten, in die späte kritische Phase datierten Vorlesungen über rationale Psychologie in der Arbeit von Gottlieb Florschütz⁵ thematisiert worden. Diese Kieler Promotionsschrift wurde innerhalb der sich auf Swedenborg beziehenden Neuen Kirche im deutschen Raum und in den USA positiv rezipiert⁶ und mit eigenen Beiträgen flankiert.⁷ Florschütz' Untersuchung ist wesentlich durch die Veröffentlichung einer Vorlesung Kants über rationale Psychologie durch den Philosophen und Psychologen Carl du Prel (1839–1899) angeregt worden.⁸ Du Prel,

---

3 Vgl. ausführlich Friedemann Stengel: Aufklärung bis zum Himmel. Emanuel Swedenborg im Kontext der Theologie und Philosophie des 18. Jahrhunderts. Tübingen 2011, S. 640–665; ders.: Kant – „Zwillingsbruder" Swedenborgs? In: Ders. (Hg.): Kant und Swedenborg. Zugänge zu einem umstrittenen Verhältnis. Tübingen 2008, S. 35–98; ders.: Art. Swedenborg. In: Kant-Lexikon. 3 Bde. Hg. v. Marcus Willaschek u.a. Berlin u. Boston 2015, hier Bd. 3, S. 2220–2222; Gregory R. Johnson: A Commentary on Kant's Dreams of a Spirit-Seer. Diss. phil. Washington 2001; Magee u. Johnson: Dreams (wie Anm. 1); Liliane Weissberg: „Catarcticon und der schöne Wahn. Kants Träume eines Geistersehers, erläutert durch die Träume der Metaphysik". In: Poetica 18 (1986), S. 96–116; Kiefer: Hexenepoche (wie Anm. 1), S. 21–38.
4 Vgl. Hauke Heidenreich: Die „Wiedererweckung" des „wahren Kant". Rezeptionen der kantischen Postulatenlehre im Kontext von Neukantianismus, Materialismus und Okkultismus um 1900. Diss. phil. Halle 2020.
5 Gottlieb Florschütz: Swedenborgs verborgene Wirkung auf Kant. Swedenborg und die okkulten Phänomene aus der Sicht von Kant und Schopenhauer. Würzburg 1992 (engl. Swedenborg's Hidden Influence on Kant. Übers. v. J. Durban Odhner u. Kurt P. Nemitz. Bryn Athyn 2014).
6 Vgl. Gottlieb Florschütz: Swedenborg and Kant. Emanuel Swedenborg's Mystical View of Humankind and the Dual Nature of Humankind in Immanuel Kant. West Chester 1993.
7 Magee u. Johnson: Dreams (wie Anm. 1); Jörg Walter: Kants Auseinandersetzung mit Swedenborg: Versuch einer Kritik. In: Offene Tore 1993, S. 48–57, 119–135, 157–176, 233–246.
8 Carl du Prel (Hg.): Immanuel Kants Vorlesungen über Psychologie. Mit einer Einleitung: „Kants mystische Weltanschauung". Leipzig 1889 [ND Pforzheim 1964]. Robert Clewis zählt du Prels Veröffentlichung dennoch zu der eher seriösen Wissenschaft, im Gegensatz zu Pölitz, dem er vor allem kommerzielle Interessen bescheinigt, ohne das weiter zu begründen. Vgl.

Vorsitzender der „Gesellschaft für wissenschaftliche Psychologie", die auch eine Reihe *Beiträge zur Grenzwissenschaft* [9] herausgab, widmete sich in seiner Arbeit vor allem parapsychologischen und okkulten Phänomenen und entdeckte in diesem Zusammenhang eine 1821 von dem Historiker und Kantforscher Karl Heinrich Ludwig Pölitz (1772–1838) herausgegebene Vorlesung Kants über rationale Psychologie. Du Prel brachte sie 1889 erneut heraus, um seine parapsychologischen Forschungsinteressen durch vermeintlich „mystische" und „okkulte" Züge des älteren Kant stützen zu können.[10] Auch andere Forscher aus dem Bereich parapsychologischer Forschungen um die Wende vom 19. zum 20. Jahrhundert haben sich dem Thema „Kant und Swedenborg" aus gleichem Interesse gewidmet.[11] Diesem Vorgehen ist mit verschiedenen Argumenten schon durch den Herausgeber der Vorlesungen in der Akademie-Ausgabe,[12] aber auch in neuerer Zeit widersprochen worden.[13]

2 Charakter und Datierung der vorhandenen Quellen zu Kants rationaler Psychologie

Hat der ältere Kant tatsächlich Elemente swedenborgischer Anschauungen übernommen und gleichsam über seine kritische Phase hinaus bzw. an dieser

---

Robert R. Clewis: Editor's Introduction. In: Ders. (Hg): Reading Kant's Lectures. Berlin u. Boston 2015, S. 1–29, hier S. 1. Zu du Prel vgl. Heidenreich: Postulatenlehre (wie Anm. 4).
9 Walter Bormann: Kantsche Ethik und Okkultismus. In: Beiträge zur Grenzwissenschaft. Ihrem Ehrenpräsidenten Dr. Carl Freiherr du Prel gewidmet von der „Gesellschaft für wissenschaftliche Psychologie" in München. Jena 1889, S. 107–139.
10 Zu Pölitz vgl. Stengel: Aufklärung (wie Anm. 3), S. 709f., 719f. Das Werk erschien schon 1888, wurde aber auf 1889 datiert, vgl. Tomas H. Kaiser: Zwischen Philosophie und Spiritismus. Annäherungen an Leben und Werk von Carl du Prel. Saarbrücken 2008, S. 67. Du Prels Texte wurde außerdem 1888 in den Psychischen Studien 16/9 (1888), S. 452 besprochen. Ich danke Hauke Heidenreich für den Hinweis.
11 Bormann: Ethik (wie Anm. 9); Richard Adolf Hoffmann: Kant und Swedenborg. Hg. v. Leopold Loewenfeld. Wiesbaden 1909 (= Grenzfragen des Nerven- und Seelenlebens, Bd. 10, Heft 69).
12 Gerhard Lehmann: Einleitung. In: AA 28, S. 1338–1372, hier S. 1347f.
13 Florschütz: Wirkung (wie Anm. 5), S. 171f. Aber auch Florschütz selbst wird eine „bedenkliche Nähe zu parapsychologischen Theorien" attestiert, vgl. Diethard Sawicki: Die Gespenster und ihr Ancien regime. Geisterglauben als „Nachtseite" der Spätaufklärung. In: Monika Neugebauer-Wölk (Hg.): Aufklärung und Esoterik. Hamburg 2016, S. 364–396, hier S. 380. Kiefer, Hexenepoche (wie Anm. 1), S. 23, bemängelt die zu starke Personalisierung der Gemeinsamkeiten zwischen Kant und Swedenborg durch Florschütz. Beide würden schließlich auf einem „gemeinsamen epochalen Sockel aufbauen".

vorbei rationalistische Theorien vertreten, die über die von ihm selbst gesetzten Grenzen der Vernunft hinausgingen? Um dieser Frage nachzugehen, werden folgende Schritte unternommen. Zunächst wird nach der Art der Überlieferung der Vorlesungen, nach deren Qualität, nach deren zeitlicher Einordnung und nach einer eventuellen inneren Entwicklung innerhalb dieses Vorlesungszyklus gefragt. In zwei Bänden hat die Kant-Forschung das Korpus der Vorlesungsmitschriften vor wenigen Jahren und in diesem Umfang erstmals untersucht und in die werkbiographische Genese der Philosophie Kants eingeordnet.[14] Auch die hier zur Debatte stehenden Vorlesungen über Metaphysik sind dabei in Augenschein genommen worden, ohne dass jedoch die Position Kants gegenüber Swedenborg in den Vorlesungen überhaupt erwähnt worden wäre.[15] Dennoch ist die seit Entstehung der Akademie-Ausgabe und in den Diskussionen um die Kant-Deutung im späten 19. Jahrhundert angesichts ihrer besonderen Provenienz und ihres literarischen Charakters entstandene Skepsis gegenüber den Mitschriften[16] einer seriösen Betrachtung gewichen.

Sowohl du Prel als auch Florschütz und die sich auf sie beziehenden neuesten Kommentatoren des infrage stehenden Einflusses Swedenborgs auf Kant haben in erster Linie nur eine, die 1821 von Pölitz besorgte Vorlesungsmitschrift benutzt, der allerdings noch nicht einmal im Vorwort auf kritisch-exegetische Fragen eingeht. Vielmehr votiert du Prel als Datierung des pölitzschen Vorlesungsauszugs – er entnimmt der pölitzschen *Metaphysik* lediglich Kapitel über die empirische und die rationale Psychologie – für die Jahre 1788/89 und legt

---

14 Bernd Dörflinger u.a. (Hg.): Kant's Lectures / Kants Vorlesungen. Berlin u. Boston 2015; Clewis: Kant's Lectures (wie Anm. 8).
15 Vgl. Jacinto Rivera de Rosales: Kant. Die theoretische Welt der Metaphysik L$_1$ (1776–1778). In: Dörflinger: Kant's Lectures (wie Anm. 14), S. 213–232; Gualtiero Lorini: The Contribution of Kant's Lectures on Metaphysics to a Better Comprehension of the Architectonic. In: Ebd., S. 233–245; Juan A. Bonaccini: Kant's Account of Miracles in his Lectures on Metaphysics. In: Ebd., S. 247–260; Steve Naragon: Reading Kant in Herder's Lectures Notes. In: Clewis: Kant's Lectures (wie Anm. 8), S. 37–63; Courtney D. Fugate: The Unity of Metaphysics in Kant's Lectures. In: Ebd., S. 64–88; Dennis Schulting: Transcendental Apperception and Consciousness in Kant's Lectures on Metaphysics. In: Ebd., S. 89–114; Corey W. Dyck: Beyond the Paralogisms. The Proofs of Immortality in the Lectures on Metaphysics. In: Ebd., S. 115–134.
16 Vgl. dazu die Beiträge von Hauke Heidenreich und Anne Wilken in diesem Band; Clewis: Introduction (wie Anm. 8), S. 10–14. Gerade den Mitschriften zur Metaphysik ist aber schon von älteren Kantforschern wie Karl Rosenkranz (1805–1879) und Friedrich Wilhelm Schubert (1799–1868) eine recht akkurate Wiedergabe der Vorlesungen bescheinigt worden, vgl. ebd., S. 11. Zu den Vorlesungen insgesamt vgl. Werner Stark: Versuch eines summarischen und pointierten Berichts über die Vorlesungen von Immanuel Kant. In: Dörflinger: Kant's Lectures (wie Anm. 14), S. 1–30.

besonderen Wert auf die Feststellung, die Vorlesungen seien sieben Jahre nach der *Kritik der reinen Vernunft* und zwei Jahre vor der *Kritik der Urteilskraft* gehalten worden.[17] Diese Datierung veranlasste den Kantforscher Benno Erdmann (1851–1921) immerhin, den psychologischen Teil der Vorlesung schlechthin als „Rückfall" hinter die erste *Kritik* zu betrachten und ihr eine wissenschaftliche Untersuchung lapidar zu verweigern.[18] Auch spätere Forscher haben sich mit dieser einen Vorlesungsmitschrift begnügt, ohne die seit 1968, 1970 und 1983 vorhandenen Texte insgesamt zur Kenntnis zu nehmen und einer vergleichenden Analyse zu unterziehen. Florschütz kennt zwar insgesamt vier Mitschriften, bezieht sich aber vorwiegend auf den von Pölitz und du Prel edierten Text.[19]

Schließlich wird der Frage nachzugehen sein, ob noch andere Quellen relevant sind, die die Vorlesungen über rationale Psychologie erschließen und in ihrer inneren Entwicklung beschreiben können. Ausgehend von der Beobachtung, „Kant's metaphysics lectures serve as an indispensable supplement to his discussion in the Paralogisms",[20] wird auch der Abschnitt über die Paralogismen der reinen Vernunft aus der ersten *Kritik*, der sich explizit auf die rationale Psychologie bezieht, für einen kritischen Vergleich hinzugezogen werden. Dieser Vergleich wird die erste (1781) und die zweite (1787) Auflage der *Kritik der reinen Vernunft* betrachten, da Kant gerade den entsprechenden Abschnitt in signifikanter Weise umgearbeitet hat.

Auf der Basis der *Metaphysik* von Alexander Gottlieb Baumgarten (1714– 1762) hielt Immanuel Kant zwischen den Wintersemestern 1755/56 und 1795/96 dreimal wöchentlich, ab 1784/85 mit zwei wöchentlichen Repetitorien, seine Vorlesungen über Metaphysik in insgesamt 50 von seinen 82 Universitätssemestern.[21] Er folgte dabei dem Aufriss Baumgartens in der Aufteilung in Prolegomenon, Ontologie, Kosmologie, empirische Psychologie, rationale Psychologie

---

17 Vgl. du Prel: Vorlesungen (wie Anm. 8), S. 16f.
18 Vgl. ebd., S. 18.
19 Florschütz: Wirkung (wie Anm. 5), S. 152–155. Auf welchem Wege Kiefer, Hexenepoche (wie Anm. 1), S. 23, der selbst offenbar keine Analyse der Texte vorgenommen hat und sich nur auf Florschütz bezieht, sogar zu einer Datierung auf den Anfang der 1790er Jahre kommt, um Kant eine späte Rehabilitierung Swedenborgs zuzuschreiben, bleibt indes ein Rätsel.
20 Dyck: Paralogisms (wie Anm. 15), S. 133.
21 Steve Naragon: The Metaphysics Lectures in the Academy Edition of *Kant's gesammelte Schriften*. In: Kant-Studien 91 (2000), Sonderheft: Zustand und Zukunft der Akademie-Ausgabe von Immanuel Kants Gesammelten Schriften. Hg. v. Reinhard Brandt u. Werner Stark, S. 189– 215, hier S. 189; abweichende Angabe bei Clewis: Introduction (wie Anm. 8), S. 8. Das Faksimile von Seite 1 (Prol.) von Kants Exemplar der *Metaphysica* Baumgartens von 1757 (4. Aufl.) ist mit Kants Notizen abgedruckt bei Clewis: Kant's Lectures (wie Anm. 8), S. 63 und kann hier als PDF abgerufen werden: URL: https://dspace.ut.ee/handle/10062/32369 [15.05.2020].

und natürliche Theologie. Baumgartens empirische Psychologie nutzte Kant überdies auch für seine Anthropologie-Vorlesungen. Vorlesungsmanuskripte sind nicht vorhanden. Die sogenannten Reflexionen, Kants handschriftliche Notizen zur rationalen Psychologie in der baumgartenschen *Metaphysik*, und „Lose Blätter" sind in den Bänden 15 und 17 der Akademie-Ausgabe noch von Erich Adickes (1866–1928) herausgegeben worden.[22] Dort findet sich auch der Text Baumgartens in seiner vierten Auflage (Halle 1757), der von Kant benutzt worden ist. Die Reflexionen sind mit den Buchstaben α bis τ bezeichnet, die sich – soweit eine sichere Zuordnung überhaupt möglich ist – auf einzelne Schriftphasen der Jahre zwischen 1753 und etwa 1776/77 beziehen. Ein Teil der Glossen ist direkt zu einzelnen Paragraphen angefertigt worden, ein Teil bezieht sich auf größere Abschnitte oder liegt nur als loses Blatt ohne spezielle Zuordnung vor.[23]

Neben dem Text Baumgartens und den eigenhändigen Anmerkungen Kants sind insgesamt 16, allerdings nur zum Teil auch erhaltene Mitschriften der Vorlesungen über Metaphysik aus einem Zeitraum von etwa 30 Jahren überliefert. Davon sind insgesamt sieben im Original und eine als handschriftliche Kopie erhalten. Nicht mehr im Original, sondern in Form von publizierten Abdrucken aus dem 19. und 20. Jahrhundert sind fünf Mitschriften vorhanden. Von drei weiteren Handschriften steht nur noch der Name, nicht aber mehr der Text zur Verfügung.[24]

Den zur Debatte stehenden Abschnitt über rationale Psychologie enthalten von den 13 vorhandenen insgesamt acht Mitschriften, von denen der älteste von Johann Gottfried Herder (1744–1803)[25] auf die Jahre 1762 bis 1764 und der jüngste (K₃), Johann Friedrich Vigilantius (1757–1823) zugeschriebene Text,[26] auf das Wintersemester 1794/95 datiert wird.[27] Den umfangreichsten Text bieten die sicher auf das Wintersemester 1782/83 datierte Mitschrift von Christoph Coelestin Mrongovius (1764–1855)[28] und vor allem die 1821 von Pölitz und 1889 von du

---

22 Vgl. Naragon: Metaphysics Lectures (wie Anm. 21), S. 189.
23 Vgl. Erich Adickes: Vorwort. In: AA 17, S. V–XIV.
24 Vgl. Naragon: Metaphysics Lectures (wie Anm. 21), S. 192f.
25 Metaphysik Herder. In: AA 28, S. 3–166 [im Folgenden V-Met/Herder], sowie Metaphysik Herder Nachträge. In: AA 28, S. 841–961. Vgl. zu Herders Mitschrift Naragon: Herder's Lectures Notes (wie Anm. 15). Ein Faksimile von Seite 292 (Psychologia rationalis) von Kants Exemplar der *Metaphysica* Baumgartens von 1757 (4. Aufl.) ist mit Kants umfangreichen Notizen abgedruckt ebd., S. 88.
26 Metaphysik K₃. In: AA 29, S. 945–1040 [im Folgenden V-Met-K₃/Arnoldt], sowie Metaphysik K₃ Auszüge. In: AA 28, S. 819–834.
27 Vgl. Naragon: Metaphysics Lectures (wie Anm. 21), S. 211. Zu den Metaphysikvorlesungen insgesamt vgl. Fugate: Unity (wie Anm. 15).
28 Metaphysik Mrongovius. In: AA 29, S. 745–940 [im Folgenden V-Met/Mron]. Vgl. Naragon: Metaphysics Lectures (wie Anm. 21), S. 207.

Prel abgedruckte, im Original nicht mehr vorhandene Leipziger Handschrift L_1, die nur vage der Mitte oder dem Ende der 1770er Jahre zugeordnet werden kann und einen Text enthält, der möglicherweise auf drei verschiedenen Mitschriften basiert.[29] Daneben stehen kürzere Überlieferungen der rationalen Psychologie von Johann Wilhelm Volckmann (1766–1836),[30] sicher von 1784/85, „almost certainly a fair copy prepared at home for his own use" und mit enger Verwandtschaft zu Mrongovius,[31] aus den neunziger Jahren eine zweite anonyme, von Pölitz edierte Leipziger Handschrift L_2,[32] vermutlich von 1790/91,[33] die Handschrift von Graf Heinrich zu Dohna-Lauck auf Wundlacken (1777–1843),[34] mit großer Sicherheit von 1792/93,[35] und eine recht umfangreiche, im Manuskript nicht erhaltene anonyme Königsberger Handschrift K_2 vom Anfang der 1790er Jahre,[36] die starke Affinitäten zu Dohna aufweist.[37] Das Gewicht der Überlieferung liegt also auf dem Höhepunkt der kritischen Phase Kants in den 1780er und 1790er Jahren.

Florschütz verweist in seiner Untersuchung nur auf zwei Leipziger, eine Königsberger und die Mitschrift von Mrongovius, die er insgesamt drei Semestern im Zeitraum zwischen 1773 und 1790 zuordnet, aber den Beginn der kritischen Phase als naheliegend ansieht.[38] Zugleich will er bei der Darstellung der Quellen ein historisch-kritisches Verfahren angewendet haben, entlehnt den Mitschriften aber nur in synchroner Weise solche Aussagen, die literarisch voneinander unabhängig vermuteten Texten entstammen und dennoch übereinstimmen. Eine Perspektive, mit der die Diskontinuitäten und Kontinuitäten der Werkbiographie Kants berücksichtigt würden, entfällt dadurch ebenso wie der

---

29 Metaphysik L_1. In: AA 28, S. 193–350 [im Folgenden V-Met-L_1/Pölitz]. Vgl. Naragon: Metaphysics Lectures (wie Anm. 21), S. 199f.; Fugate: Unity (wie Anm. 15), S. 73; Stark: Versuch (wie Anm. 16), S. 21. Der frühere Herausgeber der AA, Paul Menzer, datiert L_1 erst zwischen 1778 oder 1780. Lehmann hält dies für möglich, allerdings war nach seiner Ansicht die KrV zu diesem Zeitpunkt noch nicht gedruckt, vgl. Lehmann: Einleitung (wie Anm. 12), S. 1345f. Für Menzers spätere Datierung spricht die recht große inhaltliche Nähe von L_1 gegenüber Mrongovius.
30 Metaphysik Volckmann. In: AA 28, S. 353–459 [im Folgenden V-Met/Volckmann].
31 Vgl. Naragon: Metaphysics Lectures (wie Anm. 21), S. 215.
32 Metaphysik L_2. In: AA 28, S. 531–609 [im Folgenden V-Met-L_2/Pölitz].
33 Vgl. Naragon: Metaphysics Lectures (wie Anm. 21), S. 200f.
34 Metaphysik Dohna. In: AA 28, S. 613–702 [im Folgenden V-Met/Dohna].
35 Vgl. Naragon: Metaphysics Lectures (wie Anm. 21), S. 203f.
36 Metaphysik K_2. In: AA 28, S. 751–812 [im Folgenden V-Met-K_2/Heinze].
37 Vgl. Naragon: Metaphysics Lectures (wie Anm. 21), S. 197f. Lehmann datiert K_2 auf 1794, vgl. Lehmann: Einleitung (wie Anm. 12), S. 1343.
38 Vgl. Florschütz: Wirkung (wie Anm. 5), S. 154.

Vergleich mit der baumgartenschen *Metaphysik* und den eigenhändigen Notizen Kants. Gegen dieses Verfahren wäre vor allem einzuwenden, dass der Zeitraum zwischen der – von Herder abgesehen – ältesten Mitschrift L_1 und der jüngsten K_3 auf das Ende der 1770er, auf den Beginn der 1780er und schließlich die erste Hälfte der 1790er Jahre zu präzisieren ist. Ein quellenkritischer Vergleich kann sich schon aus diesem Grund dem Blick auf Konsistenz und Inkonsistenz der rationalen Psychologie Kants nicht entziehen.

Bei der Qualität der acht vorliegenden Texte ist zu berücksichtigen, dass sie der literarischen Gattung einer Mitschrift angehören, aber nicht von vornherein vorausgesetzt werden kann, dass sie auch im Auditorium entstanden sind. Möglicherweise entstammt nur das herdersche Manuskript einer auch mitgehörten Vorlesung.[39] Dafür spricht der knappe, teilweise stenographische und abgekürzte Stil. Allerdings ist gerade hier zu berücksichtigen, dass Herder seine Texte nicht nur mit eigenen Anmerkungen versehen und die Ausführungen Kants in seine Sprache übersetzt,[40] sondern möglicherweise sogar Kants Ausdruck so viel als möglich zu vermeiden versucht hat.[41] Bei den anderen Texten dürfte es sich hingegen vorwiegend eher um Abschriften und Nachschriften als um tatsächliche Mitschriften handeln. Einige könnten auf kürzeren Notizen beruht haben und dann ausformuliert worden sein, bei anderen scheint eine Abfassung im Semesterturnus bei gleichzeitiger Benutzung und Erweiterung während der Vorlesungen und Repetitorien nahezuliegen.[42]

Die am gründlichsten formulierten und am ausführlichsten verfassten Texte wie L_1 und Mrongovius lassen demzufolge auf Nachschriften für den Privatgebrauch schließen. Dohna, K_2 und L_2 mit vielen Abkürzungen und in einer schlecht leserlichen Schrift hingegen scheinen sich in einer größeren Nähe zu den Vorlesungen zu befinden.

Trotz Kritik an der Akademie-Edition der Vorlesungen über Metaphysik, „by many account, the most significant of Kant's lectures",[43] liegen also alle, teilweise durch glückliche Umstände und sogar erst in jüngerer Zeit entdeckten Texte in kritischer Ausgabe vor. Neben der zeitlichen Nähe der Texte untereinander sind auch gewichtige inhaltliche Affinitäten aufgewiesen worden, die über den Bereich der rationalen Psychologie hinausgehen, der hier behandelt

---

39 Vgl. Naragon: Metaphysics Lectures (wie Anm. 21), S. 190.
40 Vgl. Lehmann: Einleitung (wie Anm. 12), S. 1353f.
41 Vgl. Naragon: Metaphysics Lectures (wie Anm. 21), S. 204.
42 Vgl. ebd., S. 191. Clewis: Introduction (wie Anm. 8), S. 14–16, unterscheidet Mitschrift/Urschrift, Reinschrift, Abschrift und wörtliche Nachschriften. Zur Genese und Qualität der Texte vgl. ebd., S. 8–17.
43 Vgl. Naragon: Metaphysics Lectures (wie Anm. 21), S. 215.

wird, so zwischen K₂ und Dohna⁴⁴ und Mrongovius und L₁, auch wenn diese beiden auf verschiedenen Vorlagen beruht haben dürften.⁴⁵ Weiter ist auffällig, dass die späteren Vorlesungen aus den 1790er Jahren, vor allem Dohna,⁴⁶ K₂⁴⁷ und K₃,⁴⁸ bereits von der *Kritik der Urteilskraft* (1790) geprägt sind und entsprechende Begriffe und Redewendungen enthalten, die in den Vorlesungen aus den 1770er und 1780er Jahren in dieser pointierten Weise noch nicht vorkommen.

Wenn die Schwerpunkte des Gedankengangs in Kants rationaler Psychologie nachvollzogen werden, dann wird dabei insbesondere auf die Gemeinsamkeiten der verhandelten Topoi, auf die Kontinuität der Denkfiguren und auf Anhaltspunkte für eine innere Entwicklung des Themas zu achten sein.

3 Die „Paralogismen der reinen Vernunft"

Im ersten Hauptstück des zweiten Buchs der *Kritik der reinen Vernunft* über transzendentale Dialektik behandelt Kant die Fehlschlüsse der reinen Vernunft, auf denen die rationale Seelenlehre der leibniz-wolffschen Schule basiert, die ihm allerdings in Gestalt der *Metaphysik* Alexander Gottlieb Baumgartens vorgelegen hat. Gerade dieses Kapitel ist für die zweite Auflage der *Kritik der reinen Vernunft* gründlich umgearbeitet, verkürzt und in seiner Argumentation anders gewichtet worden. In beiden Auflagen wendet sich Kant von den Spekulationen der rationalistischen Metaphysik ab und kennzeichnet deren Grundannahmen von der Substanzialität, Simplizität, Immaterialität, Inkorruptibilität, Personalität und schließlich Immortalität der menschlichen Seele als Paralogismen, als Fehlschlüsse (A 345/B 402). Ausgangspunkt dieser aufeinander aufbauenden Paralogismen ist die Annahme des subjektiven „Ich denke" als Gegenstand des inneren Sinnes und damit einer rein rationalen Seelenlehre. Dieser Satz bewege sich, so Kants Einwurf, einerseits auf der bloßen rationalen Ebene, besitze mit dem Prädikat des Denkens aber zugleich ein bereits empirisches Implikat. Damit werde der Boden einer rationalen Psychologie verlassen (A 342/B 400). „Ich denke" dürfe nur transzendentale Prädikate enthalten. Daher könne das „Ich"

---

44 Vgl. Lehmann: Einleitung (wie Anm. 12), S. 1360; Naragon: Metaphysics Lectures (wie Anm. 21), S. 197, 203f.
45 Vgl. AA 29, S. 1088.
46 Vgl. V-Met/Dohna (wie Anm. 34), S. 674f.
47 Vgl. V-Met-K₂/Heinze (wie Anm. 36), S. 742.
48 Vgl. V-Met-K₃/Arnoldt (wie Anm. 26), S. 1010f.

als transzendentales Subjekt nicht außerhalb der Prädikate erkannt werden, die es denkt (A 346/B 404). Alle weiteren Aussagen über das Ich und seine die Seelenlehre begründende Rolle bewegen sich sonst auf der Ebene der Spekulation.

In der ersten Auflage der *Kritik der reinen Vernunft* stellt Kant in Einzelabschnitten die vier Paralogismen – Substanzialität, Simplizität, Personalität und die Idealität der reinen Verhältnisse – dar. Zunächst wird die Folgerung der Perdurabilität aus der Substanz des Ich abgelehnt (A 349). Das Ich als Substanz des akzidenten Denkens (ebd.) kann in seiner Substanzialität aus logischen Gründen allerdings bestehen bleiben, „wenn man sich nur bescheidet" und diese Substanzialität nicht mit dem Attribut der Fortdauer und Spekulationen über einen *statuts post mortem* versieht. Ich ist Substanz nur in der Idee, nicht in der Realität (A 350). Hintergrund der kantschen Argumentation ist die Beweiskette, die erst das Ich als Seele und Substanz behauptete und dann die Unsterblichkeit der Seele daraus schloss, weil Substanzen weder entstehen noch vergehen können. Kant behält den Substanzbegriff aus formalen und logischen Gründen zwar bei, legt jedoch das Kriterium der Erfahrung an ihn an. Die Inkorruptibilität der Substanzen kann aus Erfahrung nicht erwiesen werden. Sie entzieht sich dem vernünftigen Denken und wird in den Bereich der Spekulation verwiesen.

Der zweite Paralogismus, die Simplizität der Seele, ist zugleich der schwächste Punkt der rationalen Psychologie, die Kant vor Augen hat. Die Einheit des Subjekts ist empirisch nicht herleitbar (A 353) und unterlegt lediglich den nicht mannigfaltigen, nur logisch absolut einheitlichen Charakter des Ich (A 355). Das Ich bleibt dabei nur in der Vorstellung bestehen, kann als Subjekt der eigenen Prädikate nur transzendental betrachtet werden und lehrt nichts über das Subjekt als Erfahrungsgegenstand. Ferner werde die Seele durch ihre (angenommene) Simplizität nicht ausreichend von der Materie und die Materie nicht von der Seele unterschieden, weil sie kein Ding an sich sei (A 359f.). Der Materie als bloßer Erscheinung liege ein Intelligibles zugrunde, von dem nicht gesagt werden könne, ob sich die Seele von ihm tatsächlich unterscheide. Mit der Simplizität aber falle die gesamte rationale Psychologie.

Für den dritten Paralogismus, die Personalität der Seele, macht Kant die Subjektivität der Zeit als Vorstellung nur der eigenen Apperzeption geltend, die das Selbst als in der Zeit einheitlich folgere (A 362). Wenn die Zeit nicht objektiv sei, dann könne auch nicht die Perdurabilität der Seele als Identität in der Zeit bewiesen werden (A 364f.).

Im Abschnitt über den vierten Paralogismus, die Idealität des äußeren Verhältnisses, in dem sich Kant als transzendentaler Idealist erklärt (A 370), für den sowohl die äußeren Dinge als auch Ich selbst existieren (A 371), wendet er sich nochmals gegen die Betrachtung bloßer Erscheinungen als Dinge an sich wie in der rationalen Psychologie (A 379f.). Die Seelenlehre ermögliche keine *a priori* synthetisch erkannten Begriffe; in der Seele sei alles in dauerndem Fluss, außer, so Kants formales Zugeständnis „(wenn man es durchaus so will) das darum so einfache Ich" (A 381), das aber eben nicht Begriff oder Anschauung, sondern nur Form des Bewusstseins sei (A 382). Damit falle zwar die gesamte rationale Psychologie als alle menschliche Vernunft übersteigende Wissenschaft, aber eine Seelenlehre sei dennoch nötig, um das denkende Ich gegen den Materialismus zu sichern; denn wenn das Ich aufgegeben werde, falle auch die gesamte Körperwelt (A 383). Es wird deutlich, dass das Ich als substanzielle Seele mit allen weiteren Folgerungen der Empirie und der Erkennbarkeit zwar entzogen, aber zugleich als Voraussetzung für die Erkennbarkeit der Welt der Erscheinungen gesetzt bleibt.

Nur in der ersten Auflage der *Kritik der reinen Vernunft* geht Kant noch auf drei spezielle Fragen der rationalen Psychologie ein, wie sie ihm über Baumgarten überliefert vorlagen: die Fragen nach der Möglichkeit, nach dem Anfang (Geburt) und nach dem Ende (Tod) des *commercium animae et corporis* (A 384). Alle Probleme, die bei der Behandlung dieser Fragen vorlägen, ergäben sich aus der Gleichsetzung von Erscheinung und Ausdehnung sowie von Bewegung und Wirkung.[49] Da die Materie nicht in den hinter ihr liegenden Dingen – *Noumena* –, sondern nur als Erscheinung erkannt werde, befänden sich die Vorstellungen des äußeren Sinns ja ebenfalls in einem Raum, der selbst nur Vorstellung sei. Das *commercium* zwischen Körper und Seele stelle sich genauer besehen also nur als Frage nach der Verknüpfung der äußeren mit den inneren Sinnen dar (A 385f.). Von den drei Systemen des *commercium*, des *influxus physicus*, der *harmonia praestabilita* und der „übernatürlichen Assistenz" scheide daher ersteres aus, da Materie nicht Ursache von Vorstellungen sein könne (A 390f.). Und die „berüchtigte Frage", wie einem denkenden Subjekt überhaupt äußere Anschauungen möglich seien, sei zu beantworten ebenso wenig möglich, wie eine Auskunft über die Existenz des denkenden Subjekts vor Beginn und nach dem Ende der Verknüpfung der Seele mit dem Körper gegeben werden könne (A 393f.). Alle Aussagen über das *commercium* müssten daher als „eingebildet" betrachtet werden; die vorhandenen Lücken würden durch Paralogismen ersetzt (A 395). Die Attribute des Ich als formaler Bedingung jeden Gedankens und

---

49 Dass diese Gleichsetzung für Kant auf einem Kardinalfehler in Leibniz' Philosophie beruht, ist als Missinterpretation Kants in den Amphibolien der KrV selbst aufgezeigt worden, vgl. Hubertus Busche: Wie triftig ist Kants Kritik des Metaphysikers Leibniz? In: Alexandra Lewendoski (Hg.): Leibnizbilder im 18. und 19. Jahrhundert. Wiesbaden 2004, S. 171–182, hier S. 178.

der Vernunft, seien nur reine Kategorien ohne Gegenstand, die lediglich die Einheit der Vorstellungen bezeichneten (A 399). Und wenn die Substanzialität nur im Begriff gelte, dann könne nichts über Herkunft und Zukunft der Seele außerhalb des *commercium* gesagt werden (A 400). Das „Wesen, das in uns denkt", könne sich nicht selbst durch die Kategorien, sondern nur die Kategorien und alle Gegenstände durch sich selbst erkennen – was Objekte erkennen solle, könne nicht selbst Objekt sein (A 401). Was Kant der Seele als Erkenntnismöglichkeit zubilligt, wendet die auf die Seele als Objekt gerichtete Denkrichtung konsequenterweise auf sie selbst als Subjekt zurück; nicht mehr was die Seele sei, stehe zur Debatte, sondern, was sie erkenne, nämlich die Einheit der Verhältnisse, die Einheit der Qualität, ihre Einheit bei der Vielheit, die Einheit des Daseins im Raum (A 404).

Kant war mit diesen Ausführungen nicht zufrieden. Insbesondere scheint ihn der Vorwurf, an George Berkeleys (1685–1753) „empirischen Idealismus" zu erinnern, zu einer Umarbeitung des Kapitels veranlasst zu haben. Seine Rettung des Ich gegen den Materialismus mit der Begründung, wenn das Ich falle, falle auch die ganze Körperwelt, wirkte offenbar inkonsequent gegenüber seiner vorher behaupteten Unmöglichkeit, überhaupt Aussagen darüber zu treffen. Seine grundsätzliche Ablehnung gegenüber der rationalen Psychologie, die er in der ersten Auflage ausgesprochen hatte, blieb davon allerdings unberührt.

Das Seele-Substanz-Problem geht Kant in der zweiten Auflage ebenfalls als Paralogismus an. Die Ich-Erkenntnis wird hier nicht als Folge des Selbstbewusstseins betrachtet, sondern nur als Bewusstsein eigener Anschauung und als Funktion des Denkens (B 406). Selbst aber Subjekt des eigenen Denkens zu sein, sei eine selbstidentische Aussage, die nicht den Schluss zulasse, das Ich zugleich als Substanz betrachten zu können (B 407). Denn der Begriff der Substanz – und damit geht Kant deutlich über die erste Auflage hinaus – beziehe sich immer auf Anschauungen sinnlicher Art (B 408). Dass Ich Substanz oder dass ein denkendes Wesen eine einfache Substanz sei, müsse aber als synthetischer Satz verstanden werden, weil er das Denken und die Einfachheit als Prädikate hinzufüge. Damit wäre er *a priori* nicht aussagbar. Es gebe keine Möglichkeit, *a priori* zu beweisen, dass alle denkenden Wesen zugleich Substanzen seien, denn damit würde man das Feld der *Noumena* betreten (B 409), ebensowenig ließe sich annehmen, dass alle Subjekte, die nicht zugleich Prädikate seien, überhaupt objektive Realität besitzen (B 412). Das Ich sei mithin nichts Beharrliches, sondern nur das Bewusstsein des Denkens.

Der von Moses Mendelssohn (1729–1786) im *Phaidon* 1767 dargelegte Beweis für die Unsterblichkeit der Seele auf der Basis des leibnizschen Monadenkonzepts, nämlich dass die Monade als Substanz ja nicht vergehen könne und damit unsterblich sein müsse, betrachtet Kant zwar als hinfällig, lässt sich dann aber merkwürdigerweise auf eine Widerlegung dieses Ansatzes ein. Denn wenn die Seele schon keine extensive Größe habe, dann doch eine intensive, einen Grad von Realität, und dieser könne durch „remissio" oder „Elangueszenz" abnehmen ebenso wie das Bewusstsein (B 414). Mit dieser Argumentation wurde die Substanzialität als rein logische Größe beibehalten und gleichzeitig ihre Eigenschaft der Unvergänglichkeit aufgegeben. Mit der theoretischen Figur der *remissio* oder Elangueszenz setzte Kant dann allerdings dennoch wieder ein Einheitsverständnis voraus, das er ja eigentlich von vornherein ablehnt. Dieser scheinbar widersprüchliche Schluss ist genauso zu notieren wie die plötzliche Einführung des Grades als Kennzeichen für mehr oder weniger Realität, der nicht nur an § 743 bei Baumgarten anzuschließen scheint, wo der endlichen Seele der höchste Grad an Realität abgesprochen wird, sondern auch an Swedenborgs Lehre von den Serien und Graden.[50]

Dieses Theorem findet sich auch in Kants Argumentation gegen die Simplizität des denkenden Subjekts wieder (B 419). Denn im Raum sei nichts Einfaches, und der Punkt, an sich einfach, nehme keinen Raum ein, sondern markiere nur Grenzen. Mithin könne es nicht als möglich gelten, durch ein einfaches Selbstbewusstsein die Frage zu entscheiden, ob Ich als Substanz oder als Akzidenz existiere (B 420). Die rationale Psychologie könne nicht als „Doktrin" zur Selbsterkenntnis, sondern nur in negativer Weise als Disziplin gelten, die der spekulativen Vernunft Grenzen setzt und Materialismus und Spiritualismus gleichermaßen abwehrt (B 412). In diesem Sinne weist sie den Grundirrtum auf, die Einheit des Bewusstseins zur Anschauung des Subjekts eben als Objekt zu betrachten und darauf dann noch die Kategorie der Substanz anzuwenden. „Das Subjekt der Kategorien kann also dadurch, daß es diese denkt, nicht von sich selbst als einem Objekte der Kategorien einen Begriff bekommen." (B 422). Damit ist die rationale Psychologie, die die Seelenbegriffe aus reiner Erkenntnis gewinnen wollte, als spekulatives Vorhaben „zum höchsten Interesse der Menschheit" erledigt, gleichzeitig sei aber – hier scheint sich Kants Arbeit an der *Kritik der praktischen Vernunft* niederzuschlagen – der „Annehmung eines künftigen Lebens" nach den Grundsätzen des praktischen Vernunftgebrauchs nicht „das mindeste verloren" gegangen (B 423f.). Was der reinen Erkenntnis verborgen bleiben muss, bleibt im moralischen Interesse dennoch in Geltung. Alle Beweise für ein künftiges Leben versetzen die Vernunft in ihr „eigentliches Gebiet, nämlich die Ordnung der

---

50 Vgl. Stengel: Aufklärung (wie Anm. 3), S. 129–132; Inge Jonsson: Visionary Scientist. The Effects of Science and Philosophy on Swedenborg's Cosmology. West Chester 1999, S. 30, 69–76.

Zwecke" als Ordnung der Natur. Kant verbindet einen teleologischen Beweis, der aus dem Übermaß der Naturanlagen und Talente des Menschen angesichts der Begrenztheit dieses Lebens ein künftiges Leben zu schließen vermag, in dem diese Anlagen zu ihrer Erfüllung und ihrer Bestimmung gelangen, mit einem moralischen Ansatz, der das moralische Gesetz als Triebfeder dafür betrachtet, „sich durch sein Verhalten in dieser Welt [...] zum Bürger einer besseren, die er in der Idee hat, tauglich zu machen. Dieser mächtige, niemals zu widerlegende Beweisgrund" gewähre „Aussicht in die Unermeßlichkeit der Schöpfung" (B 425f.). Die Moralphilosophie in Verbindung mit dem offenbar an Leibniz, aber auch an Swedenborg anknüpfenden Beharren auf einer über den *mundus sensibilis* hinausgehenden Auffassung vom impliziten Endzweck als stiftender Grundstruktur der Welt errichtet die Ergebnisse der rationalen Psychologie, die soeben als erkenntniswidrig dekonstruiert wurden, an anderer Stelle neu.

Gesetzt den Fall, dass es doch möglich wäre, sich selbst als gesetzgebend vorauszusetzen, dann sei auch Spontaneität möglich, die dann wiederum Wirklichkeit ohne Empirie bestimmbar machen würde. Dann würde ein inneres, dem Bewusstsein immanentes Vermögen „in Beziehung auf eine intelligibele (freilich nur gedachte) Welt" zutage treten (B 430f.). Diese „nur gedachte" intelligible Welt, in der ersten Auflage noch ohne Bedeutung, verbleibt mit der transzendenten Natur allerdings im Bereich der praktischen Vernunft. Zugleich wird aber der teleologische Beweis der Unsterblichkeit als Grund und Folge jedes moralischen Handelns angesehen. Kant ist damit über die erste Auflage der *KrV* erheblich hinausgegangen. Zugleich hat er die Kritik an den Paralogismen der reinen Vernunft, die dort einzeln und ausführlich dargelegt waren, im Wesentlichen auf das Argument reduziert, dass ein Denksubjekt nicht zugleich ein Objekt und das denkende Ich selbst bereits eine empirische und als synthetischer Satz *a priori* damit unmögliche Aussage sei. Zugleich sind die Vorwürfe eines berkeleyanischen Missverständnisses durch den Verzicht auf die ausführliche Darstellung der Paralogismen und etwa den Versuch der Rettung des Ichs mit der Begründung, dann falle auch die Körperwelt, aufgehoben. Nichtsdestoweniger erscheint Kants Paralogismenkapitel gegenüber den Spekulationen der leibniz-wolffschen Schule zur rationalen Psychologie, wie sie in Baumgartens *Metaphysik* niedergelegt sind, als unvereinbar, wenngleich die zweite Auflage auf dem Weg der Teleologie und Moral wenn schon nicht die in Gewissheit mündende Spekulation, so doch die Annahme der Unsterblichkeit als erlaubt und zugleich notwendig beibehält.

4 Kants Vorlesungen über rationale Psychologie

Der Aufbau des Kapitels über rationale Psychologie der Metaphysikvorlesungen Kants entspricht in seinen Grundzügen Baumgartens Gliederung der *Psychologia rationalis* (§§ 740–799) nach der vierten Auflage seiner *Metaphysica*:
- § 761 Systemata psychologica
- § 770 Origo animae humanae
- § 776 Immortalitas animae humanae
- § 782 Status post mortem
- § 792 Animae brutorum
- § 796 Finiti spiritus, extra hominem.

Einige Mitschriften stellen diese Gliederung an einzelnen Stellen um. Vor allem in den späteren Vorlesungen wird der bei Baumgarten noch zur empirischen Psychologie gehörige § 733 über das *commercium animae et corporis* erst in der rationalen Psychologie abgehandelt. In manchen Fällen ist in den Mitschriften vom „Autor" die Rede, also von Baumgarten, wenn bestimmte Passagen Baumgartens explizit referiert oder kritisiert werden. Dabei ist aber zu berücksichtigen, dass alle Referenzen auf den „Autor" Baumgarten in L$_2$ und L$_1$, dem umfangreichsten, von du Prel benutzten Text, von dem Erstherausgeber Pölitz wahrscheinlich gestrichen worden sind und sich diese Rückverweise wegen des Verlustes der Manuskripte nicht rekonstruieren lassen.[51] Abweichungen von Baumgarten können also nur implizit herausgearbeitet, aber eine kritische Auseinandersetzung Kants mit dem Lehrbuch kann durchweg vorausgesetzt werden.

Die in Baumgartens *Metaphysik* vorliegende Gliederung hat Kant nicht nur beibehalten, sondern Mitte der 1760er Jahre in einer Reflexion auch handschriftlich ausgeführt. Er ist dabei der Vorlage treu geblieben: Die reine Seelenlehre besitze keine Grundsätze aus der Erfahrung und werde aus „transcendentalen Begriffen" betrachtet erstens nach dem Kriterium der Substanz, der Einfachheit, der Zufälligkeit, der Endlichkeit und der Unvergänglichkeit.[52] Dieser erste Punkt entspricht der Vorgehensweise Baumgartens in den §§ 755 („Omnis spiritus est substantia"), 756 („Anima humana spiritus est. Ergo habet libertatem. Cumque spiritualitas, intellectualitas, personalitas, libertas, simplicitas absoluta, et incorruptibilitas [...]"), 745f. („Anima humana monas, contingens [...], absolute incorruptibilis physice"). Auch die weiteren Punkte in Kants handschriftlichen Notizen

---

51 Vgl. Naragon: Metaphysics Lectures (wie Anm. 21), S. 202.
52 Refl. 4230. In: AA 17, S. 467–469.

gehen mit Baumgarten konform. Kants zweiter Aspekt ist die „Vergleichung derselben mit andern Wesen", mit transzendentalen Begriffen, „die wir durch Erfahrung kennen", und zwar a) mit Körpern überhaupt, wobei bereits das Stichwort „immaterial" eingefügt" ist, und b) mit „andern denkenden Naturen der Welt", nämlich „bruta, incolae planetarum, angeli". Die „animae brutorum" finden sich ab § 792 auch bei Baumgarten. Planetenbewohner und Engel allerdings sind in seinem Aufriss nicht vorgesehen. Als dritten Punkt sieht Kant die „Verknüpfung" der Seele mit dem Körper vor, problematisiert besonders die Frage nach dem Zusammenhang zwischen inneren Kräften und äußeren Wirkungen und, „wie die Vereinigung eines immateriellen Wesens mit einem materiellen moglich sey".

Dieser Punkt ist unterteilt in a) die Möglichkeit des *commercium animae et corporis*, wobei die Stichworte „sedes animae", „sensorium commune", „principium des Lebens" und Freiheit in Klammern erscheinen, b) „Anfang. Geburth. vor der Geburth" und c) „Ende. Tod. nach dem Tode", letzteres ergänzt durch Hinweise auf die verschiedenen Auffassungen der Metempsychose, der Auferstehung, des Seelenschlafs, der Existenz eines ätherischen Körpers und des postmortalen Ortes „im Grabe, auf der Erde, im Himmel und Hölle". Als vierten Punkt sieht Kant die Frage der „Verknüpfung mit andern Geistern" und „Erscheinungen" innerer und äußerer Art vor.[53] Hier geht Kant über Baumgartens Lehrbuch hinaus. Während das *commercium*, die *origo* und der *status post mortem animae* und die *finiti spiritus* dem baumgartenschen Vorgehen entsprechen, hat Kant mit seinem besonderen Eingehen auf andere Geister und Erscheinungen einen eigenen Akzent gesetzt. In diesem Zusammenhang wird in den Vorlesungen auch der Name Swedenborgs genannt, sein System erwähnt oder referiert.

Diese Gliederung der rationalen Psychologie entstammt der frühen Lehrtätigkeit und ist in der etwa zur selben Zeit von Herder angefertigten Mitschrift ebenfalls zu finden. Kant hat sie in allen Vorlesungen beibehalten. Der Mitte bis Ende der siebziger Jahre entstandene Text L₁ betrachtet die Seele 1. absolut, 2. im Vergleich mit andern materiellen und immateriellen Dingen, Tieren und „andern höhern Geistern" und 3. das *commercium* selbst unter seiner Möglichkeit, seinem Anfang und seinem Ende und dem Zustand vor und nach der Verknüpfung.[54]

Auch der Text von Mrongovius, kurz nach der ersten Auflage der *Kritik der reinen Vernunft* 1782/83 niedergeschrieben, führt zu Beginn der rationalen Psychologie eine dem entsprechende Gliederung auf. Hier aber ist bereits der Punkt über andere Geister und Erscheinungen weggelassen.[55] Während die relativ

---

53 Refl. 4230. In: AA 17, S. 468.
54 V-Met-L₁/Pölitz (wie Anm. 29), S. 263f.
55 Vgl. V-Met/Mron (wie Anm. 28), S. 903.

kurzen Texte von Volckmann und L₂ eine explizite Gliederung der rationalen Psychologie nicht enthalten und sie in K₃ vom Erstherausgeber nicht mit überliefert wurde, obwohl alle drei sich im Text daran halten, kennen auch die aus der ersten Hälfte der 1790er Jahre stammenden Dohna[56] und K₂[57] einen eigens ausgeführten Aufbau. Dohna teilt die Untersuchung der Seele ein in 1. Substanzialität und Simplizität, 2. Personalität und Identität, 3. *commercium* – und dieses wiederum entsprechend der frühen handschriftlichen Aufstellung – in a) *origo*, b) Fortdauer und *sedes animae*, c) das Ende des Lebens und d) *status post mortem*. K₂ entspricht Dohna inhaltlich, fasst aber in drei Punkten zusammen: 1. „was ist die Seele" (mit der Fortdauer und der *sedes animae* verbunden), 2. *ortus animae*, 3. *status post mortem* und künftiges Leben nach dem Ende des *commercium*.

Es wird deutlich, dass der Aufbau der rationalen Psychologie in seinen Grundzügen über einen Zeitraum von fast dreißig Jahren konstant bleibt, wobei allerdings der von den 1760er Jahren bis L₁ beibehaltene Punkt der Verknüpfung mit anderen Geistern und die Frage entsprechender Erscheinungen nicht mehr enthalten ist, auch wenn dieses Thema in einigen Vorlesungen weiterhin aufscheint. Diese grundsätzliche Kontinuität wird angesichts der diametralen Ausführungen im Kapitel über die Paralogismen der reinen Vernunft in beiden Auflagen der ersten *Kritik* festzuhalten sein, das den argumentativen Aufbau der rationalistischen Seelenlehre der leibniz-wolffschen Schulphilosophie grundsätzlich verwirft. Doch nicht nur im Aufriss, sondern auch in den einzelnen Abschnitten stellt sich eine erstaunliche Beharrlichkeit der kantischen Ausführungen über die rationale Psychologie heraus, die mit dem Paralogismenkapitel der *KrV* nicht konform geht.

5 Topoi der rationalen Psychologie in den Vorlesungen

5.1 Substanzialität der Seele

Grundlage der Seelenlehre bei Baumgarten ist in Anknüpfung an Christian Wolff (1679–1754) die *Substanzialität*. Aus ihr fließen alle anderen Eigenschaften und schließlich die Spekulationen über ihr *commercium* mit dem Körper und

---

56 Vgl. V-Met/Dohna (wie Anm. 34), S. 679.
57 Vgl. V-Met-K₂/Heinze (wie Anm. 36), S. 754.

ihre Zustände vor der Geburt und nach dem Tod. Zu der baumgartenschen Sectio I über die Natur der menschlichen Seele hat Kant zwei Notizen angefertigt, die vermutlich in die Mitte der sechziger Jahre zu datieren sind. Sie rekurrieren offenbar auch auf seine Ausführungen über die Wirklichkeit der Seele zu Beginn der empirischen Psychologie (§§ 504ff.). Während Baumgarten nur die Substanz des Geistes bzw. der Seele feststellt (§§ 742, 755f.), folgert Kant aus der Subjektivität des Ich dessen Einheit und Substanzialität. Das Ich ist „absolute Einheit",[58] „Ich bin substanz, ich bin einfach".[59] In den Vorlesungen wird der von der Substanzialität ausgehende Beweisgang in der Regel mit dem *cogito ergo sum* Descartes' (1596–1656) verbunden. Der Verfasser von L_1 (zweite Hälfte der 1770er Jahre) notiert, den Begriff der Seele bekomme man nur durch das Ich und durch die innere Anschauung, deren Gegenstand das Subjekt und das Bewusstsein seien. Das Ich ist Substanz und kann als Subjekt nicht Prädikat eines anderen sein.[60] Die Gleichung Ich (als Gegenstand des inneren Sinnes) – Subjektivität – Substanzialität behält auch Mrongovius (1782/83) bei, nimmt allerdings schon Gedanken aus der *KrV* auf, sofern die Substanzialität der Seele ausdrücklich nicht aus ihrer Perdurabilität gefolgert, sondern ihr nur eine „logische Function" zuerkannt wird.[61] Zu Beginn der empirischen Psychologie kritisiert Kant bei Mrongovius Descartes' *cogito ergo sum* entsprechend der ersten Auflage der *KrV* als Erfahrungssatz, der Seele und Existenz zusammenbinde. Die Distanzierung vom leibniz-wolffschen Modell der Unvergänglichkeit der Monaden/Substanzen hat sich hier niedergeschlagen. Allerdings hält Kant an dem Argument fest, dass von der Subjektivität und fehlenden Prädikabilität des Ich auf die Substanzialität geschlossen werden könne. In den späteren Vorlesungen erweitert sich diese Kritik an der Substanzialität der Seele gemäß der *KrV* und Kant nimmt von der einstigen Anknüpfung an Descartes weiter Abstand, ohne freilich den Seelenbegriff fallen zu lassen. Stoßrichtung scheint weiterhin vor allem die rationalistisch aus der Substanzialität geschlossene Inkorruptibilität zu sein. L_2 (1790/91) sieht *cogito ergo sum* ebenfalls als Erfahrungssatz. Die Seele sei als Subjekt bestenfalls Kategorie eines Verstandesbegriffs oder ein Substanzial, dessen man sich aber beim Prozess des Denkens „auf keinerley Weise" bewusst werden könne.[62] Dies findet sich in Grundzügen auch in K_2: „Ich bin" enthalte kein Subjekt, denn man könne sich nicht selbst

---

58 Refl. 4234. In: AA 17, S. 470.
59 Refl. 4230. In: Ebd., S. 469.
60 V-Met-L_1/Pölitz (wie Anm. 29), S. 265f.
61 V-Met/Mron (wie Anm. 28), S. 904.
62 V-Met-L_2/Pölitz (wie Anm. 32), S. 590.

zum Objekt des Denkens machen.[63] Allerdings unterscheide allein die Aussagefähigkeit des „Ich bin" den Menschen von allen anderen Wesen. Demgegenüber fällt auf, dass die noch spätere Mitschrift Dohna vom bloßen „Ich bin" ausgehend das „Denken als Begebenheit" und Vorstellung von Geschehen beschreibt und daraus folgert, dass das Ich als Gegenstand des inneren Sinnes im denkenden Subjekt die Seele und diese Seele wiederum Substanz sei.[64]

Handelt es sich hier um eine nur verkürzte oder gar unzutreffende Wiedergabe oder um einen Rückfall hinter die in der *KrV* und in den Vorlesungen seit Mrongovius gesetzten Grenzen? Möglicherweise wird die Substanz-Seele-Gleichung hier tatsächlich nur als formallogische Figur und nicht in dem Sinne gesetzt, der in der *KrV* abgewiesen worden war. Die im Folgenden dargestellten Fälle von Kants Umgang mit der baumgartenschen *Metaphysik* machen beide Sichtweisen möglich. Dennoch bleibt festzuhalten, dass sich hinsichtlich der Begründung der Substanzialität der Seele aus der Subjektivität die kritische Entwicklung Kants gemäß der *KrV* nachweisen lässt.

5.2 Immaterialität und Simplizität der Seele

Baumgarten behandelt die Immaterialität (§ 757) in Abgrenzung von materialistischen Auffassungen, die Einfachheit der Seele hingegen erläutert er nicht explizit. Sie ist in §§ 742 und 745 implizit enthalten, wo die Seele als Monade und Substanz charakterisiert wird. In seinen Glossen aus der Mitte der 1760er Jahre bezeichnet Kant die Seele als einfach[65] und immateriell: Die Gemeinschaft der immateriellen Seele mit dem materiellen Körper könne nur auf „demjenigen beruhen [...], was kein Gegenstand der Erscheinung ist".[66] In L_1, nur wenige Jahre vor der *KrV*, sind die Ansichten aus den Glossen der sechziger Jahre nahezu unverändert enthalten. Hier wird die Einfachheit der Seele, die als einzelne Substanz im Menschen vorliegt, auf die Einheit des Denkens und der Vorstellungen zurückgeführt. Eine zusammengesetzte Substanz könne nicht denken. Ein Ausblick auf den Paralogismus der Simplizität in der ersten Auflage der *KrV* findet sich weiter im Text in Kants Polemik gegen Wolff, der allein aus dem Begriff der Substanz schon die Immaterialität habe schließen wollen. Wäre die Seele aber lediglich einfach, dann könne sie genauso gut auch materiell sein. Die Immaterialität könne daher nur

---

63 Vgl. V-Met-K₂/Heinze (wie Anm. 36), S. 735. Der Abschnitt wird vom Herausgeber nicht original, sondern nur zusammengefasst wiedergegeben.
64 V-Met/Dohna (wie Anm. 34), S. 670f.
65 Vgl. Refl. 4230. In: AA 17, S. 467; Refl. 4235. In: Ebd., S. 471.
66 Vgl. Refl. 4233. In: Ebd., S. 470.

aus dem Begriff des Ichs geschöpft werden,[67] eine Ansicht, die in beiden Auflagen des Paralogismenkapitels in der *KrV* strikt zurückgewiesen wird.

Auch der bereits nach der *KrV* entstandene Mrongovius enthält das Argument der Einfachheit, setzt aber die Immaterialität hinzu und argumentiert wie L_1 damit, dass die Seele nicht zusammengesetzt sein könne, um einheitliche Gedanken zu denken.[68] Dieses Vorgehen kollidiert mit dem zweiten Paralogismus in der *KrV*. Es wird allerdings deutlich, dass Kant den Ansatz des Paralogismenkapitels aus der ersten Auflage bereits anwandte und sich schon in der Phase der kritischen Nachbereitung befand. Denn die Widerlegung des mendelssohnschen Unsterblichkeitsbeweises, die sich erst in der zweiten Auflage findet, taucht schon bei Mrongovius auf.[69] Auch die späteren L_2, K_2 und K_3 aus den 1790er Jahren widersprechen Mendelssohns Beweis und erwägen zum Teil sogar das Verschwinden der Seele „in Zero oder in ein Nichts".[70] Ziel ist es also ganz offensichtlich, die Simplizität – wie die Substanzialität – aus formalen Gründen nicht aufzugeben, die Folgerung der Perdurabilität und Immortalität allein aus ihrem Begriff jedoch auszuschließen.

Da die Seele mit Baumgarten (§ 742) nicht als materiell betrachtet werden könne, „sagen wir", so Kant bei Mrongovius, „die Seele ist immateriell oder pneumatisch, obgleich wir dieses nicht beweisen können".[71] Mit diesem Zugeständnis ist der Weg in die Richtung der teleologischen und moralischen Unsterblichkeits-„Beweise" gewiesen, die in allen Vorlesungen vor und nach der *KrV* dargelegt werden.[72] Auch Dohna, K_2, L_2 am Anfang der 1790er Jahre und die letzte Vorlesung K_3 (1794/95) halten eindeutig am immateriellen und einfachen Charakter der Seele fest, ohne den das Subjekt der Seele nicht denken könne.[73] Allerdings wendet sich Kant in diesen späten Vorlesungen verstärkt gegen die Schlussfolgerung, aus der Simplizität (und Substanzialität) auch eine Spiritualität und Fortdauer der Seele zu folgern. Da die Körper keine Substanzen seien, sondern nur Erscheinungen, könne darüber hinaus auch keine Aussage über die Art des *commercium* getroffen werden.[74] Und umgekehrt könne, wenn die Seele nicht Substrat

---

67 Vgl. V-Met-L_1/Pölitz (wie Anm. 29), S. 266f.
68 V-Met/Mron (wie Anm. 28), S. 905.
69 Ebd., S. 905f., hier „Evanescenz" statt „Elanguenz".
70 V-Met-L_2/Pölitz (wie Anm. 32), S. 591; V-Met-K_2/Heinze (wie Anm. 36), S. 763f.; V-Met-K_3/Arnoldt (wie Anm. 26), S. 1037.
71 V-Met/Mron (wie Anm. 28), S. 906.
72 Siehe unten Kap. 5.11.
73 V-Met/Dohna (wie Anm. 34), S. 682; V-Met-K_2/Heinze (wie Anm. 36), S. 755; V-Met-L_2/Pölitz (wie Anm. 32), S. 591; V-Met-K_3/Arnoldt (wie Anm. 26), S. 1025f.
74 V-Met-L_2/Pölitz (wie Anm. 32), S. 591; V-Met-K_3/Arnoldt (wie Anm. 26), S. 1026.

der Materie oder selbst Materie sei, keine „Pneumatologie" oder „Spiritualität" in dem Sinne erwiesen werden, dass die Seele auch ohne Körper denken könne. Erfahrungsbeweise könnten dafür schließlich nicht erbracht werden. Die Spiritualität der Seele wird dem Bereich der transzendenten Begriffe zugeordnet, die keinen korrespondierenden Gegenstand in der Erfahrung besitzen und nie erkannt werden können.[75] In diesem Sinne, so der späte Kant nach der Vorlesungsmitschrift K₂, könne man wohl auch ihre Personalität über den Tod hinaus annehmen, aber keinesfalls beweisen; bei der Seele sei „alles im Flusse".[76]

5.3 Vis repraesentativa der Seele

Auf dieser Ebene vollzieht sich auch Kants zunehmende Abwendung von den *vires repraesentativae*, mit denen die Seelenmonaden bei Baumgarten gleichgesetzt werden: „Ergo anima humana est vis repraesentativa universi pro positu corporis humani in eodem." (§ 741). Schon bei Mrongovius stellt sich Kant gegen Leibniz und Baumgarten (den „Autor"), die der Seele als Monade *vis repraesentativa* zuschrieben; *vis* sei aber nur ein *effectus* der Seele, daher müsse eher von *vis repraesentationis* gesprochen werden.[77] Die 1790er Vorlesungen wenden sich nicht nur gegen die *vis repraesentativa* der Seele, sondern auch gegen die davon ausgehende und von Charles Bonnet (1720–1793) vertretene Analogie der Monaden, die von den Mineralien übers Tierreich und den Menschen bis zu Gott reiche, in dem die Menschenseelen dann wieder „verschwinden". Dieses am Ende „emanative" System sei „nichts weiter als ein Traum".[78]

---

75 V-Met-K₂/Heinze (wie Anm. 36), S. 755; V-Met-K₃/Arnoldt (wie Anm. 26), S. 683.
76 V-Met-K₂/Heinze (wie Anm. 36), S. 764; V-Met-K₃/Arnoldt (wie Anm. 26), S. 1038.
77 V-Met/Mron (wie Anm. 28), S. 905f.
78 V-Met-K₂/Heinze (wie Anm. 36), S. 762; V-Met-K₃/Arnoldt (wie Anm. 26), S. 1032. Kant dürfte sich auf Bonnets Palingenesie beziehen, die Johann Caspar Lavater ins Deutsche übersetzt hatte: Charles Bonnet: Philosophische Palingenesie. Oder Gedanken über den vergangenen und künftigen Zustand lebender Wesen. Als ein Anhang zu den letztern Schriften des Verfassers; und welcher insonderheit das Wesentliche seiner Untersuchungen über das Christenthum enthält. Aus dem Französischen übers. u. mit Anmerkungen hg. v. Johann Caspar Lavater. 2 Bde. Zürich 1769f. Vgl. dazu: Daniel Cyranka: Lessing im Reinkarnationsdiskurs. Eine Untersuchung zu Kontext und Wirkung von G. E. Lessings Texten zur Seelenwanderung. Göttingen 2005, S. 429–455; Gideon Stiening: Von der Unsterblichkeit des ganzen Menschen zur ewigen Wiederkehr der Seele. Zum Palingenesiegedanken bei Charles Bonnet und Gotthold Ephraim Lessing. In: Aufklärung 29 (2017), Themenheft: Das Problem der Unsterblichkeit in der Philosophie, den Wissenschaften und den Künsten des 18. Jahrhunderts, S. 243–268; Stengel:, Aufklärung (wie Anm. 3), S. 165–167. Zur Rezeption bei Oetinger ebd., S. 597–599.

5.4 Die Spontaneität der Seele

Trotz der Polemik gegen die aus der leibniz-wolffschen Schule stammenden Seelenbegriffe in ihrer spekulativen, auf Präexistenz und Immortalität hinauslaufenden Bedeutung, verharrt Kant bei der Eigenschaft der Spontaneität in allen Vorlesungen von L_1 bis K_3. Wenn sich auch die Beschaffenheit der transzendenten Seele der Erkenntnis entzieht und die Frage nach ihr sich darüber hinaus verbietet, wenn sie zu spekulativen Schlussfolgerungen führt, dann bleibt die Freiheit als moralische Handlungsgrundlage dennoch erhalten. Dies steht immerhin im Widerspruch zu Baumgarten, der aus der Freiheit der Seele als Geist auch deren Spiritualität, Intellektualität, Personalität, Simplizität und Unvergänglichkeit folgert (§ 756). Diese Kettenschlüsse hat Kant schon aus erkenntnistheoretischen Gründen für unmöglich erklärt, nicht aber ihre Grundlegung, die Freiheit. Schon in den sechziger Jahren notierte Kant zu Baumgartens metaphysischem Lehrbuch, das Lebensprinzip und die „Selbsttäthigkeit" der Seele bestehe in „Freyheit".[79] Angesichts vergangener Handlungen, gegenwärtiger und künftiger Notwendigkeiten müsse Freiheit als Handlungsgrundlage angenommen werden.[80] Am dichtesten an dieser Aussage bleibt hier wiederum L_1 mit ausführlichen Darlegungen zur Freiheit als „nothwendige[r] Bedingung aller unserer practischen Handlungen".[81]

Während Mrongovius und Volckmann aus den 1780er Jahren keine speziellen Ausführungen über die Freiheit aufweisen, hat die *KpV* deutliche Spuren in den Vorlesungen der 1790er Jahre hinterlassen. Die Freiheit „des immanenten Gebrauchs unsrer practischen Vernunft", so Dohna,[82] könne niemals theoretisch oder durch Erfahrung erkannt, sondern nur aus dem moralischen Gesetz geschlossen werden. Nur als Objekt der Vernunft und nur moralisch, nicht psychologisch, könne dem Menschen Freiheit bescheinigt werden.[83] Wie auch in den anderen aufgeführten Fällen hält Kant am baumgartenschen Begriff fest, trennt diesen aus seinem rationalistischen Kontext, dem Charakter der Seele als Geist und Substanz, ab. Allerdings unterlegt er ihn mit einer moralischen Begründung geradezu in Form eines praktischen Beweises, während er die anderen aus der Substanzialität folgenden Zuschreibungen der Seele nur formallogisch beibehält.

---

79 Refl. 4230. In: AA 17, S. 468.
80 Refl. 4241. In: Ebd., S. 475f.
81 V-Met-L_1/Pölitz (wie Anm. 29), S. 267–270.
82 V-Met/Dohna (wie Anm. 34), S. 683.
83 Vgl. V-Met-K_2/Heinze (wie Anm. 36), S. 773; V-Met-K_3/Arnoldt (wie Anm. 26), S. 1022f.

5.5 Menschenseelen und Tierseelen

Von der Frage des Gegenübers von Notwendigkeit und Freiheit ausgehend hatte schon Baumgarten den Unterschied zwischen Mensch und Tier abgehandelt und ihn auf fehlenden Intellekt, Persönlichkeit, Vernunft, Willen und Nichtwillen bei den *animae brutorum* (§ 795) zugespitzt und daraus gefolgert, dass deren Seele kein Geist (§ 777), sondern nur sinnlich (§ 792) sei. Kant hat zu den baumgartenschen §§ 792–795 über die *animae brutorum* keine Notizen angefertigt, er gesteht den Tieren und Pflanzen aber einerseits ein innewohnendes „geistig belebend wesen" zu, das dann schon im ersten „chaos" als belebender Geist wirksam gewesen sein müsse,[84] und verwendet den Ausdruck der tierischen Seele bzw. der „Thierheit" andererseits zur Bezeichnung des äußeren menschlichen Lebens im Gegensatz zum inneren geistigen.[85] Die Vorlesung L₁ spricht von den Tieren als „belebte[r] Materie", die – gegen Descartes und Nicolas Malebranche (1638–1715) – nicht nur Maschinen seien, aber im Gegensatz zur menschlichen Seele nur äußere Vorstellungen hätten, sich daher vom Menschen nicht nur graduell, sondern auch „der Spezies nach" unterschieden und niemals Bewusstsein erlangen könnten.[86] Auch in „ienem Leben, wenn der Mensch vollkommen sein wird", so übereinstimmend die bereits nach der ersten Auflage der *KrV* liegenden Mrongovius und Volckmann,[87] würden Tiere niemals Vernunft, Verstand oder Apperzeption erlangen können, wenngleich Kant annimmt, dass auch Tiere „in Ewigkeit fortdauren und an ihren Kräften wachsen" könnten.[88] Dass den Tieren ein Lebensprinzip, eine Seele, aber nur sinnliche sowie imaginative Qualitäten zugebilligt werden müssten, wird auch zehn Jahre später wiederholt.[89] Die Tierseele könne sich zwar „bis ins unendliche auswickeln", aber nur in sensitiver Weise und ohne Vernunft zu erlangen.[90]

Die auf 1794/95 zu datierende Mitschrift K₃ wendet singulär gar den Geistbegriff zur Bezeichnung des Unterschieds zwischen Mensch und Tier an: Tiere hätten zwar auch Seelen, diese besäßen aber nicht die Qualität von Geistern. Denn Geister sind „specifice denkende immaterielle substanzen, so auch ohne Verbindung mit dem Materiellen denken können".[91] K₃ hatte zuvor allerdings

---

84 Refl. 4552. In: AA 17, S. 591.
85 Refl. 4230. In: Ebd., S. 469.
86 V-Met-L₁/Pölitz (wie Anm. 29), S. 274–276.
87 V-Met/Mron (wie Anm. 28), S. 907; V-Met/Volckmann (wie Anm. 30), S. 449f.
88 Ebd., S. 906.
89 V-Met-L₂/Pölitz (wie Anm. 32), S. 594.
90 V-Met/Dohna (wie Anm. 34), S. 690.
91 V-Met-K₃/Arnoldt (wie Anm. 26), S. 1026.

die Frage für unbeantwortbar erklärt, ob menschliche Seelen Geister allein aufgrund der Begrifflichkeit seien, ein zentraler Topos Baumgartens: Die *anima intellectualis* sei *substantia, persona moralis, spiritus, monas, corpus mysticum* (§ 742). Auch an dieser Stelle wendet sich Kant einerseits gegen die aus dem reinen Begriff folgende rationalistische Spekulation, übernimmt andererseits aber den Begriff insofern, als er die Geistigkeit der menschlichen Seele für nicht erweisbar hält, die der tierischen aber strikt bestreitet. Spekulationen über die *anima humana*, wenn schon nicht in Form von Erkenntnissen, dann doch in Form von Erwägungen und Postulaten, bleibt damit auf der Basis der aus der rationalistischen Schulphilosophie übernommenen Termini die Tür geöffnet.

5.6 Andere Geister

Die ausführlichste Vorlesungsmitschrift L₁ schiebt bereits an dieser Stelle einen Abschnitt über andere Geister, deren Existenz und die Möglichkeit der Gemeinschaft mit ihnen ein. Baumgarten bringt seine Geisterlehre hingegen erst am Ende der rationalen Psychologie und unterscheidet hier Geister mit einer höheren oder einer niedrigeren Intellektualität als Menschen, Calodaemones und Cacodaemones (§ 796), schreibt ihnen Endlichkeit (§ 797), Inkorruptibilität (außer durch Annihilation), Personalität und einen Zustand in Seligkeit oder Verdammung (§ 799) zu.

In einer um 1770 datierten Notiz hat Kant ein Geistverständnis dargelegt, das sich wiederum dem Kontrast zu den Tierseelen verdankt. Geist sei reine Intelligenz, „abgesondert von aller Gemeinschaft mit Korpern", dadurch werde „aus dem Begrif der Seele der des Geistes und psychologia wird pnevmatologia". Wenn die Intelligenz als Eigenschaft des Geistes dabei wegfalle und ein bloßes *commercium* zwischen Seele und Körper angenommen werde, verblieben *animae brutorum*.[92]

Bewegte sich diese Bemerkung zu Baumgarten nur auf der Ebene einer Definition, so hatte Kant noch um 1758 eine Artentafel der verschiedenen Geister aufgestellt, die sich „von vernünftige[n] Wesen in anderen Welten", über „spiritus astrales. angeli", Poltergeister, „Riebezahl. (cobold.), incubi, succubi, delrio.[93] Wechselbalg.[94] Vampyr. (Unterirdische.) Wassernixen" auf „Bergmänn-

---

92 Refl. 4728. In: AA 17, S. 689.
93 Incubus- und Succubus-Dämonen nach der Systematik des *Malleus maleficarum* (Hexenhammer). Martin Anton Delrio SJ (1551–1608), spanischer Autor vor allem dämonologischer Schriften, zitiert beispielsweise bei Thomasius und dessen deutscher Übersetzung von *De crimine magiae*: Christian Thomasius: Gelehrte Streitschrift von dem Verbrechen der Zauber- und Hexerey. Aus dem Lateinischen übersetzt, und bey Gelegenheit der Gaßnerischen Wunderkuren zum

lein" erstreckte und auch deren „Einfluß in den Geist des Menschen", die „Citation Abgeschiedener Seelen oder noch lebender", das „spücken", Fetische, Talismane, „Pactum", Magie, Obsession, „Excorcismus" und Bauchrednerei mit abhandeln wollte.[95]

Diese breit aufgefächerte Problematisierung zeitgenössisch diskutierter spiritistischer und dämonologischer Phänomene wird allerdings durch eigenhändige Reflexionen Kants kontrastiert, die vermutlich um 1764 (Refl. 4238) und 1771 (Refl. 4761) entstanden sind:

> wir kenen nicht die Geisterwelt, und wie unter ihrem Geboth die Materie stehe. ich weiß nicht, wie Philosophen so spröde mit einer unbegreiflichkeit thun können.[96]

Dennoch sollten Erscheinungen nicht „dogmatisch" geleugnet, sondern unter den „principien der reluctantz des Verstandes" und unter der „Maxime der Vernunft" betrachtet werden.[97] Diese kritische, den Maßstab der Empirie und Vernunft anlegende und dabei nicht grundsätzlich ablehnende Haltung Kants hatte sich bereits in den *Träumen eines Geistersehers* niedergeschlagen, wo den über Swedenborg kursierenden Seher-Geschichten auf Grund ihrer durch Zeugen beigebrachten empirischen Wahrscheinlichkeit ein gewisses Recht zugestanden worden war. In den Mitschriften Herders (1762–1764) zeigt sich diese Position Kants ebenfalls. Er selbst kenne keine Einwirkung einer Seele, auch keiner abgeschiedenen, außer der in einen Körper, was nicht gleichbedeutend damit sei, „daß sie nicht unmittelbar vor sich und besser empfinden könne".[98]

Besten des Publikums herausgegeben. In: Dämonologie, oder Systematische Abhandlung von der Natur und Macht des Teufels, von den Kennzeichen, eine verstellte oder eingebildete Besitznehmung des Teufels von einer wahren am leichtesten zu unterscheiden, sammt natürlichsten Mitteln, die meisten Gespenster am sichersten zu vertreiben, dem Gaßnerischen Teufelssysteme entgegengesetzt, nebst Christian Thomasii gelehrter Streitschrift von dem Verbrechen der Zauber- und Hexerey. Hg. v. Johann Martin Maximilian Einzinger von Einzing. Augsburg 1775, § 2.
94 Produkt des Sexualverkehrs zwischen Incubus-Dämon und Frau, vgl. Friedemann Stengel: Reformation, Renaissance und Hermetismus. Kontexte und Schnittstellen der frühen reformatorischen Bewegung. In: Archiv für Reformationsgeschichte 104 (2013), S. 35–81, hier S. 75f.
95 Refl. 3807. In: AA 17, S. 299. Die Erwähnung des Exorzismus und Delrios könnte in der Tat auf die Rezeption der Thomasius-Übersetzung weisen, da die Exorzismen Johann Joseph Gaßners zeitgenössisch breit diskutiert worden sind, vgl. Karl Baier: Mesmer versus Gaßner. Eine Kontroverse der 1770er Jahre und ihre Interpretationen. In: Maren Sziede u. Helmut Zander (Hg.): Von der Dämonologie zum Unbewussten. Die Transformation der Anthropologie um 1800. Berlin, München u. Boston 2015, S. 47–84.
96 Refl. 4238. In: AA 17, S. 472f.
97 Refl. 4761. In: Ebd., S. 713f.
98 V-Met/Herder (wie Anm. 25), S. 113.

In dieser frühen Vorlesung brachte Kant dann auch einen ganzen Katalog möglicher Geistererscheinungen, der dem seiner handschriftlichen Notiz 3807 sehr ähnelt. Erwog er bei dieser Aufzählung auf der einen Seite Betrug, die Verstärkung der Gerüchte durch die Geistlichkeit und die Tatsache, dass die Inquisition ja „Lügen herausbringen" oder die „Einbildung" verstärken musste, weshalb in den protestantischen Ländern solche Erscheinungen weggefallen seien, so erklärte er gleichzeitig, man müsse sich trotz ihrer Möglichkeit so verhalten, als gebe es keine Geister, als hätte man andere „Erklärende Ursachen", denn der „Wahn" sei „schädlich". Dennoch dürfe man keinesfalls alle dementsprechenden Berichte leugnen. Übernatürliche Ansichten gehörten aber nicht in die Philosophie.[99] Die menschliche Seele sei zwar Geist, sie nehme aber keinen „Cubickzoll" Raum ein. „Aus der Vernunft durch Erfahrung" könne nicht bewiesen werden, dass außer der menschlichen Seele noch andere Geister, ja Gott selbst existierten.[100] Die Herder-Mitschriften enthalten bis in die Wortwahl hinein Grundgedanken der zwei bis vier Jahre später entstandenen *Träume eines Geistersehers*.[101] Sie reflektieren überdies die Swedenborg-Episoden und vertreten wie dort eine ausgewogen-kritische Haltung. Dieser Abschnitt der herderschen Niederschrift wird jedoch an anderer Stelle im Vergleich mit der Behandlung Swedenborgs in den späteren Vorlesungen untersucht.

Der etwa 15 bis 20 Jahre nach Herder entstandene Text L$_1$ zeigt, dass sich die Auffassung Kants über die Möglichkeit von Geistern und deren Erscheinung im *mundus sensibilis* kaum geändert hatte, obwohl er auf die oben genannte Geistertafel nun verzichtet. Geister könnten nur „problematisch" in dem Sinne erkannt werden, dass es *a priori* keinen Grund gebe, sie zu „verwerfen". Sie seien weder beweis- noch widerlegbar. Man könne sie lediglich nicht als Gegenstand des äußeren Sinnes bezeichnen, da sie nicht im Raum seien. Alle weitergehenden Aussagen seien „Hirngespinste".[102] Wie in Herders Text bezieht Kant den Ausdruck Hirngespinste aber eher auf die volkstümlich kursierenden Gespenster- und Geister-Geschichten, nicht auf Swedenborgs Geisterwelt, die L$_1$ ausgesprochen positiv bespricht und würdigt, wie weiter unten auszuführen ist.

---

99 Ebd., S. 120f.
100 Vgl. V-Met/Herder, Lose Blätter XXVf. In: AA 28, S. 145–148. Dort wirft Kant alle Kobolde, Poltergeister, Gespenster und Erscheinungen abgeschiedener Seelen „übern Haufen" – angesichts der zuvor genannten differenzierten Sicht, die Herder selbst notierte, wohl eher eine vom Notanten eingefärbte Attitüde. Das Faksimile dieses Blatts der Herder-Mitschrift ist mit Transkription abgedruckt bei Clewis: Kant's Lectures (wie Anm. 8), S. 32–36.
101 Vgl. zum Beispiel die Gegenüberstellung eines „Kubikfußes" Raum voller Materie und eines „Kubikfußes" Raum voller Geister bei Herder und in den *Träumen* in: AA 2, S. 320f.
102 V-Met-L$_1$/Pölitz (wie Anm. 29), S. 278.

Der nach der ersten Auflage der *KrV* angefertigte Volckmann geht gegenüber den Geistererscheinungen im Unterschied zu Swedenborg weiter auf Distanz und hält „alle Geister und Gespenster, Erscheinungen, Traumdeutungen, Vorhersehungen des Künftigen, die sympathie der Gemüther insgesamt" für einen „äußerst verwerfliche[n] Wahn" gegen alle Vernunft und Naturgesetze. Darunter zählt Kant auch den „ganze[n] Wahn der neu platonischen Philosophie" („ecclectices"), aus dem die „Kunst" entsprungen sei, „in Gemeinschaft mit solchen Wesen zu treten, wozu Büßung, Tödtung und allerley abergläubische Formeln etc. gehörten".[103] Hatte sich die skeptische und unentschiedene Position Kants aus den 1760er Jahren hier bereits zur offenen Ablehnung entwickelt, so werden Geister, Geistererscheinungen und abgeschiedene Seelen in den Vorlesungen der 1790er Jahre nicht einmal mehr erwähnt.

Ausgenommen ist dabei allerdings Swedenborg, dessen spezielles System in den Spätvorlesungen in K_2, L_2 und bei Dohna noch umrissen wird. Lediglich L_2 referiert über Swedenborg hinausgehend noch einmal die Unmöglichkeit, Geistererscheinungen zu widerlegen – nur der Satz des Widerspruchs könne hier angewendet werden – und kennt im Gegensatz zu den anderen Vorlesungen nach 1790 merkwürdigerweise fast übereinstimmend die schon bei Volckmann enthaltene Passage über die im 3. Jahrhundert verorteten neuplatonischen „eclectici" im Zusammenhang mit Theurgie, Kabbala, Magie, dem „große[n] Geisterreich" und der Kunst, in die Gemeinschaft mit Geistern zu treten.[104] Die letzte Vorlesung K_3 (1794/95) lässt es bei der Definition des Geistes als denkende immaterielle Substanz, im Gegensatz zur Seele ohne das „adminiculum" eines Körpers, bewenden, erwähnt darüber hinaus aber weder Geister noch Swedenborg.[105] An diesem Punkt der baumgartenschen *Metaphysik* hielt Kant im Laufe seiner Vorlesungszeit zwar an der Unbeweisbarkeit und zugleich Unwiderlegbarkeit von Geistern fest. Zugleich betrachtete er aber gemäß der selbst gesetzten Grenzen der Erkenntnis alle Spekulationen darüber erst als fragwürdig und dann als überflüssig. Bemerkenswert ist außerdem die Differenz zwischen dem von Kant diagnostizierten Aberglauben und der Lehre Swedenborgs, die Kant separat referiert. Auch das mit den Stichworten Theurgie, Magie und Kabbala verbundene „große Geister-Reich" aus L_2[106] muss sich nicht auf Swedenborgs *mundus spirituum* beziehen, denn Swedenborg wird auch hier an anderer Stelle behandelt.

---

103 V-Met/Volckmann (wie Anm. 30), S. 448.
104 V-Met-L₂/Pölitz (wie Anm. 32), S. 593f.
105 V-Met-K₃/Arnoldt (wie Anm. 26), S. 1026. Grund dafür könnte allerdings sein, dass die entsprechenden Passagen über den *status post mortem* in K₃ nicht überliefert sind.
106 V-Met-L₂/Pölitz (wie Anm. 32), S. 594.

5.7 Commercium corporis et animae

Kants Kommentierung der drei bei Baumgarten tradierten Ansätze zur Erklärung des *commercium animae et corporis* durch den *influxus physicus*, die *harmonia praestabilita* und den Okkasionalismus (§ 761) tendiert frühzeitig zum *influxus physicus*. Schon in den herderschen Mitschriften spricht er sich gegen die Modelle von Leibniz und Malebranche und für den *influxus* aus: Die Seele wirke so wie ein Körper auf den andern; die inneren Bewegungen hingegen seien nicht erklärbar.[107] Auch L$_1$, wenige Jahre vor der *KrV*, weist die von Leibniz und Descartes gleichermaßen angenommene Einschaltung eines übernatürlichen Dritten in das *commercium* zurück und begnügt sich mit der Einsicht in seine Möglichkeit, ohne das Wie erklären zu können.[108] Bei Mrongovius wird ebenfalls darauf beharrt, dass das System der *causae efficientiarum* das „beste" und die leibnizsche *harmonia* „bloß ideal" sei.[109] Allein durch die Verbindung mit dem Körper könne die Seele als solche bezeichnet werden.

Die Vorlesungen am Anfang der 1790er Jahre enthalten in der Frage der Beurteilung des *commercium* keine grundlegende Änderung. Dort wird in Analogie zur ersten Auflage der *KrV* aber auch die Beurteilung des *influxus physicus* differenziert. Nicht der Körper als *phänomenon* stehe mit der Seele in der Verbindung, sondern nur seine Substanz, das Substrat des Körpers, das zugleich Bestimmungsgrund der Seele sei. Nur dieses „Intelligible" des Körpers bestimme die in der Seele wirkende Kraft. Die Beschaffenheit des *commercium* sei unerkennbar. Anstelle eines prästabilierten oder okkasionalen *influxus idealis* wird ein *influxus realis* gesetzt.[110] Die letzte relevante Vorlesung K$_3$ bezeichnet dieses Verhältnis *influxus physicus rationalis* (oder *derivativus*), der eine Kausalität für alle Substanzen annehme, allerdings im Gegensatz zum „commercium originarium" als eine Idee, die „etwas Erhabenes" habe, und hantiert wiederum mit Begriffen aus der leibniz-wolffschen Philosophie. Denn wenn alle Substanzen absolut notwendig seien, dann müssten sie völlig ohne Gemeinschaft untereinander existieren. Da sie nun aber in Gemeinschaft stünden, müsse eine darüber hinausgehende Kausalität angenommen werden. Nur der Raum als Form der göttlichen Allgegenwart könne die Harmonie der Substanzen erklären – „Aber hier kann unsere Vernunft nichts weiter einsehn".[111]

---

107 V-Met/Herder (wie Anm. 25), S. 102f.
108 Vgl. V-Met-L$_1$/Pölitz (wie Anm. 29), S. 280.
109 V-Met/Mron (wie Anm. 28), S. 908.
110 V-Met-K$_2$/Heinze (wie Anm. 36), S. 758f. Vgl. auch V-Met/Dohna (wie Anm. 34), S. 685.
111 V-Met-K$_3$/Arnoldt (wie Anm. 26), S. 829.

Hatte Kant es in der Frage des *commercium* in den früheren Vorlesungen noch beim *influxus physicus* ohne weitere Erkenntnismöglichkeiten belassen, so öffnet er sich nun in einem abgewandelten Verständnis der Spekulationen von Leibniz einem übersinnlichen Grund für das *commercium*, nicht wie bei diesem zwischen Körper und Seele, sondern nun: zwischen den hinter beiden stehenden Substanzen zu. Der in der *KrV* nur noch formallogische Substanzbegriff kehrt auf modifizierte Weise wieder zurück.

5.8 Der Ort der Seele im Körper

Demgegenüber weist die Position Kants in der Frage des Sitzes der Seele im Körper (*sedes animae*) in den Vorlesungen keinen Wandel auf. Schon Baumgarten hatte sich allerdings eher auf den Körper als solchen bezogen und auf organologische Spekulationen verzichtet (§ 745). Dem entsprechend notierte auch Herder, die Seele habe im Körper keinen Ort, sondern sei „innigist gegenwärtig den körperlichen Elementen",[112] und auch L_1 hält daran fest, dass der Ort der Seele als Gegenstand des inneren Sinnes im Körper nicht bestimmt werden könne.[113] Das Gehirn sei nur Ort der Empfindungen der Seele, nicht der Seele selbst.

Das Beispiel vom Finger im Feuer, dessen lokaler Schmerz über die Seele ins Gehirn gelangt und dort empfunden wird, zieht sich dann bis Mitte der 1790er Jahre[114] durch die Vorlesungen. Alle Erwägungen über den Ort der Seele in der Zirbeldrüse (Descartes), im Zwerchfell oder im *corpus callosum* (Charles Bonnet) lehnt Kant von L_1 bis K_3 ab.[115] Dafür spricht er sich seit seiner handschriftlichen Gliederung aus der Mitte der sechziger Jahre[116] für das *sensorium commune* als organisch nicht ermittelbare Wirkungsstätte der Seele aus.[117] Als Gegenstand des inneren Sinnes könne die Gegenwart der Seele nicht „localiter, sondern virtualiter" durch den Einfluss, den sie auf den Körper ausübt, be-

---

112 V-Met/Herder, Loses Blatt. In: AA 28, S. 146.
113 V-Met-L₁/Pölitz (wie Anm. 29), S. 281.
114 V-Met-K₃/Arnoldt (wie Anm. 26), S. 1030.
115 V-Met-L₁/Pölitz (wie Anm. 29), S. 281; V-Met/Mron (wie Anm. 28), S. 909; V-Met-K₂/Heinze (wie Anm. 36), S. 756f.; V-Met/Dohna (wie Anm. 34), S. 686; V-Met-K₃/Arnoldt (wie Anm. 26), S. 1030.
116 Refl. 4230. In: AA 17, S. 468.
117 V-Met-L₁/Pölitz (wie Anm. 29), S. 282; V-Met/Mron (wie Anm. 28), S. 909; V-Met-K₂/Heinze (wie Anm. 36), S. 755; V-Met/Dohna (wie Anm. 34), S. 686. Bereits in den *Träumen* hatte Kant alle Lokalisierungen der Seele in Körperorganen zurückgewiesen und erklärt: „wo ich empfinde, da *bin ich*"; „*im ganzen Körper und ganz in jedem seiner Theile*", AA 2, S. 324f.

stimmt werden und nur ihren Wirkungen könne man einen Ort zuweisen.[118] Schließlich sei auch Gottes Einfluss nur „virtualiter" zu erklären.

5.9 Der Ursprung der Seele

Baumgartens *Metaphysik* hatte sich, von der Substanzialität der Seele ausgehend, in dem Abschnitt „origo animae humanae" gegen traduzianische Auffassungen für eine *creatio ex nihilo* der Seele ausgesprochen, da sie, wenn sie aus den Eltern entstünde, als *compositum* angesehen werden müsse (§ 770). Gleichzeitig hatte Baumgarten im Rückgriff auf den Naturforscher und Mikroskopisten Antony van Leeuwenhoek (1632–1723) und dessen Rezeption in Leibniz' Präformationskonzept die präexistente Seele mit einem Teil des Samens schon vor dem Empfängnisakt verkoppelt und mit einem speziellen *animalculum spermaticum* ins *commercium* gesetzt (§ 774),[119] eine Theorie, die in signifikanter Weise auch Swedenborg aufgenommen hatte und die Mitauslöser seiner religiösen Krise gewesen war.[120] Baumgarten hatte den Ursprung der Seele und ihre Fortpflanzung auf diese Weise voneinander getrennt (§ 775).

Bereits in Kants frühen, aus der Mitte der sechziger Jahre stammenden Notizen zu Baumgartens Paragraphen werden auch die beiden Ansätze der Epigenese, das der *ovuli* und das der *animalculi*, diskutiert, aber unbewertet gelassen. Im selben Schriftstück wird die Frage nach der Präexistenz der Seele als „reiner Geist" in einem geistigen Leben zwar mit der Möglichkeit einer Doppelexistenz in einer pneumatischen und einer mechanischen Welt verbunden, aber ganz deutlich nur als Erwägung formuliert.[121] Eine weitere Notiz, in der Kant es als unklar bezeichnet, ob die Seele nicht vielleicht doch aus der (einfachen) Substanz der Eltern gezeugt werde, zeigt seine kritische Distanz, zugleich aber auch seine Unentschiedenheit gegenüber Baumgarten zu diesem Zeitpunkt: Es sei „die Frage", ob es eine organisch oder eine nur mechanisch bildende Natur gebe. Zu ersterer gehöre dann eben auch ein „Geist", um die „Einheit der beziehung aller theile ihrer Erzeugung nach auf jeden Einzelnen" zu gewährleisten.

---

118 V-Met/Mron (wie Anm. 28), S. 909. Vgl. V-Met-L₁/Pölitz (wie Anm. 29), S. 282; V-Met-K₂/Heinze (wie Anm. 36), S. 757; V-Met/Dohna (wie Anm. 34), S. 686; V-Met-K₃/Arnoldt (wie Anm. 26), S. 1027f.
119 Vgl. Jonsson: Scientist (wie Anm. 50), S. 36–38, 61. Stengel: Aufklärung (wie Anm. 3), S. 123f., 153, 180–182, 355–358.
120 Vgl. Jonsson: Scientist (wie Anm. 50), S. 65–67; Stengel: Aufklärung (wie Anm. 3), S. 123f., 355.
121 Refl. 4104. In: AA 17, S. 416.

Wenn dieser auch in Pflanzen und Tieren vorhanden sei, dann müsse er sogar schon im ersten „chaos" gewirkt haben.[122] Diese Unentschlossenheit schlägt sich auch in der von Herder fixierten Vorlesung nieder, wo alle Varianten der Herkunft der Seele im Text mit Fragezeichen versehen sind.[123]

In der zweiten Hälfte der siebziger Jahre verzichtet Kant auf das Referat der verschiedenen Ansichten über den Ursprung, sondern geht schlicht davon aus, dass das Leben mit der Dauer des *commercium* selbst zu identifizieren sei. Dann aber, so die Mitschrift L_1, bestehe sein Anfang in der Geburt und sein Ende im Tod. Geburt und Tod dürften aber nicht zugleich als Anfang und Ende der Seele betrachtet werden, da – so Kants an Leibniz und Baumgarten orientiertes, aber auch jetzt kurz vor der *KrV* vertretenes Argument – die Seele als Substanz weder „erzeugt" noch „aufgelöst" werden könne. Beginn und Ende des *commercium* bedeuteten darum ebensowenig Anfang und Ende des „Princips des Lebens". Die auf der Substanzialität basierende schwerwiegende Gleichsetzung von Seele und Lebensprinzip eröffnet weitere Spekulationen:

> Denn wenn die Seele nicht vor der Vereinigung mit dem Körper gelebt hätte; so könnten wir nicht schließen, daß sie auch nach der Vereinigung mit demselben leben werde.

Daraus scheine „zu fließen", dass die Seele pränatal in einem reinen geistigen Leben existierte und durch die Geburt „so zu sagen, in einen Körper, in eine Höhle gekommen ist", so die deutlichste Reminiszenz an Platons Höhlengleichnis.[124] Diese Feststellung wird bei L_1 weder durch einen Hinweis auf ihre spekulative Tragweite noch durch ihre Zuschreibung an nur referierte Quellen relativiert, Kant konkretisiert seine Aussage lediglich dahingehend, dass der pränatale geistige Status der Seele kein Bewusstsein der Welt und ihrer selbst mit einschließe, weil ein solches Bewusstsein erst durch das *commercium* geprägt würde.

Bereits in einer frühen Glosse zu Baumgarten aus der Mitte der 1760er Jahre hatte Kant festgestellt, dass das Leben nicht aus der Verbindung mit einem leblosen Körper stammen könne, der den Lebensgrad nur verringere. Die Geburt sei also höchstens der Beginn und der Tod das Ende des tierischen Lebens.[125] Das physische Leben bleibe, so ein anderer Vermerk, demnach eine „Kleinigkeit"; Geburt und Tod seien „Anfang und Ende eines auftritts, in dem nur die moralitaet erheblich ist".[126]

---

122 Refl. 4552. In: Ebd., S. 591.
123 Vgl. V-Met/Herder (wie Anm. 25), S. 105.
124 V-Met-L_1/Pölitz (wie Anm. 29), S. 232–234.
125 Refl. 4107. In: AA 17, S. 417.
126 Refl. 4239. In: Ebd., S. 473.

Entsprach es konsequenterweise der leibniz-wolffschen Sicht des Substanzbegriffs, die Seele mit einem körperunabhängigen, weil immateriellen und unzerstörbaren Lebensprinzip zu identifizieren, so vollzog das Kapitel über die Paralogismen der reinen Vernunft in der *KrV*, die 1781 nur wenige Jahre nach L$_1$ erschien, gegenüber diesen hier noch von ihm selbst vertretenen spekulativen Kategorien einen Bruch. In seiner metaphysischen Vorlesung des Wintersemesters 1782/83 wirkte sich dies jedoch noch nicht deutlich aus. Zwar entfallen hier die Erwägungen über einen geistigen Zustand vor der Geburt, aber die Seele bleibt von Gott geschaffen und nicht durch Eltern gezeugt. Den Anhängern der Präexistenzlehre wird „recht" gegeben, weil alle (Seelen) Substanzen bei der Schöpfung geschaffen worden sein müssen und fortlaufende Seelenschöpfungen kontradiktorischen Wundern gleichkämen.[127] Kant hält an der auf Leibniz zurückgehenden Seelenpräexistenz und an der Unmöglichkeit der Entstehung der Seelen aus den Eltern auch in den Vorlesungen der neunziger Jahre fest. Gegen die Epigenese oder „ungereimt[e]" Propagation, die Seele nämlich als Produkt der Eltern zu betrachten, führt er wiederum Leibniz ins Feld: Substanzen seien perdurabel und einfach und können daher keine anderen (Seelen)Substanzen hervorbringen, weil sie sonst zusammengesetzt sein müssten.[128] Dagegen wird die Annahme der Neuschöpfung der Seele bei der Geburt als Hypernaturalismus eindeutig in den Bereich des Glaubens verwiesen. Auch der Begriff des Lebensprinzips wird wieder aufgenommen und dahingehend ausgelegt, dass der Grund des Lebens ja schließlich nicht in der Materie liegen könne.[129] Die Spätvorlesung K$_3$ (1794/95) referiert die erwähnten Seelenmodelle ebenfalls mit kritischer Distanz, hält zwar auch an der Substanzialität der Seele fest und geht davon aus, dass „die Seele als ein einfaches Wesen praeformirt seyn" müsse, resümiert aber nun im Gegensatz zu allen anderen Vorlesungen, dass „wir davon keine eigentliche Vorstellung" hätten. Hypothetisch erwägt Kant außerdem, dass „vielleicht" das als Substrat der Materie zugrundeliegende *Noumenon* sowohl den Körper als auch die Seele hervorbringe, ohne beide zu zeugen,[130] ein eher emanativer Ausblick.

Die späten Vorlesungen weisen nicht die weitgehende Formulierung eines geistigen Lebens vor der Geburt wie in L$_1$ auf. Dessen Möglichkeit ist durch die Wiedereinführung der Substanzialität (Perdurabilität) der Seele entgegen der

---

127 V-Met/Mron (wie Anm. 28), S. 909f.
128 V-Met/Dohna (wie Anm. 34), S. 684; V-Met-K$_2$/Heinze (wie Anm. 36), S. 760f.; V-Met-K$_3$/Arnoldt (wie Anm. 26), S. 1031.
129 V-Met-K$_2$/Heinze (wie Anm. 36), S. 764f.;V-Met-K$_3$/Arnoldt (wie Anm. 26), S. 1038.
130 V-Met-K$_3$/Arnoldt (wie Anm. 26), S. 1032.

Fundamentalkritik des Paralogismenkapitels beider Auflagen der *KrV* allerdings nicht ausgeräumt, wenngleich die weitreichenden Aussagen von L_1-Pölitz, die beispielsweise du Prel[131] als Belege einer präexistenzianischen Auffassung Kants ausreichen, in ihrer verbalen Zuspitzung beim Kant der 1790er Jahre nicht mehr nachweisbar sind.

5.10 Die Unsterblichkeit der Seele

Von größerer Bedeutung als die Präexistenz der Seele war für Kants moralphilosophischen Ansatz die Frage ihrer Unsterblichkeit, bei Baumgarten in den §§ 776–781 (immortalitas animae humanae) und 782–791 (status post mortem) dargelegt. Die Immortalität der Seele könne nicht absolut erwiesen werden und sei nur hypothetisch, Baumgarten schließt sie allein aus dem Begriff der Substanz, denn „nulla substantia huius mundi [...] annihilatur". Die menschliche Seele sterbe nicht mit dem Körper, wie die Thnetopsychiter annehmen (§ 781). Postmortal erhalte sie ihre Spiritualität, Libertät und Personalität als „memoriam sui intellectualem" und bewahre so ihre Natur (§ 782).

Kants Notizen aus der Mitte der 1760er Jahre erwägen zunächst lediglich die verschiedenen Aspekte einer Untersuchung der Unsterblichkeit. Kant plant, die Substanzialität, die Identität von Leben und Seele und die Persönlichkeit auf die Frage hin zu prüfen, ob die Seele auch ohne äußeren Sinn eine „besondere Persohn" sei.[132] Dabei unterscheidet er schon hier zwischen der bloßen Fortdauer und der Unsterblichkeit selbst; erstere sei ein moralisches, zweitere ein metaphysisches Problem, wobei die Fortdauer sich nicht auf die reine Substanz, sondern eben auf die Persönlichkeit beziehen müsse. Zu der gehöre aber „das moralische", das wiederum nur der Seele und dem „inneren Werth der Persohn" zugeordnet und daher „unauslöschlich" sei.[133] Bei Herder geht Kant dementsprechend davon aus, dass die Speicherung der Eindrücke durch den organischen Körper „wohl ein daurend Schema" bleibe, das durch die Seele „einst reproducirt" werde und deren „Selbstheit" ausmache.[134] Die Verknüpfung zwischen Moral, Seele und Unsterblichkeit ist zu diesem Zeitpunkt also schon ganz offen ausgesprochen. Ohne die Fortdauer der Persönlichkeit bei der bloßen Annahme eines unbestimmten postmortalen Wesens nach dem Prinzip der

---

131 Vgl. du Prel: Vorlesungen (wie Anm. 8), S. 48, 63.
132 Refl. 4237. In: AA 17, S. 471f.
133 Refl. 4239. In: Ebd., S. 473f.
134 Vgl. V-Met/Herder (wie Anm. 25), S. 114.

Substanzialität fiele jedoch die Verkopplung mit der Moral dahin. Einer am Ende der sechziger Jahre liegenden Notiz zufolge erklärt Kant die Identität der Person nicht aus der Übereinstimmung des Bewusstseins (Apperzeption), sondern aus dessen Kontinuität.[135] Das hier aufscheinende Problem einer entweder notwendigen, aus ihrer eigenen Natur, oder einer zufälligen, aus den Zwecken Gottes, abgeleiteten Unsterblichkeit der Seele schlägt sich auch in den Vorlesungen nieder. Seit L_1 in der zweiten Hälfte der 1770er Jahre wird ganz eindeutig der ersteren, transzendentalen Denkweise der Vorzug gegeben.[136] Mrongovius stellt dieselbe Alternative auf, ergänzt sie durch die zusätzliche Frage nach einer allgemeinen oder einer partikularen Fortdauer und verkleinert die Zahl der Aspekte zunächst durch eine Wendung gegen den von Kant häufig des Materialismus bezichtigten englischen Unitarier Joseph Priestley (1723–1804), der eine fortlebende Seele gänzlich geleugnet und die Auferstehung als komplette Neuschöpfung angenommen hatte.[137]

In den neunziger Jahren akzentuiert Kant die Frage nach der Unsterblichkeit von vornherein auf die anschließenden Beweise und Argumente und spricht sich gegen ein Vorgehen aus, das sich auf die göttlichen Zwecke oder den göttlichen Ratschluss einer ausgleichenden Gerechtigkeit beziehen müsste, der ohne Offenbarung nicht zugänglich sei und außerdem auf ein nur partikulares ewiges Leben abzielen würde.[138] K_3 – und damit wäre der Bogen zu Herder zurückgeschlagen – hält es jetzt nur noch für annehmbar, aber nicht für *a priori* erkennbar, dass die Identität einer Person durch *memoria intellectualis* über den Tod hinaus fortbestehe. Alle Beweise aus empirischen Gründen weist Kant hier zurück. Dennoch referiert er auch noch in seiner letzten Metaphysikvorlesung

---

135 Refl. 4562, In: AA 17, S. 594.
136 Vgl. V-Met-L₁/Pölitz (wie Anm. 29), S. 284f.
137 V-Met/Mron (wie Anm. 28), S. 911; V-Met/Volckmann (wie Anm. 30), S. 440; V-Met-K₂/Heinze (wie Anm. 36), S. 767. Zu Priestley vgl. Martin Schmeisser: „Der eigentliche Materialist […] weiß von keiner unkörperlichen gehirnbewegenden Kraft." Michael Hißmann und die Psychologie Charles Bonnets. In: Heiner F. Klemme, Gideon Stiening u. Falk Wunderlich (Hg.): Michael Hißmann (1752–1784). Ein materialistischer Philosoph der deutschen Aufklärung. Berlin 2013, S. 99–118, hier S. 111–115; Friedemann Stengel: Seele, Unsterblichkeit, Auferstehung. Luther im Aufklärungsdiskurs. In: Wolf-Friedrich Schäufele u. Christoph Strohm (Hg.): Das Bild der Reformation in der Aufklärung. Gütersloh 2017, S. 98–130, hier S. 111, 127; Udo Thiel: Materialismus und Konzeptionen des Lebens nach dem Tode in England des 18. Jahrhunderts. In: Aufklärung 29 (2017) (wie Anm. 78), S. 161–180, hier S. 169–174.
138 V-Met-K₂/Heinze (wie Anm. 36), S. 764; V-Met/Dohna (wie Anm. 34), S. 686; V-Met-L₂/Pölitz (wie Anm. 32), S. 591; auch schon Refl. 4106. In: AA 17, S. 417.

die Beweise für die Unsterblichkeit der Seele und spricht sich dabei nach wie vor für den teleologischen Beweis aus.[139]

5.11 Beweise für die Unsterblickeit der Seele

Die einzige Demonstration der Immortalität der Seele in der *Metaphysik* Baumgartens besteht in deren Substanzialität. Wenn Substanzen nicht annihiliert und nicht geschaffen werden, überlebt die Seele, wie der Mensch sie in irdischen Zeiten hatte, den Tod des Körpers und lebt unsterblich.[140] Andere Versuche, eine Fortdauer der menschlichen Seele nach dem Tod zu belegen, finden sich hier nicht. Nicht nur Kants Kritik am Substanzbegriff und den aus ihm folgenden Spekulationen, auch seine eigene Moralphilosophie führten ihn schon frühzeitig dazu, eigene Wege zu beschreiten, um die Immortalität zu erweisen. In seinen Vorlesungen wie auch in entsprechenden handschriftlichen Notizen, die einen sehr großen Raum innerhalb seiner Kommentierung der baumgartenschen *Metaphysik* einnehmen, finden sich vier verschiedene Beweise, wobei die Bezeichnungen voneinander abweichen:

a) physiologisch oder empirisch aus der Natur der Seele,
b) rational, entweder metaphysisch-theoretisch oder metaphysisch-praktisch,
c) teleologisch, entweder kosmologisch-teleologisch oder theologisch-teleologisch und
d) moralisch, moralisch-theologisch oder theologisch-moralisch.[141]

Als Bedingung und Ziel einer Beweisführung überhaupt hatte Kant in einer um 1763 niedergelegten Glosse zu Baumgarten ins Auge gefasst, dass es um die Allgemeingültigkeit und um die Ewigkeit der Unsterblichkeit gehen müsse.[142] Und etwa vier Jahre später schränkte er die Beweisfähigkeit der Unsterblichkeit durch ein „Kreditiv" handschriftlich ein:

---

139 Vgl. V-Met-K₃/Arnoldt (wie Anm. 26), S. 1039.
140 § 781: „Ergo anima humana moriente corpore, quale in his terris homines habent, superstes vivit immortaliter."
141 Die letztere Unterscheidung kennt nur V-Met/Mron (wie Anm. 28), S. 917. Der theologisch-moralische Beweis überschneidet sich in einigen Vorlesungen mit dem teleologisch-theologischen Beweis oder fällt mit ihm zusammen, weil es in beiden Fällen um göttliche Prädikationen geht, entweder um die Zwecke oder um die Gerechtigkeit Gottes. In einigen Vorlesungen (L₂, Dohna) fehlt er ganz.
142 Refl. 4106. In: AA 17, S. 417.

> Ich kan nicht sagen: ich weiß, daß ein ander Leben ist, sondern: ich glaubs. So viel weiß ich, daß keiner beweisen könne, es sey kein ander Leben. Man kann auch nicht sagen, daß man Glaube, es sey kein ander Leben, sondern: man könne nur nicht glauben, daß eines sey.

Allerdings sei die

> Hofnung einer Andern Welt [...] eine Nothwendige hypothesis der Vernunft in Ansehung der Zweke und eine nothwendige Hypothesis des Herzens in ansehung der moralitaet.

Sie bleibe damit „praktisch auf sichere Gründe gesetzt, aber theoretisch dunkel und ungewiß".[143] Das später in der *KpV* verankerte Postulat der Unsterblichkeit der Seele ist damit einerseits bereits vorgezeichnet, es ist aber zugleich in den Bereich der Moral (und des Glaubens) verlegt. Zugleich ist die Maxime, nur das *a priori* Erkennbare könne erwiesen oder widerlegt werden, hier schon wirksam. Aus dieser Perspektive wäre zu erwarten, dass Kant es beim bloßen Referat der ihm bekannten Unsterblichkeitsbeweise bewenden ließ. Allerdings gehen seine Bewertungen in den einzelnen Fällen teilweise über die von ihm selbst gesetzten Erkenntnisgrenzen hinaus.

5.11.1 Der physiologische Beweis

Der *physiologische* Beweis rein aus der empirisch erkennbaren Natur der Seele ist sowohl in Kants frühen Notizen als auch in seinen ersten überlieferten Vorlesungen nicht zu führen.[144] Da das Leben im *commercium animae et corporis* bestehe, sei eine Erkenntnis über die Eingebundenheit der Seele in den Körper hinaus nicht vorstellbar. Besonders der Vergleich mit einem Schmetterling, der aus einem Papillon entstehe, treffe nicht zu, denn kein Schmetterling entstehe, wenn die Raupe zuvor getötet werde.[145] Konträr zu dieser Auffassung bezieht sich L₁, in der Vorbereitungsphase der *KrV* gehalten, allerdings auf die Figur der Unvergänglichkeit der Seele als Substanz und exemplifiziert diesen Gedanken durch den Hinweis auf Holz, das, wenn es verbrenne, nur in seine Teile aufgelöst werde, nicht aber seine Substanz verliere.[146]

---

143 Refl. 4557. In: Ebd., S. 593.
144 Refl. 4106. In: Ebd., S. 417 („Hier sind die Gründe des Gegentheils überwiegend."); V-Met/Herder (wie Anm. 25), S. 107f.
145 V-Met/Mron (wie Anm. 28), S. 912. Vgl. V-Met/Volckmann (wie Anm. 30), S. 441; V-Met/Dohna (wie Anm. 34), S. 686; V-Met-L₂/Pölitz (wie Anm. 32), S. 591; V-Met-K₂/Heinze (wie Anm. 36), S. 764; V-Met-K₃/Arnoldt (wie Anm. 26), S. 1036.
146 Vgl. V-Met-L₁/Pölitz (wie Anm. 29), S. 285.

Verharrt dieses Bild noch bei der baumgartenschen *Metaphysik*, so zeigt sich spätestens 1794/95 deutlich Kants Distanzierung von dem ihm zugrundeliegenden Substanzbegriff.[147] Die Möglichkeit einer Fortdauer der Identität könne zwar angenommen, aber niemals bewiesen werden, da sich nichts darüber sagen lasse, was die Seele nach Aufhebung der Verbindung mit dem Körper sein werde.[148]

5.11.2 Der rationale Beweis

Bei der Bewertung des *rationalen* Beweises für die Unsterblichkeit lässt sich die werkbiographische Entwicklung Kants deutlich aufzeigen. Er basiert auf der Verknüpfung der Seele mit dem Lebensprinzip, das von der Materie nicht abhängig sein könne. Schon in seinen frühen Notizen aus mehreren Schriftphasen der zweiten Hälfte der sechziger Jahre liegt der Gedanke der Unsterblichkeit dieses Prinzips vor, wenn es unabhängig von der körperlichen Materie als „geistiges seyn", als „reine intelligentz" existiere.[149] In allen Vorlesungen von L_1 bis K_3 schließt sich hier die Abwertung des Körpers als Hindernis für das Leben der Seele an.[150] Da in der Materie des Körpers das Lebensprinzip nicht liegen könne und sie auch zur Beförderung des Lebens nicht beitrage, sei sie nichts weiter als ein Hindernis. Der Tod des Körpers aber setze die eigentlichen Kräfte der Seele erst frei. Er sei in diesem Sinne gar „Beförderung des Lebens" und das künftige Leben werde erst das „wahre Leben" der Seele sein.[151]

---

147 V-Met-K$_3$/Arnoldt (wie Anm. 26), S. 1036: Mit Mendelssohn hält Kant diesen „Beweis" für unzureichend, wendet sich aber zugleich gegen Mendelssohns im *Phaidon* ausgeführte Argumentation für die Inkorruptibilität der Substanz der Seele.
148 Vgl. V-Met-K$_3$/Arnoldt (wie Anm. 26), S. 1038.
149 Refl. 4342. In: AA 17, S. 512; Refl. 4240. In: Ebd., S. 474f.: Das Lebensprinzip im Menschen sei das „eigentliche subiect seiner persöhnlichkeit, sofern es die Materie belebt, heißt seele". Lebte dieses Prinzip für sich allein, „so würde dieses Leben ein geistiges seyn". Vgl. auch Refl. 4555. In: Ebd., S. 592f.; Refl. 4728. In: Ebd., S. 689.
150 V-Met-L$_1$/Pölitz (wie Anm. 29), S. 285–287; V-Met/Mron (wie Anm. 28), S. 913f.; V-Met/Volckmann (wie Anm. 30), S. 441f.; V-Met-K$_2$/Heinze (wie Anm. 36), S. 762f., 765; V-Met-L$_2$/Pölitz (wie Anm. 32), S. 591f.; V-Met/Dohna (wie Anm. 34), S. 687; V-Met-K$_3$/Arnoldt (wie Anm. 26), S. 1034 u., 1037f.
151 V-Met/Mron (wie Anm. 28), S. 914; V-Met-L$_1$/Pölitz (wie Anm. 29), S. 287: „Also ist der Tod nicht die absolute Aufhebung des Lebens, sondern eine Befreiung der Hindernisse eines vollständigen Lebens." Noch V-Met-K$_2$/Heinze (wie Anm. 36), S. 765 (Anfang der 1790er Jahre) statuiert: „Sterben ist daher die Befreiung des Lebensprincips von allen Hindernissen."

In einigen Vorlesungen sowohl aus den achtziger als auch aus den neunziger Jahren veranschaulicht Kant den rationalen Beweis mit der Parabel von einem Sklaven, der an einen Karren gekettet ist und diesen mit sich herumziehen muss: „Sollte man nun denken, daß er frei von der Karre gar nicht würde gehen können? Nein, er wird vielmehr leichter, besser gehen."[152] Hatte Kant in den späten 1770er Jahren hier den „einzigen Beweis" gesehen, der „a priori kann gegeben werden, der aus der Erkenntniß und der Natur der Seele, die wir a priori eingesehen, hergenommen ist",[153] so geht er nach der ersten Auflage der *KrV* bei Mrongovius auf Distanz. Dieser Beweis habe „doch viel vor sich und zeigt, daß es nicht nothwendig sei, dass die Seele mit dem Körper aufhören müsse".[154] Volckmann notiert etwa zeitgleich, dass er „sehr schön" sei, um ihn gegen die Materialisten ins Feld zu führen.[155] Auch noch zehn Jahre später blieb er bei dieser Begründung in der Vorlesung.[156]

Zweifel an seiner Beweiskraft und die offensichtliche Abgrenzung gegen pneumatische Folgerungen, die aus dem bloßen Begriff des immateriellen Lebensprinzips gezogen zu werden drohten, ließ Kant in den neunziger Jahren aber deutlich hervortreten. Der Beweis habe viel „schönes an sich, aber nichts entscheidendes, es folgt aus ihm zu viel, man geräth durch ihn in die Schwärmerey".[157] Schließlich trennte Kant in K₃ die Begriffe des Lebensprinzips und der Seele wieder voneinander ab. Auch wenn ersteres nach dem Tod „möglicherweise auch freier und ungehinderter" fortdauere, sei damit nichts über den postmortalen Status der Seele ausgesagt, die ja nur aus dem *commercium* heraus bekannt sei.[158] Die Fortdauer des Lebensprinzips allerdings hatte Kant damit nicht abschlägig beschieden, er hatte sich nur auf die Unerkennbarkeit der Seelenkontinuität, der Identität und Persönlichkeit bezogen. Dem rationalen „Beweis" spricht der späte Kant allerdings seinen Beweischarakter ab.

---

152 V-Met/Mron (wie Anm. 28), S. 913. Vgl. auch V-Met-L₁/Pölitz (wie Anm. 29), S. 286f.; V-Met/Dohna (wie Anm. 34), S. 687; V-Met-K₂/Heinze (wie Anm. 36), S. 763. Die Parabel vom karrenziehenden Sklaven ist in den parallel zu Mrongovius liegenden Volckmann und den aus den neunziger Jahren stammenden L₂ und K₃ nicht enthalten.
153 V-Met-L₁/Pölitz (wie Anm. 29), S. 287.
154 Vgl. V-Met/Mron (wie Anm. 28), S. 914. Dyck: Paralogisms (wie Anm. 15), S. 123, zitiert L₁, jedoch nicht die Distanzierung in Mrongovius.
155 V-Met/Volckmann (wie Anm. 30), S. 442.
156 V-Met/Dohna (wie Anm. 34), S. 687: „Alles dies dient zur Wiederlegung des Materialismus."
157 V-Met-L₂/Pölitz (wie Anm. 32), S. 592.
158 V-Met-K₃/Arnoldt (wie Anm. 26), S. 1039.

5.11.3 Der teleologische Beweis

Spätestens mit der zweiten Auflage der *KrV* hatte Kant schließlich seine eindeutige Bevorzugung des *teleologischen* Unsterblichkeitsbeweises aus der Analogie der Natur fixiert. Die anderen Beweise traten, wenn sie nicht schon seit je für unzureichend erklärt worden waren, nun ganz zurück. Doch lässt sich die Spur des teleologischen Beweises schon in Kants auffallend ausführlichen Notizen zu diesem Thema aus den 1760er Jahren verfolgen. In einer wahrscheinlich noch vor 1765 stammenden Notiz skizzierte er drei Beweismöglichkeiten und hob den aus der Analogie der Natur als einzig möglichen hervor: Weil die menschlichen Fähigkeiten „kein richtiges Verhältnis zum Posten in dieser Welt" hätten, seien sie – so trägt er etwas später nach – „teleologisch, entweder der analogie der physischen Zweke oder der moralischen. Nach der Ordnung der Natur" zu betrachten.[159] Der analogisch-teleologische Beweis „von der Hoffnung [!] der andern Welt" sei schließlich

> darin schön, daß er sich nicht mit den schwierigkeiten der Spekulativen Erklärungen befasst, noch sich in Theorien und Erklärungsarten einlässt, die man [...] schwer vertheidigen kann, sondern nach demselben Gesetze schließt, nach welchem man in der physic, wo das object seiner innern Beschaffenheit nach sich verbirgt, von dem, was sich äußerlich zeigt, auf das schließt, was sich nicht unmittelbar entdeckt.[160]

Das, was Kant hier so unmittelbar zu entdecken meint, ist die Zweckmäßigkeit der Natur, in der nichts, insbesondere auf dem Feld der Wissenschaft, auch nicht die Natur der menschlichen Anlagen mit ihren Gaben und Talenten, überflüssig sei, seinen Zweck nicht erreiche und daher die „ietzige Bestimmung" des Menschen überschreiten müsse.[161] Sowohl das „Ideal der Vollkommenheit", für dessen Verwirklichung „das Leben nicht die Bemühung belohnt oder davor zu kurtz ist, und wo wir edle Geschopfe sind und unsre eigne niedrigkeit einsehen"[162] als auch die Wissenschaften, die

> mit unsrer ietzigen Bestimmung harmoniren und voreilige entwickelungen sind, die doch dadurch, da sie ein talent verrathen, was hätte verborgen bleiben sollen, wenigstens den Nutzen haben, unsre künftige Bestimmung zu entdecken,[163]

weisen auf Realisierung und Erfüllung in einem anderen Leben der Seele hin.

---

159 Refl. 4106. In: AA 17, S. 417.
160 Refl. 4110. In: Ebd., S. 419, wahrscheinlich derselben Schriftphase entstammend.
161 Refl. 4669. In: Ebd., S. 637f., vermutlich Ende der sechziger Jahre.
162 Refl. 4343. In: Ebd., S. 512f., vermutlich um 1765 entstanden.
163 Refl. 4669. In: Ebd., S. 637f.

Während in der Frühvorlesung Herder der teleologische Beweis nur anklingt,[164] gehört er seit L₁ am Ende der 1770er Jahre zum festen und besonders eingehend geschilderten Repertoire in Kants Darstellung der rationalen Psychologie. Da weder den lebenden noch den leblosen Wesen in der Natur kein Nutzen oder Zweck zukomme, in der Seele aber Kräfte enthalten seien, „die in diesem Leben keinen bestimmten Zweck haben", müsse es einen „Zustand" geben, in dem diese Kräfte entfaltet werden, demzufolge lasse sich für die Seele „vermuthen, daß sie für eine künftige Welt aufbehalten seyn muß, wo sie alle diese ihre Kräfte anwenden und gebrauchen kann".[165] Ungeachtet der Bezeichnung des Gedankengangs als Beweis bleibt es hier bei einer wenigstens sprachlich als Vermutung ausgedrückten Hypothese.

Der nur wenige Jahre später verfasste Text von Mrongovius geht darüber allerdings hinaus und führt einen „Grundsatz im Reich der Zweke" ein, nämlich „daß alles seinen Zwek habe und nichts umsonst ist", ein Grundsatz, der hier bereits als „nothwendiges Postulat der Vernunft" erscheint, die sich ohne ihn nichts erklären könne. Selbst der Atheist müsse Zwecke annehmen, sonst könne er sich nicht einmal die „Structur und Organisation der Körper" erklären. Deutlicher als in L₁ wird der teleologische Beweis hier als „besonders vortrefflich" apostrophiert, weil er aus dem „allgemeinen Naturgesetz" schließe und in seinem Ergebnis alle Menschen unsterblich seien.[166] In Volckmanns Niederschrift erscheint der „Beweis aus der Analogie der Natur" ebenfalls als „der beste" aller Beweise, auch wenn er wenigstens zum Teil empirisch sei.[167] Und auch noch in den neunziger Jahren gilt er als

---

164 Vgl. V-Met/Herder (wie Anm. 25), S. 107f.
165 V-Met-L₁/Pölitz (wie Anm. 29), S. 292. Hier wird der Beweis noch „empirisch-psychologisch, aber aus kosmologischen Gründen" und als analogisch bezeichnet. Auch bei L₁ dominiert der Hinweis auf die Wissenschaften als „Luxus des Verstandes, die uns einen Vorgeschmack von dem geben, was wir im künftigen Leben seyn werden". Das Vermögen der Mathematik, das weit über die Grenzen der menschlichen Bestimmung hinausreiche, die „Begierde", die Ordnung der Welt zu erkennen, oder das Vermögen, nach dem pränatalen und postmortalen Status zu fragen, weisen für Kant auf ein über dem Diesseitigen liegenden Ort der Erfüllung hin.
166 V-Met/Mron (wie Anm. 28), S. 915f. In Mrongovius' Text nennt Kant außerdem die aus der empirischen Psychologie stammenden Grundvermögen des menschlichen Gemüts: Erkenntnisvermögen, Lust und Unlust, Begehrungsvermögen. Alle drei, aber vor allem das Erkenntnisvermögen, würden irdisch nicht befriedigt. Der Vergleich mit Newton, der starb, als seine wissenschaftlichen Talente endlich voll ausgeprägt waren, wurde schon in V-Met-L₁/Pölitz (wie Anm. 29), S. 294, als Hinweis auf die notwendige Verwirklichung des Talents – also der Seele – in einer anderen Welt bezeichnet.
167 V-Met/Volckmann (wie Anm. 30), S. 442. Kant unterscheidet hier einen *nexus effectivus* und einen *nexus finalis* der Kausalitäten. Der Letztere beziehe sich auf die Zweckmäßigkeit aller natürlichen Dinge. Kant dehnt ihn auf die „Ausrüstungen des Geistes" aus.

der „herrlichste", der den Menschen „am meisten" erhebe und ihn sein eigenes Naturrecht studieren lehre; schließlich sieht Kant keinen Grund dafür, dass die auf Zweck ausgerichtete Struktur der Welt jemals ein Ende haben könne.[168] In L$_2$ gilt der teleologische Beweis als „der allerbeste, der jemals von der Seele ist geführt worden", weil er „Erfahrung" zu Grunde lege. Hier geht der teleologische Beweis in den moralischen über, denn schließlich sei der Mensch mit höheren „moralischen Grundsäzen" ausgestattet als er sie hier brauche. Also sei es „ganz offenbar, daß die Seele des Menschen nicht für diese Welt allein, sondern noch für eine andere zukünftige Welt geschaffen sey".[169] Bei Dohna erhält der „metaphysisch cosmologisch teleologische" Beweis den Charakter eines „echten" und nicht lediglich in Vermutungen mündenden Beweises:

> Wir können alle Einwürfe gegen die Behauptung eines künftigen Lebens widerlegen, aber nur einen Beweis dafür führen, den moralisch-teleologischen.[170]

Er sei, so korrespondierend die letzte Vorlesung K$_3$, „noch der einzige, der eine Möglichkeit des künftigen Lebens begründet und Beyfall in metaphysischer Rücksicht verdient".[171] Hier hat sich offenbar Kants Differenzierung einer physischen und einer moralischen Teleologie in der dritten *Kritik* niedergeschlagen, wobei die moralische den Mangel der physischen Teleologie ergänzt, weil die Zwecke der Natur *a priori* nicht eingesehen werden können.[172]

Demgegenüber fällt Kants Urteil über eine *teleologisch-theologische* Beweisführung durchweg negativer aus, wenn sie überhaupt aufgeführt wird.[173] Da keine

---

168 V-Met-K$_2$/Heinze (wie Anm. 36), S. 767. Auch V-Met/Dohna (wie Anm. 34), S. 688, kennt das emphatische „herrlich".
169 V-Met-L$_2$/Pölitz (wie Anm. 32), S. 592.
170 V-Met/Dohna (wie Anm. 34), S. 688f.; Dyck: Paralogisms (wie Anm. 15), S. 121. Diese Aussage bezieht sich hier nicht auf den moralischen Beweis, den Dohna nicht aufweist, sondern tatsächlich auf den „metaphysisch cosmologisch teleologische[n]", „rein aus den Zwecken der Natur". Möglicherweise deutet sich aber hier wie auch bei der Mitschrift L$_2$, die etwa zur selben Zeit entstanden ist, die Verknüpfung des teleologischen und des moralischen Beweises an, die von den aus der empirischen Psychologie stammenden Begehrungs-, Erkenntnis- und dem Vermögen der Lust und Unlust abgeleitet ist. Vgl. V-Met/Dohna (wie Anm. 34), S. 687; V-Met-L$_2$/Pölitz (wie Anm. 32), S. 592.
171 V-Met-K$_3$/Arnoldt (wie Anm. 26), S. 1039. Die rationale Psychologie bricht bei K$_3$ nach der Nennung dieses Beweises ab, so dass Kants Urteil über die anderen Beweise 1794/95 nur daraus geschlossen werden kann, dass der teleologische als der „einzige" bezeichnet wird.
172 Vgl. AA 5, S. 444f.
173 In L$_1$, L$_2$ und bei Mongovius ist er nicht enthalten, was aber keine Aussage darüber zulässt, ob Kant ihn nicht vielleicht doch genannt hat und er von den Notanten lediglich nicht fixiert worden ist. Immerhin ist Kant in den zeitgleich entstandenen Vorlesungen explizit auf ihn eingegangen.

Einsicht in die göttlichen Zwecke möglich sei, könne von hier aus jedenfalls nicht auf eine Unsterblichkeit der Seele geschlossen werden.[174] Anstelle der unerkennbaren Ratschlüsse Gottes beschränkt sich Kant auf die Perspektive der Natur und ihre universale Zweckmäßigkeit.

5.11.4 Der moralische Beweis

Beim *moralischen* Beweis unterscheidet Kant schon in seinen Notizen aus den 1760er Jahren wiederum die göttliche und die menschlich-natürliche Perspektive.[175] Aus der Perspektive Gottes heraus hält er es für unmöglich, auf die Unsterblichkeit zu schließen, weil wie im Falle des theologisch-teleologischen Beweises dessen Güte und Gerechtigkeit nicht eingesehen werden könnten.[176] Ferner könne dieses heilige göttliche Gesetz nur für die „aufgeklärten", sich ihres Verstandes bewussten und daher zur Moral überhaupt fähigen Menschen als gültig betrachtet werden, nicht aber für Wilde, „Pescherähs", die aus ihrer „Thierheit" nicht herausgetreten seien, oder auch für Kinder, „denen keine Handlungen imputiert werden können".[177]

Der moralisch-theologische Beweis erweist sich für Kant hingegen als „practisch hinreichend", um an ein künftiges Leben zu „glauben", und als Triebfeder für die moralischen Handlungen. Als Beweis für die Unsterblichkeit hingegen kann er nicht angesehen werden,[178] auch wenn er – schon Kants Noti-

---

174 V-Met/Dohna (wie Anm. 34), S. 687; V-Met-K₂/Heinze (wie Anm. 36), S. 765–767. Die Spätvorlesung K₃ (1039) nennt den Beweis nur, Kants Bewertung ist nicht überliefert, da der Text abbricht. V-Met/Herder (wie Anm. 25), S. 109, und V-Met/Volckmann (wie Anm. 30), S. 443, die in der Gliederung einen theologisch-teogischen Beweis nicht aufführen, sprechen demgegenüber nicht von den Zwecken, sondern von der „Weisheit" Gottes, die nicht als Argument dienen könne, weil sie für den Menschen nicht verfügbar sei.
175 Refl. 4236a. In: AA 17, S. 471.
176 V-Met/Mron (wie Anm. 28), S. 917; V-Met/Volckmann (wie Anm. 30), S. 443; V-Met/Herder (wie Anm. 25), S. 109. Der in V-Met-L₁/Pölitz (wie Anm. 29), S. 288–290, dargelegte theologisch-moralische Beweis ist noch nicht so stringent von dem moralisch-theologischen getrennt.
177 V-Met-K₂/Heinze (wie Anm. 36), S. 767. V-Met/Volckmann (wie Anm. 30), S. 443, erweitert um die Einwohner von „terra del fuego" und Neu-Holland, die nach Kants Urteil „doch nichts gutes gethan" haben können. V-Met/Mron (wie Anm. 28), S. 917, scheidet „Kinder, Blödsinnige und gantz Stupide" aus, derem moralischen Leben weder „Werth noch Unwerth" zugeschrieben werden könne.
178 V-Met-L₁/Pölitz (wie Anm. 29), S. 288f. Dieser Text, der sich gerade in der Frage eines künftigen Lebens am weitesten in den spekulativen Raum bewegt und auch Swedenborg am stärksten würdigt, verweist den moralischen „Beweis" zugleich am deutlichsten in den Bereich

zen zu Baumgartens *Metaphysik* zufolge – eine „nothwendige Hypothesis des Herzens in ansehung der moralitaet" sei.[179]

Nach der ersten Auflage der *KrV* und in möglicherweise in Anlehnung an die Ausarbeitung der *KpV* erhält der moralisch-theologische Beweis allerdings eine höhere Wertschätzung. Aus der Hypothesis wird die für Kants Moralphilosophie entscheidende Triebfeder und damit ein praktisches Postulat. Die Hoffnung auf Unsterblichkeit lasse sich von der Moralität nicht trennen, auch wenn Kant ausdrücklich betont, dass es sich nicht um einen wissenschaftlichen Beweis handele. Dessen ungeachtet schätzt er ihn als „sehr stark" sogar noch vor dem teleologischen Beweis ein.[180] In den 1790er Jahren kehrt Kant dann wieder zur praktisch-hypothetischen Annahme eines künftigen Lebens zurück, die als Triebfeder der Moralität in Geltung gesetzt wird, aber auf diese Weise ihren Charakter als Beweis verliert.[181]

5.11.5 Ergebnis

Kant hat den Beweisen für die Unsterblichkeit in allen Vorlesungen und schon in seinen Anmerkungen zu Baumgartens *Metaphysik* breiten Raum gewidmet. Seine ablehnende Position gegenüber einer auf reiner Empirie beruhenden Beweisführung ist dabei ebenso konsequent durchgehalten worden wie seine Haltung gegenüber Argumenten aus der göttlichen Perspektive, sei es aufgrund der Annahme göttlicher Zwecke oder einer ausgleichenden göttlichen Gerechtigkeit. Beides ist für den „vorkritischen" und für den „kritischen" Kant gleichermaßen nicht einsehbar. Demgegenüber hat sich sein Verhältnis zum rationa-

---

des Glaubens. Derjenige, bei dem der moralische Beweis und die Aussicht auf eine andere Welt mit der Annahme einer ausgleichenden Gerechtigkeit Wirkung „thun soll", habe seine moralische Gesinnung „schon vorher" gefasst und bedürfe keines Beweises mehr. Ferner sei der Hinweis auf fehlende Bestrafung und Belohung im Diesseits kein Hinweis auf eine andere Welt. Man könne ja nicht wissen, ob Lohn und Strafe nicht schon hier – in Form von inneren Empfindungen – geschehen.
179 Refl. 4557. In: AA 17, S. 593, vermutlich vom Ende der sechziger Jahre.
180 V-Met/Mron (wie Anm. 28), S. 918f. Im Kontrast dazu vermerkt V-Met/Volckmann (wie Anm. 30), S. 443, nur ein Jahr später eine deutliche Höherbewertung des Beweises aus der Analogie der Natur und bezieht die Triebfederfunktion des moralischen Beweises implizit in den teleologischen Beweis ein, sofern er die moralischen Grundsätze zu den dort genannten menschlichen Fähigkeiten zählt, die keine proportionale Verwirklichung im irdischen Leben erfahren.
181 V-Met-K_2/Heinze (wie Anm. 36), S. 767. Die parallelen Dohna und L_2 kennen keinen ausgeführten moralischen Beweis, K_3 endet im Text an dieser Stelle.

len Beweis, der von einem immateriellen, die Seele bestimmenden Lebensprinzip ausging, dahingehend geändert, dass er keine pneumatologischen Folgerungen aus der bloßen Annahme dieses eng an den Substanzbegriff gekoppelten Lebensprinzips mehr gelten lassen wollte. Dem moralischen Beweis wollte Kant, obwohl er ihn als notwendiges Postulat und Triebfeder im Rahmen seiner Moralphilosophie unbedingt benötigte, den Charakter eines Beweises im Grunde durch alle Vorlesungen und Notizen hinweg nicht zusprechen. Er ist daher aus der praktischen Perspektive heraus zu verstehen und bewegt sich nicht auf der Ebene der theoretischen Vernunft. Dem korrespondieren seine Darlegungen im Paralogismenkapitel der zweiten Auflage der *KrV* genauso wie die am Ende der *KpV* stehenden Kapitel über die Postulate Gottes, der Freiheit und der Unsterblichkeit.

Als einzigen, auch als „wissenschaftlichen" anzuerkennenden Beweis betrachtete Kant allerdings den teleologischen Beweis, der von der Zweckmäßigkeit der Natur und vom „Reich der Zwecke" her argumentiert, das er als notwendige Voraussetzung eines vernünftigen Denkens ansah.[182] Davon abgesehen, dass das „Reich der Zwecke" auch bei Swedenborg eine maßgebliche Rolle spielt und dort als ein Äquivalent des Himmels und der Geisterwelt fungiert, blieb Kant damit nicht auf der Ebene der von Leibniz herrührenden Monadenlehre und Theodizee, die in der Welt ein in sich geschlossenes harmonisches und sinnvolles Ganzes, ein durch und durch auf Zweckmäßigkeit ausgerichtetes und geschaffenes System erblickte? Wird mit dem „Reich der Zwecke" nicht jener *mundus intelligibilis* ins Feld geführt und als Erkenntnisvoraussetzung verwendet, den Kant in der *KrV* noch zur *terra incognita* erklärt hatte? Auch nach der Differenzierung der Teleologie in der *Kritik der Urteilskraft* bleibt das Reich der Zwecke apriorischer Grundsatz für die teleologische Beurteilung der „Existenz der Dinge".[183] Die Hauptbedingung dafür, die Welt als System von Endzwecken anzusehen, besteht darin, Gott als obersten Grund im Reich der Zwecke anzuerkennen. Darüber hinaus kehrt Kant, wenn er im Bereich der praktischen Vernunft eine jenseitige Fortentwicklung menschlicher Gaben, Talente und Fähigkeiten hin zum Höchsten Gut annimmt, zur Annahme der Identität und Personalität der Seele zurück, die er in den Vorlesungen zuvor aus der Erkenntnis ausgeschlossen hatte. Die in der *KrV* und den späteren Vorlesungen abgelehnte Substanzialität ist auf

---

182 Dyck: Paralogisms (wie Anm. 15), S. 125–134.
183 AA 5, S. 433–436 u. 438f. Zur Neubewertung der Teleologie in der *KU* vgl. auch Renate Wahsner: Mechanism – Technizism – Organism. Der epistemologische Status der Physik als Gegenstand von Kants Kritik der Urteilskraft. In: Karen Gloy u. Paul Burger (Hg.): Die Naturphilosophie im Deutschen Idealismus. Stuttgart-Bad Canstatt 1993, S. 1–23.

diese Weise über den Umweg des teleologischen Beweises in Kants rationale Psychologie in modifizierter Weise wieder eingezogen.

5.12 Der status post mortem der Seele

Der Grundatz der *Metaphysik* Baumgartens über den Zustand der Seele *post mortem* geht davon aus, dass Spiritualität, Libertät und Personalität der menschlichen Seele erhalten bleiben und sie demzufolge ihre Natur bewahrt (§ 782). Ihre *repraesentatio mundi* geht durch den Tod nicht verloren (§ 785). Das Bewusstsein ihres diesseitigen Zustands bleibt dabei erhalten (§ 783). Dem Modell einer *metempsychosis crassa*, bei der die Seelen postmortal nicht wieder in ein neues *commercium* gelangen, zieht Baumgarten die Palingenesie, Metemsomatose (Plotin) oder Metempsychose vor, die die Verbindung der Seele mit einem neuen Körper annimmt (§§ 784–786). Kant betrachtete Baumgartens metempsychotische Mutmaßungen seit seinen handschriftlichen Bemerkungen aus den sechziger Jahren mit Skepsis und beließ es bei ihrem bloßen Referat.[184]

In den Vorlesungen zählte er die verschiedenen Vorstellungen über den Verbleib der Seele nach dem Tod auf, ließ sich dabei aber nicht auf eine Position ein, sondern plädierte eher dafür, „alle weiteren Grübeleyen hierüber abzuschneiden".[185] Dessen ungeachtet stand für Kant aber schon in seinen Notizen zu Baumgarten aus der Mitte der sechziger Jahre fest, dass der Tod des Menschen nicht das Ende der Seele, sondern ihrer Verbindung mit dem Körper bedeute. Dieser Gedanke ging von der Figur des Lebensprinzips aus. Wenn aber

---

184 Vgl. Refl. 4230. In: AA 17, S. 467–469; Refl. 4561. In: Ebd., S. 594; Refl. 3634. In: Ebd., S. 152.
185 V-Met/Volckmann (wie Anm. 30), S. 445. Zur Palingenesie, Metempsychose und dem schon bei Baumgarten erwähnten *letheum poculum* vgl. V-Met/Dohna (wie Anm. 34), S. 689; V-Met-K₂/Heinze (wie Anm. 36), S. 769; V-Met-L₂/Pölitz (wie Anm. 32), S. 593; V-Met/Volckmann (wie Anm. 30), S. 445; V-Met/Herder (wie Anm. 25), S. 112f. Platon habe nach dieser Mitschrift die Metempsychose „aus Indien geholt". Zu dem von Leibniz angenommenen Korpuskel, das als Grundlage für die Seele postmortal erhalten bleibe und von Kant als Vorstellung abgelehnt wird, vgl. V-Met/Herder (wie Anm. 25), S. 111; V-Met/Dohna (wie Anm. 34), S. 689; V-Met-K₂/Heinze (wie Anm. 36), S. 769; V-Met-L₂/Pölitz (wie Anm. 32), S. 592f.; V-Met/Volckmann (wie Anm. 30), S. 445. Diese Figur wird in K₂ mit jüdischen Vorstellungen parallelisiert. Zu entweder indischen oder chinesischen Vorstellungen einer lamaischen Wiedergeburt und des „Burham", der Rückkehr der Seele zu Gott, vgl. V-Met/Volckmann (wie Anm. 30), S. 445; V-Met-K₂/Heinze (wie Anm. 36), S. 769f.; Ägyptische Auffassungen über die Notwendigkeit des Körpers und römische Ansichten über dessen Funktion als Kerker bei V-Met/Mron (wie Anm. 28), S. 919. K₃ enthält die entsprechenden §§ nicht.

der Tod des Körpers nur das „thierische Lebens" beende, dann beginne erst danach „das Vollständige Geistige Leben". In der anderen Welt würden nicht andere Gegenstände, sondern „eben dieselbe gegenstande anders (nemlich intellectualiter) und in anderen Verhältnissen zu uns" vorgestellt werden.[186] Kant vermutet gar, dass sich die Sinnlichkeit mit dem Tode vermindere und also „der Übergang aus dem mundo sensibili in den intelligiblen per approximationem" geschehe. Der *mundus intelligibilis*, der mit dem *mundus moralis* identifiziert wird, sei nicht Objekt der Anschauung, sondern der Reflexion.[187]

Auch wenn Kant im Laufe der Zeit seine Spekulationen über die Gleichsetzung der „anderen" Welt und des *mundus intelligibilis* in den Metaphysikvorlesungen nicht mehr fortführte, so blieb er jedoch bei seiner These, dass der Tod nichts weiter sei als das Ende des sinnlichen Lebens und der Übergang zu einem geistigen Leben. Die am Ende der siebziger und in der ersten Hälfte der achtziger Jahre notierten Vorlesungsmitschriften stimmen darin überein, dass die „Trennung der Seele vom Körper in der Veränderung der sinnlichen Anschauung in die geistige Anschauung" bestehe – und „das ist die andere Welt", nicht ein Orts-, sondern ein Anschauungswechsel.[188]

> Was haben wir uns aber unter der Scheidung der Seele vom Körper vorzustellen? Nichts weiter, als den Anfang des Intellectuellen und das Ende des sinnlichen Lebens. Es fängt die Seele sodann an, die Dinge anders anzuschauen, als sie es in der Verknüpfung mit dem Leibe gewohnt gewesen ist.[189]

Die Spätvorlesung K$_2$ erachtet das Kapitel über den *status post mortem* im Ganzen für „nichts weiter als ein[en] Traum", nimmt aber dennoch an, „daß unser künftiges Leben ein reines, geistiges Leben sei", aber nicht als Ortswechsel, da die Seele „kein Verhältnis dem Orte nach zu andern Dingen" besitze.[190] Und auch in der zeitlich etwa parallelen Mitschrift L$_2$ ist vermerkt, man könne über den *status post*

---

186 Refl. 4240. In: AA 17, S. 474f.
187 Refl. 410. In: Ebd., S. 418. Vgl. auch Refl. 456. In: Ebd., S. 594f.: „Mundus ist entweder aspectabilis oder concupiscibilis. Ist er [sens] als sensibilis aspectabel, so ist er so fern auch (sensitive) concupiscibel; ist er als intelligibilis betrachtet, so ist er auch intellectualiter concupiscibilis, nicht nach der Erscheinung und Gefühlen, sondern Begriffen. Mundus moralis est intelligibilis qvoad perfectionem und ist mit dem sensibili in union, die aber durch den tod getrennt wird. Wir kommen mit aufhören der (ietzigen) Sinnlichkeit zwar aus einem mundo aspectabili in einen andern, aber der mundus intelligibilis dauert, so wohl in ansehung der substantz (noumenon), als auch in ansehung der wechselseitigen Bestimmung der intelligentzen."
188 V-Met-L$_1$/Pölitz (wie Anm. 29), S. 297f.
189 V-Met/Mron (wie Anm. 28), S. 919.
190 V-Met-K$_2$/Heinze (wie Anm. 36), S. 768.

mortem zwar „nicht viel" sagen, „außer was negatives", aber der Übergang „aus der sinnlichen Welt in eine andere ist blos die Anschauung seiner selbst".[191]

Die Doppelnatur der menschlichen Seele als Bürger der Sinnenwelt und des *mundus intelligibilis*[192] setzt auf die Gleichzeitigkeit beider Welten, die nur durch das *commercium* mit dem Körper verdunkelt und mit dem Ende des *commercium* zu ihrer eigentlichen rein geistigen Existenz befreit wird. Mit dem Tod kämen wir, so urteilt Kant in einem Vermerk aus der Mitte der sechziger Jahre, aus einem *mundus aspectabilis* „in einen andern", aber der *mundus intelligibilis* dauere darüber fort.[193] „Schon jetzt", so Kant auch noch nach der ersten Auflage der *KrV*, „finden wir uns in der Intelligiblen Welt".[194]

Die enge Verknüpfung der intelligiblen Welt mit Kants Moralphilosophie wird darin deutlich, dass er den *status post mortem* eng an die Moralität anbindet und dabei an den baumgartenschen Topos der Glückseligkeit und Unglückseligkeit (§§ 790f.) anschließt. Wenn die Moralität an den *mundus intelligibilis* gebunden ist, der sich über die Vernunft erschließt,[195] und der *mundus intelligibilis* keine zeitlich oder örtlich andere Welt, sondern nur ein Anschauungswechsel infolge der Beendigung des das geistige Leben behindernden *commercium* ist, dann gehören Himmel und Hölle zur Welt, „aber nicht zur sinnenwelt".[196] Dort würden dann, so Kant Mitte der sechziger Jahre, „nicht vergangene Laster" noch eine Rolle spielen, die eine Fortwirkung der mit dem Tode beendeten Sinnlichkeit seien. Erhalten bleibe der „dadurch eingeartete character" und eben der werde „die Strafe der künftigen Welt ausmachen".[197] Herder notiert dementsprechend etwa zur gleichen Zeit allerdings auch einen kritischen Standpunkt Kants gegenüber Baumgarten, der mit seinen Spekulationen über die Möglichkeiten einer Koexistenz von Verdammung und Seligkeit mit der Seele im künftigen Leben im § 791 „zu weit" gehe. Vielmehr gehe es darum, an seinem

---

191 V-Met-L₂/Pölitz (wie Anm. 32), S. 592.
192 Refl. 4230. In: AA 17, S. 467–469: „Seele als denkend Wesen: a. Zur Sinnenwelt gehorig. b. Zur intelligibeln. [...]."
193 Refl. 4563. In: Ebd., S. 594f.
194 V-Met/Mron (wie Anm. 28), S. 919.
195 V-Met-L₂/Pölitz (wie Anm. 32), S. 592.
196 Refl. 4434. In: AA 17, S. 548.
197 Refl. 4443. In: Ebd., S. 549. Vgl. auch Refl. 4240. In: Ebd., S. 474f.: „[...] das Laster, was wir hier ausüben, [...] würde, wenn uns die Augen geöffnet würden, uns in unserm schlimmen Charakter in der Geistigen Welt darstellen, und die Strafen hier wären nur schwache abbildungen der dortigen".

Posten jezo gut um der künftigen glücklich zu sein. [...] tragt alles dazu bei, um hier vollkommen und glücklich zu werden, dadurch werdet ihr auch künftig glücklich sein.[198]

Strafen und Belohnungen sind dabei ganz ausgeschlossen; es gehe nur um die „Beschaffenheit des Tugend- oder Lasterhaften". An diesem Gedanken hielt Kant bis in die späten Vorlesungen fest: Wenn mit dem Tod die geistige Welt durch Anschauungswechsel vollständig sichtbar wird, dann erscheint der diesseits erworbene Charakter, nicht im Sinne einer Aufrechnung für begangene Taten,[199] sondern als Enthüllung der hier im Sinnlichen verstrickten moralischen Grundausrichtung der Seele. Schon jetzt befinden wir uns, so Kant bei Mrongovius 1782/83, in der „intelligiblen Welt,"

> und ieder Mensch kann sich nach Beschaffenheit seiner Denkungs Art entweder zur Gesellschaft der Seeligen oder der Verdammten zählen. Er ist sichs itzt nur nicht bewußt und nach dem Tode wird er sich dieser Gesellschaft bewußt werden. Der Mensch kommt nicht erst in den Himmel oder die Hölle, sondern er sieht sich nur darin. Dies ist eine herrliche Vorstellung.[200]

Schon im Diesseits ist sich der Mensch „als in einem intelligiblen Reiche befindlich bewußt", aber erst postmortal werde er das „anschauen und erkennen". Und Volckmann notiert ein Jahr später, „nun können wir sagen", dass der Tugendhafte sich hier schon im Himmel befinde, sich aber dessen lediglich nicht bewusst sei; erst dann werde er die „Dinge an sich selbst" erkennen, das „vernünftige Reich unter moralischen Gesezzen", „das Reich Gottes und das Reich der Zweke".[201] Dies sei aber nur der Form, nicht aber dem Inhalte nach eine andere Welt, womit Kant den Bogen zum teleologischen Unsterblichkeitsbeweis geschlagen hätte.

---

198 V-Met/Herder (wie Anm. 25), S. 115. Vgl. hier die enge Anlehnung an das Schlusswort der *Träume*: „Da aber unser Schicksal in der künftigen Welt vermuthlich sehr darauf ankommen mag, wie wir unsern Posten in der gegenwärtigen verwaltet haben, so schließe ich mit demjenigen, was Voltaire seinen ehrlichen Candide nach so viel unnützen Schulstreitigkeiten zum Beschlusse sagen läßt: *Laßt uns unser Glück besorgen, in den Garten gehen und arbeiten!*" AA 2, S. 273.
199 Die Bezeichnung des Himmels als „Reich des Belohnenden" und der „Hölle" als „Reich des strafenden Richters" bei V-Met/Mron (wie Anm. 28), S. 919, ist singulär im Vergleich mit allen anderen Vorlesungen.
200 Ebd., S. 919f.
201 V-Met/Volckmann (wie Anm. 30), S. 445. Bei Swedenborg: „regnum Domini est regnum finium et usuum". Emanuel Swedenborg: Arcana coelestia, quae in scriptura sacra, seu verbo domini sunt, detecta [...]. 8 Bde. Londini 1749–1756 [3. lateinische Ausg. London 1949–1973, im Folgenden: AC], Nr. 696, das gleiche Wortfeld: AC 3645, 3796, 6574. AC 9828 setzt das *regnum Domini* mit dem *mundus spiritualis* gleich. Vgl. auch ebd., AC 1097, 3646, sowie Stengel: Aufklärung (wie Anm. 3), S. 233f., 300, 391f., 635, 689–695.

Auch in den 1790er Jahren protokollieren Kants Studenten, der Himmel als „Maximum alles Guten in Ansehung des Wohlbefindens" und die Hölle als sein Gegenteil seien zwar „Ideale"; aber die Seele bleibe sich bewusst, „entweder in der Welt der Seeligen oder der Unseeligen" zu sein.[202] In der gleichen Weise kennt auch L₂ die „kreditive" Relativierung dieser transzendenten Figur („wir sagen"), bleibt aber dabei, dass Himmel und Hölle keine Ortsveränderungen bedeuteten, sondern der Himmel das „Reich der vernünftigen Wesen in Verbindung ihres Oberhaupts als des allerheiligsten Wesens" sei. Der Tugendhafte befinde sich bereits im Himmel, er besitze nur nicht die richtige Anschauung, die er sich allerdings durch die Vernunft erschließen könne. Umgekehrt sei derjenige, „der immer Ursachen findet, sich zu verachten und zu tadeln, [...] hier schon in der Hölle".[203]

Das jenseitige Leben selbst wird in den meisten Vorlesungen als *progressus infinitus*,[204] als unendlicher Fortschritt zum Guten oder zum Bösen vorgestellt, wie Herder notiert, „als Steigerung aller Wesen [...] nach der Analogie".[205] In den späteren Vorlesungen sieht Kant dann aber nur noch eine Fortentwicklung zum Guten als möglich an, hält aber gleichzeitig an einem dualistischen eschatologischen Modell fest – gegen die eschatologische Allversöhnung oder Aufhebung aller Gegensätze (*Apokatastasis panton*). Dies sei „alles was die Psychologia rationalis urteilen kann". Damit sind nach der 1792/93 liegenden Mitschrift des Grafen Dohna und nach K₂ alle Mutmaßungen über Palingenesie, Metempsychose oder den Seelenschlaf der „Hypnopsychiter", aber implizit auch alle in Swedenborgs Memorabilien geschauten Konkreta der Geisterwelt und des Himmels als gegenstandslos erkannt.[206] Swedenborgs Annahme einer morali-

---

202 V-Met/Dohna (wie Anm. 34), S. 689.
203 V-Met-L₂/Pölitz (wie Anm. 32), S. 592. K₂ spricht ebenfalls vom Himmel als Maximum des Guten und von der Hölle als Maximum des Bösen. Im Gegensatz zu Baumgarten, der keine Gemeinschaft mit anderen Geistern kennt, bezeichnet K₂ den Umgang mit Seligen oder Unseligen als Zustand einer fortdauernden Seele. Zu Kants dualistischer Eschatologie auch in seinen publizierten Schriften wie dem *Ende aller Dinge* und in der Religionsschrift vgl. Stengel: Aufklärung (wie Anm. 3), S. 666–673, 689–695.
204 Den *progressus infinitus* hat Kant möglicherweise aus Wolffs *Philosophia practica universalis* (§ 374) oder der *Deutschen Ethik* (§§ 44, 139ff.) übernommen, vgl. Giovanni B. Sala: Kants „Kritik der praktischen Vernunft". Ein Kommentar. Darmstadt 2004, S. 277.
205 V-Met/Herder (wie Anm. 25), S. 117. Baumgarten, dessen § 791 Kant nach Herders Mitschrift als zu weitreichend angesehen hatte, geht von einer Beförderung der Glückseligkeit oder Unglückseligkeit der Seele bei ihrer Fortdauer aus. Beide Zustände werden in gewisser Weise als Akzidenzien betrachtet, die mit der Seele koexistieren.
206 V-Met/Dohna (wie Anm. 34), S. 689; V-Met-K₂/Heinze (wie Anm. 36), S. 770. V-Met-L₂/Pölitz (wie Anm. 32), S. 593: „Das moralisch Gute und Böse ist niemals hier vollkommen, es ist immer im Fortschritte." V-Met/Volckmann (wie Anm. 30), S. 447, kennt beide Möglichkeiten

schen Höherentwicklung der menschlichen Seele in Himmel und Hölle mit dem Ziel eines postmortalen Aufstiegs und unter Beibehaltung des zu Lebzeiten des Körpers erworbenen Charakters wird damit allerdings völlig entsprochen.

5.13 Der *status post mortem* und Swedenborgs Eschatologie

Was aber setzt Kant an die Stelle der Metempsychose, der „lamaischen" Wiedergeburt, der Metamorphose oder der leibnizschen Annahme eines *corpusculums*,[207] das den Tod überdauert und am Ende Fundament einer selbstidentischen und personalen Seelenmonade gilt? Die Herkunft seiner Auffassung über den *status post mortem* wird von Kant nur in sehr wenigen Vorlesungen offengelegt. Der Name Emanuel Swedenborgs taucht in sechs der acht Vorlesungen aus allen drei Jahrzehnten auf,[208] aber nur in zweien wird er im Zusammenhang mit seiner Lehre über das postmortale Fortleben der Seele und deren Ort in einem *mundus intelligibilis* gebraucht.

Die Frühvorlesung von Herder, die zwei bis vier Jahre vor den *Träumen eines Geistersehers* gehalten wurde, setzt sich ausführlich mit Swedenborg auseinander, bewegt sich dabei aber ganz auf der Ebene der *Träume* und den dort hauptsächlich behandelten Sachfragen nach der Glaubwürdigkeit seiner Geisterseherei. Swedenborg, eine „sehr wunderliche Person", sei vielleicht ein „Phantast", aber es sei nicht „alles zu verachten". „Allerdings", so Kant nach

---

des Fortschritts, „denn ich habe keinen Grund zu glauben, warum der Mensch da anders werden soll". Mrongovius enthält den Passus vom *progressus infinitus* nicht. Die letzte Vorlesung K₃ enthält nur noch einen Torso der Vorlesung zu den Schlussparagraphen aus Baumgartens rationaler Psychologie. Es kann daher nicht mit Sicherheit gesagt werden, ob die Vorstellung eines *progressus* hier noch enthalten war. Da die kurz zuvor gehaltenen Dohna und K₂ ihn aber noch kennen, liegt es nahe. Ein noch erhaltenes Bruchstück von V-Met-K₃/Arnoldt (wie Anm. 26), S. 1040, verbindet die Glückseligkeit allerdings mit moralischem Wohlverhalten als Pflicht des Menschen, ohne dass es in seiner Macht liegen würde, sich diese selbst zu „verschaffen". Wie Gott dies bewirke, sei nicht erkennbar. Allerdings schließt Kant die Möglichkeit einer göttlichen Prädestination aus.

207 Vgl. dazu Friedemann Stengel: Lebensgeister – Nervensaft. Cartesianer, Mediziner, Spiritisten. In: Monika Neugebauer-Wölk, Renko Geffarth u. Markus Meumann (Hg.): Aufklärung und Esoterik. Wege in die Moderne. Berlin u. Boston 2013, S. 340–377, hier S. 344, 348–350, 362.

208 Mrongovius und K₃ erwähnen Swedenborg gar nicht. Während bei Mrongovius aber das swedenborgische System wie wenige Jahre vorher in L₁ referiert wird, ist bei K₃ der ganze Abschnitt über den *status post mortem* nicht überliefert, so dass sich für diese letzte Metaphysik-Vorlesung bedauerlicherweise keine abschließende Aussage treffen lässt. Auffällig ist aber, dass K₂ am Anfang der 1790er Jahre noch eine ausführliche Darstellung Swedenborgs bringt.

Herder, schienen Swedenborgs Empfindungen „sehr nahe mit den Empfindungen des Leibes verbunden" zu sein und daher an das „Phantasma zu grenzen". Seine Vorstellungen seien „sehr fein und leicht", es könne auch „was dazu gemischt werden". Wer sie allerdings „ungehört" verwerfe, müsse ihre „Unmöglichkeit" einsehen, und diese sei wiederum nur „gewiss, wenn die Seele gar nicht ist". Nimmt man aber die Existenz der Seele an, so Kant nach Herder, müsse man „untersuchen: nicht hochmüthig verwerfen, so bald ein einziger Fall des Möglichen wirklich ist, aber auch nicht dumm glauben".

Dazu skizziert Herder knapp die kurz nach der Vorlesung in den *Träumen* dargestellten telepathischen bzw. nekromantischen Geschichten um Swedenborg und die schwedische Königin Luise Ulrike und vom Stockholmer Stadtbrand in einer Kürze, die eher auf den Bekanntheitsgrad dieser noch nicht publizierten, sondern nur mündlich kolportierten Begebenheiten schließen lässt. Dann wendet sich Kant aber offensichtlich den Memorabilia der *Arcana coelestia* zu, wenn er gerade die Sinnlichkeit der dortigen Vorstellungen Swedenborgs kritisiert, die allzu starke Einwirkung des Körpers auf die Auditionen und Visionen der himmlischen Geheimnisse. Swedenborg rede „ungereimt dreust, de statu post mortem". Man könne, und hier bleibt Herders Mitschrift ganz unkonkret,

> vielleicht den Rest behalten; nicht alles ausschütten: so wie partial falsche beobachtung reinigen und den Grund des Irrtums leichter entdecken.

Es sei aber unmöglich, die „Unmöglichkeit" dieser Geisterseher-Geschichten „einzusehen". Dies verhindere die „wenige Kenntnis" der Seele; wer aber „alles verwerfe", müsse auch die „Seele oder Zustand nach dem Tode leugnen". Gespenster hätten zwar „unter 100 99 betrogen", aber:

> Man inclinirt also es nicht zu glauben nach der Wahrscheinlichkeit der Fälle: aber verwerfe nicht alles kurz! nicht Lügner schelten, sondern non liquet![209]

Am Ende des Abschnitts, nachdem Herder verschiedene Gattungen von Geistererscheinungen unter den Stichwörtern Poltergeister, Besessene, Kontrakte mit dem bösen Geist und auch die Lügen hervorbringende Inquisition notiert hatte, macht die Mitschrift nochmals darauf aufmerksam, dass das *commercium* „der meisten Menschen" verdunkelt und ein Bewusstsein der Verbindung von Seelen und Geistern mit der natürlichen Welt nicht möglich sei. Wie aber Schlafwandler über ein besonderes *commercium* verfügten, so sei auch ein „seltner Mensch möglich", bei dem es „weniger durch die Sinnlichkeit abgetäubt wird". Solch

---

[209] V-Met/Herder (wie Anm. 25), S. 113f.; Herder Nachträge (wie Anm. 25), S. 897f.

ein Mensch werde „nothwendig ein Phantast", der in seine sinnliche Empfindung Geister mit einflechte. Dessen „Verükkung" bestehe nicht in einem Mangel an Verstand, sondern eben in der Vermischung sinnlicher Empfindungen mit Einbildungen. Auch „Leute von grossem Genie" wie Swedenborg hätten eine Art von Wahnsinn „vielleicht eben daher":

> Entweder man halte also alle Geister vor Wahn oder verwerfe nicht alles schlechthin z.E. auch die von Schwedenberg[210] – dessen Empfindungen zwar im Ganzen wahr sein können, aber partial nie gewiss sind.[211]

Die abwägende Haltung Kants und das in den *Träumen eines Geistersehers* enthaltene „non liquet" spiegelt sich bei Herder unmittelbar, allerdings erstreckt sich seine Kritik an der Geisterseherei hier offenbar auch auf die Memorabilia der ihm zu diesem Zeitpunkt schon bekannten *Arcana coelestia*, in denen Swedenborg die postmortalen Zustände tatsächlich in Entsprechung oder auch gegenbildlicher Widersprechung zu weltlichen, körperlich-sinnlichen Anschauungen beschrieben hatte. So wie Kant aber die Geisterseherei für nicht unerwiesen hält, auch und gerade im Interesse der Aufrechterhaltung seines eigenen Unsterblichkeitspostulats, so möchte er auch nicht den „Rest" verwerfen, und es liegt nahe, dass hier Swedenborgs Lehre von der Doppelnatur des Menschen und die daraus resultierende und sich in den späteren Vorlesungen manifestierende Auffassung von der in einem *mundus intelligibilis* verankerten Moralität von Kant gemeint ist. Wenn es dieser „Rest" ist, der am Ende der 1770er Jahre in die Vorlesungen Einzug hält und bis in die 1790er Jahre erhalten bleibt, dann muss sich Kant in der Zwischenzeit entweder noch einmal ausführlich mit Swedenborg befassen oder seine Erinnerungen aus der Lektüre der *Arcana coelestia* in den sechziger Jahren in ganz anderer Weise fruchtbar gemacht haben.

Etwa 15 Jahre nach Herder verlagert sich Kants Beschäftigung mit Swedenborg in der Tat deutlich. Spätestens seit L_1, der Vorlesung mit der ausführlichsten Darstellung dessen, was Kant an Swedenborgs System für relevant hielt, tritt die

---

210 Zu den Namensvarianten Swedenborgs vgl. Stengel: Aufklärung (wie Anm. 3), S. 640f.
211 V-Met/Herder (wie Anm. 25), S. 120–122 par.; Herder Nachträge (wie Anm. 25), S. 904–906. Der Text bricht an dieser Stelle ab. Im Losen Blatt XXVI.5 (wie Anm. 112), S. 148–150, möglicherweise der ersten Vorlesung Herders bei Kant, werden wie in seiner oben genannten Refl. 4230 (wie Anm. 52) verschiedene Gattungen von Geistererscheinungen wie Kobolde, Poltergeister, Zauber- und Hexengeschichten mit ablehnender Tendenz referiert. Swedenborg taucht in dieser Reihung nicht auf, ein Indiz dafür, dass er ihn als Beispiel aus dem Vergleich mit solchen volkstümlich kolportierten Geistergeschichten heraushalten wollte.

Kritik an seiner Geistersseherei und mithin an den bei Herder und in den *Träumen* verhandelten konkreten Geschichten um den Stadtbrand von Stockholm und die schwedische Königin Luise Ulrike ganz zurück, wie auch das Kapitel über Geistererscheinungen und Phänomene wie Kobolde und Gespenster in der rationalen Psychologie gar nicht mehr behandelt wird. Es scheint, als habe Kant ein Resümee aus den *Träumen* zu dem Thema Geister und Geistererscheinungen in die Tat umgesetzt:

> Nunmehr lege ich die ganze Materie von Geistern, ein weitläuftig Stück der Metaphysik, als abgemacht und vollendet bei Seite. Sie geht mich künftig nichts mehr an.[212]

Am Ende des Abschnitts über rationale Psychologie in L_1 wird nochmals auf die Funktion des Körpers als ein Hindernis des Lebens rekurriert und ein „ganz reines geistiges Leben" nach dem Tod als „allerangemessenste" Meinung der Philosophie bezeichnet. Da die Gegenwart des Geistes, der Seele nicht lokal in der Körperwelt bestimmt werden könne, sei ihr Ort in der „Geisterwelt", wo sie „in Verbindung und im Verhältniß mit anderen Geistern" stehe. Wenn diese Geister „wohldenkende und heilige Wesen" seien, befinde sich die Seele im Himmel, sei die Gemeinschaft aber „bösartig": in der Hölle. Solche Gemeinschaften existierten unabhängig von Ort und Körperwelt, nicht im unermeßlichen Raum der Weltkörper „in blauer Farbe" und man werde nach dem Tod nicht auf andere Planeten versetzt, mit denen man jetzt schon in einer wenn auch „entferntern" Verbindung stehe, sondern die Seele bleibe in dieser Welt, habe aber eine „geistig Anschauung" von allem. Ein Belohnungs- und Bestrafungskonzept ist auch hier nicht im Blick, sondern die Art des moralischen Verhaltens entscheidet, wo der Mensch ist. „Hierin", nicht in seiner Geistersseherei, im *homo-maximus*-Motiv oder in seiner allegorischen Exegese, die in L_1 nicht einmal mehr erwähnt wird, hierin sei „der Gedanke" Swedenborgs „sehr erhaben". Denn der gehe nicht nur von einem *mundus intelligibilis* aus, von einer Geisterwelt, die ein „besonderes reales Universum" im Unterschied zum *mundus sensibilis* sei. Er nehme auch an, dass alle geistigen Wesen unabhängig vom *commercium* mit dem Körper in geistiger Verbindung untereinander stünden und dies auch auf die menschlichen Seelen zutreffe. Das Bewusstsein dieser Gemeinschaft und der Wechsel der Anschauung trete jedoch erst nach dem Wegfall des *commercium* zutage. Und in dieser Welt befänden sich der Rechtschaffene schon jetzt in Gemeinschaft mit den rechtschaffenen Seelen, „sie seyen in Indien oder Arabien", und der Boshafte in der „Gemeinschaft aller

---

212 AA 2, S. 352.

Bösewichter, die sich untereinander verabscheuen". Beide, der Tugendhafte und der Boshafte, kämen nach dem Tod nicht in den Himmel oder die Hölle, sondern sind jetzt schon „darinnen" und werden sich postmortal dieses Zustands voll bewusst – „schrecklicher Gedanke für den Bösewicht".[213] Zu solch einer geistigen Anschauung sei ein Körper nicht nötig. Dies sei

> alles, was wir hier sagen können, um den Begriff von der geistigen Natur der Seele, von ihrer Trennung vom Körper, von der künftigen Welt, die im Himmel und in der Hölle besteht, zu reinigen.[214]

Obwohl Kant in L₁ an anderer Stelle bereits auf die Problematik von Geistererscheinungen eingegangen war, hängt er an die positive Würdigung des swedenborgschen Systems hier noch einmal die Frage an, ob die Seele auch in der sichtbaren Welt schon erscheinen könne, und verneint dies als „nicht möglich".[215] Damit geht er noch über die bei Herder und in den *Träumen eines Geistersehers* vertretene Position hinaus, dass solche Phänomene, auch im Falle Swedenborgs, unentscheidbar seien. Jetzt erscheinen sie ihm „contradiktorisch" und der „Maxime der gesunden Vernunft entgegengesetzt".[216] Nicht nur die Gleichzeitigkeit der sinnlichen und geistigen Anschauung schließe dies aus, die Vernunft gebiete es überdies, solche „Erfahrungen und Erscheinungen" nicht zuzulassen, die den autonomen Vernunftgebrauch unmöglich machten, die, mit anderen Worten, moralische Handlungen auf das Konto von Geistern zurückführten. Diese schon in den *Träumen* geäußerte Doppelkritik an den Geistererscheinungen Swedenborgs bezog sich also auf die moralische Autonomie, gleichsam in Vorwegnahme der dritten Formel des kategorischen Imperativs. Die „Vorsehung" habe die künftige Welt „verschlossen", man solle sich nicht um sie „bekümmern", so L₁ wie Herder und die Schlusspassage der *Träume*. Es sei nur

> eine kleine Hoffnung übrig gelassen, die hinreichend genug ist, uns dazu zu bewegen, uns derselben würdig zu machen; welches wir nicht so eifrig thun würden, wenn wir die künftige Welt schon im voraus kennten.

---

213 Diese Passage wird auch zitiert von Rivera de Rosales: Kant (wie Anm. 15), S. 231, ohne Namensnennung Swedenborgs und mit der Betonung, diesen Ausführungen liege nicht die Annahme einer ontologischen Dualität zugrunde, sondern zwei verschiedene Arten derselben Realität.
214 Der gesamte Abschnitt in V-Met-L₁/Pölitz (wie Anm. 29), S. 296–299.
215 Ebd., S. 300.
216 Ebd.

Die Hauptsache sei

> immer die Moralität: diese ist das Heilige und Unverletzliche, was wir beschützen müssen, und diese ist auch der Grund und der Zweck aller unserer Speculationen und Untersuchungen. Alle metaphysischen Speculationen gehen darauf hinaus. Gott und die andere Welt ist das einzige Ziel aller unserer philosophischen Untersuchungen, und wenn die Begriffe von Gott und von der andern Welt nicht mit der Moralität zusammenhingen, so wären sie nichts nütze.[217]

Die moralische Autonomie grundsätzlich infrage zu stellen, war für den kritischen Kant schon wenige Jahre vor der *KrV* ganz undenkbar. Dies betraf aber offensichtlich nicht ein System, das die Unsterblichkeit der Seele als Triebfeder zur Moralität beinhaltete, darüber hinaus die Vorstellung von Himmel und Hölle in der konventionellen Dämonologie zwischen Teufel und Richtergott entmystifizierte und sie als selbstproduziertes Ergebnis und als Fortsetzung der moralischen Handlungen umdeutete. Swedenborg kennt weder Engel noch Teufel oder Dämonen als geschaffenen Zwischenwesen. Böse und gute Geister, Engel und Teufel sind nichts anderes als die substanziellen Seelen verstorbener Menschen, die sich ihren postmortalen Zustand durch ihre irdische Moralität selbst bereiten. Die Vorstellung eines in Himmel und Hölle einweisenden göttlichen Richters, der die Autonomie der Vernunft einschränken würde, hatte Swedenborg so wie Kant scharf ausgeschlossen. Dies scheint für Kant – wenigstens zu diesem Zeitpunkt – noch Anlass genug gewesen zu sein, nicht den ganzen Swedenborg, aber seinen Ansatz von der doppelten Natur des Menschen und seiner ins Postmortale reichenden persönlichen moralischen Verantwortlichkeit zu übernehmen. Dass Kant Swedenborgs Lehre nur partiell rezipierte und modifizierte, zeigt, dass Swedenborgs Position bei Kants zunehmend kritischer Auseinandersetzung mit den aus der leibniz-wolffschen Schule stammenden Begriffen der Substanzialität, Immaterialität, Simplizität und Personalität keinerlei Rolle spielte, obwohl Swedenborg gerade an diesen Punkten der von Kant zunehmend kritisierten Schule entstammte.[218] Ausschließlich der Zusammenhang zwischen Moral und Unsterblichkeit brachte offenbar die Intention Kants hervor, dessen System zu zitieren und es sich in Grundzügen zu eigen zu machen.

Ohne Namensnennung und als knapperes Referat referiert Kant Swedenborgs System in der Mitschrift von Mrongovius und bei Volckmann, die nur kurz nach

---

217 Ebd., S. 301. Vgl. Kant: Träume. In: AA 2, S. 373.
218 Vgl. Friedemann Stengel: Swedenborg als Rationalist. In: Monika Neugebauer-Wölk u. Mitarb. v. Andre Rudolph: Aufklärung und Esoterik. Rezeption – Integration – Konfrontation. Tübingen 2008, S. 149–203; ders.: Aufklärung (wie Anm. 3), S. 334–404.

der ersten Auflage der *KrV* entstanden. Anders als Mrongovius äußert sich Volckmann noch zur Möglichkeit der Gemeinschaft mit abgeschiedenen Seelen, nennt auch explizit Swedenborg und meint, ihn aus empirischen Gründen weder „beweisen noch gründlich wiederlegen" zu können. Hingegen seien Geister, Gespenster, Erscheinungen, Traumdeutungen ein „äußerst verwerflicher Wahn", der sich durch keine „Regel oder durch verglichene Beobachtungen erklären" lasse – dies trifft auf den wiederum separat und mit größerer Vorsicht genannten Swedenborg nicht zu, wenngleich es nicht seine Geisterseherei, sondern sein moralischer Ansatz ist, den Kant – auch bei Volckmann unzitiert – aktiv rezipiert.[219]

Die Vorstellung von der Doppelnatur des Menschen, seiner gleichzeitigen Existenz im *mundus intelligibilis* und im *mundus sensibilis* und seine Selbstverortung in Himmel und Hölle, deren er sich erst postmortal bewusst werde, sind auch in den Vorlesungen aus den neunziger Jahren enthalten, wenn auch in einem geringeren Umfang als bei L_1, Volckmann und Mrongovius. In keiner der Mitschriften wird jedoch Swedenborg als Quelle für dieses System erwähnt wie noch in L_1. Während L_2 den Namen Swedenborgs wiederum nur im Zusammenhang mit der Möglichkeit der Gemeinschaft mit abgeschiedenen Geistern nennt,[220] erwähnen die beiden anderen relevanten Vorlesungen Swedenborg jeweils in verschiedenen Kontexten, nicht jedoch im Zusammenhang mit dem in L_1 dargelegten und auch in den anderen Texten noch zitierten Konnex zwischen Unsterblichkeit und Moralität. K_2 nennt Swedenborg in Verbindung mit der durchaus möglichen Annahme eines künftigen, rein geistigen Lebens, das keine Ortsveränderung mit sich bringe, und weist dann direkt auf die *Arcana coelestia* hin, in denen – so fasst K_2 zusammen – Swedenborg behaupte, er habe Umgang mit Geistern, weil sein „Innerstes" aufgetan sei. Jeder Mensch sei schon hier in der Hölle oder im Himmel, aber erst „künftig sähe er sich in der Gesellschaft der Frommen und Verdammten, welches er hier nicht kann". Ohne Bewertung bricht diese Passage ab und es folgt der Hinweis auf das *commercium* und auf den Tod als dessen „Auflösen".[221] Dahinter könnte sich eine Bemerkung zur Unmöglichkeit der Einsicht in die Doppelnatur und damit eine Kritik an Swedenborgs Visionarität angeschlossen haben, die durch das *commercium* nicht möglich ist.

---

219 V-Met/Volckmann (wie Anm. 30), S. 446f.; V-Met/Mron (wie Anm. 28), S. 919.
220 V-Met-L₂/Pölitz (wie Anm. 32), S. 593: Geisterscheinen widerlegen zu wollen, sei „eine vergebliche Arbeit". Sie können, da das Kriterium der Erfahrung an sie nicht angelegt werden könne, nur durch den Satz vom Widerspruch beurteilt werden. Allerdings werden wie schon bei Volckmann Gespenster, Traumdeutungen, Geister wie insbesondere die „eclectici" der „neuplatonische[n] Sekte", die Theurgie, Magie und Kabbala im Gegensatz zu Swedenborg als „äußerst verwerflich" angesehen.
221 V-Met-K₂/Heinze (wie Anm. 36), S. 768.

Kants Referat über die Gemeinschaft mit Seligen oder Unseligen und über Himmel, Hölle und den *progressus infinitus* am Ende dieses Abschnitts[222] legen aber einerseits eine nicht bewertende bzw. abwägende Sicht von Swedenborgs Kontakt mit der Geisterwelt und andererseits die Übernahme des schon in L_1 dargelegten Systems nahe.

Die von 1792/93 stammende Vorlesungsmitschrift Dohna enthält nur sehr kurze Ausführungen zum *status post mortem*, macht aber ebenfalls kurze Angaben über Himmel, Hölle, den *progressus infinitus* und nennt Swedenborg in einem ganz anderen Zusammenhang. Dieser habe das „totum ideale" als „reale" angenommen. Dazu ist das Stichwort „unsichtbare Kirche" notiert, ein Hinweis auf die zentrale Bedeutung dieses Begriffs in der Religionsschrift, wo Kant den Reich-Gottes-Gedanken auf der Basis der protestantischen Vorstellung von der *ecclesia invisibilis* reformuliert.[223] Zuvor findet sich eine Bemerkung über die Raumlosigkeit des geistigen Lebens.[224] So wenig sich aus diesem Bruchstück schließen lässt, das außerdem aus der Hand eines Hörers stammt, der am Ende seines Textes fast nur noch mit Wortgruppen und knappen Sätzen agiert, so scheint sich doch hier wie schon in den anderen Vorlesungen die Kritik am Umgang Swedenborgs mit dem „totum ideale" zu verbergen, das in seinen Beschreibungen der Geisterwelt so plastisch-realistisch, als Mischung von Gesehenem und Eingebildetem, geschildert vorliegt. Von der Annahme eines künftigen geistigen Lebens weicht der Text nicht ab. Daher dürfte sich die Kritik an Swedenborg in erster Linie auf dessen sich empirisch gebärdenden Kontakt mit der Geisterwelt bezogen haben.

6 Auswertung

1. Das Interesse, das Kant den angeblich telepathischen und nekromantischen Begebenheiten um Swedenborg bei Herder und in den *Träumen eines Geistersehers* in den sechziger Jahren entgegenbringt, verschwindet spätestens in den siebziger Jahren gänzlich.

---

222 Vgl. ebd., S. 770.
223 Vgl. Michael Murrmann-Kahl: Immanuel Kants Lehre vom Reich Gottes. Zwischen historischem Offenbarungsglauben und praktischem Vernunftglauben. In: Georg Essen u. Magnus Striet (Hg.): Kant und die Theologie. Darmstadt 2005, S. 251–274; Bernd Dörflinger: Kants Projekt der unsichtbaren Kirche als Aufgabe zukünftiger Aufklärung. In: Heiner F. Klemme (Hg.): Kant und die Zukunft der europäischen Aufklärung. Berlin u. New York 2009, S. 165–180.
224 V-Met/Dohna (wie Anm. 34), S. 689.

2. Für unentscheidbar hält Kant in allen Vorlesungen die Frage, ob Swedenborg ein „Sondercommercium" besaß, das ihm einen Kontakt mit der Geisterwelt ermöglichte. Fehlende Erfahrung und fehlende Beurteilungskriterien verbieten ihm hier ein eindeutiges Urteil.
3. Davon ist nicht Swedenborgs System der Unsterblichkeit der Seele, der Gleichzeitigkeit der Existenz in einer sinnlichen und einer geistigen Welt und die Selbstverortung des Menschen in Himmel und Hölle betroffen, die auch in den Spätvorlesungen der neunziger Jahre zwar in kürzerer Form, aber dennoch erwähnt werden.
4. Andere Bereiche, in denen Swedenborgs System anklingt, wie das Reich der Zwecke als Bezeichnung für den *mundus intelligibilis* oder die Aussagen über die Präexistenz der Seele, werden bei Kant an keiner Stelle mit dem Namen des Verfassers der *Arcana coelestia* in Verbindung gebracht.
5. Kants Präferenz gegenüber dem teleologischen und seine Würdigung des moralischen Unsterblichkeitsbeweises heben zwar auf Figuren auch bei Swedenborg ab wie das Reich der Zwecke, sie werden jedoch ohne jede Ewähnung der *Arcana* ausgeführt. Swedenborg behauptet anstelle der Beweise „Empirie".
6. Kants Auseinandersetzung mit den „Paralogismen" der leibniz-wolffschen Schule, die ihm in Gestalt der *Metaphysik* Baumgartens vorlagen, verläuft unabhängig von seinen Erwägungen über den postmortalen Zustand der Seele, in denen Swedenborg eine nicht nur referenzielle Bedeutung hat, sondern allen anderen Lehren vorgezogen wird.
7. Die Ablehnung der Argumentationskette Substanzialität – Immaterialität – Simplizität – Personalität der Seele, die in der *KrV* dargestellt wurde und sich in den Vorlesungsabschnitten zu den entsprechenden Paragraphen bei Baumgarten auch zunehmend niederschlug, wurde dort wieder fallengelassen, wo es um die Moralität, die damit zusammenhängenden teleologischen und moralischen Beweise und die in allen Vorlesungen angenommene Unsterblichkeit der Seele wenigstens als Vermutung ging.
8. Kants Swedenborg-Rezeption erweist sich als Hybridisation. Die Geisterseherei, seine exegetische Methode und der konkrete Inhalt seiner *Memorabilia*, Swedenborgs Berichte über seinen angeblichen Kontakt mit den Seelen Verstorbener, werden, wenn schon nicht als „falsch" abgelehnt, dann aber zumindest als unbewiesen und unrezipierbar stehen gelassen. Aber Swedenborgs Lehre von der Doppelnatur des Menschen, von der moralischen Selbstverantwortung, von der Unsterblichkeit der Seele unabhängig vom irdischen *commercium* mit dem Körper, vom Tod als bloßem Anschauungswechsel und schließlich auch von der anderen Welt als dem Reich der Zwecke werden modifiziert in Kants Moralphilosophie transportiert, auch wenn sie dort aus der spe-

kulativen Erkenntnis herausgenommen und ganz in den Bereich der praktischen Vernunft gewiesen werden.

9. Ein rezeptioneller Zusammenhang zwischen Kants Reich der Zwecke und Swedenborgs *regnum finium* ist angesichts der Tatsache, dass Kant die Kenntnis der *Arcana coelestia* Swedenborgs in den *Träumen* ausdrücklich eingeräumt hat, naheliegend, auch wenn er sich hier abschätzig über dieses Werk geäußert hat. Die Bedeutung des Zweck-Ursache-Wirkung-Zusammenhanges und der Zuordnung der Zweckmäßigkeit auf die Seite Gottes und der Geisterwelt in Swedenborgs Lehre ist eindeutig. Auch die Tradierung der Zweckmäßigkeit der Welt in der leibniz-wolffschen Philosophie liegt auf der Hand.[225] In diesem Sinne ist es für die These von der Hybridisierung rezipierter Traditionen bei Kant von Bedeutung, ob hier, nicht als praktischer Gebrauch, sondern auf der Ebene der Erkenntnis ein Feld, nämlich der *mundus intelligibilis*, beschritten wird, das nach Kants Selbstbeschränkung zu den unerkennbaren *Noumena* gehört, auch wenn in der *Kritik der Urteilskraft* zwischen der physischen und der moralischen Teleologie unterschieden wird, die den „Mangel" der ersteren erweitert und Aussagen über die göttlich begründete Zweckhaftigkeit der Sinnenwelt *und* des *mundus intelligibilis* erlaubt, die beide Reiche als Reiche der Zwecke unter einem Schöpfer erscheinen lassen.

10. Um den Quellenwert der acht benutzten Vorlesungen angemessen zu beurteilen, ist vor allem die große Zahl der Parallelitäten und die Übereinstimmung im Grundriss anzumerken. Ein auf die innere Entwicklung der rationalen Psychologie und Metaphysik Kants orientierter Blick ordnet inhaltliche Abweichungen zeitlich parallelen Dokumenten zu und vermag sie dadurch in einen diachronen Zusammenhang zu bringen. Die Annahme, dass es sich ja „nur" um studentische Texte und Mitschriften, nicht um Kants eigenhändige Werke handele, sollte nicht dazu führen, diesen Texten keine gebührende Aufmerksamkeit zu schenken. Die Vorlesungsmitschriften sind zu Kants publizierten Texten ins Verhältnis zu setzen, allerdings nichts so, dass aus Dokumenten, die verschiedenen Zeiträumen und Entwicklungsstadien entstammen, nur die Aussagen verwendet werden, die miteinander harmonieren und literarisch unabhängig voneinander sind. Dies trägt naturgemäß nur wenig dazu bei, die historisch-kontextuellen Fundamente für eine diskursive Betrachtung der Auseinandersetzung Kants mit Swedenborgs Schriften – und mit Baumgartens *Metaphysik* – zu legen und dabei die werkbiographische Entwicklung Kants auch dann nachzuzeichnen, wo sie den veröffentlichten Schriften entgegensteht.

---

225 Vgl. Stengel: Aufklärung (wie Anm. 3), S. 689–695, 233f., 391f.

11. In Anbetracht der Vorlesungen lässt sich nicht die These aufrechterhalten, Kant habe die rationale Psychologie durchweg aus dem Fächerkanon ausgegrenzt und sie durch seine neue Subjekttheorie ersetzt, indem er die Identität der Seele nur noch als formales Prinzip gelten ließ.[226] Ganz im Gegenteil. In seinen Vorlesungen behandelte er die Frage der Seele und ihrer Unsterblichkeit bis zum Ende seiner Vorlesungstätigkeit weitaus offener und in einigen Bereichen wie dem teleologischen Unsterblichkeitsbeweis sogar im Gegensatz zur *Kritik der reinen Vernunft*. Seine Arbeit an der zweiten und dann an der dritten *Kritik* schlägt sich in den entsprechenden Vorlesungen deutlich nieder.

12. Auch wenn es sich um studentische Mit- und Nachschriften handelt, wird in ihnen deutlich, dass Kant hier die Unsterblichkeit der Seele keineswegs marginalisierte, sondern umfangreich und kritisch darstellte. Er fügte dieses „Zentraldogma der Aufklärung"[227] über die Postulatenlehre in die Moralphilosophie und in seine kritische Darstellung der Metaphysik ein, auch wenn er es epistemologisch zugleich aus den Möglichkeiten der spekulativen Erkenntnis ausschloss. Bis zum Ende seiner Vorlesungstätigkeit wurde Swedenborgs dabei zwischen Mimikry und Widerstand gebrochen rezipiert, namentlich genannt und ungenannt, partiell angeeignet und scharf zurückgewiesen.[228]

---

226 Vgl. Georg Essen: Abschied von der Seelenmetaphysik. Eine theologische Auslotung von Kants Neuansatz in der Subjektphilosophie. In: Essen u. Striet: Kant und die Theologie (wie Anm. 223), S. 187–223, hier S. 190, 194.
227 Carl Stange: Die Unsterblichkeit der Seele. Gütersloh 1925 (= Studien des apologetischen Seminars in Wernigerode 12), S. 105. Dazu Stengel: Seele (wie Anm. 137).
228 Vgl. zur diskurstheoretischen Beschreibung dieser Rezeptionsvorgänge Friedemann Stengel: Discourse Theory and Enlightenment. In: Aries 16 (2016), S. 49–85; ders.: Diskurstheorie und Aufklärung. In: Neue Zeitschrift für Systematische Theologie und Religionsphilosophie 61 (2019), S. 453–489.

Verzeichnis der Autorinnen und Autoren

Bunte, Martin, Dr., Habilitand, Westfälische Wilhelms-Universität Münster, Exzellenzcluster „Religion & Politik", Johannisstraße 1, 48143 Münster, MartinBunte@yahoo.de

Dmitrieva, Nina, Prof.[in] Dr.[in], Moscow Pedagogical State University, Department of Philosophy, 1/1 Malaya Pirogovskaya st., 119991 Moskau, und Director of Academia Kantiana, Immanuel Kant Baltic Federal University, Institute for Humanities, 14 Aleksandra Nevskogo st., 236016 Kaliningrad, na.dmitrieva@mpgu.su, NDmitrieva@kantiana.ru

Heidenreich, Hauke, Dr. des., Lehrbeauftragter, Martin-Luther-Universität Halle-Wittenberg, Theologische Fakultät, Franckeplatz 1, Haus 30, 06110 Halle (Saale), haukeheidenreich@gmx.de

Loerzer, Barbara, Dr.[in], Oberstudienrätin, Karl-Rehbein-Schule, Schlosshof 2, 63450 Hanau, verbunden mit Goethe-Universität Frankfurt a.M., Fachbereich Ev. Theologie, Norbert-Wollheim-Platz 1, 60323 Frankfurt a.M., b.loerzer@t-online.de

Plaul, Constantin, Dr., Wissenschaftlicher Mitarbeiter für Systematische Theologie, Martin-Luther-Universität Halle-Wittenberg, Theologische Fakultät, Franckeplatz 1, Haus 26, 06110 Halle (Saale), constantin.plaul@theologie.uni-halle.de

Stengel, Friedemann, Prof. Dr., Professor für Neuere Kirchengeschichte, Martin-Luther-Universität Halle-Wittenberg, Theologische Fakultät, Franckeplatz 1, Haus 30, 06110 Halle (Saale), friedemann.stengel@theologie.uni-halle.de

Vita, Valentina Dafne de, Doktorandin, Martin-Luther-Universität Halle-Wittenberg, Seminar für Philosophie, Emil-Abderhalden-Str. 26/27, 06108 Halle (Saale), valentina.de-vita@phil.uni-halle.de

Widmer, Elisabeth Theresia, Doktorandin, Universität Wien, Institut für Philosophie, Universitätsstraße 7, 1010 Wien, elisa-beth@widmer.cc

Wilken, Anne, Dr.[in] des., Bergische Universität Wuppertal, Philosophisches Seminar, Gaußstraße 20, 42119 Wuppertal, wilken@uni-wuppertal.de

Zeyer, Kirstin, PD Dr.[in], Carl von Ossietzky Universität Oldenburg, Institut für Philosophie, Ammerländer Heerstraße 114-118, 26129 Oldenburg, und wissenschaftliche Mitarbeiterin, Kueser Akademie für Europäische Geistesgeschichte, Philosophisches Seminar, Kloster Machern, An der Zeltinger Brücke 1, 54470 Bernkastel-Kues, info@kirstin-zeyer.de

Personenregister

Adickes, Erich (1866–1928) 14–16, 31f., 38, 47, 49, 51, 57, 182f., 214
Adler, Max (1873–1937) 8
Aiken, Henry D. (1912–1982) 174
Althoff, Friedrich (1839–1908) 48
Anaxagoras (um 499–428 v. Chr.) 65
Aristoteles (384–322 v. Chr.) 116, 139f.
Arnoldt, Emil (1828–1905) 214, 217, 228–231, 235–238, 240, 243–246, 249, 258

Bahnsen, Julius (1830–1881) 181, 192
Bain, Alexander (1818–1903) 181
Barratt, Alfred (1844–1881) 170
Barth, Heinrich (1890–1965) 123
Bauch, Bruno (1877–1942) 9, 14, 37
Baumgarten, Alexander Gottlieb (1714–1762) 4, 31, 177, 197, 202, 213f., 216f., 219, 221–232, 235–259, 241, 243, 245, 251, 253, 255, 257f., 266f.
Berdjajev, Nikolaj Aleksandrovič (1874–1948) 108
Berkeley, George (1685–1753) 220, 222
Bernard, John Henry (1860–1927) 181, 198
Bernstein, Eduard (1850–1932) 72, 119
Bismarck, Otto von (1815–1898) 21, 28, 39, 75
Bois-Reymond, Emil Heinrich du (1818–1896) 29
Bonnet, Charles (1720–1793) 229, 237, 242
Bormann, Walter (1844–1914) 32, 40, 211
Brockhaus, Friedrich Arnold (1772–1823) 163
Brunner, Otto (1898–1982) 19
Buchenau, Artur (1879–1946) 127
Büchner, Georg (1813–1837) 19
Büchner, Ludwig (1824–1899) 14f., 19, 29, 74, 76
Bülow, Bernhard von (1849–1929) 9, 38
Busch, Wilhelm (1832–1908) 21
Cagliostro, Alessandro (1743–1795) 209
Carl Alexander, Großherzog von Sachsen-Weimar-Eisenach (1818–1901) 76
Carnap, Rudolf (1891–1970) 131
Cassirer, Bruno (1872–1941) 57
Cassirer, Ernst Alfred (1874–1945) 4, 10, 56, 121–131

Clifford, William Kingdon (1845–1879) 170
Cohen, Hermann (1842–1918) 3f., 10, 36–38, 41, 45, 56, 71f., 83, 118f., 121–124, 133, 149, 163, 182
Cousin, Victor (1792–1867) 181, 190
Czolbe, Heinrich (1819–1873) 74, 82

Darwin, Charles (1809–1882) 16f., 75f., 92–94, 102, 189
Delbrück, Hans (1848–1929) 20
Delrio, Martin Anton (1551–1608) 232f.
Descartes, René (1596–1650) 123, 226, 231, 236f.
Diels, Hermann (1848–1922) 49, 51
Dilthey, Karl (1839–1907) 138
Dilthey, Wilhelm (1833–1911) 3f., 32, 39, 43f., 46–51, 54, 56, 133–149
Dingler, Hugo (1881–1954) 127
Dippel, Joseph (1840–1915) 31
Doebler, Gottlieb (1762–1810) 52
Dohna-Lauck auf Wundlacken, Heinrich zu (1777–1843) 215–217, 225, 227f., 230f., 235–238, 240, 242–246, 249–251, 253, 257f., 265
Drossbach, Maximilian (1810–1884) 59
Dühring, Eugen Karl (1833–1921) 96

Einstein, Albert (1879–1955) 124
Einzinger von Einzing, Johann Martin Maximilian (1725–1798) 233
Eisler, Rudolf (1873–1926) 15
Ellissen, Otto Adolf (1859–1943) 96
Emerson, Ralph W. (1803–1882) 173
Engels, Friedrich (1820–1895) 75, 101–104
Erasmus von Rotterdam (1466/69–1536) 19
Erdmann, Benno (1851–1921) 33, 44–46, 51–53, 55, 213
Ernesti, Johann August (1707–1781) 134
Eucken, Rudolf (1846–1926) 121

Falckenberg, Richard (1851–1920) 121
Faraday, Michael (1791–1867) 24
Fechner, Gustav Theodor (1801–1887) 91, 181
Feuerbach, Ludwig (1804–1872) 94f., 97

Fichte, Johann Gottlieb (1762–1814) 151–154, 166–168, 170
Fischer, Kuno (1824–1907) 45, 53, 59, 65, 76, 112, 119, 163, 170, 181, 187
Förster-Nietzsche, Elisabeth (1846–1935) 60
Fouillée, Alfred (1838–1912) 170
Frauenstädt, Julius (1813–1879) 59
Friedrich I. von Preußen (1657–1713) 45
Frischeisen-Köhler, Max (1878–1923) 8f., 37f.

Galilei, Galileo (1564–1642) 124
Gaßner, Johann Joseph (1727–1779) 232f.
Gibbons James, Alice Howe (1849–?), Gattin von William James 176
Gifford, Adam (1820–1887) 193
Goethe, Johann Wolfgang von (1749–1832) 16f., 48, 65, 187, 190, 192, 209
Griesinger, Wilhelm (1817–1868) 181
Groethuysen, Bernhard (1880–1946) 133

Habermas, Jürgen (*1929) 1f.
Haeckel, Ernst (1834–1919) 3, 14–17, 23–39, 41, 76, 91, 93
Hanslmeier, Josef (1914–1977) 14
Harden, Maximilian (1861–1927) 9, 14
Hartenstein, Gustav (1808–1890) 46, 56
Hartmann, Eduard von (1842–1906) 20, 38, 76, 91, 96, 159
Hartmann, Nicolai (1882–1950) 123, 127
Hegel, Georg Wilhelm Friedrich (1770–1831) 1, 13, 82, 102f., 110, 154f., 159f.
Heidegger, Martin (1889–1976) 122, 129f.
Heinze, Max (1835–1909) 32f., 215, 217, 225, 227–230, 236–238, 240, 242, 244–246, 249–251, 253f., 257, 264
Hellen, Eduard von der (1863–1927) 188
Helmholtz, Hermann von (1821–1894) 181
Helvétius, Claude-Adrien (1715–1771) 82
Herder, Johann Gottfried (1744–1803) 212, 214, 216, 224, 233f., 236f., 239, 241f., 244, 248, 250, 253, 255–262, 265
Hißmann, Michael (1752–1784) 242
Hoffmann, Richard Adolf (1872–1948) 211
Holbach, Paul-Henri Thiry d' (1723–1789) 82
Holmes, Oliver W. (1809–1894) 173, 178, 190
Hönigswald, Richard (1875–1947) 15
Hugo, Victor (1802–1885) 187

Humboldt, Alexander von (1769–1859) 113
Humboldt, Wilhelm von (1767–1835) 187
Hume, David (1711–1776) 61f., 74, 77, 133
Husserl, Edmund (1859–1938) 135, 159
Hutten, Ulrich von (1488–1523) 19

Jacobi, Friedrich Heinrich (1743–1819) 82, 167f.
James, Henry (1843–1916) 176, 200f.
James, Henry Sr. (1811–1882) 178
James, Mary (Mutter von William James) 187
James, William (1842–1910) 4, 170, 173–208
Jefron, Ilja Abramowitsch (1847–1917) 163
Jerusalem, Wilhelm (1854–1923) 182

Kambli, Conrad Wilhelm (1829–1914) 116
Karl der Große (747/8–814) 18
Keil, Karl August Gottlieb (1754–1818) 134
Knobloch, Charlotte von (1740–1804) 24
Krug, Wilhelm Traugott (1770–1842) 159
Kues, Nikolaus von (1401–1464) 122, 124

Lamarck, Jean-Baptiste de (1744–1829) 16f.
Lange, Friedrich Albert (1828–1875) 3f., 45, 59f., 62f., 70–119, 133, 163–165, 186
Lapschin, Iwan (1870–1952) 169
Lask, Emil (1875-1915) 4, 151f., 155–160
Lassalle, Ferdinand (1825–1864) 102
Lauth, Reinhard (1919–2007) 166f.
Lavater, Johann Caspar (1741–1801) 229
Leeuwenhoek, Antony van (1632–1723) 238
Leibniz, Gottfried Wilhelm (1646–1716) 45, 123, 153, 192, 217, 219f., 222, 225f., 229f., 236–240, 252f., 258, 263, 266f.
Leo XIII. (1810–1903) 29
Lequier, Jules (1814–1862) 170
Lessing, Gotthold Ephraim (1729–1781) 187, 229
Lewandowsky, Louis (1821–1894) 118
Lewes, George Henry (1817–1878) 170, 190
Liebknecht, Wilhelm (1826–1900) 102f.
Liebmann, Otto (1840–1912) 11–16, 25, 30, 35, 37f., 40f., 59, 62, 83, 119
Locke, John (1632–1704) 133
Loewenfeld, Leopold (1847–1923) 211
Lotze, Hermann (1817–1881) 46, 156, 181
Ludwig, Carl (1816–1895) 29

Luise Ulrike (1720–1782, schwedische Königin) 259, 261
Luther, Martin (1483–1546) 18–20, 25f., 28f., 36, 242

Malebranche, Nicolas (1638–1715) 231, 236
Malthus, Thomas Robert (1766–1834) 99, 102
Marx, Karl (1818–1883) 75, 82, 101–104, 118
Maudsley, Henry (1835–1918) 181
Medicus, Fritz (1876–1956) 32f., 37
Mendelssohn, Moses (1729–1786) 220, 228, 245
Menzer, Paul (1873–1960) 47, 215
Mesmer, Franz Anton (1734–1815) 209, 233
Meyer, Jürgen Bona (1829–1897) 83, 119
Mill, John Stuart (1806–1873) 89, 91f., 97f., 101, 107, 116
Misch, Georg (1878–1965) 139, 146
Moleschott, Jacob (1822–1893) 74
Mommsen, Theodor (1817–1903) 49
Montinari, Mazzino (1928–1986) 64, 67–69
Morell, John Daniel (1816–1891) 181
Morus, Thomas (1478–1535) 103
Mrongovius, Christoph Coelestin (1764–1855) 214–217, 224, 226–231, 236–238, 240, 242–246, 248–251, 253–256, 258, 263f.
Münsterberg, Hugo (1863–1916) 174
Myers, Gustavus (1872–1942) 100

Natorp, Paul Gerhard (1854–1924) 10, 121–123
Newton, Isaac (1643–1727) 24, 65, 248
Nietzsche, Friedrich (1844–1900) 3, 32, 34, 59–71, 118

Oetinger, Friedrich Christoph (1702–1782) 229

Paulsen, Friedrich (1846–1908) 8, 28, 30,32–36, 38f., 41, 45, 180, 183, 185, 193, 197
Peirce, Charles S. (1839–1914) 173f.
Perry, Ralph B. (1876–1957) 173, 176
Pius IX. (1792–1878) 23
Platon (428/7-348/7 v. Chr.) 116, 118, 122f., 239, 253
Plechanow, Georgij Valentinovič (1856–1918) 82
Plotin (205–270) 253

Pölitz, Karl Heinrich Ludwig (1772–1838) 210–215, 223f., 226, 228, 230f., 234–239, 241f., 244–246, 248–250, 253–255, 257, 262, 264
Popper, Karl (1902–1994) 127
Prel, Carl du (1839–1899) 3–5, 27, 31–34, 37, 39f., 210–213, 215, 223, 241
Priestley, Joseph (1723–1804) 242

Radlov, Ernest Lwowitsch (1854–1928) 163
Ranke, Leopold von (1795–1886) 18–20
Reichenbach, Hans (1892–1953) 131
Reicke, Rudolf (1825–1905) 46
Renouvier, Charles Bernard (1815–1903) 170, 181, 192
Reuchlin, Johannes (1455–1522) 19
Ricardo, David (1772–1823) 99
Rickert, Heinrich (1863–1936) 4, 36, 133, 149, 152, 155, 158
Riehl, Alois (1844–1924) 45, 133, 149, 167, 170
Romundt, Heinrich (1845–1919) 59
Rosenkranz, Karl (1805–1879) 46, 52, 56, 212
Royce, Josiah (1855–1916) 173, 180

Schaarschmidt, Carl (1822–1909) 60f., 70
Schaper, Eva (1924–1992) 177, 185, 197
Schelling, Friedrich Wilhelm Joseph (1775–1854) 13
Schiller, Friedrich (1759–1805) 76, 87, 96, 109–113, 115, 117, 181, 185–192, 202f., 207, 209
Schleiermacher, Friedrich (1768–1834) 12, 133f., 137
Schlick, Moritz (1882–1936) 131
Schmidt, Ferdinand Jakob (1860–1939) 20
Schmidt, Heinrich (1874–1935) 15
Schmidt, Julian (1818–1886) 112
Schön, Heinrich Theodor von (1773–1856) 7
Schopenhauer, Arthur (1788–1860) 13, 40, 59–62, 69f., 181
Schubert, Friedrich Wilhelm (1799–1868) 46, 56, 212
Schulze, Gottlob Ernst (1761–1833) 82
Schulze-Delitzsch, Hermann (1808–1883) 102
Secrétan, Charles (1815–1895) 170

Sedgwick, Arthur G. (1844–1915) 177, 190, 192
Shakespeare, William (1564–1616) 190
Siebel, Carl (1836–1868) 102
Sigwart, Christoph (1830–1904) 33
Simmel, Georg (1858–1918) 121, 164
Slade, Henry (1836–1905) 24f.
Smith, Adam (1723–1790) 89f., 93f., 96, 98, 110
Spektorsky, Evgeny (1875–1951) 170
Spicker, Gideon (1840–1912) 127
Spinoza, Baruch de (1632–1677) 61
Spir, Afrikan (1837–1890) 59
Stange, Carl (1870–1959) 268
Staudinger, Franz (1849–1921) 82
Stein, Heinrich Friedrich Karl vom und zum (1757–1831) 19
Stirling, James H. (1820–1909) 181
Stoeckl, Albert (1823–1895) 76
Stumpf, Carl (1848–1936) 24
Swedenborg, Emanuel (1688–1772) 3, 5, 31, 33, 178, 209–213, 221f., 224, 233–235, 238, 250, 252, 256–268

Taine, Hippolyte (1828–1893) 185–187
Thomas von Aquin (1225–1274) 29
Thomasius, Christian (1655–1728) 232f.
Trendelenburg, Friedrich Adolf (1802–1872) 116, 137
Troeltsch, Ernst (1865–1923) 15, 20
Twesten, August (1789–1876) 137

Ueberweg, Friedrich (1826–1871) 82, 107
Ulrici, Hermann (1806–1884) 24
Usener, Hermann (1834–1905) 49, 51

Vaihinger, Hans (1852–1933) 3, 30–41, 44, 49–51, 71, 88, 96, 118
Vigilantius, Johann Friedrich (1757–1823) 214

Vinci, Leonardo da (1452–1519) 124
Vives, Juan Luis (1492–1540) 104
Vogt, Carl (1817–1895) 29, 74
Voigt, Georg (1827–1891) 19f.
Volckmann, Johann Wilhelm (1766–1836) 215, 225, 230f., 235, 242, 244–246, 248, 250f., 253, 256f., 263f.
Voltaire (eigtl. François-Marie Arouet) (1694–1778) 256
Vorländer, Karl (1860–1928) 37, 41, 108

Waitz, Theodor (1821–1864) 181
Ward, James (1843–1925) 174
Wartenburg, Paul York von (1835–1897) 48
Weber, Max (1864–1920) 20
Wehler, Hans-Ulrich (1931–2014) 23
Weidig, Friedrich (1791–1837) 19
Weischedel, Wilhelm (1905–1975) 127
Wilhelm II. (1859–1941) 37, 41
Winckelmann, Johann Joachim (1717–1768) 187
Windelband, Wilhelm (1848–1915) 1f., 8, 35f., 50, 71, 118, 133, 149, 163
Wladislavlev, Mikhail (1840–1890) 163
Wolff, Christian (1679–1754) 192, 202, 217, 222, 225–227, 230, 236, 240, 257, 263, 266f.
Wright, Chauncey (1830–1875) 173
Wundt, Wilhelm (1832–1920) 24f., 181
Wwedenski, Alexander (1904–1941) 4, 163–170

Zeller, Eduard (1814–1908) 44, 46, 49, 51, 54f., 119
Zimmermann, Wilhelm (1807–1878) 18–20
Zöllner, Karl Friedrich (1834–1882) 24–29, 36, 40